国家社科基金
后期资助项目

俄罗斯经济发展路径与政策演变

（2000~2020）

郭晓琼 著

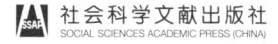

社会科学文献出版社

图书在版编目(CIP)数据

俄罗斯经济发展路径与政策演变:2000-2020 / 郭晓琼著. -- 北京:社会科学文献出版社,2025.1.
ISBN 978-7-5228-4630-9

Ⅰ.F151.24

中国国家版本馆 CIP 数据核字第 2024X4Q538 号

国家社科基金后期资助项目
俄罗斯经济发展路径与政策演变(2000~2020)

著　　者 / 郭晓琼

出 版 人 / 冀祥德
组稿编辑 / 高　雁
责任编辑 / 贾立平
责任印制 / 王京美

出　　版 / 社会科学文献出版社·经济与管理分社(010)59367226
　　　　　　地址:北京市北三环中路甲29号院华龙大厦　邮编:100029
　　　　　　网址:www.ssap.com.cn
发　　行 / 社会科学文献出版社(010)59367028
印　　装 / 三河市龙林印务有限公司

规　　格 / 开本:787mm×1092mm　1/16
　　　　　　印　张:26.75　字　数:423千字
版　　次 / 2025年1月第1版　2025年1月第1次印刷
书　　号 / ISBN 978-7-5228-4630-9
定　　价 / 158.00元

读者服务电话:4008918866

版权所有 翻印必究

国家社科基金后期资助项目
出版说明

　　后期资助项目是国家社科基金设立的一类重要项目，旨在鼓励广大社科研究者潜心治学，支持基础研究多出优秀成果。它是经过严格评审，从接近完成的科研成果中遴选立项的。为扩大后期资助项目的影响，更好地推动学术发展，促进成果转化，全国哲学社会科学工作办公室按照"统一设计、统一标识、统一版式、形成系列"的总体要求，组织出版国家社科基金后期资助项目成果。

全国哲学社会科学工作办公室

目 录

导 论 …………………………………………………………… 1

上篇　经济发展篇

第一章　理论概述 ……………………………………………… 11
 一　经济发展理论的演变 ……………………………………… 11
 二　主要经济发展理论 ………………………………………… 15

第二章　俄罗斯经济发展 ……………………………………… 33
 一　普京前两任期俄罗斯经济发展态势 ……………………… 33
 二　梅德韦杰夫执政时期俄罗斯经济发展态势 ……………… 41
 三　普京第三任期俄罗斯经济发展态势 ……………………… 49
 四　普京第四任期俄罗斯经济发展态势 ……………………… 55

第三章　俄罗斯经济发展的要素条件 ………………………… 64
 一　自然资源要素 ……………………………………………… 64
 二　劳动力要素 ………………………………………………… 79
 三　资本要素 …………………………………………………… 83
 四　技术要素 …………………………………………………… 86

第四章　俄罗斯经济发展的动力 ……………………………… 102
 一　基于需求面对经济增长动力的实证分析 ………………… 102

二　基于供给面石油价格冲击影响俄罗斯经济的动力机制 …… 106
　　三　俄罗斯经济发展的制约因素 ………………………… 121

第五章　俄罗斯产业结构的形成与演变 ……………………… 134
　　一　俄罗斯三次产业结构的演变态势 …………………… 134
　　二　俄罗斯产业内部结构的变化 ………………………… 145
　　三　俄罗斯产业结构所处阶段的研判 …………………… 163

下篇　政策演变篇

第六章　俄罗斯经济发展战略演变 …………………………… 171
　　一　普京第一任期经济发展战略 ………………………… 172
　　二　普京第二任期经济发展战略 ………………………… 182
　　三　梅德韦杰夫执政时期经济发展战略 ………………… 192
　　四　普京第三任期经济发展战略 ………………………… 199
　　五　普京第四任期经济发展战略 ………………………… 208
　　六　俄罗斯经济发展战略演变的特点及启示 …………… 227

第七章　俄罗斯产业政策演变 ………………………………… 235
　　一　产业政策的含义及作用 ……………………………… 235
　　二　俄罗斯产业政策的主要内容 ………………………… 237
　　三　俄罗斯产业政策的演变特点 ………………………… 261
　　四　俄罗斯产业政策的实施效果 ………………………… 268

第八章　俄罗斯对外经济政策演变 …………………………… 277
　　一　俄罗斯对外经济合作现状 …………………………… 277
　　二　融入世界经济体系（2000~2014年） ……………… 284
　　三　应对西方制裁（2014~2020年） …………………… 287

四　欧亚区域经济一体化 …………………………………… 301
　　五　中俄经贸合作 …………………………………………… 344

第九章　俄罗斯环境政策演变 ……………………………………… 373
　　一　俄罗斯环境现状 ………………………………………… 373
　　二　俄罗斯环境政策演变进程 ……………………………… 379
　　三　当前俄罗斯环境政策与低碳发展战略 ………………… 383
　　四　俄罗斯环境政策的原则及特点 ………………………… 392

第十章　俄罗斯未来经济发展趋势 ………………………………… 396
　　一　经济发展目标 …………………………………………… 396
　　二　主要经济指标现状分析 ………………………………… 401
　　三　未来发展趋势 …………………………………………… 403

参考文献 ……………………………………………………………… 408

导 论

一 选题背景及意义

苏联解体后，俄罗斯开始了从计划经济向市场经济的转型之路，通过对国有经济进行私有化改造和重建经济管理体制，逐步建立起市场经济的制度框架。但同时，俄罗斯经济也在国内外多重因素作用下出现大幅度下滑，1998年全球金融危机更是拖累俄罗斯经济发展。1999年12月31日，叶利钦宣布辞职并推举普京为俄罗斯代总统，从2000年1月1日起，普京开始履行代总统职责，3月26日，普京当选俄罗斯联邦总统。到2020年，普京在俄罗斯执政已满二十年。对普京执政时期俄罗斯经济发展及经济政策的演变进行系统梳理和研究具有重要意义。从理论角度看，经济发展是经济学重点关注的学术问题，研究俄罗斯这个重要转型经济体的经济发展路径和经济战略演变，将从转型和发展的角度丰富发展经济学的理论。从实践角度看，梳理二十多年来在普京的领导下俄罗斯取得的经济成就及存在的问题、分析俄罗斯经济增长的动力及制约因素、剖析俄罗斯产业结构形成的原因及影响、评估俄罗斯经济对能源和原材料的依赖、揭示俄罗斯政府经济发展战略的演变逻辑、总结俄罗斯经济发展和政策制定中的经验和教训，对我国转变经济发展方式、实现高质量发展的战略目标具有较强的借鉴意义。

二 国内外研究现状

本书将在第一章对经济增长和经济发展理论相关内容进行系统归纳整理，这里仅对俄罗斯经济发展、经济转型、经济战略等问题的国内外研究现状进行综述。

（一）俄罗斯研究现状

关于俄罗斯经济发展的相关数据，俄罗斯经济发展部、俄罗斯央行、俄罗斯联邦国家统计局会定期发布宏观经济数据及相关分析报告。盖达尔经济政策研究所每年3~4月都会对上年宏观经济走势发布专业性报告，对实体经济部门，即农业和工业每年的发展状况进行分析，也会不同程度地涉及俄罗斯投资、进出口商品结构、部分服务业部门发展状况，该研究所也会对俄罗斯政府出台的相关政策进行分析与评估。俄罗斯科学院经济研究所、中央数量经济研究所、国民经济研究院、俄罗斯战略研究中心和隶属各个大学的经济研究中心或研究所，也会不定期发表研究俄罗斯经济发展及经济政策的专业性报告及学术论文。

本书中涉及俄罗斯政府针对经济发展出台的相关政策、资料主要来源于俄罗斯政府官方网站，包括俄罗斯总统网（http：//kremlin.ru）、俄罗斯政府网（http：//government.ru）、俄罗斯经济发展部网站（http：//economy.gov.ru）、俄罗斯央行网站（https：//cbr.ru）、俄罗斯财政部网站（http：//minfin.gov.ru）、俄罗斯工业和贸易部网站（https：//minpromtorg.gov.ru）、俄罗斯科学和高等教育部网站（https：//minobrnauki.gov.ru）等。

（二）西方国家研究现状

西方国家对俄罗斯经济的研究报告主要来自世界银行、经济合作和发展组织（OECD）、国际货币基金组织（IMF）、欧洲复兴开发银行（EBRD）等机构，这些国际机构会不定期发表俄罗斯经济发展方面的研究报告，如世界银行每月会发布俄罗斯经济发展形势报告，每半年会发布俄罗斯贫困报告，等等。国际机构的经济学家还会发表俄罗斯经济相关专题的专业性研究报告，如世界银行于2004年发表的《从转型到发展》对俄罗斯进行市场经济转型以来的经济增长方式做了系统分析；2007年鲁迪哥·奥仁德（Rudiger Ahrend）、唐纳德·罗莎（Donato de Rosa）、威廉·汤姆森（William Tompson）发表了关于"荷兰病"对俄罗斯经济威胁的经合组织报告[①]；2020年谢力格曼·雷诺（Seligmann Renaud）等发表的《俄罗斯农业支持政策及绩效》概述了2013~2020年俄罗斯农业部门发展现状及俄罗斯农业政策，对俄罗斯农业政策及OECD国家农业支持政策的异同进行了比较分析；2020年斯塔夫罗斯（Stavros）发表了《关于外国直接投资是否对俄罗斯出口商有利》的报告；2021年世界银行发布了《俄罗斯能源补贴：规模、影响及改革潜力》；等等。

（三）国内研究现状

国内学界对俄罗斯经济发展问题研究的著作包括：许新主编的《叶利钦时代的俄罗斯（经济卷）》（2001），冯绍雷、相蓝欣主编的《俄罗斯经济转型》（2005），李中海主编的《普京八年：俄罗斯复兴之路（2000~2008）（经济卷）》（2008），陆南泉著的《论苏联、俄罗斯经济》（2013），陆南泉主编的《俄罗斯经济二十年（1992~2011）》（2013），陆南泉等著的《俄罗斯国家转型研究》（2013），李建民主编的《曲折的历程（俄罗斯经济卷）》（2015），季志业、冯玉军主编的《俄罗斯发展前景与中俄关系走向》（2015），陆南泉著的《俄罗斯转型与国家现代化问题研究》（2017），程亦军主编的《俄罗斯经济现代化进程与前景》（2017），蒋随、沈正平著的《俄罗斯经济潜力与产业发展》（2018），等等。这些著作对俄罗斯经济转型、现代化及不同时期俄罗斯经济发展问题进行了分析及论述，为本书的研究奠定了基础。

国内学界不乏研究俄罗斯经济发展及政策问题的论文。李新提出俄罗斯经济改革从本质上改变了国家的性质和制度，经济转轨的目标和任务与实现机制经常发生矛盾。[②] 许新提出，普京总统第一任期实施的经济发展战略取得了预期成果，同时俄罗斯主要增长因素的潜力也已耗尽，经济发展面临转折点。[③] 郭连成着重对普京前两个任期俄罗斯经济增长

---

① Rudiger Ahrend, Donato de Rosa, William Tompson, "Russian Manufacturing and the Threat of 'Dutch Disease': A Comparison of Competitiveness Developments in Russian and Ukrainian Industry," OECD Economics Department Working Papers №540, 25-Jan-2007.
② 李新：《俄罗斯经济发展趋势及其制约因素》，《经济学动态》2003年第4期。
③ 许新：《论俄罗斯经济发展战略》，《俄罗斯中亚东欧研究》2005年第4期。

的性质与基本特征、经济增长与经济发展的矛盾和隐忧及面临的机遇与挑战等问题展开分析。① 景维民、朱兴龙梳理了后危机时代世界经济的发展趋势与特征，对俄罗斯经济与世界经济的发展趋势进行了对比分析，认为俄罗斯经济发展趋势与世界经济发展趋势相悖。② 关雪凌对2008~2012年俄罗斯经济发展的主要亮点进行了总结和梳理，分析了俄经济发展与转型进程中面临的挑战和深层次问题。③ 田春生提出，普京第三任期俄罗斯经济的主要任务是确保宏观经济稳定，实现国家崛起。但2008年国际金融危机之后，俄罗斯经济发展面临严峻的内外部挑战。④ 李中海提出，从工业化不同阶段的标志值来看，当前俄罗斯仍处在工业化后期阶段，工业化进程远未结束。继续工业化和再工业化是俄罗斯经济发展难以回避的阶段，这不仅是俄罗斯实现经济增长和发展的保证，也是产业结构调整和升级的需要。⑤ 程伟指出了俄罗斯经济的三大弊端：一是过度依赖资源禀赋；二是缺乏效率和竞争力；三是政府调控采用需求管理模式，忽视优化配置生产要素、产业结构调整升级等供给管理因素的作用。⑥ 徐坡岭、刘来会通过SARIMA模型对俄罗斯短期和长期经济发展形势进行了预测，得出俄罗斯2014~2017年的GDP年增长率在2.3%左右，长期的经济增长率在2.1%左右，经济形势依然不容乐观。⑦ 张聪明认为俄罗斯经济转轨任务仍未完成，导致经济效率低下。⑧ 郭晓琼认为，普京第三任期以来，俄罗斯经济逐渐从低速增长到陷入危机，2015年俄罗斯经济危机受到内外部因素共同影响，俄罗斯经济内生的经

---

① 郭连成：《普京时代俄罗斯转轨经济论析——兼论后普京时代俄罗斯经济发展走势》，《俄罗斯中亚东欧研究》2008年第5期。
② 景维民、朱兴龙：《后危机时代俄罗斯经济发展悖论探析》，《俄罗斯中亚东欧研究》2010年第2期。
③ 关雪凌：《论后危机时代俄罗斯经济发展与转型》，《教学与研究》2012年第7期。
④ 田春生：《俄罗斯经济发展及其面临的困惑》，《当代世界》2013年第8期。
⑤ 李中海：《俄罗斯经济发展阶段及宏观经济政策调整前景》，《俄罗斯学刊》2013年第6期。
⑥ 程伟：《输入型增长：俄罗斯经济困局探源》，《俄罗斯东欧中亚研究》2015年第5期。
⑦ 徐坡岭、刘来会：《俄罗斯经济发展形势的分析与预测》，《财经问题研究》2015年第2期。
⑧ 张聪明：《俄罗斯经济转轨：尚未完成的任务》，《俄罗斯东欧中亚研究》2017年第5期。

济结构失衡是俄经济陷入危机的深层次原因。[①] 程亦军认为普京第四任期俄罗斯经济政策是对"普京计划"的延续和补充。[②] 郭连成、张海峰提出经济增长与经济发展具有相关性，并以此为视角对普京第三任期俄罗斯经济发展道路进行了评价。[③] 陆南泉认为，普京第一、第二任期经济发展顺利，取得明显成效。但从2008年到2018年是较长的"梅普""普梅"交替组合时期，经济出现严重滑坡乃至危机，原因在于经济结构、政策的不稳定性等。[④] 李建民提出，俄罗斯经济发展滞后，既受到全球化周期性因素结束、国际战略环境恶化等外部因素的冲击，也受到自身结构性矛盾的制约。从本体论的角度看，制约俄罗斯经济增长的深层次原因，在于其制造业的衰退、国有经济的低效率及固定资本投资的不振。[⑤] 陆南泉认为俄罗斯经济体制转型30多年来，未能保持经济的可持续稳定增长。这是由多种因素造成的，而苏联时期遗留下来的经济结构问题和经济增长方式问题尤为突出。[⑥] 姜振军对2020～2021年新冠疫情和乌克兰危机升级对俄罗斯经济的影响进行了分析。[⑦]

三 主要内容及结构安排

本书以经济发展和政策演变作为贯穿全书的两条线索。以经济发展为线索，2008年是俄罗斯经济发展历程中的重要转折点。从普京开始执政到2008年，俄罗斯经济快速增长，2007年以美元计价的国内生产总值首次超过1989年水平。俄罗斯成功摆脱转型性经济危机，宏观经济稳定性和抗风

[①] 郭晓琼：《危机与应对：普京第三任期俄罗斯经济发展》，《东北亚论坛》2017年第6期。
[②] 程亦军：《普京新任期战略任务和国家目标述评》，《俄罗斯学刊》2018年第5期。
[③] 郭连成、张海峰：《普京时代的俄罗斯经济发展道路及未来展望》，《国外社会科学》2018年第3期。
[④] 陆南泉：《普京执政以来俄罗斯经济发展状况分析》，《黑河学院学报》2019年第10期。
[⑤] 李建民：《普京治下的俄罗斯经济：发展路径与趋势》，《俄罗斯研究》2019年第6期。
[⑥] 陆南泉：《俄罗斯经济发展中苏联经济因素分析——以经济结构与经济增长方式为例》，《中国浦东干部学院学报》2021年第4期。
[⑦] 姜振军：《西方制裁与疫情叠加冲击下俄罗斯经济发展态势分析》，《西伯利亚研究》2022年第4期。

险能力明显增强，居民生活水平显著提高，俄罗斯积极融入世界经济体系。但2008年之后，俄罗斯经济形势急转直下，几度陷入危机，经济发展的步调被打乱，经济增长动力不足。梅德韦杰夫执政时期，国家储备在危机中发挥了"安全气囊"的作用，在反危机的同时，国家保持了稳定，政府的创新和私有化政策逐步落实，俄罗斯成功加入世贸组织，区域一体化进程也在稳步推进。在普京的第三任期，"高油价支撑经济增长"的传统模式已难以为继，经济陷入低速增长困局。2014年乌克兰危机后，俄罗斯经济发展的外部环境迅速恶化，内忧外患之下，俄罗斯经济再次陷入危机。在普京的第四任期，尽管俄罗斯克服了低油价、西方经济制裁等不利的外部因素，经济实现缓慢复苏，但经济增长仍然缺乏动力，始终在低速增长的困局中挣扎。2020年，俄罗斯经济重新回到2008年的水平。

以政策演变为线索，普京执政各个时期经济发展战略与当时经济形势密切相关，但又有其演变的内在逻辑。在第一个总统任期中，普京肯定了自20世纪90年代建立起来的市场经济制度框架，并在此基础上针对俄罗斯当时存在的问题推行了一系列改革，完善制度环境，整顿经济秩序，明确发展目标，为此后的经济发展创造良好制度条件。普京在执政之初就一直倡导，并在2003年国情咨文中正式提出的"强国富民"思想成为贯穿普京执政二十余年的基本执政理念。"强国"思想的核心是突出国家的地位和作用，以俄罗斯传统价值观凝聚社会共识，团结各界力量建设祖国，改变国家和人民的命运。"富民"思想则确定了俄罗斯国家战略的社会取向，国家强大和经济增长的最终目标是让国民消除贫困，过上富足的生活。普京在第二个总统任期加强了国家对重要战略资源的掌控，利用国际能源价格高涨的有利时机，充分发挥能源优势，获得大量能源出口收入，为解决社会、经济问题提供了资金保障，能源外交战略还成为俄罗斯保障国家安全和恢复大国地位的重要手段。但也正是在这一时期，俄罗斯能源出口导向的经济增长模式逐渐形成并固化，给此后的经济发展埋下了隐患。随着经济快速增长，俄罗斯政府秉承"富民"思想，加大了解决民生问题的力度，实施"四大民生工程"。2009年俄政府批准了《2020年前俄罗斯社会经济长期发展战略》，该战略是普京在其第二个总统任期即将结束之前领导制定的，在对其前两个任期俄经济发展模式进行深入反思的基础上，规划了俄罗斯未来十几年内经济发展目标。该战略在梅德韦杰夫继任总统之后发布,保证了最高权力更迭后俄罗斯经济发展的政策延续性。《2020年前俄罗斯社会经济长期发展战略》的总体目标是使俄罗斯从能源出口导向型经济模式向以高新技术、人力资本为基础的社会导向型创新发展模式过渡,到2020年按购买力平价计算的GDP进入世界前五强。"人本"和"创新"是该战略的两大核心经济思想,此后梅德韦杰夫提出的"经济现代化"方案、普京在第三任期提出的经济发展政策和在第四任期提出的"突破性"发展战略均未脱离该战略的思想框架。普京在第三任期提出的经济发展政策主要围绕反危机、反制裁,以及解决俄罗斯经济内生的结构性矛盾。普京在第四任期则主要以国家项目为抓手实现"突破性发展"。纵观普京执政二十余年(2000~2020年),经济战略遵循"建制度—促增长—调结构—保稳定—寻突破"的轨迹演变。

本书分为上下两篇。上篇为经济发展篇,由第一至第五章组成。第一章对经济发展的基本理论进行概述,为下文中俄罗斯经济发展要素条件、发展动力及制约因素的分析进行重要的理论铺垫。第二章回顾普京执政二十余年各个时期俄罗斯经济发展历程,总结俄罗斯各时期经济发展的成就。第三章着重分析俄罗斯经济发展的要素条件,具体包括自然资源、劳动力、资本和技术。第四章分别从需求面和供给面两个角度对俄罗斯经济增长的动力进行深入剖析,并在此基础上总结出俄罗斯经济发展的制约因素。第五章着重分析俄罗斯产业结构的形成与演变。

下篇为政策演变篇,由第六至第十章组成。第六章阐述了普京执政各个时期的主要经济发展战略,从中总结出其演变特点,以及导致经济发展战略效果不佳的主要问题。第七章梳理普京执政各个时期俄罗斯产业政策的主要内容、产业政策演变特点及产业政策的实施效果。第八章总结普京执政各时期对外经济政策的主要内容及特点,并着重介绍欧亚区域经济一体化进程和中俄经贸合作。第九章对俄罗斯环境政策演变进行梳理和分析。第十章探究俄罗斯经济发展的道路选择及未来趋势。

四 研究方法及研究工具

本书坚持马克思主义唯物史观,以发展经济学作为理论框架,综合运用多种研究方法。

第一，宏观分析与微观分析相结合。本书既从宏观视野对俄罗斯经济发展问题进行全面审视，研究俄罗斯经济发展及战略演变的总体脉络及走向，又深入各经济领域对具体问题进行多层次、多角度的考察。

第二，实证分析与规范分析相结合。本书大部分采用了实证分析方法，通过对大量数据和一手资料的整理，客观呈现俄罗斯经济发展的现实状况。也采用了规范分析法，如对标"标准产业结构模型"对俄罗斯产业结构所处阶段进行研判，对标经济战略中的目标，分析经济发展现状与目标的差距，等等。

第三，定性分析与定量分析相结合。既运用定性分析（包括文献研究法、比较研究法等）对问题进行一般性、规律性的总结，在研究"俄罗斯是否患有'荷兰病'""俄罗斯经济增长动力""欧亚经济联盟零关税政策对俄罗斯贸易的影响"等问题时运用了计量经济模型进行定量分析。

第四，跨学科研究。对俄罗斯经济问题的研究不能局限于经济领域，政治、外交、战略等因素对经济决策的影响也举足轻重，本书力图将研究置于跨学科的学术视野之下，综合运用经济学、国际关系学、政治学等学科的研究方法。

五 主要创新点

本书的创新之处主要体现在以下几个方面。第一，研究跨度涵盖普京执政二十余年，梳理大量一手文献，包括普京历年的国情咨文、公开场合讲话、政府文件、各经济主管部门的报告等文件，力图从宏观视角展现普京执政期间俄罗斯经济发展和政策演进的全貌，目前尚未发现有关普京执政二十余年间经济发展及政策的著作。第二，以方法创新提高研究质量。本书用计量经济方法从需求和供给两方面对经济发展动力的解析，在同类研究中较为少见。第三，提出了一些较为新颖的观点。本书在俄罗斯经济发展战略体系、经济战略演变轨迹与特点以及对中俄经贸合作的思考和建议等章节的论述中提出了一些新观点。

上篇 经济发展篇

第一章 理论概述

在进行俄罗斯经济发展路径和政策演变的研究之前，有必要对主要经济发展理论及演变进行简要概述。一方面，经济发展理论演变为探究俄罗斯经济发展路径奠定重要理论基础；另一方面，主要经济理论对制约经济发展因素的相关研究和论述也为研究俄罗斯经济政策演变提供重要理论依据。

一 经济发展理论的演变

经济增长（economic growth）是指社会财富，也就是社会总产品量的增加。它一般是以实际国民收入（GNI）或国内生产总值（GDP）的增长率来表示。用实际的 GNI 或 GDP 除以一国总人口，便得到人均 GNI 或人均 GDP。人均 GNI 或人均 GDP 常常成为反映一国富裕程度的主要指标。经济发展（economic development）比经济增长包含的内容要丰富得多，除了包括经济增长之外，经济发展还包括经济结构的变化。具体包括：投入结构和组织结构的变化；产出结构的变化；产品构成的变化与质量的改进；居民生活品质的提高；分配状况的改善和贫困人口的下降。

从最狭义的角度来说，经济发展就是指经济增长，这两个概念就是同义词。从较广义的角度来说，经济发展指的是经济增长加上经济结构转变，最主要是产业结构的转变。从最广义的角度来定义，经济发展既包括经济增长和经济结构变化，又包括贫穷的降低，收入分配不公的下降，医疗、科技、教育事业的进步，生态环境的改善，等等。从广义的角度来说，没有经济增长就不会有经济发展，没有国民财富和国民收入的增加是不可能有经济发展的，因此经济增长是经济发展的必要条件。但是，经济增长不一定带来经济发展。在经济增长过程中，如果生产方式和生产技术没有进步，产业结构没有变化，二元结构没有明显改善，城市化与工业化不平衡，产品大量积压或需求不足；如果政府并没有将增长的收入用于提高居民生活水平，而是大量用于军费和官僚机构支出；如果人类居住的生态环境遭到破坏，气候变暖，污染严重；如果贫富分化加剧，贫困人口增加……那么，这样的经济增长就没有带来真正的经济发展。

早期西方经济理论在发展过程中大多涉及了经济增长的问题，然而因为当时所处的年代为自由竞争时代，根据萨伊定律，资本主义竞争机制将保证总需求和总供给平衡，而市场这一"看不见的手"会发挥自动调节作用以保持充分就业和物价稳定，因此该时期经济学的主要研究对象是资源的合理配置问题，经济增长问题在当时并没有得到系统性和专门性的研究。

20世纪40年代凯恩斯主义产生后，经济学家开始把经济增长作为一个专门的研究领域。1936年出版的《通论》为政府干预经济、刺激有效需求提供了理论依据。该书提出增加投资是提高有效需求的关键，增加投资可以扩大生产，继而提高国民收入，由此涉及经济增长问题。然而，经济增长的相关因素远远不止投资增长这一条，生产技术的进步、劳动者素质的提高也与经济增长关联密切。二战之后，随着西方国家经济的快速发展，经济学家们对经济增长条件和经济增长规律方面的研究愈加重视。由于资本稀缺是当时经济发展的主要约束条件，大多数发展中国家经济长期停滞不前的主要原因就是缺乏经济发展所必需的资本。这种认识被20世纪40年代出现的哈罗德-多马经济增长模型进一步强化。此后罗斯托（Walt W. Rostow）的"经济成长阶段理论"和罗森斯坦-罗丹（P. Rosenstein-Rodan）的"大推进"理论也是"唯资本论"的代表。

到了20世纪60年代，很多国家在工业化方面取得了相应进展，或多或少实现了经济增长，很多国家人均收入增长率达到了很高的水平，但在另外一些国家，对于收入底层的40%人口而言，就业、实际收入其实并没有改善。从增长的角度看，这些国家都处于经济增长中，但如果以改善贫困状况、改善收入平等和就业等标准衡量，经济增长必须满足人类的基本需求来看，这些国家的经济实际并没有发展。随着这种"有增长而无发展"状况的出现，经济学界逐渐将经济增长与经济发展区分开来。经济发展的重点也从单纯追求经济增长转变为既要取得经济增长又要分配公平，满足人类基本需求。此时经济发展的研究与对人类的基本需要和对农业问题的研究紧密结合，出现了一些对发展中国家经济问题进行研究的经济学家。比如，美国经济学家、诺贝尔经济学奖获得者西奥多·舒尔茨（T. W. Schultz）在其著作《改造传统农业》一书中对传统农民经济行为进行了分析；美国经济学家迈克尔·托达罗（M. P. Todaro）建立了乡-城人口流动模型；等等。

20世纪70年代初期至中期，新古典主义逐渐成为经济发展研究的主流。经济学家针对发展中国家经济低增长、无效率的情况提出，不正确的价格政策、政府对经济的过多干预所造成的资源配置不当，是这些国家经济发展缓慢的主要原因。他们认为，应该让自由市场经济制度发挥作用：一方面要使国有企业私有化，积极引进外资，促进自由贸易，扩大出口；另一方面要取消政府对经济的过多干预，消除在要素市场、产品市场和金融市场上的价格扭曲。为取得经济发展，不是对这些国家二元经济结构进行重构，也不是要建立更有效的计划经济体系，而是促进市场经济的发展，实行自由放任的经济政策。政府充当的角色只是允许"看不见的手"来指导资源配置和刺激经济发展而已。

从80年代到2000年，随着以电子计算机和互联网为代表的高新技术的快速发展，世界经济出现全球化趋势，发展中国家与发达国家经济发展水平的差距逐渐加大。在经济快速增长的同时，生态环境遭到严重破坏，大气污染、水资源污染、气候变暖等问题逐渐凸显，发展中国家成为环境污染的最大受害者。20世纪90年代，苏联解体和东欧剧变，该时期的经济发展研究主要立足于解决此时存在的问题，可持续发展理论、新制度经济学理论和新增长理论应运而生。

经济学家对原有的以经济增长作为衡量发展的唯一标志的传统发展观进行坚决批判，提出传统发展观必然导致单纯追求经济效率最大化，而较少考虑资源枯竭和环境污染问题，其结果是人们的实际福利下降，经济发展难以持续。因此，20世纪80年代中期，可持续发展理论逐渐成熟。该理论强调追求经济、社会和环境三方面的协调发展，其核心思想是经济增长应建立在生态可持续、经济可持续、社会可持续能力基础上。

传统经济发展理论片面强调市场的作用，过分追求经济效率，这一时期的经济学家对此进行了深入反思。经济外部性和信息不对称导致了经济中存在市场失灵，因此不能完全依赖市场的自动调节解决经济中的所有问题。经济学家对国家制度对经济发展的影响的相关研究越来越深入。新制度经济学理论主要包括三方面内容：一是产权理论；二是强调国家对经济的作用；三是寻租理论，认为寻租活动改变了收入分配的状况，造成腐败，提高了经济的交易成本，也正是经济中存在的市场失灵和政府失灵为寻租活动提供了土壤，拖累经济发展。

传统新古典经济增长理论将技术进步作为外生变量，新增长理论力图用经济系统的内部因素解释经济增长过程，将技术进步内生化，强调技术进步对经济增长的巨大推动作用。新增长理论将技术进步具体为人力资本积累或投资的过程，从而克服了生产要素收益递减和规模收益递减对经济增长的制约，使经济保持长期、稳定、快速的增长。该理论通过知识积累的外部效应和对生产新知识的研究和开发投资，使劳动分工不断加强，实现规模收益递增及技术进步的溢出效应。新增长理论比较好地揭示了经济增长现象，说明一个国家长期经济增长动力不是来源于自然资源和物质资本的数量，也不是单纯的规模扩大，而是来源于知识和人力资本的积累所体现的技术进步。世界各国经济发展差异形成的原因实际上是各国在知识和人力资本积累水平上的差异。

从20世纪90年代初，以"华盛顿共识"为标志，新自由主义经济思想达到顶峰，然而到20世纪末21世纪初，那些按照新自由主义经济思想进行经济改革的国家惨遭失败。第一，拉丁美洲国家经济发展缓慢。从20世纪80年代起，大多数拉丁美洲国家都根据新自由主义经济理论，大力推行私有化，实行市场化价格改革和紧缩的财政政策，但这些国家在20年中不但经济增长缓慢，还接连受到债务危机和货币金融危机的困扰。第二，苏联和东欧地区国家实行"休克疗法"失败。苏联和东欧国家根据新自由主义经济思想进行的"休克疗法"式的经济转型导致这些国家经济大幅度下滑，还导致了社会混乱和国家分裂。第三，90年代以后，一些新兴工业化国家按照新自由主义经济思想采取了一系列贸易自由化和投资自由化措施，进一步开放金融市场，这些国家本国经济没有发生根本变化，却由于外部因素的影响，受到国际投机资本的冲击，陷入严重的金融危机，导致经济严重倒退。第四，国际金融危机爆发。2008年以美国次贷危机所引发的国际性金融危机，给世界经济发展带来了严重的损失。正是在对这些重大经济事件的处理中，新自由主义经济思想的理论缺陷和实践误区越来越清晰地呈现在世人面前，新自由主义思想受到沉重打击。

二 主要经济发展理论

（一）早期经济增长理论

亚当·斯密在1776年出版的《国民财富的性质和原因的研究》一书中最早对经济增长理论展开论述。该书阐述了经济增长可以表现为国民财富的增长，而劳动生产率和从事生产性劳动的人数是国民财富增长的两个条件。他在书中详细论述了劳动分工可以提高劳动生产率，国际分工通过自由贸易促进各国劳动生产力的发展；人口数量的增长会引起劳动力数量的增加，从而增加国家的财富和收入。[①]

大卫·李嘉图在1817年出版的《政治经济学及赋税原理》一书中提出了劳动价值论体系，论述了国民收入在工资、利润、地租三者之间的发展变化规律。他提出，从长期看，实际工资将维持在基本生存所必需的水平上，由于耕地有限，随着人口数量的增加，农业价格将会随之上涨，地租也将相应增加，从而导致利润下降，影响生产的发展。当土地稀缺性足够高导致利润下降为零时，经济增长将会停滞。也就是说，土地价格增长速度与经济增速呈反向关系变动，地租增长缓慢的国家或地区更具增长优势。李嘉图还注重收入分配对经济增长的影响，认为不合理的分配制度将不利于经济增长。李嘉图的研究从收入分配的角度试图解释经济增长背后的秘密，开创了研究经济增长的制度、结构及影响因素的新局面。

熊彼特在1912年出版的《经济发展理论》一书中提出了创新理论。熊彼特认为，创新是生产过程中内生的。尽管投入资本和劳动力数量的变化，能够导致经济生活的变化，但这并不是唯一的经济变化；还有另一种经济变化是从体系内部发生的，这种变化是众多重要经济现象产生

---

① 刘厚俊编《现代西方经济学原理》，南京大学出版社，1988，第448页。

的原因。这种变化就是"创新"。创新是建立一种新的生产函数,是把从来没有过的生产要素和生产条件的新组合引入生产体系中。创新包括五种情况:(1)采用一种新产品或已有产品的新特征;(2)采用一种新的生产方法;(3)开辟一个新市场;(4)掠取或控制原材料或半制成品的一种新的供应来源;(5)实现任何一种工业的新组织。所以"创新"不是一个技术概念,而是一个经济概念,创新严格区别于技术发明,而是把现成的技术革新引入经济组织,形成新的经济能力。他认为经济发展的根本动力产生于对社会贡献最大的少数企业家的创新活动。

尽管早期西方经济理论在发展过程中都涉及经济增长的问题,但是由于当时处于资本主义自由竞争时代,受萨伊定律影响,认为资本主义竞争机制可以保证总供给和总需求的平衡,"看不见的手"会自动发挥调节作用,保持物价的平稳和充分就业,因此,该时期的经济学家都主要把合理配置资源问题作为经济学的研究对象,而没有系统专门研究经济增长问题。

(二)哈罗德-多马经济增长模型

英国经济学家哈罗德(R. F. Harrod)在1939年发表的《论动态理论》一文中,提出了他对经济增长的初步构想。在1948年出版的《动态经济学导论》中,他系统地提出了其经济增长模型。同一时期,1946年和1947年美国经济学家多马(E. D. Domar)先后发表了《资本扩大,增长率和就业》和《扩张和就业》两篇论文,也提出了与哈罗德经济增长模型相类似的多马模型。由于两个模型基本内容相同,故一般称其为"哈罗德-多马经济增长模型"。

哈罗德经济增长模型建立在凯恩斯的国民收入均衡理论基础之上。凯恩斯在分析国民收入均衡理论时采用的方法是一种短期比较静态分析法,而哈罗德则采用长期动态分析法对国民收入进行研究。按照凯恩斯理论,总产出(总收入)一方面形成总供给,即一个社会在一定时期内生产出来的产品总量;另一方面形成总需求,即消费需求和投资需求,公式表示如下:

$$GNP = C + S \qquad (1-1)$$

$$GNP = C + I \qquad (1-2)$$

当社会的总供给等于总需求时，储蓄必然和投资相等，即 $I = S$。也就是说，当经济处于均衡状态时，厂商进行的投资刚好等于人们的储蓄。在投资如何趋向于与储蓄相等的分析中，哈罗德在分析方法和理论上都对凯恩斯的比较静态分析的理论有了较大的补充和发展，他从经济的长期动态发展方面，不仅考虑了投资对需求扩大和收入增加的作用，还进一步分析了收入增加后将引起投资迅速增长，即"加速作用"。哈罗德提出，要使经济长期均衡地增长，就要让资本需求即投资也保持一定的增长率。

哈罗德为了分析经济实现稳定的均衡增长所具备的条件，在建立模型时做了以下几点假定：第一，经济只生产一种产品，这种产品用于满足消费之后的剩余，作为追加生产的投资来源；第二，储蓄倾向不变，即边际储蓄倾向于等于平均储蓄倾向，因而国民收入水平决定对储蓄的供给；第三，生产中只有资本和劳动力两个生产投入要素；第四，边际资本系数等于平均资本系数，即随着生产规模的扩大，单位产品所耗劳动和资本不变，这表示生产技术不变；第五，资本和劳动的边际生产率递减。

在上述假定前提下，哈罗德建立其经济增长模型：

$$G = \frac{s}{K} \qquad (1-3)$$

式（1-3）中，G 代表经济增长率，s 代表储蓄率，即储蓄 S 和收入 Y 之比 S/Y；K 代表加速数，即资本增量和产出增量之比，由于资本增量实际上就是投资 I，所以加速数又可以写成投资和产出增量 ΔY 之比 $\frac{I}{\Delta Y}$。

哈罗德经济增长模型的含义是：经济增长取决于社会储蓄率。在模型公式中，已假定生产技术不变，加速数 K 为一个固定比率，显然要获得一定的经济增长率 G，则必须保证一定的储蓄率 s。反之，在加速数不变的情况下，要使一定储蓄率下的储蓄量为投资全部吸收，则必须保证一定的经济增长率。

哈罗德又进一步把经济增长率分为三种。

第一种为"实际增长率"，用 G_t 表示，即实际上实现的增长率，实际增长率取决于有效需求，取决于一定资本产出比率下的社会实际储蓄率。

第二种为"有保证的增长率"，用 G_w 表示。有保证的增长率是指当人们想进行的储蓄为投资所全部吸收时所必须保证的增长率。也就是当 $\dfrac{s}{K}$ 为某一既定数值时，要保证经济均衡发展，经济增长率必须等于 $\dfrac{s}{K}$，有保证的增长率又称为均衡增长率。

第三种为"自然增长率"，用 G_n 表示，即由诸如劳动力和生产技术变化等自然因素所决定的增长率，从长期看，每年的人口会增加，劳动力也会增加，技术进步可以令劳动生产率提高，这两个因素增加的总和所决定达到的增长率就是自然增长率。显然，自然增长率是指一国在考虑到长期自然因素增长情况下所能达到的最大可能性增长率。

哈罗德论述了以上三种增长率之间的关系。

当 $G_t > G_w$ 时，说明社会总需求将超过扩大了的生产能力，出现资本不足。这时厂商将增加投资增长率，但这又会在乘数效应下促使实际增长率更高，从而更显得资本不足。因此，其结果将是需求过大，导致通货膨胀。反之，当 $G_t < G_w$ 时，则说明出现资本过剩，扩大了的生产能力得不到充分利用，厂商将减少投资，在乘数效应下，实际经济增长率将更低，更显得资本过剩，从而导致收入下降和失业。只有在 $G_t = G_w$ 时，才能实现既无失业，又无通货膨胀的稳定均衡增长。

当 $G_w > G_n$ 时，表明社会的储蓄或投资增长率超过人口增长和技术进步所能允许的程度。由于增长受到劳动力不足和技术条件的限制，将会出现储蓄或投资过多，引起经济长期停滞的趋势。反之，当 $G_w < G_n$ 时，表明社会的储蓄或投资尚未达到人口增长和技术进步所要求的水平。此时，会由于劳动力过剩而造成工资低廉，因而可能形成"过热"。只有在 $G_w = G_n$ 时，才是合乎理想的长期增长状态，表明在既定的技术水平下，劳动力等全部自然资源都得到充分利用。而如果这时的实际增长率也与之相等，则经济将会在自然资源充分发挥作用的条件下实现没有通货膨胀的充分就业，这是一种最理想的长期稳定均衡增长状态。

综上所述，哈罗德提出，保证经济长期持续稳定增长的条件是使实际增长率、有保证的增长率和自然增长率三者相等，即：

$$G_t = G_w = G_n = \frac{s}{K} \qquad (1-4)$$

然而，实际上这三种增长率往往并不相等，满足三者相等的情况极其偶然。因为决定三种增长率的因素并不相同。G_t 取决于有效需求；G_w 取决于厂商的投资意向；而 G_n 则取决于人口增长率和劳动生产率的增长等自然因素。尽管如此，哈罗德认为，国家应对经济进行干预，根据不同情况采取适当的政策，使三种增长率达到相等。

当 $G_t \neq G_w$ 时，在 K 不变的条件下，均衡取决于 s，如果 $G_t < G_w$，表明资本过剩，厂商会减少投资，而此时政府可进行投资。如果 $G_t > G_w$，表明资本不足，厂商会追加投资，则政府可进行储蓄，减少投资。总之，政府可进行干预促使 $G_t = G_w$。

当 $G_w \neq G_n$ 时，政府也可以通过财政政策促使 $G_w = G_n$。如果 $G_w < G_n$，表明由于私人储蓄不足以支持经济按其自然增长率增长，政府可以通过预算节余的办法加以补足。如果 $G_w > G_n$，表明由于总需求不足导致储蓄过度，这可能导致经济停滞或周期性衰退，此时政府应采用预算赤字提高总需求。

当 $G_t \neq G_n$ 时，政府也可采用货币政策使其达到均衡。当 $G_t > G_n$，将会发生过度需求扩张，导致需求拉动的通货膨胀，货币当局应采取紧缩的货币政策控制需求。当 $G_t < G_n$，则需求不足，货币当局应采取宽松的货币政策，刺激需求的增长。

综上所述，哈罗德-多马经济增长模型说明，要想保持充分就业，必须不断提高投资水平，假如投资水平保持不变，也就是相连时期总支出水平一直不变，则实际收入水平和充分就业水平之间的差距会越来越大。然而，投资的实际增长率往往并不能和经济均衡增长率保持一致，因此，哈罗德-多马经济增长模型也被称作"刀刃"模型。

（三）新古典经济增长模型

新古典经济增长模型最早是美国经济学家索洛（R. M. Solow）在 1956 年发表的《经济增长的一个理论》一文中提出的。1956 年 11 月，美国经济学家斯旺（T. Swan）在《经济增长与资本积累》一文中提出了类似的模型，因此其一般被称为"索洛-斯旺模型"。此后，英国经济学家米德（J. E. Meade）在 1961 年发表的《经济增长的一个新古典理论》

一文中，也系统地提出了基本相同的模型，因此其被称为"索洛-米德模型"。由于他们的模型像古典经济学家那样，把充分就业视为必然趋势，因此其被称为新古典经济增长模型。

新古典经济增长模型建立在以下假设基础上：第一，经济中只生产一种产品，这种产品在满足消费以后的剩余成为投资；第二，生产中只有资本和劳动力两个生产投入要素；第三，资本和劳动力的边际生产率递减；第四，资本和劳动力的组合，比例可变动；第五，由于边际生产率递减，资本和劳动力都可以得到充分利用，社会可以保持充分就业状态。

哈罗德-多马经济增长模型假定资本和劳动力的比例固定不变，因此实际增长率与自然增长率往往不一致，而新古典经济增长模型则假定资本和劳动力的比例可变动，因此就不存在这种不一致，实际增长率就是自然增长率。

索洛-斯旺模型建立在柯布-道格拉斯生产函数的基础之上：

$$Y = A K^\alpha L^\beta \tag{1-5}$$

其中，Y 表示收入或产量；K 表示资本；L 表示劳动力；A 为常数项，表示规模收益不变；α、β 分别表示资本和劳动力投入在产出中的相对贡献，$\alpha + \beta = 1$。柯布-道格拉斯生产函数表明，收入或产量的增长是由各个投入要素的边际生产力及增量决定的，规模收益不变。因此可以根据资本和劳动力的边际生产力来调整资本和劳动力的组合比例。

索洛-斯旺模型的生产函数是：$Y = f(K, L)$。假定技术进步为外生条件，国民收入的增长取决于资本和劳动力的增长以及资本与劳动力的边际生产力，可以用下面的公式表示：

$$\Delta Y = MP_k \cdot \Delta K + MP_L \cdot \Delta L \tag{1-6}$$

其中，ΔY、ΔK 和 ΔL 分别表示国民收入、资本和劳动力的增量；MP_k、MP_L 分别表示资本和劳动力的边际产量。

根据式（1-6）可计算国民收入增长率：

$$\frac{\Delta Y}{Y} = \frac{MP_k \cdot \Delta K}{Y} + \frac{MP_L \cdot \Delta L}{Y} = \frac{MP_k \cdot K}{Y} \cdot \frac{\Delta K}{K} + \frac{MP_L \cdot L}{Y} \cdot \frac{\Delta L}{L} \tag{1-7}$$

因为 $$Y = MP_k \cdot K + MP_L \cdot L \tag{1-8}$$

所以 $$\frac{Y}{Y} = \frac{MP_k \cdot K}{Y} + \frac{MP_L \cdot L}{Y} = 1 \tag{1-9}$$

令 $$\frac{MP_k \cdot K}{Y} = a, \frac{MP_L \cdot L}{Y} = 1 - a = b \tag{1-10}$$

则 $$\frac{\Delta Y}{Y} = a\left(\frac{\Delta K}{K}\right) + b\left(\frac{\Delta L}{L}\right) \tag{1-11}$$

$\frac{\Delta Y}{Y}$ 就是经济增长率，用 G 表示，a 和 b 分别为资本与劳动力对增长率所做的贡献的相对份额，即柯布-道格拉斯生产函数中的指数 α、β。所以，索洛-斯旺模型表示为：

$$G = a\left(\frac{\Delta K}{K}\right) + b\left(\frac{\Delta L}{L}\right) \tag{1-12}$$

从式（1-12）中可得知，经济增长率必然介于资本和劳动力这两种要素的增长率之间，由于 $a + b = 1$，在没有技术进步的条件下，加入两个投入要素增长率相同，则经济增长就等于资本增长率或劳动力增长率。

索洛-斯旺模型可以说明以下三点。

第一，一国可以在完全竞争条件下，通过市场调节作用来改变资本和劳动力的组合比例，从而实现经济的稳定增长。

第二，当资本增长率等于劳动力增长率时，平均每名工人收入的增长率等于零，为了使每名工人的收入获得提高，则资本的增长率必须大于劳动力增长率。

第三，由于资本和劳动力组合比例可以变动，而在投资量的增加中，资本所占比重相对增加，导致资本的边际生产力不断降低，继而使利润率下降；相反，劳动力所占比重相对减少，导致劳动力的边际生产力不断增加，继而使工资率上升。所以经济增长更有利于工人，而不利于资本家。

在新古典经济增长模型中，哈罗德-多马经济增长模型的"刀刃"问题完全可以避免。无论什么原因使 G_w 背离 G_n，通过市场机制，经济增长率都将趋向于自然增长率，从而从长期看，经济可以达到充分就业的稳定均衡增长。

1957年，索洛发表了一篇名为《技术变化和总量生产函数》[①]的文章，该文把总产出作为资本和劳动力两大投入要素的函数。他提出，从总产出中扣除投入要素带来的产出增长所得到的余值是技术进步对产出的贡献，被称为索洛残差（Solow's residual）。经过研究，他指出，1909~1949年美国的经济增长中有80%以上归结为技术进步的结果。英国经济学家米德在1961年发表的《经济增长的一个新古典理论》一文中，也系统地提出了基本相同的模型。索洛-米德模型进一步发展了索洛-斯旺模型，在其中增加了技术进步要素。索洛-米德模型的生产函数是：$Y = f(K, L, R, t)$。在该公式中，R表示土地；t表示时间，代表技术不断进步的趋势。如果R固定不变，K、L增加，t在推移，从而使技术不断进步，则$\frac{\Delta Y}{Y} = a\left(\frac{\Delta K}{K}\right) + b\left(\frac{\Delta L}{L}\right) + \frac{\Delta t}{t}$，公式中$\frac{\Delta t}{t}$为技术进步率。索洛-米德模型比索洛-斯旺模型增加了技术进步的因素，说明技术进步也有利于经济增长，并且，由于有了技术进步因素的作用，经济增长不仅仅取决于资本和劳动的增长率及其对经济增长所产生的相对作用的权重。在技术进步条件下，即使资本增长率等于甚至低于劳动增长率，工人的收入也有可能增长。然而，新古典主义经济学家认为，技术进步对经济增长所起到的作用不是由经济体系内部因素决定的，而是由独立于经济体系之外的要素决定的，也就是说，技术因素是一种外生变量。

（四）经济成长阶段理论

经济成长阶段由美国经济学家罗斯托提出，1960年他在其著作《经济成长阶段》一书中提出所有国家都要经历传统社会阶段、为起飞创造条件阶段、起飞阶段、向成熟推进阶段和高额群众消费阶段这五个发展阶段。1971年，罗斯托在其另一部著作《政治和成长阶段》中，又在以上五个阶段之后增加了第六个成长阶段，即追求生活质量阶段。

第一阶段为传统社会阶段。罗斯托认为，该阶段是人类社会发展的最初阶段。在这一阶段，经济处于原始状态，没有现代科学技术，以农业生产为主。整个社会生产力低下，人均收入仅够维持生存。

[①] R. M. Solow, "Technical Change and the Aggregate Production Function," *Review of Economics and Statistics*, 1957, 39 (3), pp. 312-320.

第二阶段为为起飞创造条件阶段。社会发展所需要的各种条件在这一阶段形成。在这一阶段，新的科学技术逐渐被应用于工农业，金融机构开始出现，交通运输状况得到很大改善，商业范围也有所扩大，中央集权的民族国家也建立起来。新的生产方式已经出现，原有的低效率生产方式仍在运用，处于新旧交替中。发展面临的障碍逐渐被扫清，但居民人均收入增长仍旧缓慢。中世纪的西欧就处于这一阶段。

第三阶段为起飞阶段，该阶段是经济发展最关键的阶段，也是经济发展进程中具有分水岭意义的阶段。经济起飞阶段的重要条件是：第一，农业和工业采用现代的组织技术与方法；第二，经济中的净投资上升，达到国民收入的10%；第三，产生了重要的新的工业部门，它们又带动了辅助部门的发展，结果是农业劳动生产率提高，劳动力从农业部门向工业部门转移，人均产值大幅度提高。处于这一阶段的国家储蓄上升，企业家阶层日益扩大，新的投资产生，新的生产方法被采用，一直未被利用的自然资源被开发。这一阶段一般持续二十到三十年。美国和法国的起飞阶段发生在1830年后的三十年，德国发生在1850年后的二十年，日本的起飞阶段则在19世纪最后二十年。

第四阶段为向成熟推进阶段，在起飞阶段之后是持续进步的时期。现代技术被广泛运用于经济活动的各个领域，新投资保持在相当高的水平，通常占国民收入的10%~20%。投资的增长使生产的增长超过人口的增长。由于生产增长，开发出新的出口商品，并产生新的进口需求，经济在世界贸易中的地位得到加强。这一阶段伴随着重大的结构转变，生产技术不断改进，传统的工业部门趋于稳定，新兴工业部门加速增长，其结果是人均国内生产总值持续增长。历史上，发达国家用大约四十年的时间完成了这一阶段。这一时期资源多样化，经济增长超出了经济起飞的范围，发展了有效生产种类繁多的各类商品的能力和技术。

第五阶段是高额群众消费阶段。在这一阶段，经济中越来越多的资源被用来生产耐用消费品和提供劳务，技术工人在劳动力中的百分比和城市居民在总人口中的百分比呈上升趋势，通过各种途径越来越多的资源被用在了社会福利和保障事业上。高额群众消费阶段是一个富裕阶段，收入水平的提高逐渐改变了人们的消费习惯，人们不满足于衣食住行等基本生活需要，开始追求更高水平的消费。汽车、各种家用电器等都获得了广泛的消费，社会福利和保障事业得到深入发展。在该阶段，主导部门已经转移到耐用消费品的生产部门和服务业。

1971年，罗斯托又在前五个成长阶段之后，增加了追求生活质量的阶段。在这一阶段，主导部门已经从耐用消费品的生产部门转移到以服务业为代表的与提高居民生活质量密切相关的部门，如教育卫生部门、住宅建设部门、文化娱乐部门和旅游部门等。它们提供的产品主要是劳务，而不是有形产品。同时，这一阶段需要解决的主要问题是那些可能妨碍社会顺利发展的社会问题等。

从罗斯托的经济成长理论中可以看出，经济增长的关键是增加国民收入中的储蓄率，因此这一理论并不适用于所有国家，虽然许多国家有比较高的储蓄率，也接受了不少外国投资和援助，但仍然无法实现经济增长。这是因为，资本虽然是经济增长的必要条件，但不是经济增长的充分条件。实际上，经济增长除了需要满足资本的条件之外，还要具备结构、制度等条件。此外，目前新兴市场和发展中国家所面临的国际经济环境也与发达国家一百多年前不同。

（五）结构变动模型

所谓结构转换是指涉及国民生产总值连续增长所必然引起的经济和制度结构的一系列变化，具体包括物质资本与人力资本的积累，需求、贸易、就业结构的变化，以及城市化、人口增长、收入分配变化等经济变化进程。结构变动模型将新古典经济学理论中的分析方法和现代经济学的经济计量方法结合在一起，描述结构变化的过程。在结构变动模型中，阿瑟·刘易斯（W. A. Lewis）的两部门剩余劳动理论模型和霍利斯·钱纳里（H. B. Chenery）等的发展模式理论模型最具代表性。

1. 两部门剩余劳动理论

两部门剩余劳动理论模型最初由诺贝尔经济学奖得主刘易斯在20世纪50年代中期提出的。刘易斯研究的是传统的仅能维持生存的经济结构变动，后来美国经济学家费景汉（J. Fei）和古斯塔夫·拉尼斯（G. Ranis）加以扩充。该模型在20世纪60~70年代得到广泛传播，成为有大量剩余劳动力的发展中国家的主要经济发展理论。

该模型建立在以下假设基础上。第一，假定不发达国家由两个部门组成：一个是传统的、人口众多的、仅仅能够维持基本生存的农业部门，这个部门的最重要的特点是边际劳动生产率为零；另一个是城市中的现代工业部门，这一部门具有更高的劳动生产率，并接收农村剩余劳动力。第二，假设现代工业部门中的投资来自工业部门的利润，资本家将所有利润投入工业部门中。第三，工业部门的工资水平不变。刘易斯认为，工业部门的工资水平至少比工业部门高30%，才能诱使农村的剩余劳动力离开农业部门进入工业部门。在工资固定不变的假设下，从农业部门转入工业部门的劳动力的供给曲线具有完全弹性。

如图1-1所示，横坐标代表工业部门的劳动力数量，纵坐标代表工人的实际工资，它等于劳动的边际产量。OA为传统农业部门仅能维持基本生存的平均工资水平。OW为现代工业部门的实际工资，按照这一工资，从农村转入城市的劳动供给具有完全弹性，因而是一条水平线WS，其含义是，在这一工资水平下，工业部门可以无限雇佣劳动力而无须提高工资。在经济发展初期，经济中的资本供给为K_1，由于劳动的需求曲线是由劳动的边际产品递减决定的，因此在图中为负斜率曲线$D_1(K_1)$。刘易斯假定现代工业资本家追求最大利润，因此雇佣的劳动力数量不断增加，直至工人的边际产出与工人的工资相等时为止，也就是说，资本家雇佣的劳动力数量是劳动供给曲线WS与劳动需求曲线$D_1(K_1)$的交点所决定的劳动力数量L_1。图1-1中，劳动力数量为OL_1，工人得到的工资为$OWFL_1$，工业部门总产出为OD_1FL_1，资本家的利润为WD_1F。基于假定，资本家会将所有利润进一步投资，资本数量从K_1增加到K_2，劳动力数量由OL_1增加到OL_2，工资总额增加到$OWGL_2$，产出达到OD_2GL_2，资本家利润增加到WD_2G。以此类推，当资本增加到K_3，雇佣工人数量增加，工业部门产量增加，利润增加。如此反复，直至农村剩余劳动力全部被吸收到工业部门中为止。此后，由于农村劳动力的边际产品不再为零，只有以大于粮食生产的成本才能把劳动力从农村吸引出来。此时，劳动力供给曲线就会因现代工业部门的工资上涨和就业增加成为一条正斜率的斜线，而不再是一条水平线了，当经济活动从农业部门向现代工业部门的转移达到平衡时，经济的结构性转换就完成了。

如果把刘易斯的模型与当今发展中国家的经济现实和制度现实进行

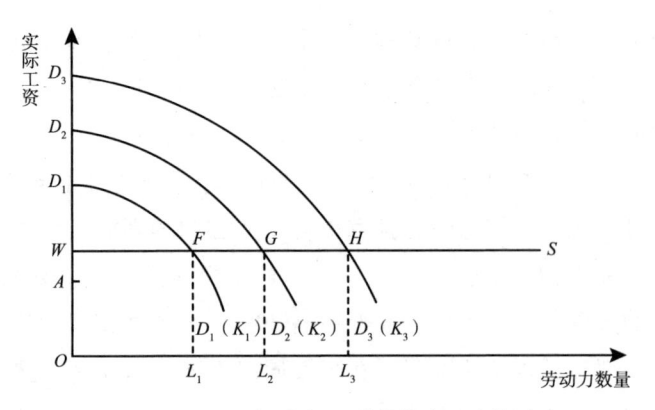

图 1-1 刘易斯两部门剩余劳动理论模型

对比，很容易发现其模型中一些假定并不适合。首先，模型暗含假定现代工业部门吸收劳动力和创造就业的速度与现代工业资本积累的速度成比例。资本积累的速度越快，工业部门的产量增长就越快，所创造的就业数量也就越多。如果资本家的投资总是投向技术先进的资本密集型部门，从图1-2中可以看出，虽然资本家的投资从 K_1 增加到 K_2，但劳动的需求曲线没有一直向外扩张，而是与原来的劳动需求曲线相交，雇佣的劳动力数量并没有改变，仍然是 OL_1，虽然总产量出现增长，但工资水平和就业水平未变，所有的产量增长实际上都被资本家得到。所有经济增长的好处都被资本的所有者拿走，而工人的收入和生活状况没有改变。从增长的角度看，经济确实获得了增长，但从人们的经济福利的角度来看，经济并没有发展。

第二，其模型还假定资本家将所有利润都进行投资，但在许多国家中，资本家并不会将全部利润用来投资，而是以资本外逃的形式转移到国外。

第三，刘易斯假定，农村存在大量剩余劳动力，城市是充分就业的状态，但许多国家的现实状况却恰恰相反，城市中存在大量失业，而农村中的失业人数反而不多。

第四，工业部门的工人工资在农村剩余劳动力没有完全被吸收以前是固定的，不会发生大的变化，劳动的供给曲线是一条水平线，但在许多国家的现实中，工资却呈增长趋势。

许多国家根据其模型的思路，试图通过扩大现代工业部门的规模解决农村剩余劳动力的出路和就业问题，但并没有取得预期效果。

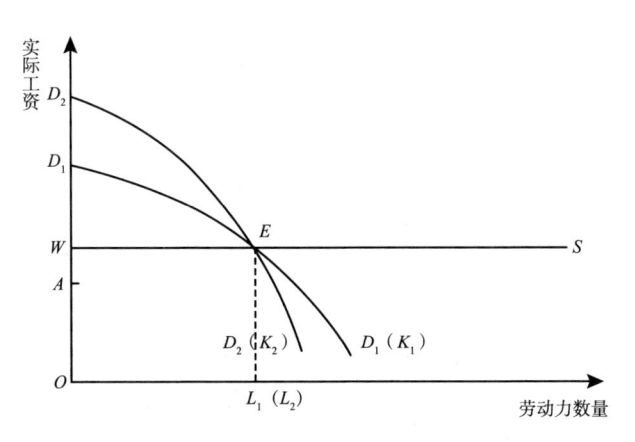

图 1-2　按劳动节约型资本积累模式修正的刘易斯的模型

2. 发展模式理论

结构变动模型的另一个代表模型是钱纳里等的发展模式理论，这一理论注重分析国家的经济结构、产业结构和制度结构的变化。发展模式理论对 1950~1970 年 100 多个国家的经济发展与制度结构进行了研究，从资本积累、资源配置、人口分配过程这三方面列出十项指标，并观察这些指标随人均收入变化的状况。钱纳里等的研究既从横向的某个时点上，也从纵向的时间序列上观察处于不同人均收入水平的国家，从而总结出经济结构随经济发展的"正常"变动模式。这种变动模式包括从农业向工业的转变；消费者需求从重视食品和生活必需品的消费倾向向要求多样化的制造业产品和劳务的消费倾向转变；人们从农村向城市迁移，形成城市化；家长逐步重视孩子的素质；家庭的大小；总人口变化；等等。

与刘易斯的模型不同，发展模式理论将资本积累看作经济发展的必要条件而非充分条件。因此，国家除了必须增加储蓄以促进增长之外，也要求国家积累物质资本和人力资本及相应经济结构的变动。他们的研究几乎包含了经济发展的所有函数关系。钱纳里等的发展模式理论认为经济发展的制约因素既有国内因素，也有国际因素。国内因素既包括一国的资源状况、物质、资本和人口规模等经济因素，也包括政府政策和发展目标等制度因素。国际因素包括吸引外资、技术、参与国际分工和国际贸易的情况。各国经济发展速度的差异主要是由于这些国内和国际因素上的差别。钱纳里等认为，尽管各国经济发展的速度和发展模式不同，但仍然可以找到"平均"模式供各国在发展过程中参照。

（六）新增长理论

新古典经济学理论认为技术进步是经济增长的外生变量，无法阐述技术进步的决定过程，也无法解释具有相同技术水平的不同国家的索洛残差却有着巨大差距。特别是根据新古典经济学理论，那些资本-劳动比率较低的国家，资本的投资回报率应该较高，实行自由市场政策应该使这些国家获得更高的投资回报率，进而推动生产率和居民收入的提高，但实际中，这些国家往往只取得了非常有限的经济增长，甚至没有增长。20世纪80年代中期到90年代中期，新增长理论的出现，为理解经济增长提供了更多启示。

新增长理论建立了一个理论框架，认为与外部体系相比，支配生产过程的内部体系对经济的可持续增长发挥更加重要的作用。该理论从经济体系内部因素解释技术进步，并结合世界各国经济发展的现实提出了技术内生化的思路。新增长理论模型没有采用新古典经济增长模型中要素报酬递减这一假设，而是通过假设要素报酬不变或递增来解释长期的内生性增长。[①] 新增长理论模型主要有以下几种。

第一，干中学和知识外溢。干中学模型由阿罗于1962年提出，他强调把从事生产的人获得"知识"的过程内生于模型。阿罗假定，知识的获得和学习是经验的产物，经验的积累对于生产率的提高起着重要作用。这一模型中的学习过程包括两种效应：一是"干中学"。由于生产更多产品而积累更多的经验，获得更多知识，从而对生产率产生正向影响。二是"知识外溢"。每个企业的知识都是公共产品，任何企业都能无成本获得。知识一经发现就会立刻外溢到整个经济中。学习的过程一般被假定依赖于过去积累的投资或者产出。知识因素随着资本水平的提高而提高，而这会促使长期增长率的提高。后来，罗默（Paul Romer）在其1986年发表的《收益递增与经济增长》一文中借用了这一分析框架，引

[①] 《发展经济学》编写组：《发展经济学》，高等教育出版社，2019，第88页。

入知识并假定知识创造是投资的副产品来消除报酬递减的趋势，以此来解释内生增长。

第二，人力资本。1988年卢卡斯（R. E. J. Lucas）在《论经济发展的机制》一文中利用人力资本来解释长期增长。[①] 在该文中，他主要讨论了物质资本和人力资本之间的相互作用，以及可以容纳专业化人力资本的制度。人力资本与一般劳动力不同，其形成要求有教育和培训成本的投入。人力资本的积累一方面对生产率有直接的正向影响，另一方面还有提高劳动和物质资本生产率的外部效应，从而保证了要素收益递增。

第三，研究与开发（R&D）。还有一种观点是通过研究与开发使技术进步内生化。研究与开发一般可以划分为工艺创新和产品创新，相应地，遵循这种思路的模型也以两种不同的方式对技术进步建立模型。在这一类型中，技术进步表现为产品种类的增加。[②] 另一类则利用现有种类产品质量的提高来建立关于技术进步的模型。[③] 在两种模型中，技术进步都是由有意识的R&D的活动推动的。企业有动机对其R&D成果进行保护，由R&D活动产生的知识具有某种程度的排他性。新技术的开发者在一段时间内具有一定程度的市场力量。

第四，"创造性毁灭"。"创造性毁灭"是新熊彼特主义经济增长理论的标识，该理论的主要代表人物是阿吉翁和霍伊特。[④] 该理论的主要观点源自熊彼特于1942年出版的《资本主义、社会主义与民主》一书中"创造性毁灭"的思想。熊彼特在该书中提出，经济进步是由一系列的"创造性毁灭"过程实现的。经济进步的驱动力是在产品、工艺或者其他方面有创新的企业家。企业家对其创新具有一定的垄断力量。新企业的进入有利于消费者，但会对市场中原有的企业产生冲击。在竞争中，原有的企业被新进入的企业排挤甚至驱逐出市场，经济增长就是在这样一个优胜劣汰的过程中实现的。阿吉翁和霍伊特将熊彼特的这一思想数

---

① R. E. J. Lucas, "On the Mechanics of Economic Development," *Journal of Monetary Economics*, 1988, 22.
② Paul Romer, "Endogenous Technological Change," *Journal of Political Economy*, 1990, 5.
③ Grossman, G. M., and Elhanan Helpman, *Innovation and Growth in the Global Economy* (Cambridge, MA: MIT Press, 1991).
④ Philippe Aghion and Peter Howitt, *Endogenous Economic Growth* (Cambridge, MA: MIT Press, 1998).

学化,将技术进步视为企业家创新和"创造性毁灭"过程的结果。

新增长理论认为一国经济增长的根本动力还在于人力资本和知识的生产与积累。各国经济增长率的差别和收入水平的差异是由于各国对知识和人力资本积累的刺激程度不同,向他人学习的能力也不同。若一国要追赶先进国家经济发展,最重要的也是最具决定意义的是知识、人力资本及向他国学习的能力。若要领先于他国,则不仅要向先进国家学习,还要进行科技上的创新。根据新增长理论,各国之间的国际分工不仅依据传统要素的配置实现专业化,还可以通过对知识、人力资本进行投资取得比较优势,实现建立在新基础上的专业化。一国运用教育和研究开发进行直接激励的政策对经济增长最为有效,因此各国的政策重点应放在支持教育和科研上。然而,新增长理论过分强调外部性和收益递增的重要性,缺乏对技术进步过程中制度因素的分析,从而影响了该理论对经济发展研究的有效性。

(七) 新制度经济学

新制度经济学的主要代表人物是罗纳德·哈里·科斯 (Ronald H. Coase) 和道格拉斯·诺斯 (Douglass C. North)。

科斯是新制度经济学的鼻祖,1991年诺贝尔经济学奖获得者。1937年,科斯发表了《企业的性质》一文,在该文中科斯提出了"交易成本"的概念,用以解释企业存在的原因及扩展规模的界限问题。所谓交易成本,即"利用价格机制的费用"或"利用市场的交换手段进行交易的费用",包括提供价格的费用、讨价还价的费用、订立和执行合同的费用等。科斯认为,当市场交易成本高于企业内部的管理协调成本时,企业便产生了,企业的存在正是为了节约市场交易费用,用费用较低的企业内交易代替费用较高的市场交易;当市场交易的边际成本等于企业内部的管理协调的边际成本时,就是企业规模扩张的界限。科斯还是产权理论的创始人。1960年科斯发表的《社会成本问题》被公认为是西方产权理论的开山之作。在该文中,科斯提出没有产权的社会是一个效率绝对低下、资源配置绝对无效的社会,产权能够保证经济的高效率,应具有明确性、专有性、可转让性、可操纵性的特点。清晰的产权可以解决外部不经济,降低社会成本,从而在制度上保证资源配置的有效性。

1966年施蒂格勒在《价格理论》一书中,将科斯的这一思想概括为"交易成本为零时,私人成本等于社会成本",并将其命名为"科斯定理"。科斯还提出,在交易费用大于零的世界里,在不同的产权制度下,交易的成本可能是不同的,因而,资源配置的效率可能也不同,所以为了优化资源配置,产权制度的选择是必要的。由政府选择某个最优的初始产权安排,就可能使福利在原有的基础上得以改善,并且这种改善可能优于其他初始权利安排下通过交易所实现的福利改善,即产权的清晰界定是市场交易的前提。

新制度经济学的另一位代表人物是道格拉斯·诺斯,由于建立了包括产权理论、国家理论和意识形态理论在内的"制度变迁理论",获得1993年诺贝尔经济学奖。诺斯是第一位利用新古典经济学系统研究制度对经济增长影响的经济学家,在《制度、制度变迁与经济绩效》一书中,诺斯提出制度的定义是"制度是一个社会的游戏规则,或者更正式的,是定义人类交往的人为约束"。诺斯认为,制度的最主要的功能是规范个人行为,使得它对他人而言具有可预测性,从而降低社会交往中的不确定性和交易成本。[1] 在1966年发表的关于美国经济史的著作中,诺斯首次展示了他的制度主义的思想。1973年,诺斯和托马斯合作撰写《西方世界的兴起》一书,较为完整地展现了这一思想。诺斯和托马斯从产权的角度解释西欧国家,特别是英国的兴起。他们提出,资本积累和教育等这些通常被人们认为是经济增长源泉的东西,其实只是经济增长本身的一部分,经济增长的真正源泉是制度。他们考察了9~16世纪土地产权形成的历史,提出产权的形成是西欧经济起飞的根本性因素。在该书中主要有两条线索:一是他们在研究英国土地产权的确立过程中,采用的诱导性制度变迁理论的原理,即制度的演进趋向于有利于较为稀缺要素的方向;二是产权确定了土地收益的边界,鼓励所有者对土地的改进和投资,产权内化了土地的收益和成本,消除了公地所蕴含的外部性问题。这两条线索此后成为新制度经济学研究的两个基本取向。[2]

1981年,诺斯出版了《经济史中的结构与变迁》一书,进一步阐述

---

[1] 姚洋编著《发展经济学》,北京大学出版社,2018,第361页。
[2] 姚洋编著《发展经济学》,北京大学出版社,2018,第361页。

了制度变迁的决定因素。在该书中,他将国家置于核心地位,认为国家既是经济增长的关键,也是经济衰退的根源。为了论证这一悖论,诺斯从国家与产权的关系入手提出,如果国家界定的产权能够经济地配置和使用资源,使社会产出最大化,就能促进全社会福利增加,有利于经济增长,这就是国家契约论;如果国家界定产权,使权力集团收益最大化,为了收取垄断租金,并不关心交易费用的降低和有效率的制度创新,就不能实现整个社会经济的发展,反而会造成人为经济衰退,这就是国家掠夺论。

产权理论和国家理论没有成功解释如何克服"搭便车"行为,这是由于产权的无效率性和不完全性的存在。然而,要实现产权的充分界定和行使,经济行为的监督就要花费成本。当成本小于收益时,有效率且完全的产权可以勉强克服"搭便车"行为;但当成本大于收益时,单靠有效率且完全的产权也无济于事。因此,诺斯提出了意识形态理论,他认为意识形态是一种行为方式,这种方式可以提供给人们一种"世界观"从而使人们的行为决策更加经济,使人们的经济行为受一定的准则和行为规范的协调而趋向更加公正、合理。这种意识形态会与道德、伦理交织在一起,当人们的经验与其思想不相符时,人们会改变其意识观念,这时意识形态就会成为不稳定因素。

上述理论都是在一定历史时期,从不同角度对经济发展问题进行总结,都在一定程度上反映了当时国家经济发展的需要以及当时人们对经济发展的认识,每种理论都有其合理的部分,都具有一定的借鉴意义。

第二章 俄罗斯经济发展

1999年12月31日，叶利钦辞职，普京担任俄罗斯代总统。2000年3月普京当选俄罗斯总统，俄罗斯历史开启"普京时代"。普京执政之初，俄罗斯社会秩序混乱，经济不振，国家财政捉襟见肘，负债严重。经过二十余年的经济治理，俄罗斯经济整体保持增长态势，宏观经济稳定性和抗风险能力增强，居民生活明显改善，俄罗斯积极融入世界经济，并建立欧亚经济联盟主导欧亚地区一体化。本章回顾普京执政二十余年中俄罗斯经济的发展历程，总结经济发展取得的成就及经济增长过程中面临的主要问题。

一 普京前两任期俄罗斯经济发展态势

（一）经济增长态势

1999~2008年，俄罗斯经济连续十年保持快速增长。这十年中，俄罗斯经济累计增长62.7%，年均增长率接近7%（见表2-1）。2007年，以美元计价的俄罗斯名义GDP首次超过苏联解体前（1989年）经济的最高水平，此时俄罗斯彻底摆脱转型性经济危机。

表2-1 1999~2008年俄罗斯经济增速及在全球经济体中的排名

单位：%，位

年份	经济增速	排名
1999	6.4	22
2000	10.0	18
2001	5.1	16
2002	4.7	16
2003	7.3	16
2004	7.2	16

续表

年份	经济增速	排名
2005	6.4	14
2006	8.2	11
2007	8.5	12
2008	5.2	8

资料来源：根据俄罗斯联邦国家统计局数据和IMF数据库整理。

1999~2008年，俄罗斯经济发展大体分为两个阶段：第一阶段为1999~2002年，是经济恢复性增长时期；第二阶段为2003~2008年，为经济稳定增长时期。

1. 经济恢复性增长时期（1999~2002年）

1998年俄罗斯金融危机之后，俄罗斯经济下滑的趋势得以扭转，开始恢复性增长。该时期俄罗斯经济平均增速为6.55%，高于世界经济增速，俄罗斯在全球经济中的排名从1999年的第22位上升至2002年的第16位（见表2-1）。

该时期经济增长有内、外两方面的原因。

从外因看，主要包括卢布贬值效应、国际市场能源价格的推动以及原有对外经济联系的恢复等。

第一，金融危机后的卢布贬值效应。1998年俄罗斯金融危机发生后，俄罗斯卢布大幅贬值，为当时国内供求关系的变化提供了条件。一方面，卢布贬值有利于出口，增强了俄罗斯产品在国际市场上的价格优势，工人实际工资的下降降低了企业劳动力成本，也提高了企业的利润率；另一方面，卢布贬值不利于进口，提高了外国产品进入俄罗斯市场的价格门槛，同时由于居民实际收入下降，购买力降低，被迫选择国产商品，形成了进口替代效应，保护了俄罗斯的民族工业。在需求的推动下，企业启用大量闲置生产能力，形成恢复性经济增长。2001年和2002年，俄罗斯经济增速分别下降到5.1%和4.7%，卢布贬值效应逐渐消失，随着出口的持续增长和居民实际收入的提高，居民购买力增强，已不满足于质量较差的国产商品，国内市场需求的下降导致企业收缩生产规模，进而使经济增速放缓。

第二，国际市场能源价格抬头。根据俄罗斯联邦国家统计局不同年份统计数据，1998年乌拉尔石油平均价格为10.3美元/桶，1999年上涨到15.2美元/桶，2002年上涨到21美元/桶。在此期间，天然气、金属、木材等能源和原材料价格也大幅上涨。2000年俄罗斯出口商品结构中农产品、矿产品、金属、木材等能源和原材料产品占比达到64%，在价格上涨的推动下，俄罗斯出口额快速增长。1999年出口额为755.51亿美元，2000年猛增至1050.33亿美元，增幅高达39.0%。出口拉动经济增长，消费和投资也都呈现较高增速，2000年居民实际收入提高13.0%，企业投资积极性增强，固定资产投资增长17.4%。

第三，随着冷战思维失去市场，各国致力于经济发展，俄罗斯在苏联时期建立的对外经济联系得以恢复。随着经济转型进程的推进，大部分独联体国家建立起市场经济体制，经历了长期的经济衰退，各国经济形势逐渐好转，俄罗斯与这些国家原有的经济联系逐步恢复，在一定程度上促进了该时期经济增长。

从内因看，主要得益于恢复性增长和制度因素。

第一，经济转型后的恢复性增长。恢复性经济增长的概念是由苏联经济学家В.格罗曼提出，是指在原有生产设备及劳动力基础上，通过对生产能力的重组和生产联系的恢复进行生产，达到经济增长的效果。[①] 俄罗斯经济学家盖达尔认为1999~2002年俄罗斯经济增长为恢复性增长，因为这种增长不仅出现在俄罗斯，还出现在大部分独联体国家。这些国家在经济转型时期都经历了经济大幅下滑，企业的生产能力并没有满负荷运转，1998年金融危机后的卢布贬值效应刺激企业启动闲置的生产设备，动员闲置劳动力，恢复生产。在此过程中，经济增长并非由追加投资扩大再生产推动，而是对已有生产能力进行重组推动。

第二，根据新制度经济学理论，制度变迁对社会经济发展起到重要的推动作用。首先，稳定的政权和经济秩序的整顿为经济发展提供了基

---

① Громан В., О некоторых экономерностям, эмпирически обнаруживаемых в нашем народном хозяйстве, *Плановое хозяйство*, №2, 1925, С32, 转引自 Гайдар Е., Восстановительный рост и некоторые особенности современной экономической ситуации а России, *Вопросы экономики*, №5, 2003 г.。

础性保障。在这一时期中，普京上台，一方面坚持制度改革的方向，另一方面致力于治理危机时期未能解决的问题，整顿混乱的经济秩序。比如，提出了"强国富民"思想、加强了中央集权等。其次，市场经济制度的确立使资源配置得到优化。该时期俄罗斯政府推行了税制改革和土地改革、确立了产权制度、形成了竞争机制等。这些措施使经济增长的外部制度环境得以固化。

2. 经济稳定增长时期（2003~2008年）

2003~2008年，俄罗斯经济呈现相对稳定的快速增长势头。这一阶段GDP增长率一直保持在5%以上，大部分年份甚至保持了7%以上的增长率。俄罗斯经济在全球经济中的排名也从2003年的第16位快速提高至2008年的第8位（见表2-1）。

该时期经济表现出强劲增长的主要原因包括以下三个方面。

第一，国际油价快速上涨。俄罗斯经济进入稳定增长期恰好是国际原油价格大幅上涨期，以伦敦布伦特原油价格为例，2003年年平均价格为28.85美元/桶，2008年年平均价格上升至97.66美元/桶，年均增幅为28%。相比较而言，1999~2002年的原油价格由17.70美元/桶上升至21美元/桶，年均增长率仅为5%。该时期，能源出口持续扩大，拉动经济稳定快速增长。从GDP构成看，最终消费在GDP中所占比重最大，达到2/3左右，整体上总积累在GDP中的比重逐年增加，从1999年的15.0%提高至2008年的25.5%，而整体上净出口在GDP中的比重却在下降，从1999年的17.0%下降至2008年的9.2%（见表2-2）。从表面看，净出口对经济增长的拉动作用不大，其实不然。能源出口收入增加带动国内消费和投资需求快速增长，国内市场得以扩大，在GDP构成中净出口比例下降的原因是，出口收入增长在拉动国内需求的同时，还拉动了进口，进出口差额缩小导致进出口比例下降。因此，可以说这一时期的高增长主要得益于持续上升的高油价，当然如此增长必然包含着潜在隐忧。关于自然资源行业过度发展对经济增长的负面效应，在本书的第三章会有详细论述。

表 2-2　1999~2008 年俄罗斯 GDP 构成

单位：%

	1999 年	2000 年	2001 年	2002 年	2003 年	2004 年	2005 年	2006 年	2007 年	2008 年
GDP	100	100	100	100	100	100	100	100	100	100
最终消费	68.0	61.3	65.5	69.0	68.0	66.9	66.1	65.7	66.7	65.3
总积累	15.0	18.6	21.9	20.1	20.7	20.9	20.2	21.5	24.6	25.5
净出口	17.0	20.1	12.6	10.9	11.3	12.2	13.7	12.8	8.7	9.2

资料来源：Российский статистический ежегодник 2009，https://www.gks.ru/folder/210/document/12994。

第二，市场经济的制度效应逐步显现。普京执政后加强了市场经济制度方面的建设，[①] 如 2005 年颁布的《关于科技活动成果支配权的法令》加强了知识产权的保护；同年颁布的《俄罗斯联邦经济特区法》对吸引外资和加强技术创新都有积极的推动作用等。

第三，国家加强对经济的干预、政权更加稳定。普京在政策上治理寡头，加强国家对经济的控制力；推行"教育、住房、医疗、农业"四大民生工程，经济政策更趋社会化。这些措施保障了社会稳定，为经济发展提供了良好环境。

（二）经济发展成就

1. 宏观经济稳定性和抗风险能力明显增强

如表 2-3 所示，2000~2008 年，俄罗斯预算连续九年保持盈余，2004~2008 年预算盈余占 GDP 的比重均在 4.5% 及以上。金融市场保持稳定，通货膨胀率从 1999 年的 36.5% 下降至 2007 年的 11.9%，2008 年通胀率较高，主要是由下半年金融危机导致。为降低国际油价波动对经济的影响，2004 年俄罗斯建立了稳定基金，将超额油气收入纳入稳定基金，跨期平衡国家收入，后来拆分为储备基金和国家福利基金。利用高油价带来的外汇收入，俄罗斯提前偿还了大量外债，使外债占 GDP 的比

---

① 关于加强市场经济制度建设的政策，可参见郭晓琼《俄罗斯创新型经济发展及政策评述》，《黑龙江社会科学》2009 年第 2 期。

重由1999年的89.5%降至2008年的2.1%。① 随着出口形势的好转，国际储备规模也逐年扩大，从2000年的280亿美元扩大至2008年的4271亿美元。② 与普京执政之前相比，经过九年发展，俄罗斯宏观经济稳定性和抗风险能力显著增强。

2. 经济整体保持增长态势

1999~2008年，俄罗斯经济连续十年保持快速增长。这十年中，俄罗斯经济累计增长62.7%，年均增长率达到6.9%，超过世界经济4.7%的年均增速。俄罗斯在全球经济体中的经济排名也从1999年的第22位提升至2008年的第8位。2007年，以美元计价的俄罗斯名义GDP达到1.25万亿美元，是俄罗斯独立前1991年水平的1.1倍，首次超过苏联解体前（1989年）经济的最高水平，此时俄罗斯彻底摆脱转型性经济危机。这十年中的大多数年份，固定资产投资均呈两位数增长，2007年固定资产投资增长22.7%（见表2-3），投资的快速增长推动工业快速发展，这十年工业生产累计增长超过60%，农业生产累计增长超过30%。2008年之后，俄罗斯经济的内外环境都出现恶化，多次陷入经济危机之中，经济增长速度明显下降。1999~2008年这十年被认为是俄罗斯经济史上除新经济政策时期和国内战争之后的经济复苏外最辉煌的十年。③

表2-3 1999~2008年俄罗斯主要宏观经济指标

单位：%

指标	1999年	2000年	2001年	2002年	2003年	2004年	2005年	2006年	2007年	2008年
GDP增长率	6.4	10.0	5.1	4.7	7.3	7.2	6.4	8.2	8.5	5.2
工业生产指数	—	8.7	2.9	3.1	8.9	8.0	5.1	6.3	6.3	2.1

---

① Официальные документы Минфина России, https：//minfin.gov.ru/ru/document? TAG_ID_4 [ ] =73.

② Банк России, http：//www.cbr.ru/hd_base/mrrf/? C_mes=01&C_year=2008&To_mes=01&To_year=2012&x=42&y=10&mode=.

③ Кирилл Рогов. 20 лет Владимира Путина：Трансформация режима, 09.08.2019, https：//www.e-vid.ru/politika/090819/20-let-vladimira-putina-transformaciya-rezhima, 转引自李建民《普京治下的俄罗斯经济：发展路径与趋势》，《俄罗斯研究》2019年第6期。

续表

指标	1999年	2000年	2001年	2002年	2003年	2004年	2005年	2006年	2007年	2008年
农业生产指数	4.1	7.7	7.5	1.7	1.5	1.6	2.4	3.6	3.3	—
失业率	12.2	10.5	9.0	8.7	8.0	8.1	7.3	7.0	5.9	7.1
居民实际收入增长	-11.9	12.0	8.7	11.1	15.0	10.4	12.4	13.5	12.1	1.9
固定资产投资增长	5.0	17.4	10.0	2.8	12.5	13.7	10.9	16.7	22.7	9.8
通货膨胀率	36.5	20.2	18.6	15.1	12.0	11.7	10.9	9.0	11.9	13.3
预算盈余（赤字）占GDP的比重	-1.1	1.9	3.0	0.9	1.3	4.5	8.1	8.4	6.0	4.8
出口额增长	1.5	39.0	-3.0	5.3	26.7	34.8	33.1	24.7	16.5	33.0
进口额增长	-31.9	13.5	19.8	13.4	23.8	28.0	28.8	31.3	36.8	30.6
国际储备（年底，亿美元）	—	280	—	478	769	1245	1822	3037	4788	4271
国家机构外债占GDP的比重	89.5	45.0	—	28.4	21.8	15.8	9.5	4.4	2.8	2.1

资料来源：根据俄罗斯联邦国家统计局相关数据整理。

3. 居民生活水平显著提高

普京执政前八年，随着国家财政状况的好转，俄政府积极改善民生，实施"教育、住房、医疗、农业"四大民生工程。2000～2008年，俄罗斯处于贫困线以内的人口占总人口的比例从29%下降至13.4%，居民实际可支配收入增长了124%，人均月收入从2281卢布增长至14939卢布，平均退休金从694.3卢布提高至4198.6卢布，最低生活保障从1210卢布/月提高至4593卢布/月，国家福利和社会救助支出从785亿卢布增加至8299亿卢布，失业率从10.5%下降至7.1%。2000年收入低于最低生活保障的人口数量为4230万人，占总人口的29%，到2008年收入低于最低生活保障的人口数量下降为1850万人，占总人口的13.1%。[1]

---

[1] Российский статистический ежегодник 2009, https://www.gks.ru/folder/210/document/12994.

4. 积极融入世界经济体系

2000~2008年，俄罗斯积极发展对外经济合作，融入世界经济。第一，加强区域经济一体化，推动独联体国家经济一体化，建立欧亚经济共同体，2001年6月15日加入上海合作组织。第二，加强与世界主要国家的经济合作。俄美经济合作取得一定进展，俄欧经济及能源合作快速发展，还加强与亚太国家的经贸合作。第三，普京执政后将加入世界贸易组织作为俄罗斯发展对外经济关系的重要目标之一，加快推动入世进程。为对接世界贸易组织各项标准，俄罗斯从2001年起大幅度调整关税，并对相关法律法规进行调整，积极开展与世界贸易组织主要国家的双边谈判。第四，努力改善营商环境。2000年，三大国际评级机构中标准普尔对俄罗斯的主权信用评级为B-级，穆迪为B2级，惠誉国际为B级。几年之中，三大国际评级机构连续调高俄罗斯的主权信用评级，2006年标准普尔对俄罗斯主权信用评级为BBB+级（见表2-4），穆迪为Baa2级，惠誉国际为BBB+级。

表2-4 标准普尔调高俄罗斯主权信用评级变化

时间	信用评级
2000年12月8日	B-
2001年6月28日	B
2001年12月19日	B+
2002年7月26日	BB-
2002年12月5日	BB
2004年1月27日	BB+
2005年1月31日	BBB-
2005年12月15日	BBB
2006年9月4日	BBB+

资料来源：Министерство финансов РФ, Суверенные кредитные рейтинга по международной шкале рейтингового агенства "Standard & Poor's", https://www.minfin.ru/ru/document/? id_4=3302。

二 梅德韦杰夫执政时期俄罗斯经济发展态势

2008年对于俄罗斯经济而言是具有转折意义的一年。一方面，2008年是俄罗斯经济全面恢复后实现真正意义增长的第一年。在1999~2007年，俄罗斯经济实现了恢复性增长，每年都保持5%以上的较快增长速度。2007年，俄罗斯各项宏观经济指标全面恢复到历史最高水平，俄罗斯成为世界第七大经济体。按购买力平价计算，与1999年相比，2007年俄罗斯经济实际增长了74%，[1] 但这也仅仅是恢复到苏联解体前1989年的水平。也就是说，俄罗斯用了18年的时间终于摆脱了转型性经济危机和旷日持久的经济衰退，重新回到了1989年这一起点，开始走上真正意义上的发展道路。另一方面，2008年，俄罗斯结束了连续十年的经济快速增长趋势。2008年上半年，俄罗斯经济继续保持增长势头，第一季度国民经济增长率高达9.2%，第二季度增速略有下降，为7.9%。2008年下半年，由美国次贷危机引发的国际金融危机波及俄罗斯，国际原油价格也在7月达到历史最高值之后连续下挫，到2008年底，国际原油价格跌幅已接近70%。2008年第三季度，俄罗斯经济增速下降至6.4%，从2008年10月起，国际金融危机的负面影响开始从虚拟经济向实体经济传导，导致经济全面大幅下滑，第四季度开始出现衰退，比上季度下降1.3%，[2] 从而打断了保持多年的增长趋势。综合上半年的强劲增长，2008年全年经济仍保持5.2%的增长速度。2009年后俄罗斯经济几度出现下滑，即使是经济增长的年份，其经济增速也大大低于2008年之前的十年，"高油价支撑经济增长"的传统模式难以为继，俄罗斯经济进入低速增长期。

（一）经济增长态势

2008年，受国际金融危机波及，俄罗斯经济开始下滑，危机之初，俄罗斯政府和精英们并未估计到此次国际金融危机会对国民经济造成如

---

[1] 根据俄罗斯联邦国家统计局公布的2000~2007年国民经济增长率计算所得，http://www.gks.ru/wps/wcm/connect/rosstat/rosstatsite/main/account/#。

[2] http://www.gks.ru/wps/wcm/connect/rosstat/rosstatsite/main/account/#。

此沉重的打击，对经济形势的估计过于乐观，造成反危机政策出台和实施不够及时，这是俄罗斯未能挽回经济颓势的原因之一。然而，导致俄罗斯经济形势急转直下的根源在于俄罗斯经济本身的脆弱性和严重的对外依赖性。

2009 年，俄罗斯经济延续了 2008 年的衰退趋势，GDP 年度数据十年来首次出现负增长，全年实际增长为 -7.8%，其中，前两季度降幅较大，分别下降 9.2% 和 11.2%，后两季度降速放慢，分别下降 8.6% 和 2.6%。在世界前十大经济体中，俄罗斯是经济下降幅度最大的国家，也是"金砖四国"中表现最差的和上海合作组织中唯一出现经济负增长的国家。在实体经济中，工业和建筑业受危机影响较深，工业同比下降 11.5%，其中加工工业降幅最大，同比下降 13.9%，建筑业同比下降 16.4%，农业蒙受的损失不大，同比下降 1.7%。固定资产投资显著下降，降幅达到 17%，对小企业的固定资产投资降幅甚至超过 25%。[1] 在经济萧条的大背景下，居民实际可支配收入减少，企业拖欠工资现象严重，失业人口和贫困人口均明显增加。对外贸易方面，2009 年俄产乌拉尔牌原油价格平均为 60.94 美元/桶，相比 2008 年全年平均价格低 35.3%，加之外部需求大幅萎缩，全年对外贸易额仅为 4958 亿美元，同比下降 35.05%。[2]

2009 年，俄政府充分重视国际金融危机对俄罗斯经济造成的负面影响，为应对危机的挑战，俄政府积极制定了以稳定金融和社会保障为重点的反危机计划，投入资金约 3000 亿美元。从实施效果看，反危机计划主要目标基本实现，俄罗斯金融体系和社会局势基本保持了稳定，但实体经济下滑明显。尽管消费和投资领域仍不容乐观，但在 2009 年下半年，俄罗斯出口形势出现改观迹象，尤其在 12 月，对外贸易总量同比增长 12.7%。[3] 到 2009 年底，俄政府估计危机最困难的时期已经过去，事实证明确实如此，2010 年俄罗斯经济开始恢复性增长。

---

[1] Е. Гайдар, Российская экономика в 2009 году: тенденции и перспективы（Выпуск №31），С278.

[2] Е. Гайдар, Российская экономика в 2009 году: тенденции и перспективы（Выпуск №31），С278.

[3] Е. Гайдар, Российская экономика в 2009 году: тенденции и перспективы（Выпуск №31），С355.

2010年，俄罗斯经济整体实现恢复性增长，全年GDP增长4.3%。世界经济的逐渐复苏拉动了外需，国际市场能源、原材料价格再度上涨，俄罗斯外贸形势明显好转，全年对外贸易总额为6468亿美元，同比增长30.6%，出口额为3980亿美元，同比增长31.2%，其中剔除价格上涨因素，出口实物量也增长了11.9%，进口额为2488亿美元，同比增长29.7%。内需方面，在反危机政策的刺激下，投资和消费也出现增长。2010年，固定资产投资同比增长6%，第四季度环比增长7.7%。商品零售贸易总额同比增长4.4%，服务贸易额同比增长1.4%。消费需求扩大的基础是居民实际可支配收入和实际工资的增加。2010年，居民实际可支配收入增长了4.3%，实际工资增长了4.2%，拖欠工资现象明显减少。失业率下降至7.5%，与2009年相比下降了0.9%。[1] 分行业看，农业在第二、三季度遭遇大旱，导致生产大幅下滑，同比下降11.9%。工业生产增长了8.2%，其中加工工业增长了11.8%，交通工具及设备制造、光电仪器制造、冶金等行业增长最快。经济的复苏和加工工业生产的增长很大程度上得益于投资需求的增加。2010年取得如此成绩，一方面得益于世界经济形势整体好转，另一方面也要归功于俄罗斯政府坚决执行2010年反危机计划。

2011年全球经济再次遭遇困境。受欧美债务危机升级、日本特大地震灾害以及中东、北非政治动荡等因素的冲击，全球金融市场大幅动荡。2012年1月24日，国际货币基金组织在《世界经济展望》的报告中对世界经济形势表示悲观，将全球经济增长调低到3.5%，全球经济进一步失衡，下行风险加大，俄罗斯外部环境中的各种不确定因素增加。

在不利的外部环境下，2011年俄罗斯经济仍保持了4.3%的增长速度，与2010年持平。经济增长中内需的拉动力增强，出口的拉动力相对减弱。2011年，俄罗斯对外贸易总额为8452亿美元，同比增长30.7%，出口额为5220亿美元，同比增长31.2%，进口额为3232亿美元，同比增长29.9%。[2] 出口的增长主要得益于价格因素，以原油出口为例，

---

[1] Мониторинг об итогах социально-эканомического развития РФ в 2010 году, http://www.economy.gov.ru/minec/activity/sections/macro/monitoring/doc20110202_013.

[2] О состоянии внешней торговлив 2011 году, http://www.gks.ru/bgd/free/b04_03/IssWWW.exe/Stg/d03/33.htm.

2011年乌拉尔牌原油平均价格为109.3美元，与上年相比增长了39.8%，单就出口实物量看，2011年原油出口实物量还下降了3%。天然气、铝、铜等商品价格也远高于2010年。内需方面，固定资产投资全年同比增长6.2%，尤其在第四季度投资增长加快，与第三季度相比增长了7.3%。2011年消费需求继续扩大（作为其表现，居民储蓄率由2010年的17.5%下降至2011年的11.5%）。消费需求扩大的主要原因是消费贷款增加（2011年，银行消费贷款额增长了35.9%），而居民实际可支配收入的增长对其贡献不大。2009年和2010年，居民实际可支配收入的增长主要通过提高养老金来支撑，两年间养老金分别提高了24%和40%，而2011年，养老金增长的速度仅略高于通胀。在整个宏观形势稳定的前提下，失业率继续下降至6.6%，失业人口全年减少50万人。[①] 2011年，俄罗斯财政还出现0.8%的预算盈余。分行业看，农业喜获丰收，同比增长22.1%，弥补了2010年大旱带来的损失。工业同比增长4.7%，加工工业同比增长6.5%，其中，增长最快的行业为交通工具及设备制造业，同比增长24.6%。建筑业同比增长5.1%，高于2010年的3.5%的增速。商品零售贸易同比增长7.2%，服务贸易同比增长2.9%。

经过2010年和2011年两年的恢复性增长，俄罗斯经济弥补了国际金融危机带来的损失，重新回到危机前水平。[②]

（二）经济发展成就

1. 成功摆脱经济困境

国际金融危机之后，俄罗斯政府履行了其所承担的社会责任，出台了反危机计划，划拨大量预算资金救助实体经济，保障社会民生，在危机中充分显示了其稳定经济和社会的能力。2009年下半年起，俄罗斯经济出现转机，开始步入复苏通道。2010年，俄罗斯各项经济指标已基本恢复到国际金融危机前的水平，成功渡过危机最困难的时期。2010~2011年国民经济连续两年保持4.3%的增速，工业、农业、建筑业及基

---

① Мониторинг об итогах социально-эканомического развития РФ в 2011 году, http://www.economy.gov.ru/minec/activity/sections/macro/monitoring/doc20120202_05.

② 通过2009~2011年的GDP实际增长率计算可得，与2008年相比，2011年俄罗斯GDP增长了0.3%。

础设施行业的生产经营和固定资产投资逐步恢复并增长。反危机计划从提高居民实际可支配收入，改革养老金、养老保险制度，改善居民医疗卫生条件，降低失业和解决住房等多方面着手，对实体经济进行支援和救助，避免了社会危机和政治危机的出现。

2. 国家储备发挥了"安全气囊"的作用

2008年2月，俄罗斯将稳定基金拆分为储备基金和国家福利基金。储备基金的目的是在石油和天然气国际价格下跌、国家收入减少时用于弥补财政赤字，起到跨期平滑国家收入的作用；国家福利基金则用于补充国家养老金缺口，并为下一代储备资金。国际金融危机之后，俄罗斯政府实行了扩张性财政政策，扩大需求，刺激投资，增加就业，但扩张性财政政策会导致公共支出增加，从而扩大财政赤字。此时，储备基金可以充分发挥缓冲作用。2009年，财政部动用2.7万亿卢布储备基金补充财政预算的不足，其中，用于反危机计划拨款的资金为1.32万亿卢布。[①] 2010年，财政部共动用储备基金1.195万亿卢布弥补财政支出，其中245亿卢布用于弥补社保基金的赤字。此外，俄罗斯还有相当规模的国际储备，2008年8月1日，俄罗斯国际储备达到5966亿美元。[②] 正是由于这些储备资金，俄罗斯避免了一场货币危机的出现。由此可见，储备基金和国际储备作为俄罗斯经济的"安全气囊"，在国际金融危机中发挥了积极的作用。截至2012年2月1日，国际储备已恢复到5054亿美元，接近国际金融危机前水平。

3. 创新政策初见成效

时任俄罗斯总统的梅德韦杰夫在2011年的国情咨文中对俄罗斯创新政策的成果予以充分肯定："我相信，这是正确的决定。到目前为止在现代化的各个优先方面都取得了初步成果。"[③] 他指出，2011年俄罗斯科

[①] Сведения о движении средств по счету Федерального казначейства в Банке России по учету средств Резервного фонда в рублях за 2009 год, http://www1.minfin.ru/ru/reservefund/statistics/balances/2009/index.php?id4=7059.

[②] Банк России, http://www.cbr.ru/hd_base/mrrf/?C_mes=01&C_year=2008&To_mes=01&To_year=2012&x=42&y=10&mode=.

[③] Послание Федеральному Собранию РФ, 22 декабря 2011 года, http://kremlin.ru/news/14088.

研投资达到了苏联时期以来的最高水平,建立了有活力的发展机制。在节能方面,国家经济能耗逐步降低;在医药方面,俄罗斯启动了新药制造项目,包括治疗传染病和肿瘤的新药;在核工业、航空航天工业、船舶和汽车制造业,俄罗斯成功研制了有竞争力的可以操纵新型技术设备的超级计算机;在核技术方面,俄罗斯建造和使用新一代核电站的技术文件即将起草完毕,这种核电站具有超强的稳定性,以及极高的经济效率指标;信息技术方面,俄罗斯半数地区已经使用格洛纳斯导航系统,使用宽带的家用计算机3年来增加了1倍,全国计算机用户达到5500万,这几乎达到了欧洲国家的最高水平,电视、收音机也改用数字转播。此外,有"俄罗斯硅谷"之称的大型现代化项目斯科尔科沃创新中心于2010年5月正式建立,截至2012年底已有300多家从事创新研究和设计的公司在创新中心落户。该中心内现代的工艺大学已同一些先进的外国公司签订了伙伴合作协议,并在斯科尔科沃建立科研中心。

4. 私有化方案逐步落实

2010年11月27日,俄罗斯联邦政府正式批准了《2011~2013年及2015年前联邦资产私有化计划》。根据该计划,2011~2013年实行私有化的国有独资企业共114家,占全部独资企业总数的3%;国有股份公司809家,占全部国有股份公司的27%。私有化的主要对象包括:不能行使国家职能的国有独资企业;已被从战略性企业名录中剔除的企业[①];国有独资企业中的机器制造、农工综合体、道路、建筑综合体等部门;国有股份公司的部分股份。根据该计划,2011~2013年,私有化收入约为1万亿卢布。此轮私有化的目的是通过出售国有资产补充财政预算,为推进"经济现代化"方案筹集更多资金,但更重要的是,俄政府希望通过此轮私有化提高企业治理效率,鼓励企业积极创新,优化国有资产结构,吸引切实关心企业长期发展的战略投资者,从而降低国有成分对投资环境的过度影响,优化投资环境。私有化之后,不会动摇国家对这些大型国有企业的控制力,国家在大型国有公司持股比例一般仍保持

---

① 2010年6月18日,梅德韦杰夫总统签署了《关于对战略性企业和战略性股份公司的名录进行修改的命令》,将战略性企业的数量由208家减少至41家。

50%加1股或75%加1股，也不足以改变俄罗斯的所有制结构（见表2-5）。

表 2-5　2011~2015 年俄罗斯大型国有企业股份出售计划

企业名称	私有化前国有成分占比	股份出售进度
俄罗斯外贸银行	85.5%	2010 年 10%，2011 年 10%，2012 年 15.5%减 1 股
现代商船公司	100%	2011 年 25%，2012~2013 年 25%减 1 股，2014~2015 年使国有股份降低到控股权以下的水平
联合粮食公司	100%	2012 年前 100%
俄罗斯水电公司	57.97%	2011~2013 年 7.97%减 1 股
统一能源系统联邦电网公司	79.11%	2011~2013 年 4.11%减 1 股
俄罗斯储蓄银行	央行持股 57.58%	2011~2013 年出售央行股份 7.58%减 1 股
俄罗斯石油公司	俄罗斯石油天然气公司持股 75.1%	2015 年前 25%减 1 股
俄罗斯农业租赁公司	99.9%	2013~2015 年，保持国有成分控股权(50%加 1 股)
俄罗斯农业银行	100%	2015 年前 25%
俄罗斯铁路公司	100%	2013 年后 25%减 1 股

资料来源：Планируемые продажи акций крупных компаний, занимающих лидирующее положение в отрасляхроссийской экономики, в 2011-2015 годах, http：//www.economy.gov.ru/minec/activity/sections/investmentpolicy/doc20101123_08。

5. 通货膨胀率降至 20 年来最低水平

2008 年国际金融危机爆发之前，俄罗斯通货膨胀率始终保持两位数增长（2006 年除外），抑制通胀一直是俄罗斯货币政策的重要任务。2008 年 8 月 21 日，俄罗斯政府通过了《2009~2011 年国家统一货币信贷政策主要方向草案》，根据该草案，俄罗斯中央银行计划在三年时间里向以抑制通货膨胀为优先目标的通货膨胀目标制过渡，将 2011 年通货膨胀率降至 5%~6.8%的水平。

2008 年，在国内生产增加、内需扩大、国际粮食价格上涨等共同因素的作用下，俄罗斯通货膨胀率达到 2002 年以来的最高值 13.3%（见图

2-1）。此后，随着国际金融危机的蔓延，需求萎缩，通胀压力得到缓解，2009年通货膨胀率下降至8.8%。2010年，俄罗斯农业遭遇大旱，粮食歉收直接导致国内粮食和食品价格上涨，推高通胀。俄罗斯政府对此采取了对某些食品限制零售最高价格、限制出口等行政手段来抑制国内食品价格过快上涨，最终2010年的通货膨胀率保持了8.8%的水平。2011年，俄罗斯通货膨胀率降至6.1%，达到预期目标。2011年通货膨胀率下降最主要的原因是农业丰收，粮食和食品价格上涨缓慢（3.9%）。此外，工资增长也较2010年有所放缓。2011年下半年，通货膨胀率仅上涨了1.1%，其中第三季度还下降了0.3%。在政府调控方面，2011年，俄罗斯货币政策比较保守，M2增长缓慢，前三季度卢布保持坚挺，俄政府还在2011年上半年对电价上涨采取了限制措施等。总体来看，2008~2011年这四年，俄罗斯通货膨胀率呈下降趋势，其中不乏外部因素的作用，但俄罗斯政府抑制通胀的政策也功不可没。

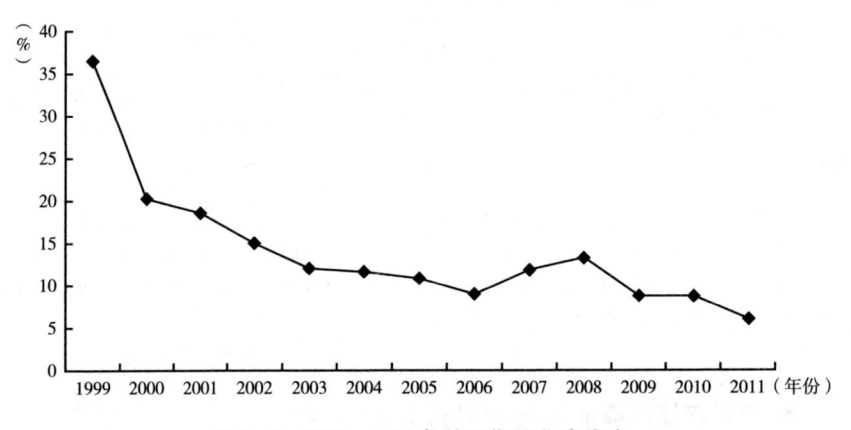

图 2-1　1999~2011年俄罗斯通货膨胀率

资料来源：俄罗斯联邦国家统计局官网。

6. 成功加入世界贸易组织

2011年12月16日，在瑞士日内瓦举行的世界贸易组织第八届部长级会议通过了《关于俄罗斯加入世界贸易组织的决定》，30天以后俄罗斯正式成为世贸组织成员。至此，俄罗斯结束了长达18年的入世长跑。根据入世协议，俄罗斯总体关税水平将从2011年的10%降至7.8%。其中，农产品总体关税水平从13.2%降至10.8%，工业制成品关税水平从9.5%降至7.3%。入世协议还规定，俄罗斯有义务立即对超过1/3的进出口税目执行新的关税要求，另有1/4税目将在3年内执行。入世协议对俄罗斯某些产品给予了较长关税保护期，其中：禽肉制品保护期最长，为8年；汽车、直升机和民用航空器为7年。对于世界贸易组织而言，俄罗斯这一重要经济体的加入使该组织覆盖全球98%的国际贸易；对于俄罗斯而言，入世之后必须接受国际贸易普遍规则，履行入世承诺，降低关税，开放市场，改善国内投资环境，这无疑对俄罗斯市场经济体制的改革起到促进作用。此外，在统一框架下与世贸成员国开展经贸合作，有利于俄罗斯理顺与贸易伙伴的关系，带动双边和多边合作水平提升。短期之内，俄罗斯入世的效果还不会显现，甚至还会对俄罗斯经济造成一定冲击，但从长远看，入世对俄罗斯经济的稳定和可持续发展大有裨益，是俄罗斯融入世界经济一体化进程，并寻求自我发展的必然选择。

7. 经济一体化进程稳步推进

2009年11月，俄罗斯、白俄罗斯和哈萨克斯坦三国签署《海关法》协定，2010年1月1日，俄、白、哈三国实行统一关税。2010年7月6日，三国取消相互间的关境，俄白哈关税同盟正式建立，这标志着三国的经济一体化进程进入实质阶段。2011年11月18日，俄、白、哈三国元首在莫斯科举行三方会晤，三国领导人签署协议建立"统一经济空间"，通过欧亚经济一体化宣言，并签订了《欧亚经济委员会条约》以及《欧亚经济委员会工作章程》。2012年1月1日，俄白哈统一经济空间正式启动，意味着俄、白、哈三国在一体化进程上又向前迈进了关键性的一步。统一经济空间建立后，将形成一个覆盖三国的、广阔的共同市场，商品、服务、资本、劳动力等生产要素在统一经济空间内自由流动，从而在共同市场上形成竞争氛围，提高企业经营效率，降低生产成本，等等。这不但能使消费者受益，还有利于各国改善经济发展的制度环境。

三　普京第三任期俄罗斯经济发展态势

（一）经济陷入低增长困局（2012~2014年）

在普京的前两个总统任期内，俄罗斯经济实现了快速增长，人民生活水平不断提高，国际地位也有所提升，但也正是在这一时期，依靠能源和原材料出口拉动经济增长的发展模式却不断固化。2003~2007年，国际能源价格从28.8美元/桶持续上涨至72.3美元/桶，俄罗斯依靠能源出口获得了大量外汇收入，支撑国民经济保持年均7.5%的高速增长（见表2-6）。2008年国际金融危机爆发，俄罗斯经济在危机中遭受了沉重的打击，2009年俄罗斯经济同比下降7.8%，这是1999年以来首次出现负增长。危机后，随着国际能源价格的回升，俄罗斯经济逐步复苏，2010~2011年，经济增速维持4.3%的"中速"增长。

表2-6　2000~2016年俄罗斯经济增长率与乌拉尔牌石油价格

年份	经济增长率（%）	国际石油年平均价格（布伦特，美元/桶）
2000	10	28.2
2001	5.1	24.8
2002	4.7	25.0
2003	7.3	28.8
2004	7.2	37.4
2005	6.4	54.4
2006	8.2	65.2
2007	8.5	72.3
2008	5.2	97.6
2009	-7.8	61.9
2010	4.3	79.6
2011	4.3	110.9
2012	3.4	112.0
2013	1.3	108.9
2014	0.7	98.9
2015	-3.7	52.4
2016	0.2	44.1

资料来源：Институт экономической политики имени Е. Т. Гайдара, Российская экономика в 2008 году: тенденции и перспективы（Выпуск №30），С318；Российская экономика в 2016 году: тенденции и перспективы（Выпуск №38），С242。

然而，这一趋势在2012年发生了逆转，2012年布伦特原油年平均价格上涨至112.0美元/桶，但俄罗斯经济增长率并未因此而提高，反而下降至3.4%,2013年的经济增长率更是在国际原油价格达到108.9美元/桶的情况下降低至1.3%（见表2-6）。显然,"高油价支撑经济增长"的传统模式已经难以为继。

俄罗斯经济发展部认为,这一时期经济下滑的主要原因是总需求不足。俄罗斯经济主要靠外需拉动,出口一直是经济增长的发动机,在2000~2011年这11年间,除2001年和2009年两个年份外,俄罗斯对外贸易额均保持两位数增长。2012~2013年,全球范围的需求萎缩严重影响了俄罗斯出口形势,出口作为经济增长引擎的作用减弱。俄罗斯的主要合作伙伴为欧洲和中国、印度等发展中大国,经济或进入新常态,或面临增速放缓趋势,对俄罗斯的能源及原材料产品的需求下降,2011年,俄罗斯出口额同比增长31.2%,到2012年出口增幅仅为2.3%,2013年甚至下降31.1%。① 从内需看,生产性投资不振。2011年俄罗斯固定资产投资增长率为10.8%,2012年,俄罗斯固定资产投资增长受阻,增长率下降至6.6%。随着经济环境的恶化,固定资产投资逐步走低,此外,政府为了实现通胀目标,实行紧缩的货币信贷政策也不利于企业投资积极性的提高,2013年俄罗斯固定资产投资额仅增长0.2%。居民消费成为经济实现微弱增长的重要支撑,2012年俄罗斯工人实际工资和实际可支配收入同比分别增长8.4%和4.6%,2013年这两项指标分别下降至4.8%和4.0%。② 综合需求层面,在外需乏力的条件下,支撑俄罗斯经济增长的内生动力不足。

俄罗斯经济学家马乌认为这一时期经济增速下降是由新旧增长模式交替造成的,他提出:"俄罗斯经济在过去延续了12年的高速增长期已经结束,从2013年起,俄罗斯开始步入社会经济发展的新阶段,需要建立新的经济增长模式。"③

盖达尔经济政策研究所的报告则指出,俄罗斯正在陷入"中等收入陷阱"。由于俄罗斯劳动力相对稀缺,国家福利水平又比较高,这在一定

---

① Институт экономической политики имени Е. Т. Гайдара, Российская экономика в 2016 году: тенденции и перспективы（Выпуск №38）, С244.
② Министерство экономического развития РФ, Об итогах социально-экономического развития российской федерации в 2013 году, С. 5.
③ В. Мау, В ожидании новой модели роста: социальное экономическое развитие России в 2013 году, Вопросы экономики, №2, 2014 г., С. 4.

程度上推高了劳动力价格。与发达国家相比，俄罗斯劳动力的技术水平无法达到发达国家的程度，产品的技术创新度和附加值低于发达国家，缺乏技术优势；而与低收入国家相比，其产品又不如低收入国家产品具有价格优势，因为低收入国家低工资，劳动力相对廉价，工业品价格也就较低。因此，在劳动力和资本有限的条件下，高附加值产品及劳务占比低，导致俄罗斯的产品在国内外市场中均不具竞争优势。

综合以上分析，自2012年开始，俄罗斯经济已逐步陷入困境，造成经济下滑的主要原因在于俄罗斯经济内部的结构性矛盾，且在乌克兰危机、国际原油价格大跌等外部事件的催化下，经济逐渐步入下行通道。

（二）问题多发，深陷危机（2014~2015年）

2012~2013年，俄罗斯经济发展的外部环境还相对宽松，2014年后，经济发展的外部条件持续恶化，乌克兰危机引发以美国为首的西方国家实施经济制裁、国际油价大跌、美元加息等不利的外部因素连续打击着本已脆弱的俄罗斯经济，俄罗斯经济陷入危机。

从2014年3月起，西方国家对俄罗斯金融、能源和军事领域实施了多轮制裁，且制裁逐步升级。2014年10月，国际原油价格开始大幅下跌，俄罗斯出口收入也随之快速下降。2013年俄罗斯出口额为5218亿美元，2014年下降至4968亿美元，2015年仅为3415亿美元，与2013年相比，降幅高达35%。① 由于石油税在国家预算收入中的比例超过40%，石油出口收入的减少导致国家预算收入大幅下降。欧美制裁、国际油价暴跌等因素还带来一系列严重的连锁反应：市场预期下降、投资环境恶化、资金大量外逃、卢布持续贬值、通胀率升高。首先，欧美制裁恶化了投资环境，降低了投资者的市场预期，导致资金大量外逃。根据俄罗斯央行数据，2013年俄罗斯资本净流出额为610亿美元，到2014年，这一数额迅速扩大至1515亿美元，是2013年的2.5倍。其次，欧美制裁和油价下跌导致卢布贬值。国际油价下跌直接降低了俄罗斯出口外汇收入，导致外汇供应量减少。欧美制裁使市场预期不断下降，投资者持有

---

① Институт экономической политики имени Е. Т. Гайдара, Российская экономика в 2016 году: тенденции и перспективы（Выпуск №38）, C244.

卢布的意愿降低，推动卢布持续贬值。美国退出量化宽松政策后，美元升值也进一步加剧了卢布贬值。针对卢布贬值，俄罗斯央行在2014年一年之内连续六次加息，将基准利率从5.5%提高至10.5%，但收效甚微。俄央行还动用外汇储备通过抛售外汇的方式干预卢布汇率，但由于担心外汇储备消耗过快，最终于2014年11月宣布放弃对卢布汇率的干预，允许卢布汇率自由浮动。此后，卢布继续大幅下跌，一度跌破80大关。此外，石油价格下跌和卢布贬值还推高了通货膨胀，2014年通胀率超过俄罗斯央行制定的8%的通胀目标，达到11.4%的高水平，2015年通胀率继续上涨至12.9%。[1]

在一系列负面因素的影响下，2014年俄罗斯GDP增速继续下降至0.7%，2015年经济出现负增长，全年GDP下降3.7%。固定资产投资下降，2014年固定资产投资下降1.5%，2015年降幅扩大到8.4%。固定资产投资大幅下降导致工业生产全面下滑。2014年和2015年工业生产指数分别为1.7%和-3.4%，加工工业下降的速度快于工业整体水平，2014年和2015年加工工业增长率分别为2.1%和-5.4%。实体经济中，农业仍能保持增长但增速下降，2013年农业生产增长5.8%，2014年和2015年增长率分别下降至3.5%和3%。居民生活水平下降。2014年，俄罗斯企业职工实际工资同比增长1.2%，2015年同比下降9.5%；2014年，居民实际可支配收入同比下降0.7%，2015年同比下降4%。[2]

（三）经济缓慢复苏（2016~2017年）

进入2016年，随着外部形势的好转和俄罗斯政府反危机政策的逐步实施，俄罗斯经济下降的速度逐步趋缓。2016前三季度，经济同比下降的幅度分别为1.2%、0.6%和0.7%，2016年全年GDP为85.88万亿卢布，同比增长0.2%。2017年经济继续恢复，全年GDP为91.84万亿卢布，同比增长1.8%。[3]

---

[1] Министерство экономического развития РФ, Об итогах социально-экономического развития российской федерации в 2015 году, C. 5.
[2] Министерство экономического развития РФ, Об итогах социально-экономического развития российской федерации в 2015 году, C. 5.
[3] Федеральная служба государственной статистики, https://rosstat.gov.ru/statistic.

2016年，俄罗斯实体经济中的大部分行业实现增长。农业延续了2015年来的增长趋势，且增速加快至4.8%，种植业收成状况良好，畜牧业生产保持稳定增长。工业生产同比增长1.3%，采掘业作为国民经济的支柱产业，增长速度快于加工工业。矿产资源开采量同比增长2.5%，其中，原油（含凝析油）产量为5.49亿吨，同比增长2.6%，大多数按照产品分成协议进行生产的垂直一体化公司的产量均保持了增长趋势。加工工业形势好转，实现了0.1%的微弱增长。2016年，在国际原油价格回升的条件下，俄罗斯卢布逐步趋稳，并相应升值，2016年1月31日至2016年12月31日，俄罗斯卢布对美元汇率由77.934RUB/USD升至62.091 RUB/USD。通货膨胀率降低至5.2%的较低水平。尽管2016年以来俄罗斯主要经济指标均出现下降趋势放缓的迹象，但拉动经济增长的"三驾马车"仍然动力不足。从出口看，2016年，俄罗斯对外贸易总额为4706亿美元，同比下降12%，其中，出口额为2792亿美元，同比下降18.2%，实现顺差878亿美元，同比下降40.8%。从消费看，2016年，居民实际可支配收入同比下降5.9%，居民实际收入下降导致消费能力降低，零售贸易流转额同比仍下降5.2%。从投资看，2016年，俄罗斯固定资产投资下降0.9%。①

2017年俄罗斯农业继续保持增长，但增幅下降，仅为2.5%，与2016年4.8%的水平相比，下降了一半。其中谷物产量为1.34亿吨，同比增长11.2%，菜籽油产量为960万吨，同比下降12.6%，甜菜产量为4820万吨，同比下降6.1%，马铃薯产量为2960万吨，同比下降4.9%，蔬菜产量为1630万吨与2016年基本持平。工业低速增长，全年增长1.2%，其中采掘业增长2.2%，加工工业增长仅为0.4%。采掘业增速高于加工工业，其中原油产量基本与上年持平，天然气产量增长10.4%，但由于国际能源价格上涨，能源部门产值出现增长。② 与2016年不同的是，2017年俄罗斯对外贸易大幅增长，对经济增长起到了重要的拉动作用。2017年俄罗斯对外贸易总额为5916.72亿美元，同比增长25.7%，其中出口额为3535.47亿美元，

---

① Федеральная служба государственной статистики，https：//rosstat.gov.ru/statistic.
② Министерство экономического развития РФ. Картина экономики в октябре 2017 года，http：//economy.gov.ru/minec/about/structure/depmacro/201704121.

同比增长 26.6%，进口额为 2381.25 亿美元，同比增长 24.4%。①

随着全球经济的缓慢复苏和国际油价的逐渐回升，不利的周期性因素和外部因素逐步消除。一方面，国际能源价格企稳回升。2016 年 1 月，国际原油价格触底反弹，呈整体回升趋势，2016 年，乌拉尔牌石油年平均价格为 41.7 美元/桶，2016 年 12 月平均价格达到 51.9 美元/桶。2016 年底，OPEC 达成冻结产能协议在一定程度上也能对国际油价回升起到支撑作用。另一方面，欧美制裁、低油价和美元加息这些外部因素对俄罗斯经济的负面影响已逐渐被消化。然而，俄罗斯经济内生的结构性矛盾仍未得到根本解决。②

四 普京第四任期俄罗斯经济发展态势

（一）经济重回低增长轨道（2018~2019 年）

从 2016 年第四季度起，俄罗斯经济逐渐走出危机阴霾，2017 年基本企稳。2018~2019 年，随着国际油价的逐步回升及俄罗斯经济社会对西方制裁的消化，俄罗斯经济重新回到危机之前的低增长轨道，经济运行维持低水平稳定。

2018 年俄罗斯全年 GDP 为 103.9 万亿卢布，同比增长 2.3%。其中，农业生产下降 0.7%，工业生产增长 2.9%（其中，采掘业同比增长 4.5%，加工工业同比增长 2.5%），建筑业同比增长 5.3%，批发与零售贸易同比增长 2.3%，运输和仓储业同比增长 3.6%，通信服务业同比增长 1.7%，金融和保险业同比增长 7.7%。③

2019 年俄罗斯全年 GDP 为 110 万亿卢布，同比增长 2.2%。其中农业生产同比增长 2.2%，采掘业同比增长 2.8%，加工工业同比增长 2%，建筑业同比增长 0.6%，批发与零售贸易同比增长 1.9%，运输和仓储业

---

① Федеральная служба государственной статистики, https://rosstat.gov.ru/statistic.
② Федеральная служба государственной статистики, https://rosstat.gov.ru/statistic.
③ Российский статистический ежегодник 2019, https://rosstat.gov.ru/storage/mediabank/Ejegodnik_2019.pdf.

同比增长2.3%，通信服务业同比增长1.7%，金融和保险业同比增长7.7%。① 2019年，俄罗斯经济增长率仅为1.3%，不到世界平均水平的一半，前三个季度的经济增长率分别为1.4%、1.4%和2.8%。② 俄罗斯经济仍然保持低速增长的主要外因是中美贸易摩擦、英国脱欧等导致的全球经济放缓和不确定性增强，西方制裁仍在继续，国际原油价格较2018年有所下降，等等；主要内因则是国内商业环境的持续负面表现。

2018~2019年俄罗斯经济增长继续放缓，拉动经济的"三驾马车"动力不足，虽然失业率下降，但居民生活水平并未得到提高；2018年俄罗斯失业人数为365.8万人，比2017年减少4.1万人，居民月平均现金收入为33178卢布，职工名义工资为43724卢布，平均退休金为13360卢布。居民实际可支配收入同比增长1.1%，职工实际工资同比增长8.5%，退休金实际增长仅为0.8%。③ 2019年俄罗斯失业人数为346.5万人，比2018年减少19.3万人，居民月平均现金收入为35247卢布，职工名义工资为47867卢布，平均退休金为14163卢布。居民实际可支配收入同比增长1.7%，职工实际工资同比增长4.8%，退休金实际增长为1.5%。④ 从投资看，2018年俄罗斯固定资产投资额为17.6万亿卢布，同比增长4.3%，经济中固定资产总额为210.9万亿卢布，同比增长3.9%。⑤ 2019年俄罗斯固定资产投资额为19.3万亿卢布，同比增长1.7%，经济中固定资产总额为349.7万亿卢布，同比增长4.2%。⑥ 固定资产投资率低，增长缓慢，这已成为制约经济增长的主要问题。从进出口看，2018年俄罗斯对外贸易总额为6918亿美元，同比增长16.9%，其中出口额为4431亿美元，同比增长25.3%，进口额为2487亿美元，

---

① Российский статистический ежегодник 2020, https://rosstat.gov.ru/storage/mediabank/Ejegodnik_ 2020.pdf.
② Федеральная служба государственной статистики, https：//rosstat.gov.ru/statistic.
③ Российский статистический ежегодник 2019, https://rosstat.gov.ru/storage/mediabank/Ejegodnik_ 2019.pdf.
④ Российский статистический ежегодник 2020, https：//rosstat.gov.ru/storage/mediabank/Ejegodnik_ 2020.pdf.
⑤ Российский статистический ежегодник 2019, https：//rosstat.gov.ru/storage/mediabank/Ejegodnik_ 2019.pdf.
⑥ Российский статистический ежегодник 2020, https：//rosstat.gov.ru/storage/mediabank/Ejegodnik_ 2020.pdf.

同比增长 4.4%。① 出口增长对经济的拉动作用明显。2019 年俄罗斯对外贸易总额为 6745 亿美元，同比下降 2.5%，其中出口额为 4199 亿美元，同比下降 5.2%，进口额为 2546 亿美元，同比增长 2.4%。② 出口对经济增长的拉动力也不足。

2019 年上半年增值税率的提高推高了通胀水平，在央行保守的货币政策下，通胀率持续下降；财政政策保持紧缩，国家项目由于预算执行效率较低，其效果尚未显现。2018 年普京连任总统后，颁布新的"五月命令"，设立国家项目，国家项目主要聚焦于三大领域。第一，加速经济发展（4 项）：推广和应用数字经济、提高劳动生产率与支持就业、支持中小企业和个人创新、国际合作与出口。第二，人力资本投资（5 项）：人口、医疗、教育、科学和文化。第三，创建舒适环境（4 项）：改善住房和城市环境、建设安全和高质量的道路设施、改善生态环境、进行交通基础设施综合规划。俄政府希望通过对这些国家项目的投资刺激经济增长，然而国家项目的预算执行效率较低，对经济增长的刺激效应并不显著。

（二）新冠疫情期间经济的下滑与复苏（2020~2021 年）

2020 年新冠疫情席卷全球，不仅引发了全球性公共健康危机，也使很多国家陷入经济困境。2020 年世界银行发布《全球经济展望》报告，新冠疫情对全球经济产生巨大负面影响，导致世界大多数国家经济面临困难，预计世界经济增速下降 5.2%。各国政府为控制疫情蔓延耗费了大量财政资金，财务压力的加大引发了一系列违约。③ 国际货币基金组织也于 2020 年 10 月发布《全球经济展望》报告，提出新冠疫情导致近 9000 万人陷入极度贫困，国际社会加强合作，对脆弱国家开展了积极的资金援助。从 2020 年第三季度起，世界经济复苏加快，世界主要经济体为应对疫情均推行了相应的财政、货币及监管措施，与 2020 年 6 月国际

---

① Российский статистический ежегодник 2019, https://rosstat.gov.ru/storage/mediabank/Ejegodnik_ 2019. pdf.
② Российский статистический ежегодник, https://rosstat.gov.ru/storage/mediabank/Ejegodnik_ 2020. pdf.
③ The world bank, Global Economic Prospects, https://www.worldbank.org/en/publication/global-economic-prospects.

货币基金组织的预测相比,世界经济衰退有所缓和,没有酿成2008年那样的金融危机。①

2020年俄罗斯经济发展主要特点包括以下四个方面。

第一,经济下滑,但不至于演化为严重的经济危机。近年来,在经济增长内生动力不足的影响下,俄罗斯经济一直低速增长,2018年经济增长率为2.3%,2019年仅为1.3%。2020年新冠疫情的全球大流行和国际油价暴跌相叠加,对俄罗斯经济造成严重冲击。2020年,俄罗斯GDP为106.96万亿卢布,与上年同期相比下降3%,其中,第一季度与上年同期相比增长1.6%,第二季度下降8%,第三季度下降3.4%。2020年前三季度各产业中,仅农业保持了1.5%的增长率,工业降幅较大,受油价暴跌和减产影响,采掘业与2019年同期相比下降8.6%,加工工业下降1.6%,降幅相对较小。服务业中运输和仓储业,餐饮和酒店业,文化、体育和娱乐业等行业下滑最为严重,其中,运输和仓储业下降11.2%,餐饮和酒店业下降28.1%,文化、体育和娱乐业下降12.4%,金融和保险业发展态势较好,出现8%的增长。整体看,尽管疫情对经济部门造成不同程度的冲击,但俄经济局势整体可控,不至于出现系统性经济危机。②

第二,失业率上升,居民生活水平保持相对稳定。2020年11月,15岁以上失业人口达到460万人,比上年同期增加了110万人,失业率上升至6.1%,比上年同期增长了1.5个百分点。尽管因隔离和管控措施生产陷入停滞,但俄罗斯政府采取了一系列反危机措施,帮助中小企业和居民应对疫情的负面影响。前两套措施总共投入2.1万亿卢布,对52.6万家企业(其中17.6万人为个体经营者及其雇员)和530万居民给予补贴及政策支持。根据俄政府计划,到2020年底,不包括防疫费用这笔巨额开支,政府仅用于支持经济的投入就达到GDP的3%~3.5%。在政府的财政支持和救助下,居民生活水平在疫情下相对保持稳定,还有小幅增长。2020年1~10月,企业职工月平均实际工资同比增长2.4%。③

---

① IMF, World Economic Outlook: A Long and Difficult Ascent, https://www.imf.org/zh/Publications/WEO/Issues/2020/09/30/world-economic-outlook-october-2020.
② Федеральная служба государственной статистики, https://rosstat.gov.ru/compendium.
③ Федеральная служба государственной статистики, https://rosstat.gov.ru/compendium.

第三，通胀率超过目标。2020年，俄罗斯通货膨胀率为4.9%，超过原定4%的通胀目标。在需求面，食品价格同比增长6.7%，农产品厂商价格上涨13.1%，食品价格上涨和汇率波动使居民和企业对通胀的预期有所提高。在供给面，许多专业领域劳动力短缺，为遵守反流行病标准，企业生产成本增加。①

第四，对外贸易缩水。2020年，俄罗斯对外贸易总额为5730亿美元，同比下降15.0%。其中，出口额为3334亿美元，同比下降20.6%，出口额下降主要是由于能源和原材料商品出口价格大幅下跌。由于新冠疫情，全球对能源和高耗能商品的需求减少。2020年1~9月，俄罗斯原油价格下降34%，石油产品价格下降32%，管道天然气价格下降40%，液化天然气价格下降20%，煤炭价格下降20%。从实物量看，原油出口量为1.8亿吨，下降10%，石油产品出口量为1.07亿吨，增长了2%，管道天然气出口量下降12%，液化天然气增长18%。粮食出口量增长了9%，弥补了2019年同期的下跌，食品和农业原料大类出口额增长14.9%。② 非能源和原材料产品出口保持了1.8%的增长，这主要得益于黄金出口的增长，2020年1~9月，黄金出口额增长了6倍，如果去除黄金，非能源和原材料产品出口下降了8%，高新技术产品出口下降17%。与出口相比，进口额下降幅度较小，2020年俄罗斯进口额为2396亿美元，同比下降5.9%，进口额降幅最大的月份为4月，同比下降19.4%，这与疫情暴发后俄政府实行居家隔离政策密切相关。

2021年全球经济艰难复苏，经济不平衡加剧，经济前景不确定性增加。疫情的反复使俄政府不得不在疫情管控与经济复苏之间进行艰难的权衡与取舍。2021年俄罗斯经济在石油产量增加和消费需求回升的支撑下复苏，俄罗斯GDP为131万亿卢布，与2020年同期相比增长4.7%。2021年俄罗斯经济发展主要特点如下。

第一，经济较快恢复。2021年第二季度俄罗斯经济受危机后消费潜力复苏支撑恢复速度较快，同比增长达到10.5%，第三季度起，经济复

---

① Банк России, http://www.cbr.ru/press/keypr/.
② Мониторинг Экономической Ситуации в россии: Тенденции и вызовы социально-экономического развития 2020, № 29 (131), https://www.iep.ru/ru/publikatcii/publication/monitoring-ekonomicheskoy-situatsii-v-rossii-29-31-dekabr-2020-g.html.

苏再次减缓，主要原因包括消费复苏潜力逐步耗尽，供应链断裂制约工业增长，例行维修导致天然气减产等因素也给经济复苏带来很大不确定性。各产业中，2021年1~7月农业生产保持平稳，7月增长1%，8月起农业生产出现大幅下降，降幅达10.1%，2021年1~8月，农业生产下降3.4%。工业生产保持稳步增长，2021年1~9月，工业生产同比增长4.7%，建筑业生产增幅达到29.7%。服务业复工复产情况良好，其中运输业同比增长5.7%，商品零售业增长8.4%，有偿服务业增长18.8%。2021年9月，俄罗斯经济基本恢复至疫情之前的水平。[①]

第二，就业市场恢复，居民生活水平提高。俄罗斯就业市场快速恢复，2021年9月，失业率为4.3%，失业人数为330万人，达到10年来最低水平。随着消费需求的不断复苏，2021年1~9月俄罗斯居民货币收入达到48.7万亿卢布，同比增长10.8%，居民实际可支配收入同比增长4.1%，第三季度同比增长8.1%，创2010年第二季度以来居民实际可支配收入季度增幅的最高水平。2021年8月，职工月平均工资为52355卢布，同比增长8.3%，政府还实施了一系列保障居民生活的措施，8月退休人员、残疾人和抚养子女家庭获得1万卢布补贴。[②]

第三，通货膨胀高企。2021年1~9月，俄罗斯消费价格指数同比增长6.1%，10月份，通胀率更是高达8%，达到2016年2月以来通胀率的峰值。与2020年10月相比，食品价格同比上涨10.34%，其中蔬菜价格上涨最多，同比上涨23.7%，卷心菜价格涨幅最高，达到86%，土豆价格上涨71%，西红柿价格上涨53%，等等。[③] 2021年1~9月，农产品厂商价格指数同比增长19.6%，居民普遍对食品通胀预期比较敏感，又加大通胀压力。[④] 非食品价格同比上涨7.68%，由于非食品供应国的检疫限制，俄罗斯非食品通胀的增长是暂时的。汇率贬值、全球供应链中

---

① Федеральная служба государственной статистики, https://rosstat.gov.ru/compendium/document/50801.

② Федеральная служба государственной статистики, https://rosstat.gov.ru/compendium/document/50801.

③ Инфляция в России ускорилась до максимума с февраля 2016 года, https://www.rbc.ru/rbcfreenews/619e00309a794700dac4f9c5.

④ Федеральная служба государственной статистики, https://rosstat.gov.ru/compendium/document/50801.

断、运输货物价格上涨、零部件短缺、工业金属价格上涨等因素都加速了非食品通胀。① 2021年底，俄罗斯央行报告，通货膨胀率超过8.4%。②

第四，对外贸易大幅增长，国际储备屡创新高。2021年俄罗斯对外贸易总额达到7983.5亿美元，同比增长39.3%。其中出口额为4943.5亿美元，同比增幅达到48.3%，进口额为3040亿美元，同比增长26.9%，外贸盈余达到1903亿美元，同比增幅达到103%。③ 对外贸易大幅上涨主要得益于能源出口的增长和国际能源价格的上涨，在此影响下，俄罗斯国际收支状况有所改善，国际储备也屡创新高，2021年底，俄罗斯国际储备达到6306亿美元的规模，与2021年2月的5907亿美元相比，增加了约400亿美元。④

从2021年俄罗斯经济形势看，虽然经济得到快速恢复，但这主要得益于短期效应。首先，从消费需求看，需求的增长实际上是上年消费抑制之后的延迟性、报复性恢复，从俄罗斯居民收入增长情况看，居民收入的增长不足以支撑消费需求的持续性增长。其次，从投资看，2021年俄罗斯固定资产投资同比增长6%，固定资产投资占GDP的比例约为20%，⑤ 这一水平也不足以支撑投资持续增长。再次，能源价格上涨和能源出口增加对经济增长的拉动力较强，但国际能源价格不可能长期保持高位，出口拉动增长的效应也具有较强的不确定性。最后，鉴于通货膨胀率已超8%，高出俄罗斯央行制定的4%的通货膨胀目标，央行将关键利率提高至8.5%的水平，在一定程度上加大了投资增长的压力。

（三）乌克兰危机升级对经济的影响（2022年至2024年5月）

2022年1~2月，俄罗斯经济延续了2021年以来的增长趋势，1月

---

① Банк России，https：//www.rbc.ru/rbcfreenews/615ff0fa9a794720365e42b3.
② Инфляция в России ускорилась до максимума с февраля 2016 года，https：//www.rbc.ru/rbcfreenews/619e00309a794700dac4f9c5.
③ Федеральная служба государственной статистики，https：//rosstat.gov.ru/storage/mediabank/Ejegodnik_ 2022.pdf.
④ Банк России，http：//www.cbr.ru/hd_ base/mrrf/mrrf_ m/.
⑤ Федеральная служба государственной статистики，https：//rosstat.gov.ru/compendium/document/50801.

GDP 同比增长 5.7%，2 月同比增长 4.2%。① 然而，增长趋势很快被打断。2022 年 2 月，俄罗斯对乌克兰采取"特别军事行动"，美国、部分欧盟国家、日本、英国等对俄罗斯实施制裁，俄罗斯经济受到较大影响，面对制裁，俄罗斯政府迅速出台了反危机、反制裁政策，经济形势从 7 月起企稳，同比降幅逐渐缩小。

第一，经济形势好于预期。面对西方的制裁，2022 年 3 月，俄罗斯经济增幅下降至 1.4%；4 月经济开始出现衰退，下降 2.7%；5~9 月经济持续衰退，降幅分别为 4.5%、5%、4.3%、4%、5%；从 9 月起降幅逐渐收窄。根据俄罗斯联邦国家统计局数据，2022 年俄罗斯 GDP 为 151.46 万亿卢布，同比下降仅 2.1%，② 降幅大大低于西方国家预期和俄经济发展部的初期评估。

第二，经济社会基本保持稳定，没有出现大规模危机和崩溃，表现出较强的韧性。面对西方制裁，俄罗斯政府早有准备，俄罗斯央行迅速将基准利率提高到 20%，弥补卢布贬值和通货膨胀对居民储蓄的损失，并实施了一系列稳定金融系统的政策。银行系统在经历了初期的动荡之后，逐步实现稳定，俄罗斯金融安全和宏观经济稳定没有受到毁灭性打击。2022 年 4 月 1 日，俄罗斯政府推出天然气卢布结算令，在此影响下，卢布汇率大幅升值，2022 年下半年卢布兑美元汇率基本稳定在 60∶1 的水平。在财政方面，俄财政收支状况基本稳定。2022 年 1~11 月，俄罗斯财政保持 5570 亿卢布的盈余，12 月俄罗斯财政部一次性支出 6.9 万亿卢布用于公共产品和国防支出。2022 年全年俄罗斯预算总收入为 27.77 万亿卢布，总支出为 31.11 万亿卢布，财政赤字为 3.4 万亿卢布，占 GDP 的 2.24%。③

第三，通货膨胀逐渐得到控制。2022 年 3 月，西方制裁冲击下，俄罗斯物价水平快速上涨，3 月价格环比增长 7.61%，4 月价格环比增长 1.6%，5 月起物价水平逐渐稳定，6~8 月物价相对回落，此后一直保持稳定，2022 年全年通货膨胀率为 11.94%，没有出现恶性通货膨胀，物

---

① Федеральная служба государственной статистики, https：//rosstat. gov. ru/compendium/document/50801.
② Федеральная служба государственной статистики, https：//rosstat. gov. ru/storage/mediabank/osn-02-2023. pdf, https：//rosstat. gov. ru/storage/mediabank/osn-02-2023. pdf.
③ Банк России, http：//www. cbr. ru/economics/10/01/2023/63bc725f9a79476b85142f34.

价的稳定对经济平稳运行也起到了重要作用。

从短期看,俄罗斯经济经受制裁带来的猛烈冲击,整体保持了宏观经济稳定,经济社会生活基本维持正常运行,但从长期看,西方国家的技术封锁严重损害了俄罗斯的科技创新能力,其发展能力和国际影响力都将大受影响。[1]

---

[1] 徐坡岭:《美欧制裁压力下俄罗斯经济的韧性、根源及未来方向》,《俄罗斯学刊》2022年第4期。

第三章 俄罗斯经济发展的要素条件

经济发展的要素条件是指资源、劳动力、资本及技术等方面的综合潜力，是俄罗斯实现经济增长及与他国开展经济合作的现实基础，合理利用要素条件是促进本国经济增长及提高俄罗斯在世界经济体系中地位和影响力的先决条件。本章分别从自然资源、劳动力、资本和技术这四个要素条件考察其对俄罗斯经济增长的影响。

一 自然资源要素

（一）自然资源对经济增长的影响

自然资源是人类社会可以利用的天然存在的自然物，如土地、矿藏、水、生物、气候、海洋等资源，是生产的原料来源。人类社会发展的过程就是不断探索、开发、利用自然资源的过程。联合国环境规划署将自然资源定义为在一定时间和技术条件下，能够产生经济价值，以提高人类当前和未来福利的自然因素和条件的总称。

自然资源作为经济增长的要素条件对一个国家经济增长具有正、反两方面作用。一方面，丰富的自然资源为该国的资本积累提供坚实的基础；从自然资源的地域组合与分布状态看，它对经济发展所起的作用非常明显。在特定经济发展阶段，自然资源对国家或地区的劳动分工和经济发展的特点、方向和劳动生产率都会产生重要影响。尤其是在人类社会发展初期，水资源丰富和食物较多的地区往往成为人类首选的聚居地，因此人类文明大都发祥于大河流域或沿海地区。在相同的生产方式下，自然资源对产业布局的影响甚至是决定性的。一国在选择经济发展方向和模式时，首先要考虑的因素之一就是现有的资源。比如日本，由于该国自然资源相对匮乏，其产业政策就会向资源节约型的方向发展。随着科学技术的不断进步，经济增长对自然资源的依赖似乎越来越小，但其实技术进步最主要的表现就是在提高原有资源的利用效率的同时，开发和利用新的资源。可以说，无论科学技术怎样进步，一些自然资源由于其稀缺性和不可替代性，都会成为技术发展限制。从经济发展的实践看，自然资源的多寡与经济发展之间并不存在必然联系。有些资源匮乏的国家和地区并没有受到资源不足的限制，其主要原因是缺乏自然资源的国家和地区可以从世界其他国家进口物资。因此，自然资源对经济发展固然重要，但有效的制度和高质量的人力资源更为重要。①

另一方面，自然资源也会对经济增长起到负面影响的作用。丰富的自然资源也可能导致该国过度依赖自然资源产业，而挤压制造业发展的空间。早在20世纪30年代，弗兰克·关汉姆（Frank Graham）就提出了"关汉姆之谜"，即自然资源比较贫瘠的国家或地区往往比自然资源丰富的国家或地区发展得快。比如，日本自然资源匮乏，但制造业非常发达，而俄罗斯正好相反。俄罗斯虽然拥有丰富的自然资源，但经济发展之路困难重重，原因如下。

1. "荷兰病"

"荷兰病"（Dutch Disease）一词最早是在英国经济学家杂志1977年发表的一篇文章中提出的。20世纪50年代，荷兰发现了大量石油和天然气，政府因此大力发展油气行业，油气产品出口剧增，国际收支实现大量顺差，经济快速增长，居民收入大幅增加，经济显现出繁荣的景象。但不久之后，快速发展的天然气行业挤压了农业和制造业的发展，削弱了荷兰制成品出口的竞争力。20世纪70年代末80年代初，荷兰通货膨胀难以抑制，制成品出口下降，收入增长率降低，失业率增加，经济增长最终缺乏后劲。这种资源产业在"经济繁荣"时期价格膨胀，并对制造业产生挤出效应，被称为"荷兰病"。②

"荷兰病"这一经典模型是由戈登（W. M. Corden）和内亚里

---

① 《发展经济学》编写组：《发展经济学》，高等教育出版社，2019，第334页。
② Rudiger Ahrend, Donato de Rosa, William Tompson, "Russian Manufacturing and the Threat of 'Dutch Disease': A Comparison of Competitiveness Developments in Russian and Ukrainian Industry," OECD Economics Department Working Papers №540, 25-Jan-2007.

(J. P. Neary) 在 1982 年提出的。① 该模型假设如下：（1）一国的经济被抽象为三个部门，即燃料部门、制造业部门和服务业部门；（2）三个部门之间的要素（资本和劳动力）可自由流动；（3）燃料部门和制造业部门为可贸易部门，在全球市场完全竞争的假设下，其价格决定是外生的；（4）服务业部门为非可贸易部门，其价格决定是内生的。②

石油价格上涨的效应包括资源转移效应和支出效应。石油价格的增长带来燃料部门劳动力和资本需求的增大，引起该部门工资的上涨和资本回报的增加。资源转移效应导致劳动力和资本从制造业部门和服务业部门流向燃料部门，燃料部门的产出和劳动力雇佣将会因此而增加，而制造业部门和服务业部门的产出和劳动力雇佣将会减少，这导致"直接去工业化"。对于服务业部门而言，由于价格由本国供求决定，产出下降导致价格上升；对于制造业部门和燃料部门而言，其价格是由国际市场外生决定的。三个部门价格变动的综合结果是，不可贸易商品相对于可贸易商品价格上涨，引起本币升值。石油上涨的支出效应与燃料部门雇佣劳动力无关。支出效应是因为高油价提高了燃料部门的工资和收益，导致了总需求的增加。某种程度上，一部分需求转移到国内服务业，服务业价格将会上涨，而石油和制造业产品的价格是外生决定的。这又会使汇率上升，本币升值。本币升值导致可贸易部门产品的竞争力下降，这将引起产出和要素需求的下降。对于制造业部门而言，这一效应被戈登和内亚里称为"间接去工业化"③。

2. "资源的诅咒"

与"荷兰病"相比，"资源的诅咒"的含义要宽泛得多，也模糊得多。"资源的诅咒"是指一个国家或地区的人均收入没有因为资源开发而提高的现象，也可以指一个资源丰富的国家或地区比一个资源贫瘠的

---

① W. M. Corden, and J. P. Neary, "Booming Sector and De-Industrialization in a Small Open Economy", *Economic Journal*, 1982, 92, pp. 825-848.
② Nienke Oomes, Katerina Kalcheva, "Diagnosing Dutch Disease: Does Russia Have the Symptoms?" IMF Working Paper, April 2007.
③ W. M. Corden, and J. P. Neary, "Booming Sector and De-Industrialization in a Small Open Economy", *Economic Journal*, 1982, 92, pp. 825-848.

国家或地区经济增长更慢的现象。发生"荷兰病"的国家不一定会发生"资源的诅咒",因为资源财富的增加仍然可以增加一国的平均收入;发生"资源的诅咒"的国家也未必一定发生"荷兰病",因为"资源的诅咒"可能因为非经济的因素发生。

形成"资源的诅咒"的原因很多,既有经济的原因,也有政治经济学方面的原因。从纯经济学的角度看,"资源的诅咒"有两个方面原因。一方面,"资源的诅咒"可能是"荷兰病"的后果之一。资源出口导致国内物价上涨,如果其涨幅超过工资的涨幅,则工人的实际收入下降,当这种情况很严重时,全部的人均实际收入可能下降。另一方面,资源的开发成本相对较低,会吸引大量的资金和人力,但是,资源的总量是有限的,因而,从长期看,资源部门必定遇上资本和劳动边际报酬递减的限制;相反,在那些资源比较匮乏的国家或地区,人们更可能把目光转向对人力资本的投资,而人力资本的增长是没有极限的,所以经济增长具有可持续性。

从政治经济学的角度看,丰富的资源可能从两个方面阻碍经济增长。一方面,资源开发容易滋生腐败。自然资源不能移动,开发资源也往往需要政府的授权,因此容易成为政府设租的工具。另一方面,资源丰富的国家更容易产生寡头政治。自然资源开发具有垄断性,容易形成大型企业,如果企业所有者参与政治,则国家政治容易被寡头垄断。这些寡头为防止他人与其分享经济增长成果,利用手中的权力设置各种壁垒,阻碍竞争,进而阻碍长期经济发展。

3. 波动性影响

自然资源的生产具有低价格供给弹性的特征,初级产品价格在一到两年内的波动率经常超过30%,来自资源的收入随着世界经济周期的变化表现出高度的不稳定性,波动性与增长以及波动性与投资存在负相关性。主要原因是经济的波动性使政府难以对经济发展做出有效的长期规划。另外,由于金融市场不完善,波动性意味着更高的投资风险,这使得投资增长难以实现。

(二) 俄罗斯的资源储量

俄罗斯地大物博,其自然资源总量居世界首位,具有种类多、储量大、自给程度高的特点。许多资源的储量均居世界前列，在矿产、森林、土地和水资源等方面，俄罗斯的资源优势尤其明显。

1. 矿产资源

俄罗斯蕴藏了丰富的矿产资源，主要包括石油、天然气、煤、铀、铁、铜、镍、铅、锌等。

截至2019年1月1日，俄罗斯石油的技术可采储量为298亿吨，凝析油41亿吨，次于沙特阿拉伯、委内瑞拉、加拿大、伊拉克和伊朗，居世界第六位。据英国BP石油公司估计，俄罗斯的液态烃探明储量为146亿吨，占世界储量的6%。俄罗斯石油资源潜力很大，其探明储量是可开采储量的将近两倍。2018年俄罗斯石油日均开采量为1140万桶，占世界日产量的12%，居世界第三位，仅次于美国和沙特阿拉伯。2009~2018年，俄罗斯石油开采量增长了9%，2018年达到5.2亿吨，出口量基本为开采量的一半，为2.6亿吨，2009~2018年出口量增长5.3%。炼油能力居世界第三位，石油产品产量占世界产量的7%，石油产品出口量约占世界产量的1/3。2018年，俄罗斯石油出口量约占世界出口量的13%，仅次于沙特阿拉伯，居世界第二位。欧盟为俄罗斯石油的主要购买者，进口量约占俄罗斯石油出口总量的2/3。[1]

俄罗斯天然气的特点是甲烷含量高（>98%），热值高。截至2019年1月1日，俄罗斯天然气技术可开采储量为75.9万亿立方米，居世界首位，占世界储量的20%。2018年，俄罗斯天然气开采量达到7254亿立方米，仅次于美国，居世界第二位，占世界总量的17%。俄罗斯天然气出口量约占其开采量的30%，约70%用于国内消费，俄罗斯是世界最大的天然气出口大国，出口量占世界总量的29%，液化天然气出口量约占世界总量的4%，居世界第八位。[2]

截至2019年1月1日，俄罗斯煤炭储量为2755亿吨，占世界储量的11%，次于美国、澳大利亚和中国，居世界第四位，但由于俄罗斯能

---

[1] Министерство природных ресурсов и экологии Российской Федерации, О Состоянии и использовании минерально-сырьевых ресурсов РФ в 2018 году, http://www.mnr.gov.ru/docs/gosudarstvennye_doklady/.

[2] Федеральная служба государственной статистики, https://rosstat.gov.ru/compendium/document/50801.

源结构以天然气为主,煤炭开采量并不大,占世界开采量的5%,居世界第六位。自2013年以来,俄罗斯煤炭出口快速增长,2018年俄罗斯煤炭出口量为2.1亿吨,占世界出口量的15%,居世界第三位。[①]

2. 土地、森林和水资源

俄罗斯领土中耕地面积为222万平方千米,占国土面积的13%;俄罗斯的土壤非常肥沃,黑土地是俄罗斯的主要财富,尽管很多土地流失了20%~50%的腐殖质,但仍然是世界上最肥沃的土壤。

森林覆盖面积为870.7万平方千米,占国土面积的50.8%,森林覆盖率居世界第一位,木材蓄积量达820亿立方米。

俄罗斯水资源丰富,仅贝加尔湖的淡水量就占全球地表淡水总量的1/5;俄罗斯拥有500多条通航的河流,总长度达30万千米,实际通航里程达8万千米;地表水域面积为226.8万平方千米,占国土面积的13.2%,境内约有300万条大小河流,280多万个湖泊,贝加尔湖年蓄水量为23000立方千米,是世界上蓄水量最大的淡水湖。[②]

(三)对俄罗斯是否患有"荷兰病"的检验

根据上文对"荷兰病"特征的阐述,将资源转移效应和支出效应对各部门产出、劳动力雇佣、工资和价格的影响总结如表3-1所示。

表3-1 石油价格上涨的资源转移效应和支出效应

	产出	劳动力雇佣	工资	价格
资源转移效应				
燃料部门	+	+	+	外生给定
制造业部门	−	−	+	外生给定
服务业部门	−	−	+	+
支出效应				

---

① Министерство природных ресурсов и экологии Российской Федерации. О Состоянии и использовании минерально-сырьевых ресурсов РФ в 2018 году, http://www.mnr.gov.ru/docs/gosudarstvennye_doklady/.

② Министерство природных ресурсов и экологии Российской Федерации, О Состоянии и использовании минерально-сырьевых ресурсов РФ в 2018 году, http://www.mnr.gov.ru/docs/gosudarstvennye_doklady/.

续表

	产出	劳动力雇佣	工资	价格
燃料部门	-	-	+	外生给定
制造业部门	-	-	+	外生给定
服务业部门	+	+	+	+
综合效应				
燃料部门	不确定	不确定	+	外生给定
制造业部门	-	-	+	外生给定
服务业部门	不确定	不确定	+	+

综合以上两种效应，"荷兰病"表现为以下四种症状：第一种，石油价格上涨导致服务业价格相对上升，引起汇率上升；第二种，制造业产出和劳动力需求出现明显下降，表现为直接和间接的"去工业化"；第三种，综合效应下，燃料部门和服务业部门产出和劳动力变化并不明确，因为在这两个部门中资源转移效应和支出效应的作用力相反；第四种，如果劳动力可自由流动，则工资全面上涨。

当然，"荷兰病"主要是由政府的不当政策引起的，有些国家如印度尼西亚、马来西亚等，虽然也经历了石油收入猛涨之后下降的情况，但由于政府采取了正确的政策，及时降低了汇率和运用外汇收入进行生产性投资，因此避免了"荷兰病"。普京执政的前两个任期，国际石油市场行情一直走高，俄罗斯依靠石油出口获取了大量"石油美元"，国民收入增长拉动消费增长，推高通胀，生产性投资继续被投入燃料部门。这一时期，俄罗斯经济快速增长，但同时能源化的产业结构形成并固化。这里将以上四种症状作为依据，对普京前两个任期俄罗斯是否患有"荷兰病"进行检验。

1. 油价上升是否导致汇率上升

"荷兰病"的一个重要症状是油价上升导致汇率上升，图 3-1 为俄罗斯 Urals 牌石油价格与美元兑卢布汇率的时序图。从图 3-1 中可以看出，2003 年 2 月以后，石油价格的上升对应卢布的持续升值，2008 年 8 月之后，石油价格的急剧下跌对应卢布的贬值。

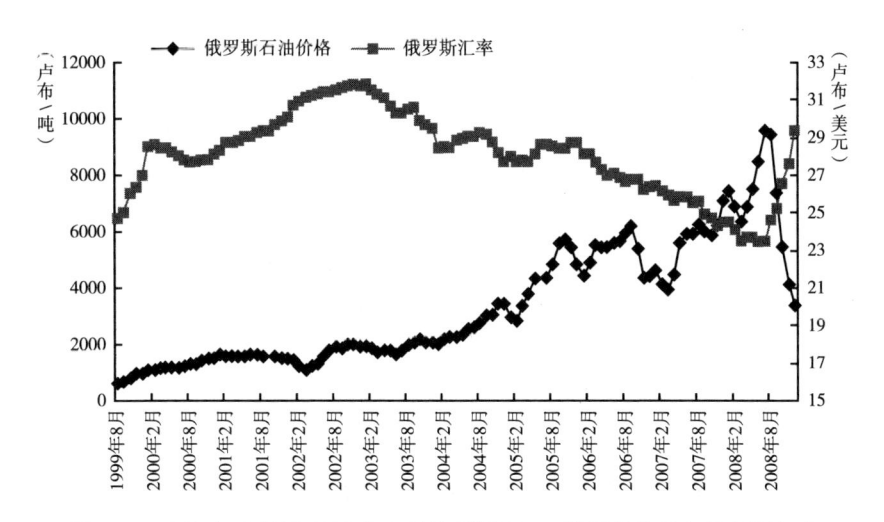

图 3-1　1999 年 8 月至 2008 年 8 月俄罗斯 Urals 牌石油价格与俄罗斯汇率

资料来源：datastring。

然而，汇率的涨跌是多种因素共同作用的结果，并不能简单地得出油价上升导致汇率上升的结论。因此，考虑到其他因素，使用计量经济学中的协整模型对俄罗斯汇率变动的原因进行解释。由于主要考察俄罗斯是否患上"荷兰病"，因此油价是模型中不可或缺的解释变量。汇率上升的另一个重要因素是产品可贸易部门的生产率提高，这主要通过布拉萨—萨缪尔森效应①实现，计量模型中一般选取本国与主要贸易伙伴国的生产率差异作为解释变量，由于本书无从得到俄罗斯生产率的指标，故省略此变量不予考虑。另外，政府干预在一定程度上会影响到汇率变化，如中央银行的外汇资产的购入在一定程度上能够减轻汇率上升的压力，因此本书选取外汇储备作为央行对冲汇率上升的代理变量。②

协整检验（Cointegration Test）用来检测多个非平稳时间序列之间的

---

① 布拉萨—萨缪尔森效应是指：本国产品可贸易部门的生产率增长超过产品不可贸易部门的生产率增长，且相对生产率的增长（贸易部门相对于非贸易部门）超过贸易伙伴国时，本国汇率将上升。
② 2004 年 1 月以后，俄罗斯建立了联邦储备基金，将石油出口超过基准价格的部分收入计入稳定基金，这在一定程度上也起到了抑制汇率上升的作用，但由于稳定基金的月度余额数据不可得，这里不作考虑。

长期关系。协整检验要求各个变量是一阶单整的，即经过差分之后是平稳过程。下面对汇率（exrate）、石油价格（oil_price）和外汇储备（nir）之间的关系进行协整检验。首先，对数据进行预处理，由于外汇储备只有季度数据，本书采用 8 期移动平均值得到各期值；其次，对每个变量取对数，使数据的波动减小；最后，对每个变量进行单位根检验（观察各变量经过几阶差分后是平稳的），检验结果（见表 3-2 至表 3-7）表明三个变量的水平序列都是非平稳的，而经过一阶差分后序列都是平稳的。在满足一阶单整的前提下可以进行三个变量间的协整关系检验。

表 3-2　汇率取对数后的水平序列的单位根检验结果

原假设：lnexrate 存在单位根
外生变量：常数项
滞后期：1（自动依据施瓦茨准则，最大滞后期 = 12）

		t 统计量	概率
增广的迪克-富勒检验统计量		-0.666427	0.8495
检验的置信水平	1% 水平	-3.495021	
	5% 水平	-2.889753	
	10% 水平	-2.581890	

注：lnexrate 表示汇率取对数。

表 3-3　汇率取对数后一阶差分的单位根检验结果

原假设：d(lnexrate) 存在单位根
外生变量：常数项
滞后期：0（自动依据施瓦茨准则，最大滞后期 = 12）

		t 统计量	概率
增广的迪克-富勒检验统计量		-6.980175	0.0000
检验的置信水平	1% 水平	-3.495021	
	5% 水平	-2.889753	
	10% 水平	-2.581890	

注：d(lnexrate) 表示汇率取对数后作差分。

第三章 俄罗斯经济发展的要素条件

表 3-4 油价取对数后水平序列的单位根检验结果

原假设：ln*oil_price* 存在单位根
外生变量：常数项
滞后期：2（自动依据施瓦茨准则，最大滞后期=12）

		t 统计量	概率
增广的迪克-富勒检验统计量		-0.609322	0.8628
检验的置信水平	1%水平	-3.495677	
	5%水平	-2.890037	
	10%水平	-2.582041	

注：ln*oil_price* 表示油价取对数。

表 3-5 油价取对数后一阶差分的单位根检验结果

原假设：d(ln*oil_price*) 存在单位根
外生变量：常数项
滞后期：1（自动依据施瓦茨准则，最大滞后期=12）

		t 统计量	概率
增广的迪克-富勒检验统计量		-8.080762	0.0000
检验的置信水平	1%水平	-3.495677	
	5%水平	-2.890037	
	10%水平	-2.582041	

注：d(ln*oil_price*) 表示油价取对数作差分。

表 3-6 外汇储备取对数后水平序列的单位根检验结果

原假设：ln*nirma*8 存在单位根
外生变量：常数项
滞后期：8（自动依据施瓦茨准则，最大滞后期=12）

		t 统计量	概率
增广的迪克-富勒检验统计量		-0.517534	0.8821
检验的置信水平	1%水平	-3.499167	
	5%水平	-2.891550	
	10%水平	-2.582846	

注：ln*nirma*8 表示外汇储备的 8 期移动平均值取对数。

表3-7 外汇储备取对数后一阶差分的单位根检验结果

原假设：d(lnnirma8)存在单位根
外生变量：常数项
滞后期：7（自动依据施瓦茨准则，最大滞后期=12）

		t统计量	概率
增广的迪克-富勒检验统计量		-3.688879	0.0057
检验的置信水平	1%水平	-3.499167	
	5%水平	-2.891550	
	10%水平	-2.582846	

注：d(lnnirma8)表示外汇储备的8期移动平均值取对数后作差分。

协整检验包括两部分内容：一部分是否存在协整向量；另一部分是如果存在协整向量，则估计出协整方程。由Eviews 6.0估计的协整结果如表3-8所示，迹（Trace）检验和最大特征根（Maximum Eigenvalue）检验的结果是一致的，表明在5%的置信水平上，方程存在一个协整向量。

表3-8 三个变量之间的协整检验结果

样本（调整后）：2000M05 2008M09
包括的观测值：调整后101个
趋势假设：确定性线性趋势
序列：lnexrate lnoil_price lnnirma8
滞后间隔（一阶差分后）：1 到 3

非限制的协整检验（迹检验）

假设 没有协整关系	特征根	迹 统计量	0.05 置信水平	概率
没有	0.197974	34.04854	29.79707	0.0153
至多1个	0.079600	11.76648	15.49471	0.1685
至多2个	0.032996	3.388868	3.841466	0.0656

续表

非限制的协整检验（最大特征根检验）

假设 没有协整关系	特征根	最大特征根 统计量	0.05 置信水平	概率
没有	0.197974	22.28207	21.13162	0.0343
至多1个	0.079600	8.377608	14.26460	0.3416
至多2个	0.032996	3.388868	3.841466	0.0656

注：迹检验提示在0.05的置信水平上存在1个协整关系。

表3-9给出了协整检验估计的方程，表中的方程1是将三个变量写成一个方程的形式，方程2则是将三个变量写成矩阵形式，两者表示的含义是一致的。因此，本书仅对方程1进行分析，方程1显示汇率与油价的关系是负相关的，表示油价的上升导致汇率下降，由于本书的汇率采用的是直接标价法，这意味着油价上升导致卢布升值；外汇储备与汇率的关系为正相关，表示外汇储备的上升对应着汇率的上升，这意味着外汇储备的增加起到了抑制卢布升值的作用。从协整系数的绝对值看，油价对汇率的影响超过外汇储备对汇率的影响，前者的系数为-0.80，后者的系数为0.61。这说明外汇储备增加对卢布升值的抑制作用较小。

表3-9 协整检验估计的方程

1个协整方程：		对数似然估计值	691.9302
标准化的协整系数（括号内为标准差）			
ln$exrate$	lnoil_price	ln$nirma$8	
1.000000	-0.798785	0.612327	
	(0.22178)	(0.12941)	
调整系数（括号内为标准差）			
d(ln$exrate$)	-0.007725		
	(0.00785)		
d(lnoil_price)	0.126592		
	(0.04788)		
d(ln$nirma$8)	-0.055416		
	(0.01707)		

续表

2个协整方程：		对数似然估计值	696.1190
标准化的协整系数（括号内为标准差）			
lnexrate	lnoil_price	lnnirma8	
1.000000	0.000000	0.103169	
		(0.01760)	
0.000000	1.000000	-0.637416	
		(0.04113)	
调整系数（括号内为标准差）			
d(lnexrate)	-0.057715	-0.003645	
	(0.02416)	(0.00759)	
d(lnoil_price)	-0.125290	-0.150575	
	(0.14866)	(0.04668)	
d(lnnirma8)	-0.079679	0.039502	
	(0.05387)	(0.01692)	

2. 制造业部门是否表现出"去工业化"现象

对于油价上升是否导致了制造业部门的"去工业化"，本书使用分部门的产出和就业年度数据进行考察。由于2005年俄罗斯的统计口径发生变化，燃料部门在2004年之前包括石油开采部门、石油加工部门、天然气和煤炭部门，而2004年之后指的是采掘业中的能源开采部门。另外，产出增长率经过价格平减，采用实际值计算。

图3-2描述了三个部门的实际增长率情况。从该图中可以看出，制造业部门并没有出现"绝对去工业化"（制造业部门的负增长）的现象。制造业部门负增长仅出现在1998年，这是由于当时俄罗斯经济正面临转轨和经济危机的双重打击，其他两部门也出现了负增长，因此，并没有证据表明俄罗斯制造业部门出现"绝对去工业化"。然而，俄罗斯制造业部门"相对去工业化"的现象是存在的。图3-2显示，2001~2007年（2005年与2007年除外）制造业部门的产出增长率都低于燃料部门的产出增长率。2005年制造业部门的产出增长率高于燃料部门的原因恰恰是油价下跌，Urals牌石油价格由2005年9月的5713卢布/吨急剧下降至2006年1月的4443卢布/吨。2007年油价经历了两次下跌：一次是2007年1月至3月；另一次是2007年8月至11月。由于

下降幅度不大，因此制造业部门产出增长率只是略高于燃料部门。另外，2000 年之后，服务业部门的产出增长率一直高于制造业部门（2005 年和 2007 年除外，这两年存在油价下跌的情况，正好从反向验证了"荷兰病"），甚至有的年份高于燃料部门，这说明俄罗斯的支出效应要强于资源转移效应。

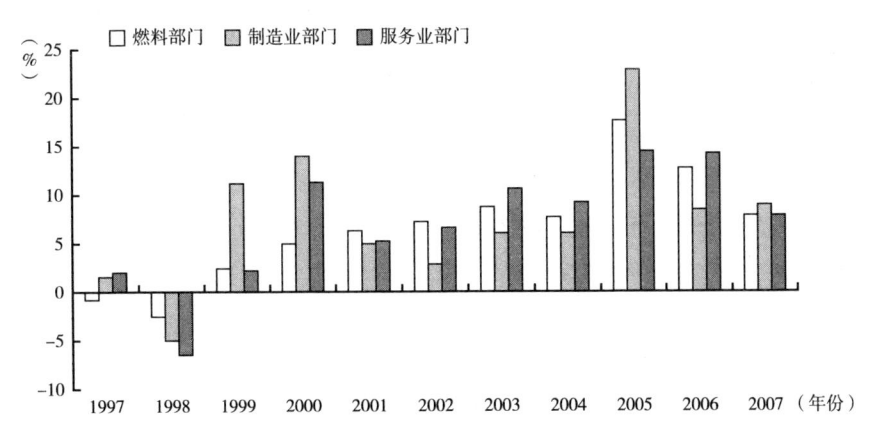

图 3-2　1997~2007 年三个部门的实际产出增长率

资料来源：俄罗斯联邦国家统计局官网。

图 3-3 描述了三个部门的劳动力雇佣情况，从该图中可以看出，2000 年之后（除 2007 年外）制造业部门的劳动力雇佣一直呈现负增长。从增长率趋势看，可以划分为 2001~2003 年和 2004~2007 年两个时期。2001~2003 年，制造业部门呈加速下降趋势，而燃料部门则有增有减，这说明制造业部门劳动力的流失现象严重；2004~2007 年，燃料部门和制造业部门的劳动力雇佣有恢复趋势，燃料部门的恢复趋势要快于制造业部门，这说明燃料部门对劳动力的吸引力要高于制造业部门。另外，2000 年之后服务业部门的劳动力雇佣一直处于正增长，在排除产业结构内生变化规律的前提下，这也是"荷兰病"的一个表征。

3. 工资上涨的效应是否存在

图 3-4 描述了三个部门的实际工资增长率，从该图中可以看出，从 2000 年之后，所有部门的实际工资都出现了快速增长（增长率为正），这与资源转移效应和支出效应都相符。最初燃料部门工资增长最为迅速，

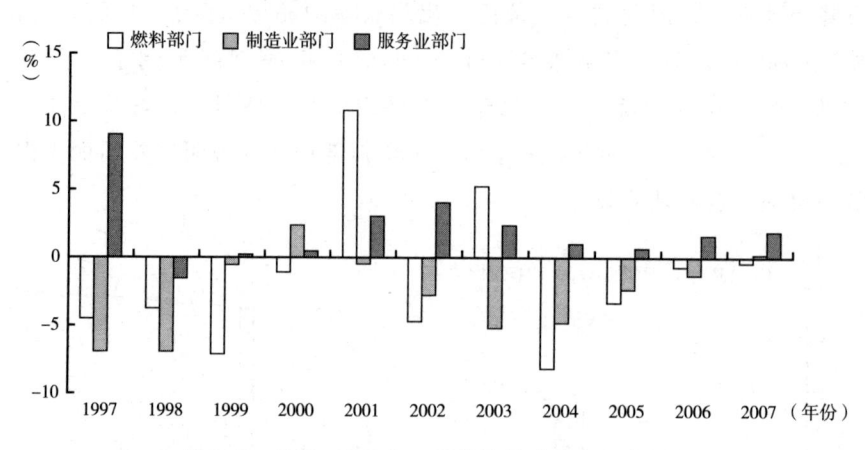

图 3-3　1997~2007 年三部门的劳动力雇佣增长率

资料来源：俄罗斯联邦国家统计局官网。

随后其他部门的工资水平也迅速上涨，甚至超过燃料部门，这符合"荷兰病"的病征。另外，2007年的油价下跌使2007年实际工资增长率低于2006年。

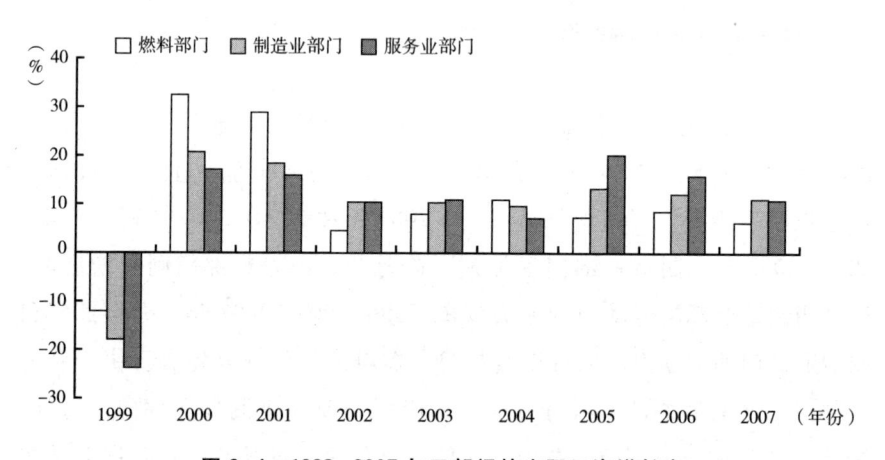

图 3-4　1999~2007 年三部门的实际工资增长率

资料来源：俄罗斯联邦国家统计局官网。

综上所述，可以得出结论，在 1999~2007 年俄罗斯经济快速增长过程中，存在一定程度的"荷兰病"现象。首先，经过协整检验发现，油价的攀升导致了汇率的上升；其次，在资源转移效应和支出效应的共同作用下，制造业部门的产出增长率相对于燃料部门的增长要慢，在油价部分下跌的2005年和2007年，其运动趋势完全相反；再次，从劳动力雇佣看，制造业部门的劳动力雇佣的变化速度（无论是加速下降还是在恢复时期）慢于燃料部门，这说明燃料部门的劳动力供给更具弹性；最后，油价上升也带来了实际工资的普遍上涨。

二 劳动力要素

（一）劳动力资源对经济增长的影响

最早对人口增长与经济发展之间的关系进行分析的是英国古典经济学家、人口学家马尔萨斯。马尔萨斯认为人口的增殖力比土地的生产力要大无数倍。人口在食物供给充足的条件下按几何级数增长，而生活资料受土地收益递减规律的制约只能按算术级数增长，因而生活资料的增长远远赶不上人口的增长。除非采取某种强有力的措施抑制人口增长，否则就难以维持人类和自然界的平衡。后来的经济学家将马尔萨斯这种观点称为"马尔萨斯陷阱"。当人均收入提高时，人口增长的速度也必然会提高，导致人均收入退回到原有水平，除非投资规模快速增长到超过人口增长的水平。由于人口增长有自然极限，人均收入有可能超过人口增长率。所以，在最低人均收入增长到与人口增长率相等的人均收入水平之间，有一个"人口陷阱"，在这个陷阱中任何超过最低水平的人均收入增长都将被人口增长抵消。

当一国经济处于"马尔萨斯陷阱"时，抑制人口增长对于启动经济跳出陷阱是有利的。但冲出人口陷阱之后，人口规模增长和人口结构变化也有可能促进经济增长。一些人口学家认为人口转型过程中有一个阶段的人口年龄结构对经济增长起到重要的促进作用，布鲁姆和威廉姆森将这种效应称为"人口红利"。布鲁姆和威廉姆森将年龄结构分为三个阶段：高少年儿童抚养比时期、高劳动年龄人口比时期和高老年抚养比时期。处于不同年龄结构阶段，人口对经济增长的影响是不一样的。在高劳动年龄人口时期，社会负担比较轻，生产性强，社会储蓄率高，有利于经济增长。当一国人口增长进程中恰好处于一个富有生产性的人口年龄结构时期，人口红利的窗口就会被打开。①布鲁姆和威廉姆森的研究表明，东亚经济奇迹之所以能够出现，在非常显著的程度上是因为人口红利在发挥作用。20世纪70年代以前，日本和亚洲"四小龙"的人口年龄结构处于高少年儿童抚养比时期，经济增长受到了抑制。随着时间的推移，少年儿童成长为劳动年龄人口，国家步入高劳动年龄人口比阶段，劳动力供给丰富，促进了经济增长。据估算，1970~1995年，日本和亚洲"四小龙"的人口红利贡献的经济增长为1.5%~2%，占其稳态经济增长的1/3~1/2。"人口红利"也为中国经济增长做出了很大贡献。改革开放以来，中国储蓄率始终保持在30%，进入21世纪储蓄率甚至超过40%，高储蓄率是高投资率的基础，因此中国的投资率一直处于高水平，位居世界前列。②21世纪以来，"人口红利"对中国GDP低增长做出了很大贡献，约有超过1/10的GDP是由"人口红利"因素创造的。③

（二）俄罗斯的劳动力资源

俄罗斯劳动力资源相对匮乏。如表3-10所示，1992年人口数量达到峰值1.4856亿人，从1993年起俄罗斯人口数量开始下降，1999~2002年每年人口自然下降都将近100万人，人口下降的趋势一直持续到2008年，该年俄罗斯人口数量为1.4274亿人。2009~2012年这四年俄罗斯总人口数量实现增长，但这主要得益于移民数量的增加。人口自然下降的趋势一直持续至2012年，2013~2015年俄罗斯人口实现短暂的三年自然增长，增长的数量也相当微弱，分别增长2.4万、3万和3.2万人，2016年起至2018年人口数量又开始自然减少，2018年人口自然减少22.46万人。

---

① Bloom, D., Williamson, J. G., "Demographic Transition and Economic Miracles in Emerging Asia", *World Bank Economic Review*, 1998, 12（3）.
② 蔡昉:《人口转变、人口红利与经济增长可持续性——兼论充分就业如何促进经济增长》,《人口研究》2004年第2期。
③ 陈友华:《人口红利与中国的经济增长》,《江苏行政学院学报》2008年第4期。

表 3-10　1991~2018 年俄罗斯人口数量变化

单位：千人

年份	人口数	自然增长人数	移民增长人数
1991	148514.7	104.9	136.1
1992	148561.7	-219.2	266.2
1993	148355.9	-732.1	526.3
1994	148459.9	-874.0	978.0
1995	148291.6	-822.0	653.7
1996	148028.6	-776.5	513.5
1997	147802.1	-740.6	514.1
1998	147539.4	-691.5	428.8
1999	146890.1	-918.8	269.5
2000	146303.6	-949.1	362.6
2001	145649.3	-932.8	278.5
2002	144963.6	-916.5	230.8
2003	144333.6	-888.5	258.5
2004	143801.0	-793.0	260.4
2005	143236.6	-846.5	282.1
2006	142862.7	-687.1	313.2
2007	142747.5	-470.3	355.1
2008	142737.2	-362.0	351.7
2009	142833.5	-248.9	345.2
2010	142865.4	-239.6	271.5
2011	143056.4	-129.1	320.1
2012	143347.1	-4.3	295.0
2013	143666.9	24.0	295.8
2014	146267.3	30.0	—
2015	146544.7	32.0	245.4
2016	146804.4	-2.3	262.0
2017	146880.4	-135.8	211.8
2018	146780.7	-224.6	124.9

资料来源：Федеральная служба государственной статистики, Численность населения, https：//www.gks.ru/folder/12781#。

人口的年龄分布决定着劳动力资源的现有数量及未来储备。人口老龄化给劳动力供给、劳动生产率、储蓄、消费和投资都会带来不利影响，进而拖累经济增长。首先，人口老龄化导致劳动力供给下降。从宏观的角度，劳动力是生产的基本要素，在其他要素不变的情况下，劳动力供给减少，产出将会下降，经济增长减速；其次，从微观的角度看，在劳动需求不变的条件下，劳动力供给减少会导致劳动力短缺，致使工资上涨，企业成本上升，削弱企业的国际竞争力；再次，劳动人口年龄结构老化将拉低劳动生产率，随着年龄的增长，劳动者脑力和体力出现退化，年长的劳动者在企业引进新技术和新设备时，不能尽快接受新技术，学会操作新设备，这将在很大程度上降低劳动生产率，也不利于科技创新和技术进步，年轻人一般比年长者更具创新热情和创新动力，技术进步是经济增长的重要源泉，创新不足会导致经济增长缺乏可持续性；最后，人口老龄化不利于储蓄、消费和投资。在人的生命周期中，老年人处于负储蓄阶段，消费率上升，但老年人的消费主要集中于医疗、护理等，对住房、汽车、电子信息等行业需求不大，相应降低了投资率，综合起来导致总需求相对萎缩，不利于经济增长。[1]

从俄罗斯的人口形势看，长期的低出生率导致俄罗斯人口年龄分布发生严重变化，适龄劳动力人口减少，人口老龄化严重。1970年，低于劳动力年龄人口占总人口的29.6%，适龄劳动力人口占56%，高于劳动力年龄人口占14.4%，比例关系相对合理。[2] 进入20世纪80年代，低于劳动力年龄人口占总人口的比重不断下降，进入21世纪人口年龄结构更加恶化。2001~2019年，俄罗斯适龄劳动力人口总量于2006年达到历史峰值，为9015.7万人，适龄劳动力人口在总人口中的比重也于2007年达到历史峰值，为63.39%，此后逐年下降，2019年已降至55.4%。2019年，低于劳动力年龄人口和高于劳动力年龄人口占总人口的比例分别为18.7%和25.9%（见表3-11）。[3] 这就意味着，若干年之后，当目前的适龄劳动力人口陆续进入退休年龄，老年人口数量不断增长，社会负担加重；而目前的青少年成长为适龄劳动

---

[1] 《发展经济学》编写组：《发展经济学》，高等教育出版社，2019，第266~267页。
[2] 根据俄罗斯法律规定，0~16岁少年儿童为低于劳动力年龄人口，16~59岁男性人口和16~54岁女性人口为适龄劳动力人口，年满60岁男性人口和年满55岁女性人口为高于劳动力年龄人口。
[3] Федеральная служба государственной статистики, Российский статистический ежегодник 2019, С97.

力，青少年人口数量的减少将会导致劳动力储备不足，劳动力市场中的供求矛盾日益尖锐。由此可见，无论从俄罗斯的劳动力资源的数量还是从年龄结构看，劳动力要素对俄罗斯经济增长的拉动力都不强。

表3-11 2001~2019年俄罗斯人口年龄结构变动情况

类别	人口数量(千人)			占总人口比重(%)		
	2001年	2011年	2019年	2001年	2011年	2019年
总人口						
低于劳动力年龄人口	28387	23209	27430	19.4	16.2	18.7
适龄劳动力人口	88040	87847	81362	60.2	61.5	55.4
高于劳动力年龄人口	29877	31809	37989	20.4	22.3	25.9
城市人口						
低于劳动力年龄人口	19591	16182	19926	18.3	15.3	18.2
适龄劳动力人口	66523	65725	61544	62.1	62.3	56.2
高于劳动力年龄人口	20958	23514	27984	19.6	22.3	25.6
农村人口						
低于劳动力年龄人口	8796	7027	7504	22.4	18.8	20.1
适龄劳动力人口	21517	22122	19818	54.8	59.1	53.1
高于劳动力年龄人口	8919	8295	10005	22.7	22.2	26.8

资料来源：Федеральная служба государственной статистики，Российский статистический ежегодник 2019，C97。

三 资本要素

(一) 资本对经济增长的影响

资本在经济发展过程中起举足轻重的作用，以至于在经济学发展的最初阶段，人们甚至认为经济发展过程就是一个"搬掉资本障碍的过程"。这里的重点并不是资本本身，而是资本作为生产过程中重要生产要素的形成过程。资本的来源是储蓄，资本形成就是将储蓄转化为投资，进而产生生产能力的过程。早期的经济学家都重视对资本要素的研究，在西方经济学理论中，任何生产都是劳动与资本的结合。如在哈罗德-多马经济增长模型、索洛-斯旺模型等理论中，经济学家都强调了资本对经济增长的促进作用。还有一些经济学家从反面论证了资本稀缺对经济发展的阻碍作用。

1953年纳克斯（R. Nurkse）在他的论文中提出了贫困恶性循环理论。① 他认为，低收入既是发展中国家贫困落后的结果，也是其原因。这就是他所说的："一个国家穷是因为它穷。"从供给的角度看，低收入导致低储蓄供给从而使资本缺乏，资本缺乏又导致劳动生产率低，进而导致低收入；从需求的角度看，低收入导致购买力低，低购买力导致投资引诱不足，继而导致资本积累不足，进而导致生产规模减小、劳动生产率难以提高，而低劳动生产率又导致低产出和低收入。如此周而复始，形成恶性循环。解决问题的关键在于增加储蓄和投资，而且是对很多行业同时进行的大规模投资，才能使行业之间的产品形成相互需求，从而扩大市场容量，冲破贫困恶性循环，使经济进入发展的正轨。

纳尔逊（R. R. Nelson）于1956年在其发表的论文②中提出了低水平均衡陷阱理论。他认为，发展中国家人民普遍处于生活贫困状态，高死亡率抑制人口增长，当人均收入增长快于人口数量增长，生活质量得到提高，死亡率降低，人口数量又开始增长，人口数量的增长又将人均收入水平拉回到原来的低水平状态，从而形成低水平均衡陷阱。这实际上与"马尔萨斯陷阱"理论观点一致。针对如何跳出这一"陷阱"，纳尔逊认为只有通过大规模投资才能跳出这一陷阱，使人均收入水平增速超过人口增长速度。由于边际报酬递减规律，在其他条件不变的情况下，资本和劳动的边际生产率将会降低，从而降低国民收入增速，最终国民收入增速与人口增速相等，达到一个新的稳定的均衡状态，但这种均衡状态与此前相比是高水平的均衡状态。

20世纪40年代中期，罗森斯坦-罗丹（P. N. Rosenstein-Rodan）提出了大推进理论，③ 他对东欧和东南欧国家的战后重建进行了研究，提出由于资本、储蓄和市场需求具有不可分性，小规模、个别部门或者个

---

① R. Nurkse, *The Problems of Capital Formation in Less Developed Countries* (Oxford University Press, 1953).
② R. R. Nelson, "Theory of the Low Level Equilibrium Trap in Underdeveloped Countries," *American Economic Review*, 1956, (12).
③ P. N. Rosenstein-Rodan, "Problem of Industralization of Eastern and South-Eastern Europe," *Economic Journal*, 1943, (3).

别产业的投资难以推动停滞的经济，只有对所有的产业部门同时进行大规模投资，尤其要加强基础设施部门的投资，即采用"大推进"式的发展战略，冲破狭小市场的束缚，使各个部门同时取得发展，才能摆脱停滞，进入工业化。

（二）俄罗斯的资本形成

普京执政以来，俄罗斯的总储蓄和固定资产投资都处于较低的水平。2000年俄罗斯总储蓄为13657亿卢布，2000~2008年，总储蓄保持较快增长，2008年总储蓄突破10万亿卢布，2009~2019年的大部分年份，总储蓄为负增长，2018年总储蓄为23.6万亿卢布。2000年，俄罗斯固定资产投资占GDP的比例为15.9%，2007年达到20.3%后，直至2018年，该比例一直徘徊在20%~22%的水平。与1990年相比，2018年固定资产投资水平仅相当于1990年的73.6%。[①] 从固定资产更新率看，2000年俄罗斯固定资产更新率仅为1.8%，2008年提高到4.4%，此后由于固定资产投资水平一直没有恢复，直至2018年，固定资产更新率也仅为5.1%。

表3-12　2000~2018年俄罗斯固定资产相关指标

年份	总储蓄 规模（亿卢布）	总储蓄 比上年增长（%）	固定资产投资 规模（亿卢布）	固定资产投资 人均（千卢布）	固定资产投资 比上年增长（%）	固定资产投资 占GDP的比例（%）	固定资产更新率（%）
2000	13657	75.2	11652	7.9	17.4	15.9	1.8
2005	43387	9.5	36111	25.2	10.9	16.7	3
2006	57488	18.6	47300	33.2	16.7	17.6	3.3
2007	80317	21	67162	47.3	22.7	20.3	4
2008	106425	11.1	87649	61.7	9.8	21	4.4
2009	73404	-41	79760	56.2	-15.7	20.6	4.1
2010	104727	28.5	91521	64.1	6.3	20.6	3.7

[①] Институт стратегического анализа: Инвестиции как источник экономического роста, Москва, 2019, https://www.fbk.ru/upload/docs/Investments_report.pdf, 转引自李建民《普京治下的俄罗斯经济：发展路径与趋势》，《俄罗斯研究》2019年第6期。

续表

年份	总储蓄 规模（亿卢布）	总储蓄 比上年增长(%)	规模（亿卢布）	固定资产投资 人均（千卢布）	固定资产投资 比上年增长(%)	固定资产投资 占GDP的比例(%)	固定资产更新率(%)
2011	139825	21	110357	77.2	10.8	20.3	4.6
2012	154593	3.1	125861	87.9	6.8	20.8	4.8
2013	151047	-7.1	134502	93.7	0.8	20.8	4.6
2014	145201	-7.3	135575	92.8	-2.7	19.5	4.3
2015	186034	-11.8	138972	94.9	-10.1	20	3.9
2016	202428	-1.2	147488	100.6	-0.2	21.2	4.4
2017	221892	6	160273	109.1	4.8	21.5	4.3
2018	236112	0.8	175950	119.8	4.3	20.7	5.1

资料来源：Федеральная служба государственной статистики, Инвестиции в России, https：//www.gks.ru/folder/210/document/13238。

资本积累是推动经济增长的关键性因素，当国内资本不足以支撑经济发展所需时，需要借助国际资本流入。因此，很多国家为促进本国经济发展，积极吸引外国投资。然而，2000~2018年，只有2006年和2007年俄罗斯出现资本净流入，规模分别为437亿美元和878亿美元，其余年份均为资本净流出状态，其中2008年和2014年两个危机的年份资本净流出规模达到1336亿美元和1541亿美元（见图3-5）。

四 技术要素

（一）技术进步对经济增长的影响

早期经济学家认为要素投入的增长，特别是资本积累的增长是经济发展的主要源泉。从20世纪50年代起，许多理论研究和实证分析均表明，技术进步对经济增长贡献远比要素投入增长的贡献要大。索洛、丹尼森、肯德里克等经济学家都对技术进步在经济增长中的贡献进行了相关研究。

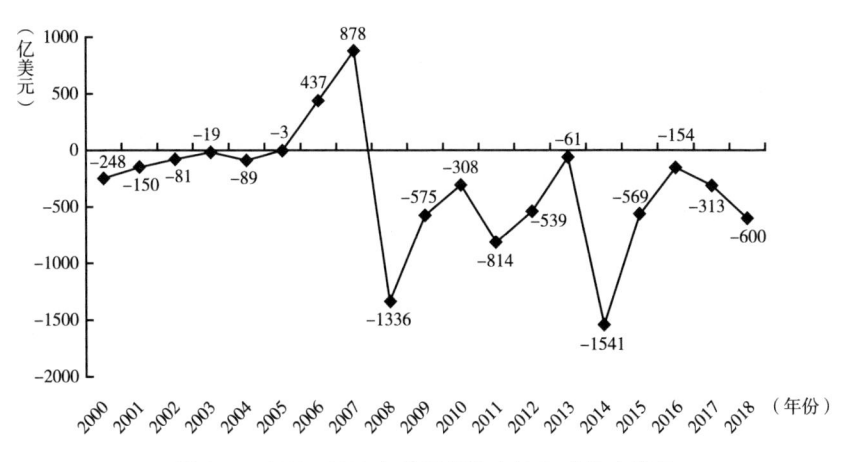

图 3-5　2000~2018 年俄罗斯资金流入或流出状况

资料来源：作者根据俄罗斯中央银行数据整理。

1. 索洛残差

1957 年，索洛（R. M. Solow）发表了一篇名为《技术变化和总量生产函数》①的文章，该文把总产出作为资本和劳动力两大投入要素的函数。他提出，从总产出中扣除投入要素带来的产出增长所得到的余值是技术进步对产出的贡献，这被称为索洛残差。经过研究，他指出，1909~1949 年美国的经济增长中有 80% 以上归结为技术进步的结果。

在研究中，索洛假设在完全竞争市场，生产要素投入主要是资本和劳动力，并且资本和劳动力在任何时候都可以得到充分利用。尽管这种假设具有一定缺陷，会导致技术进步贡献力的高估，但索洛的研究揭示了经济增长是多种因素作用的结果，除了生产要素投入之外，技术进步也同样起着重要的作用，可以在生产要素投入量不变的条件下使经济得到增长。

2. 丹尼森对经济增长因素的分解

有经济增长核算之父之称的美国经济学家爱德华·丹尼森（E. F.

---

① R. M. Solow, " Technical Change and the Aggregate Production Function," *Review of Economics and Statistics*, 1957, 39 (3), pp. 312-320.

Denison）在其著作《美国经济增长的源泉》①一书中，对经济增长的因素进行了分析。他提出，在规模效益不变的假设下，如果总投入（即劳动力、资本和土地）增加1%，国民收入也应该相应增加1%。但实际上，国民收入的增长速度总是大于1%，这超出的部分，被丹尼森称为"单位投入的产出"。因此，根据丹尼森对经济增长的分解，影响实际国民收入增长的因素主要有两个：一是总收入；二是单位投入的产出。丹尼森认为，单位投入的产出主要是资源配置的改善、规模节约和知识进步三种因素的贡献（见图3-6）。

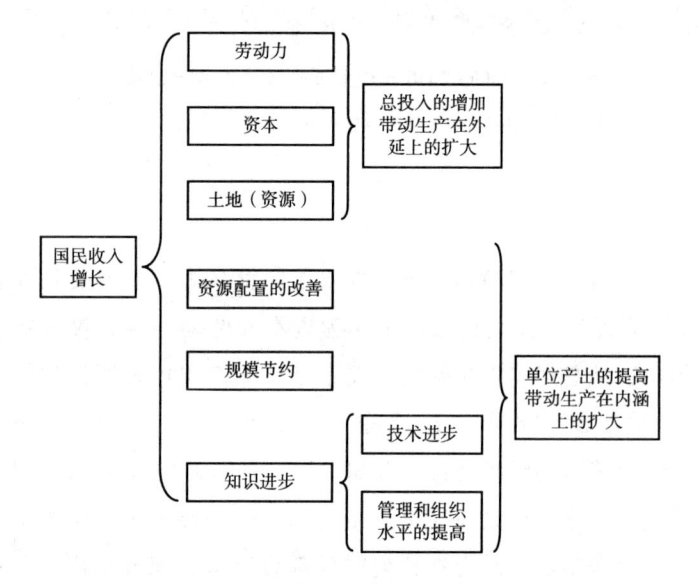

图3-6 丹尼森对经济增长因素的分解

丹尼森认为，在这几个因素中，知识进步是最重要的一个因素。知识进步能使同样的劳动力、资本和土地的投入量生产出更多的产品，或者说生产同量的产品只需要更少的投入量。丹尼森指出，在经济增长的诸因素中，知识进步是无法计算的，只能把它作为剩余估算出来，即从经济增长率中减去所有其他增长因素的作用之后，剩下的部分就是知识进步对增长率的贡献。

---

① E. F. Denison, *The Sources of Economic Growth in the United States and the Alternatives before Us* (New York: Committee for Economic Development, 1962).

设 y 为产出的增长率，m 为总投入带来的产出增长率，I 为资源配置的改善带来的产出增长率，s 为规模节约带来的产出增长率，r 为知识进步带来的产出增长率，则 $r=y-m-(I+s)$。

在这个意义上，丹尼森把知识进步称为"剩余的剩余"。实际上，丹尼森所谓的"知识进步"包含了技术进步与管理和组织水平的提高，但不包括工人受教育年限的增长和规模节约、资源配置的改善的因素。

3. 肯德里克的"全要素生产率"

美国经济学家肯德里克提出了"全要素生产率"的概念，是指产量与"全部要素投入量"之比。因为单要素生产率（产量与某一特定投入量——劳动或资本——之比）只能衡量一段时期内某一特定要素投入效率的变化，而不能表示生产效率的全部变化。一般来说，资源的配置状况、技术创新的扩散程度、规模经济、管理水平、人力资源等因素也都对生产效率有着显著的影响，而这些因素不能在单要素生产率的变化中反映出来。如今，全要素生产率已经成为衡量一个国家或地区经济增长质量和技术进步、管理效率的重要标志。通过对全要素生产率的计算，可以确定经济增长中各种投入要素的贡献程度，识别一个国家或地区经济增长的方式。随着制度经济学与环境经济学的发展，制度与环境因素对经济增长的作用也逐渐被归入全要素生产率的范畴。

（二）俄罗斯的科技创新能力

苏联的科技实力曾与美国不分伯仲，尤其是在与军事相关的科技领域。苏联解体之后，俄罗斯继承了它60%~70%的科技实力，但在社会和经济体制全面转型的过程中，一系列经济问题严重制约了俄罗斯科学技术的发展。国家对科技的拨款大幅缩减，1992~2000年，全俄科研机构的拨款下降了一半，由原来占GDP的0.5%下降到0.24%，占联邦预算的比重也从2.43%下降到1.66%。按照俄罗斯科学院中央数量经济研究所的估计，苏联解体前俄罗斯的科技资本约为1730亿美元，占1990年GDP的28%，到2000年，科技资本约减少35%，如以货币计算减少了600多亿美元，相当于俄罗斯年均科技投入的15倍。[①] 同时，俄罗斯科技人才大量流失，20世纪80年代中期，俄罗斯科研人员在总人口中的比例为2.2%，1998年下降到0.98%，科研技术人员的数量从1990年的194万人下降到1999年的82万人，减少了一半多。

当今俄罗斯在一定程度上仍保留较好的科技基础，一些领域还拥有世界先进的科技创新潜力。第一，俄罗斯国民受教育程度较高。俄罗斯的国民普遍受到较好的教育。根据俄罗斯联邦国家统计局数据，2015年，每1000人中受过专业教育的人数为617人，其中受过高等教育的人数为231人；受过普通教育的人数为375人，未接受初等普通教育的人数仅为8人（见表3-13）。

表3-13　每1000名人口受教育程度状况

类别		2002年	2010年	2015年
专业教育	高等教育	162	234	231
	不完全高等教育	31	46	25
	中等教育	275	312	361
	初等教育	128	56	—
普通教育	中等(完全)教育	177	182	160
	基础教育	139	110	91
	初等教育	78	54	78
	学前教育	—	—	46
未接受初等普通教育		10	6	8

资料来源：Федеральная служба государственной статистики, Окончательные итогит Всероссийской переписи населения 2015 года, https://gks.ru/free_doc/new_site/perepis2010/croc/perepis_itogi1612.htm, Российский статистический ежегодник 2019, C189。

第二，科研技术机构的总数变化不大，但结构变化更有利于科研成果商业化。2000年俄罗斯有各类科研机构4099家，2018年略有减少，为3950家。其中，专门的科研、设计和测量机构数量在大幅下降，

[①] В. И. Макаров, А. Е. Варшавский, Наука и высокие технологии России на рубеже третьего тысячелетия: социально-экономические аспекты развития, Москва《Наука》, 2001г., C93.

2000年俄罗斯有科研机构2686家，设计机构318家，设计测量机构85家，到2018年这三类机构的数量分别减少至1574家，254家和20家。但高等教育机构和工业中的科研设计部门数量成倍增长，2000年俄罗斯有高等教育机构390家，2018年增加至917家，2000年工业中的科研设计部门有284家，2018年增加至419家（见表3-14）。从各类科研设计机构数量的变化可以看出俄罗斯科研体系改革的方向，从原本专门从事科研设计活动转变为更加重视基础研究和专门针对生产部门的应用研究，产、学、研相结合，以加快科研成果的商业化。

表3-14　2000~2018年俄罗斯科研机构数量

单位：家

	2000年	2010年	2016年	2017年	2018年
总数	4099	3492	4032	3943	3950
科研机构	2686	1840	1673	1577	1574
设计机构	318	362	304	272	254
设计测量机构	85	36	26	23	20
中试工厂	33	47	62	63	49
高等教育机构	390	517	979	970	917
工业中的科研设计部门	284	238	363	380	419
其他	303	452	625	658	717

资料来源：Федеральная служба государственной статистики, Российский статистический ежегодник 2019, C506。

第三，专利数量增加。从专利申请数量看，2000~2010年，俄罗斯各类专利申请数量均呈快速增长趋势，但2010~2018年，发明类和应用类专利申请数量均有大幅度下降，分别从42500项和12262项减少为37957项和9747项。工业设计类专利申请数量继续增长。从专利许可数量看，2000~2018年发明类专利和工业设计类专利许可数量呈持续增长趋势，2000~2010年应用类专利许可数量快速从4098项增加至10581项，此后到2018年减少到9867项（见表3-15）。从使用中的专利数量看，2010~2018年发明类专利和工业设计类专利数量持续增加，而应用类专利数量却持续减少。

表 3-15　2000~2018 年俄罗斯专利数量

单位：项

类别		2000 年	2010 年	2016 年	2017 年	2018 年
专利申请数量	发明类专利	28688	42500	41587	36454	37957
	其中：俄罗斯申请数	23377	28722	26795	22777	24926
	应用类专利	4631	12262	11112	10643	9747
	其中：俄罗斯申请数	4549	11757	10643	10152	9262
	工业设计类专利	2290	3997	5464	6487	5908
	其中：俄罗斯申请数	1918	1981	2391	3263	3218
专利许可数量	发明类专利	17592	30322	33536	34254	35774
	其中：俄罗斯申请数	14444	21627	21020	21037	20526
	应用类专利	4098	10581	8875	8774	9867
	其中：俄罗斯申请数	4044	10187	8474	8376	9391
	工业设计类专利	1626	3566	4455	5339	6305
	其中：俄罗斯申请数	1228	1741	1780	2194	2840
使用中的专利数量	总数	—	259698	314615	326624	341662
	发明类专利	—	181904	230870	244321	256419
	应用类专利	—	54848	53263	50078	49345
	工业设计类专利	—	22946	30482	32225	35898

资料来源：Федеральная служба государственной статистики，Российский статистический ежегодник 2019，С512。

第四，先进生产技术研发的数量和世界领先技术的数量均有增长。2000 年，俄罗斯先进生产技术研发数量为 688 项，其中对俄罗斯而言的新技术为 569 项，世界领先技术为 72 项，占先进生产技术研发总量的 10.5%，使用专利发明的技术数量为 313 项。2018 年，先进生产技术研发数量增加至 1565 项，其中对俄罗斯而言的新技术为 1384 项，世界领先技术为 181 项（见表 3-16），占先进生产技术研发总量的比例也提高至 13.1%。设计和工程，生产、加工和组装，通信与控制这三个领域中的先进生产技术研发数量较多。

表 3-16　2000~2018 年俄罗斯先进生产技术研发

单位：项

年份	总量	其中		使用专利发明的技术数量
		对俄而言新技术	世界领先技术	
先进生产技术				
2000	688	569	72	313
2010	864	762	102	526
2016	1534	1342	192	527
2017	1402	1212	190	485
2018	1565	1384	181	497
设计和工程				
2000	148	136	12	72
2010	216	191	25	122
2016	402	352	50	149
2017	417	358	59	163
2018	458	420	38	142
生产、加工和组装				
2000	281	231	32	150
2010	383	336	47	233
2016	509	449	60	171
2017	485	417	68	185
2018	492	441	51	171
自动运输和自动装卸				
2000	20	19	1	6
2010	18	16	2	11
2016	34	29	5	9
2017	34	27	7	14
2018	40	37	3	9
自动控制设备				
2000	72	66	6	43
2010	116	98	18	84
2016	160	111	49	76
2017	134	107	27	44
2018	165	114	51	76
通信与控制				
2000	90	74	9	24
2010	70	67	3	38

续表

年份	总量	其中		使用专利发明的技术数量
		对俄而言新技术	世界领先技术	
2016	285	264	21	81
2017	218	194	24	45
2018	292	266	26	65
生产信息系统				
2000	18	14	4	1
2010	20	17	3	10
2016	83	80	3	29
2017	44	44	-	11
2018	72	65	7	21
综合管理				
2000	38	29	8	17
2010	41	37	4	28
2016	61	57	4	12
2017	70	65	5	23
2018	46	41	5	13

资料来源：Федеральная служба государственной статистики, Российский статистический ежегодник 2019, C513。

第五，俄罗斯科技创新能力在世界权威机构的排名有所提升。普京执政后，随着经济形势的好转，俄政府对科学研发的投入有所增加，俄罗斯的科技实力有了一定程度的恢复，科技创新能力在全球的排名也相应提升。

根据世界银行发布的知识经济指数排名，2000年俄罗斯的得分为5.28分，排第64位，2012年俄罗斯得分为5.78分，排第55位。该指数主要对全球主要经济体知识经济基本要素进行测评，具体包括经济激励和制度机制、国家创新积极性、居民受教育程度、信息和通信技术发展等指标。2012年，俄罗斯在经济激励和制度机制指标中排第117位，在创新和技术采用指标中排第41位，在教育和培训指标中排第44位，在信息和通信技术基础设施方面排第45位。由此可见，俄罗斯在科技实力和人力资本方面

第三章 俄罗斯经济发展的要素条件

具有良好的基础,但现有制度和机制不利于促进创新发展。[①]

世界经济论坛每年会对世界主要经济体的全球竞争力进行排名,其指标体系中对各国的创新竞争力也进行了测度和排名,主要评价内容包括创新能力、科研机构质量、企业研发支出、大学与产业的研发合作、高科技产品的政府采购、科学家和工程师、专利许可。2018年,世界经济论坛将指标进行了调整,去掉了创新能力、高科技产品的政府采购两项指标,增加了集群化程度、国际联合研发、科学出版物、买方成熟度和商标申请五个指标。如表3-17所示,整体看,2008~2019年俄罗斯的全球竞争力和创新竞争力排名经历了先下降后提升的过程。2008年俄罗斯全球竞争力为第51位,2012年下降至第67位,2018年提高至第43位,创新竞争力从2008年的第48位先下降至2012年的第85位,此后逐渐提高,2019年世界排名提升至第32位。从具体指标看,俄罗斯科研机构质量明显提高,2008年排第45位,到2019年该指标的排名已提高至世界第9位;企业研发支出也有所增加,该指标的排名从2008年的第46位提高至2019年的第34位。大学与产业的研发合作、高科技产品的政府采购、科学家和工程师三项指标的排名比较稳定,而创新能力和专利许可这两项指标排名下降。在2018年起增添的指标中,俄罗斯在科学出版物这一指标的表现居世界前列,排第22位,但在集群化程度、买方成熟度、商标申请等商业化指标中表现不佳,由此可见,俄罗斯科学研发的商业化程度不高。

尽管在以上几个方面,俄罗斯科技创新取得了一定进步,但在该领域中仍存在很多问题不利于科技创新的发展,也影响科技进步对俄罗斯经济发展的促进作用。

第一,科研人员外流明显,尤其是企业科研人员数量持续减少。2000年登记在册的科研人员共有88.77万人,2018年减少至68.26万人。由于国家大力实施人才发展战略,为了防止科研人员外流,俄政府采取了提高科研人员工资、改善住房和科研条件等一系列措施。国家、高校和非商业组织科研人员有所增加,国家科研人员从2000年的25.59

[①] World Bank, *Knowledge Economy Index 2012 Ranking*, https://knoema.com/WBKEI2013/knowledge-economy-index-world-bank-2012.

表 3-17 2008~2019 年俄罗斯创新指数排名

单位：位

	2008年	2009年	2010年	2011年	2012年	2013年	2014年	2015年	2016年	2017年	2018年	2019年
全球竞争力	51/134	63/133	63/139	66/142	67/144	64/148	53/144	45/140	43/138	38/137	43/140	43/141
创新竞争力	48	51	51	71	85	78	65	68	56	49	36	32
其中：												
创新能力	45	42	38	38	56	64	66	84	78	65	—	—
科研机构质量	45	42	53	60	70	65	56	58	46	41	12	9
企业研发质量	46	46	50	61	79	69	62	75	66	54	35	34
大学与产业的研发合作	48	48	61	75	85	64	67	67	46	42	40	48
高科技产品的政府采购	66	69	82	99	124	108	81	67	68	63	—	—
科学家和工程师	34	48	56	72	90	90	70	64	58	50	39	37
专利许可	41	44	49	47	44	43	41	41	43	46	40	48
集群化程度	—	—	—	—	—	—	—	—	—	—	95	101
国际联合研发	—	—	—	—	—	—	—	—	—	—	50	54
科学出版物	—	—	—	—	—	—	—	—	—	—	22	22
买方成熟度	—	—	—	—	—	—	—	—	—	—	66	80
商标申请	—	—	—	—	—	—	—	—	—	—	75	77

注：2018年后世界经济论坛的《全球竞争力报告》中创新竞争力指数的评价指标体系有所变动。

资料来源：作者根据世界经济论坛历年的《全球竞争力报告》数据整理。

万人增加到2018年的27.04万人，高校科研人员从2000年的4.08万人增加到2018年的6.4万人，非商业组织科研人员从2000年的446人增加至2018年的1070人；但企业科研人员持续大幅下降，从2000年的59.06万人下降至2018年的34.7万人（见表3-18）。

表3-18 2000~2018年俄罗斯科研人员人数

单位：人

类别	2000年	2010年	2016年	2017年	2018年
总人数	887729	736540	722291	707887	682580
国家科研人员	255850	259007	269056	268080	270357
企业科研人员	590646	423112	388385	377150	347080
高校科研人员	40787	53290	63046	59729	64073
非商业组织科研人员	446	1131	1804	2928	1070

资料来源：Федеральная служба государственной статистики, Российский статистический ежегодник 2019, C507。

第二，科研经费支出增长，但在GDP中所占比例却在下降。国家对科研的投入增加。普京执政后，宏观经济环境逐渐改善，俄罗斯的科研经费逐年增加。2000年，俄罗斯科研经费总支出为767亿卢布，到2018年增长至10282亿卢布。然而，与2000年相比，科研经费支出占GDP的比例不但没有增加，反而从1.05%下降至1.00%（见图3-7）。相比之下，2017年，美国的科研经费支出占GDP的比例为2.79%，日本为3.21%，德国为3.04%，瑞士为3.4%，丹麦为3.05%，韩国为4.55%。[1] 可见，在科研投入方面，俄罗斯与世界主要发达国家仍存在巨大差距。

第三，预算拨款是科研经费支出的主要来源，不利于企业自主创新能力的提升。俄罗斯的科研投入主要来自预算拨款，2000年，俄罗斯科研预算拨款为412亿卢布，在科研经费支出总额中占53.7%。2010年预算拨款金额为3603亿卢布，在科研经费支出总额中的比例提高至68.8%，到2018年预算拨款为6609亿卢布，占比下降至64.3%。2000

---

[1] Федеральная служба государственной статистики, Российский статистический ежегодник 2019, C682.

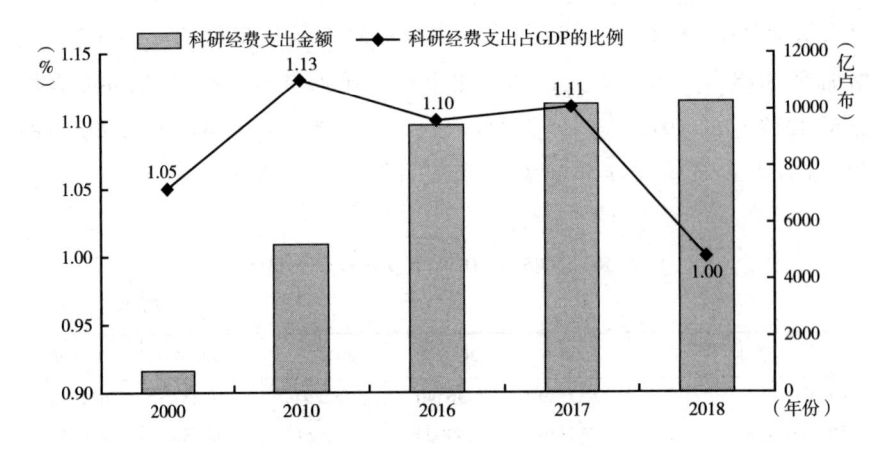

图 3-7 2000~2018 年俄罗斯科研经费支出状况

资料来源：Федеральная служба государственной статистики, Российский статистический ежегодник 2019, С509。

年企业对科研活动的支出（企业资金）为 143 亿卢布，在科研经费支出总额中的比例为 18.6%，到 2018 年企业资金为 1765 亿卢布，在科研经费支出总额中的比例下降至 17.2%（见表 3-19）。可以看出，俄罗斯的创新活动主要靠政府推动，企业作为市场主体的创新积极性没有被有效激发。科学技术研究成果与实际商业部门的需求严重脱节，创新体系中产、学、研没有形成有效的结合机制，导致科研成果产业化渠道不畅。

表 3-19 2000~2018 年按经费来源分类的俄罗斯科研经费支出

单位：亿卢布，%

分类	2000 年	2005 年	2010 年	2016 年	2017 年	2018 年
金额						
科研经费支出总额	767	2308	5234	9439	10192	10283
预算拨款	412	1405	3603	6223	6499	6609
科研机构自有资金	50	40.5	474	1291	1619	1549
支持科研创新活动的基金	—	—	—	93	95	90
企业资金	143	478	859	1549	1683	1765
高教组织资金	0.6	1.8	5	16	13	15
私营非营利组织资金	0.3	0.6	6	13	15	13
外国资金	91.7	175	186	254	268	242
其他资金	69.4	207.1	101	—	—	

续表

分类	2000年	2005年	2010年	2016年	2017年	2018年
占比						
预算拨款	53.7	60.9	68.8	65.9	63.8	64.3
科研机构自有资金	6.5	1.8	9.1	13.7	15.9	15.1
支持科研创新活动的基金	—	—	—	1.0	0.9	0.9
企业资金	18.6	20.7	16.4	16.4	16.5	17.2
高教组织资金	0.08	0.08	0.1	0.2	0.1	0.1
私营非营利组织资金	0.04	0.03	0.1	0.1	0.1	0.1
外国资金	12.0	7.6	3.6	2.7	2.6	2.4
其他资金	9.0	9.0	1.9	—	—	—

资料来源：Федеральная служба государственной статистики, Российский статистический ежегодник 2019, C509。

第四，用于促进经济发展的科研经费占比较低。2010~2018年，尽管用于经济发展的科研经费占比持续增长，但仍不足40%，2010年，用于科学发展、用于地球与大气的研究和用于宇宙空间的研究经费支出之和占比为29%。科研的其他用途经费支出占比高达31.3%，而这部分经费主要用于国防技术的发展和武器装备的研发（见表3-20）。

表3-20　2010~2018年按经费使用目的分类的俄罗斯科研经费支出状况

单位：亿卢布，%

分类	2010	2016	2017	2018
金额				
科研经费支出总额	5234	9439	10192	10283
用于经济发展	1831	3567	4060	4089
用于社会发展	250	531	511	543
用于科学发展	1043	1396	1400	1699
用于地球与大气的研究	198	353	410	409
用于宇宙空间的研究	275	464	413	436
其他用途	1637	3128	3398	3107
占比				
用于经济发展	35.0	37.8	39.8	39.8
用于社会发展	4.8	5.6	5.0	5.3
用于科学发展	19.9	14.8	13.7	16.5

续表

分类	2010	2016	2017	2018
用于地球与大气的研究	3.8	3.7	4.0	4.0
用于宇宙空间的研究	5.3	4.9	4.1	4.2
其他用途	31.3	33.1	33.3	30.2

资料来源：Федеральная служба государственной статистики，Российский статистический ежегодник 2019，C511.

第五，新技术使用时间长，获得途径严重依赖进口，且新技术中应用专利发明的比例低。2000~2018年俄罗斯先进技术的使用量逐年增加，从7万余项增加至25.5万项，但新技术使用时间较长，更新速度较慢。其中，新技术使用时间在6年及以上的占比最高且有上升趋势，2000年，该比例为48.8%，到2018年使用时间为6年及以上的先进技术比例高达57.7%。从先进技术的获得途径看，在很大程度上依赖于进口。2016~2018年，先进技术的使用中本国研发技术的占比分别为54.7%、54.8%和52.1%，通过进口途径获得的先进技术的占比分别为29.5%、28.8%和29.3%，即将近30%依赖进口。在先进技术的使用中，使用专利发明的技术数量的占比很低且呈下降趋势，从2000年的4.0%又下降至2018年的3.5%。

表3-21 2000~2018年俄罗斯先进生产技术的应用情况

单位：项，%

指标		2000年	2010年	2016年	2017年	2018年
数量						
总量		70069	203330	232388	240054	254927
新技术使用时间	不到1年	23271	19447	15671	17243	17146
	1~3年		53933	49445	47927	49433
	4~5年	12638	41828	39109	40794	41355
	6年及以上	34160	88122	128163	134090	146993
技术获得途径	本国研发	—	—	127089	131440	132863
	进口	—	—	68484	69141	74803
使用专利发明的技术数量		2804	1012	9617	9127	8802

续表

指标		2000年	2010年	2016年	2017年	2018年
占比						
新技术使用时间	不到1年	33.2	9.6	6.7	7.2	6.7
	1~3年		26.5	21.3	20.0	19.4
	4~5年	18.0	20.6	16.8	17.0	16.2
	6年及以上	48.8	43.3	55.2	55.9	57.7
技术获得途径	本国研发	—	—	54.7	54.8	52.1
	进口	—	—	29.5	28.8	29.3
使用专利发明的技术数量		4.0	0.5	4.1	3.8	3.5

资料来源：Федеральная служба государственной статистики, Российский статистический ежегодник 2019，С514。

第四章 俄罗斯经济发展的动力

本书第二章对俄罗斯经济发展的阶段进行了简要划分，并对其增长原因进行了定性分析，本章则以实证分析的方法从需求和供给两方面对俄罗斯经济增长的动力进行剖析，从需求面看，出口对俄罗斯经济增长的贡献率最高，其次为政府支出，且政府支出对私人投资产生了一定的挤出效应。从供给面看，能源价格变动构成了俄罗斯经济发展的重要动力。通过 DSGE 模型对石油价格冲击影响俄罗斯经济的动力机制进行剖析，无论是石油减产还是世界需求增加导致的油价上升，都会导致俄罗斯通胀上升，这也是俄罗斯通胀难治理的重要原因，但两者对 GDP、投资和消费的影响是相反的，前者导致这三个变量的下降，而后者导致这三个变量的上升，这实际上解释了俄罗斯经济高度波动的特点。此外，本章还对俄罗斯经济发展的制约因素进行了讨论。

一 基于需求面对经济增长动力的实证分析

（一）方法及数据说明

在宏观经济学中，GDP 支出法核算的公式为：$Y=C+G+I+(X-M)$。即从需求面分析，GDP 可被分解为消费、投资、政府支出和净出口。对此，我们建立如下方程：

$$Y = c + a_1X_1 + a_2X_2 + a_3X_3 + a_4X_4 + a_5X_5 + \varepsilon \qquad (4-1)$$

式（4-1）中 Y 表示 GDP，c 为常数项，X_1 至 X_5 分别与支出法核算公式中的项目对应，a_1 至 a_5 对应各个项目的系数，ε 为误差项。

由于宏观经济学中政府支出和投资存在乘数效应，因此上述五个变量间必然存在共线性的问题，对此我们根据方差膨胀因子并采取逐步回归的方法解决共线性问题。

数据方面，我们应以实际 GDP 为计算基础，对此我们以世界银行提供的以 2000 年价格为基准的实际 GDP 进行计算。而俄罗斯联邦国家统计局的数据对实际 GDP 的换算至少存在三个方面的困难。第一，通货膨胀对各个部门的影响存在差异，尤其是在恶性通货膨胀时期，[①] 消费部门相对投资部门应该进行更大程度的价格平减，而我们并不知道其中的内部结构。第二，1998 年 1 月 1 日，俄罗斯卢布以 1000 兑 1 重新定值，这就意味着对于名义 GDP 的计算就需要进行单位换算，这无疑使得实际 GDP 的计算更加烦琐。第三，对外部门存在汇率变动，产品价值先换算成本币后还需进行价格平减。此外，出口大都以 FOB 计价，而进口则以 CIF 计价，两者存在差异。为准确和方便起见，我们使用世界银行的实际 GDP 数据（见表 4-1）。在年份的选取方面，由于 2012 年后俄罗斯经济增长与经济衰退交替，波动性较大，故选取了 1992~2011 年的数据作为分析对象。

表 4-1　1992~2011 年俄罗斯实际 GDP（以 2000 年价格为基准）

单位：百万美元

年份	GDP	消费	政府支出	投资	出口	进口
1992	313172	119901	40797	151513	69714	59600
1993	286025	121340	38186	106968	71186	53546
1994	250072	122796	37079	73594	80135	55804
1995	239710	119358	36671	65646	89381	67611
1996	231081	113663	37808	56455	92688	68490
1997	234316	119183	36900	54141	92224	68764
1998	221897	115240	37269	29669	93976	56799
1999	236099	111940	38425	27711	104502	47143
2000	259708	119954	39193	48550	114429	62417
2001	272933	131134	38884	56676	119253	74099

[①] 1992 年和 1993 年俄罗斯的通货膨胀率分别为 2608% 和 939.9%。

续表

年份	GDP	消费	政府支出	投资	出口	进口
2002	285880	142062	39890	55184	131517	84906
2003	306737	152781	40848	63076	148088	99595
2004	328749	171196	41706	70771	165562	122801
2005	349710	191298	42289	77494	176324	143186
2006	378224	214345	43262	91211	189195	173685
2007	410505	244756	44430	111277	201115	219190
2008	432048	270446	45941	122961	202321	251630
2009	398210	257394	46033	72547	192812	175134
2010	415333	265029	46677	93150	206502	219969
2011	433192	343565	40126	100593	210632	263986

资料来源：世界银行、CEIC数据库。

（二）实证结果及说明

表4-2给出了初步回归的实证结果，从表4-2中可以看出，方差膨胀因子（VIF）大于10的变量包括居民消费、出口和进口，这意味着方程存在显著的共线性问题。我们依照方差膨胀因子的大小逐步剔除有共线性问题的变量，最后得到表4-3的回归方程。

表4-2 1992~2011年俄罗斯GDP需求面因素的初步回归分析结果

变量名	系数	t统计量	p值	方差膨胀因子（VIF）
常数项	-3.000	-2.649	0.019	
居民消费（C）	0.524	8.151	0.000	23.032
政府支出（G）	0.619	4.561	0.000	4.665
投资（I）	0.234	9.242	0.000	5.022
出口（X）	0.316	4.819	0.000	26.744
进口（M）	-0.308	-5.039	0.000	53.303

从表4-3反映的回归结果来看，第一，方程不存在共线性的问题（VIF都小于10）。第二，常数项未通过t检验，说明经济增长并不稳定，

这与计量的时间段包括了转型性危机时期相吻合。第三，方程中影响经济增长的三个变量，系数最大的是政府支出，其次是出口，最后是投资。这一结果与大家通常预期的外需大于内需，内需中投资大于政府支出的印象不同。可能的原因依然是回归时段包括转型性危机时期，这一时期政府加大支出借以扭转经济下滑趋势。此外，这一时期油价并未上升，对出口的拉动作用并不明显。

表4-3　1992~2011年俄罗斯GDP需求面因素的回归分析结果（剔除共线性）

变量名	系数	t统计量	p值	方差膨胀因子(VIF)
常数项	-0.687	-0.279	0.784	
政府支出(G)	0.640	2.167	0.046	4.361
投资(I)	0.243	7.588	0.000	1.578
出口(X)	0.324	6.182	0.000	3.364

为了进一步分析外需对经济增长的作用，我们剔除了转型性危机时期重新进行回归，在消除共线性影响后得到如表4-4所示方程。从表4-4中可以看出：出口对经济增长的贡献最大，并且通过了显著性检验。这段时期（除2009年外）国际原油价格一直处于上升期，而石油恰好是俄罗斯的主要产品。内需中政府支出的贡献大于投资，这与政府支出大部分来源于油气税收收入有关，而政府支出的增加对私人部门产生了明显的挤出效应。此外，内需中的两个变量都没通过t检验，说明与油价相关的增长具有很强的不稳定因素。

表4-4　1999~2011年俄罗斯GDP需求面因素的回归分析结果（剔除共线性）

变量名	系数	t统计量	p值	方差膨胀因子(VIF)
常数项	2.370	1.223	0.252	
政府支出(G)	0.117	0.496	0.632	3.030
投资(I)	0.079	1.333	0.215	6.652
出口(X)	0.687	6.090	0.000	9.228

二 基于供给面石油价格冲击影响俄罗斯经济的动力机制

(一) 俄罗斯经济增长因素分解的异象及解释

俄罗斯过渡时期经济研究所在每年公布的经济发展报告中会对当年的经济增长因素进行分解。根据该报告的计算,经济增长被分解为要素投入带来的增长和全要素生产率提高带来的增长两部分,而要素投入则分别计算了劳动力要素投入和资本要素投入带来的经济增长。除此之外,其他因素带来的经济增长因不易衡量计算,被归结为全要素生产率提高带来的经济增长,其中包括技术进步、管理和组织水平的提高、规模节约、资源配置的改善、制度完善等因素。以2004年为例,该年GDP增长率为7.2%,要素投入带来的增长为2.99%(见表4-5),其对经济增长的贡献率为41.5%(见表4-6),其中劳动力投入带来的经济增长为1.03%,贡献率为14.3%,资本投入带来的经济增长为1.96%,贡献率为27.2%。GDP中减去要素投入带来的2.99%的经济增长,其余的4.21%归结为全要素生产率提高带来的经济增长,全要素生产率的提高对经济增长的贡献率为58.5%。

表4-5 2004年至2010年第三季度俄罗斯经济增长因素的分解

单位:%

日期	GDP增长率	要素投入	要素投入 劳动力投入	要素投入 资本投入	全要素生产率提高带来的经济增长
2004年	7.2	2.99	1.03	1.96	4.21
2005年	6.4	2.05	0.03	2.02	4.35
2006年	7.7	4.1	0.43	3.67	3.6
2007年	8.1	3.6	0.65	2.95	4.5
2008年	5.6	3.19	0.15	3.04	2.41
2009年	-7.9	-3.31	-2.37	-0.94	-4.59
2010年第一季度	3.1	5.0	0.8	4.2	-1.9
2010年第二季度	5.2	5.0	1.4	3.6	0.2
2010年第三季度	2.7	5.7	0.8	4.9	-3.0

资料来源:根据俄罗斯过渡时期经济研究所各年报告整理。

表 4-6 2004 年至 2010 年第三季度各因素对经济增长的贡献率

单位：%

日期	GDP	要素投入贡献率	要素投入 劳动力投入	要素投入 资本投入	全要素贡献率
2004 年	100	41.5	14.3	27.2	58.5
2005 年	100	32.1	0.5	31.6	67.9
2006 年	100	53.0	5.6	47.4	47.0
2007 年	100	44.4	8.0	36.4	55.6
2008 年	100	57.0	2.7	54.3	43.0
2009 年	100	41.9	30.0	11.9	58.1
2010 年第一季度	100	158.6	24.7	133.9	-58.6
2010 年第二季度	100	97.0	26.6	70.4	3.0
2010 年第三季度	100	211.5	30.5	181.0	-111.5

资料来源：根据俄罗斯过渡时期经济研究所各年报告整理。

众所周知，2008 年下半年，美国次贷危机引发的全球性经济危机蔓延至俄罗斯，因此，作者以 2008 年为界，将表 4-6 中涉及的年份分为两个阶段。2004~2008 年为一个阶段，在这 5 年中，俄罗斯经济保持向好趋势，经济增长持续、稳定、快速，在这种情况下，要素投入和全要素的贡献率相对稳定，要素投入贡献率为 41.5%~57.0%（2005 年除外），全要素贡献率略高于要素投入贡献率，为 43.0%~67.9%。2009 年至 2010 年第三季度，俄罗斯经济处于金融危机过后的恢复期。2009 年，在经济出现负增长的情况下，全要素生产率带来的经济增长为-4.59%，高于要素投入减少带来的经济下降。在 2010 年的前三个季度，经济增长几乎靠要素投入带动，在第一和第三季度，全要素生产率带来的负面效应甚至削弱了经济增长。

一般意义上而言，技术进步、管理和组织水平的提高、制度完善等因素对经济增长的影响是长期的，应该保持相对稳定的状态，然而为什么俄罗斯经济增长中全要素生产率的贡献却有着如此之大的起伏呢？

在计算经济增长的过程中虽然已经剔除了价格因素，但这是按照一揽子产品的平均价格（比如 CPI 价格指数）剔除的，而对俄罗斯而言，能源产品的价格与国际市场价格挂钩，波动也比较大，当国际市场能源价格走高时，能源产品价格上涨幅度远远高于一般商品价格指数。

可以认为原油价格更多地反映了这种产品使用价值的稀缺性，并未有效地反映价值增值，然而在进行 GDP 核算时，这部分价格上涨都被计算在内了，进而这部分价格上涨因素带来的 GDP 增加值也被算在了要素分解中，导致全要素生产率被高估。或者反过来说，在计算全要素生产率过程中，有相当一部分"水分"没有被去除。

将 2004 年至 2010 年第三季度的乌拉尔牌石油价格的变动与全要素生产率的变动情况进行对比分析，可以发现，俄罗斯全要素生产率的变动与油价高度相关（见图 4-1）。从 2008 年之后的季度数据看，全要素生产率与乌拉尔石油价格的同期相关系数达到 66.6%，滞后一个季度的相关系数高达 84.5%。由此可见，去除油价上涨带来的经济增长之后，全要素生产率中真正体现技术进步、管理水平和制度改善等因素对经济增长的贡献率已经非常小了。

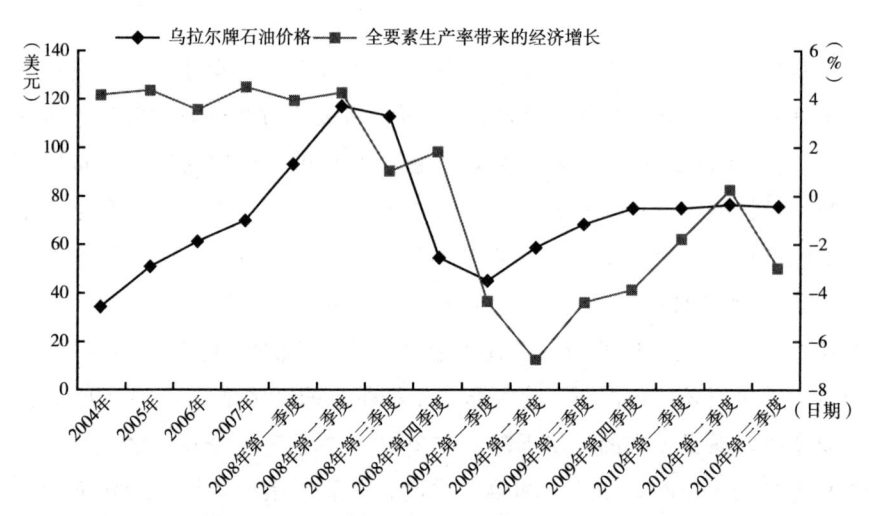

图 4-1　2004 年至 2010 年第三季度全要素生产率与油价变动趋势

资料来源：根据俄罗斯过渡时期经济研究所各年报告整理。

（二）石油价格冲击影响俄罗斯经济的动力机制——基于 DSGE 模型的分析

1. 模型设定

为了度量石油价格对俄罗斯经济影响的动力机制，我们构建了一个小型开放经济体动态随机一般均衡（Dynamic Stochastic General

Equilibrium，DSGE）模型考察石油价格上升如何影响俄罗斯经济的各个方面。该模型包括家庭部门、国内企业部门、商业银行、中央银行、国外部门等，小型开放经济体模型结构如图4-2所示。

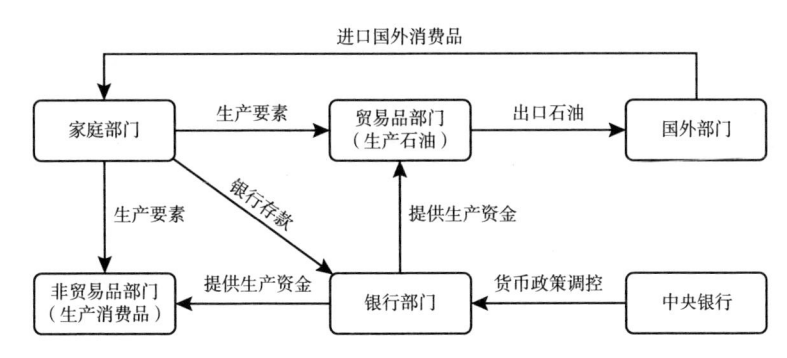

图 4-2　小型开放经济体模型结构示意

（1）家庭部门

一个代表性家庭在企业（包括生产非贸易品企业和生产石油企业）部门工作获得工资收入，向企业部门出租资本获得资本租金，在扣除当期消费和投资外，将多余资金存入商业银行作为储蓄。假设家庭是企业部门的最终所有者，企业部门的利润以一次性总量转移方式支付给家庭，同时家庭向政府缴纳一揽子税收。家庭选择消费 C_t、劳动 L_t、投资 I_t、资本 K_t、银行储蓄 B_t 最大化终身效用，用式（4-2）表示，家庭面临的预算约束为式（4-3），资本积累方程为式（4-4），

$$\max E_0 \sum_{t=0}^{\infty} \beta^t [C_t^{1-\sigma}/(1-\sigma) - L_t^{1+\eta}/(1+\eta)] \quad (4-2)$$

$$\text{s.t.} \; C_t + I_t + B_t = w_t L_t + r_t^k K_{t-1} + R_{t-1} B_{t-1}/\pi_t + \Pi_t - Tax_t \quad (4-3)$$

$$K_t = (1-\delta) K_{t-1} + \left[1 - \frac{\Omega_k}{2}\left(\frac{I_t}{I_{t-1}} - 1\right)^2\right] I_t \quad (4-4)$$

其中，E_0 表示基于第零期信息的条件期望，β 表示家庭主观贴现因子，σ 表示家庭相对风险规避系数，η 表示 Frisch 劳动供给弹性倒数，w_t 表示实际工资率，r_t^k 表示实际资本租金率，R_{t-1} 表示 $t-1$ 期银行储蓄在 t 期支付的利率，π_t 表示由消费者价格指数（CPI）衡量的通货膨胀，Π_t 表示

企业部门向家庭转移支付的利润，Tax_t表示家庭向政府缴纳的一揽子税收。

从资本积累方程式（4-4）可以看出，我们假设投资转化为资本需要支付一个二次型调整成本，参数δ表示资本折旧率，Ω_k表示资本投资调整尺度参数，用以控制投资调整成本函数的曲率。根据Christiano等[①]的研究，在资本积累方程引入调整成本的目的在于刻画资本价格的动态，否则资本价格为常数1。假设预算约束式（4-3）对应的拉格朗日乘子为λ_t，资本积累方程式（4-4）对应的拉格朗日乘子为μ_t，家庭效用最大化的一阶条件为：

$$L_t^\eta = C_t^{-\sigma} w_t \tag{4-5}$$

$$\beta E_t\left[\left(\frac{C_{t+1}}{C_t}\right)^{-\sigma} \frac{R_t}{\pi_{t+1}}\right] = 1 \tag{4-6}$$

$$\beta E_t\left\{\left(\frac{C_{t+1}}{C_t}\right)^{-\sigma} \left[r_{t+1}^k + (1-\delta) Q_{t+1}\right]\right\} = Q_t \tag{4-7}$$

$$Q_t\left[1 - \frac{\Omega_k}{2}\left(\frac{I_t}{I_{t-1}} - 1\right)^2 - \Omega_k\left(\frac{I_t}{I_{t-1}} - 1\right)\frac{I_t}{I_{t-1}}\right] + \beta \Omega_k E_t\left[\left(\frac{C_{t+1}}{C_t}\right)^{-\sigma} Q_{t+1}\left(\frac{I_{t+1}}{I_t} - 1\right)\left(\frac{I_{t+1}}{I_t}\right)^2\right] = 1 \tag{4-8}$$

其中，预算约束式对应的拉格朗日乘子$\lambda_t = C_t^{-\sigma}$，资本价格$Q_t = \mu_t/\lambda_t$。式（4-5）表示家庭最优劳动供给方程，式（4-6）表示家庭跨期消费满足的欧拉方程，式（4-7）表示最优资本供给方程，式（4-8）表示资本价格满足的动态方程。

家庭选择消费C_t由国内非贸易品C_t^h和进口商品C_t^f通过Dixit-Stiglitz加总得到：

$$C_t = \left[a^{\frac{1}{v}}(C_t^h)^{\frac{v-1}{v}} + (1-a)^{\frac{1}{v}}(C_t^f)^{\frac{v-1}{v}}\right]^{\frac{v}{v-1}} \tag{4-9}$$

其中，a是国内非贸易品消费占总消费的权重，也被称为"母国偏好"（home bias），v表示国内产品和进口产品之间的替代弹性。家庭在预

[①] Christiano, L. J., Eichenbaum, M., & Evans, C. L., "Nominal Rigidities and the Dynamic Effects of a Shock to Monetary Policy," *Journal of Political Economy*, 2005, 113 (1), 1-45.

算约束下最小化国内非贸易品和进口产品消费的成本支出。假设 P_t^h 表示国内非贸易品价格，P_t^f 表示进口产品价格，P_t 表示总体物价指数，家庭对国内非贸易品和进口产品的需求函数为：

$$C_t^h = a \left(\frac{P_t^h}{P_t}\right)^{-v} C_t \ ; \ C_t^f = (1-a) \left(\frac{P_t^f}{P_t}\right)^{-v} C_t \qquad (4-10)$$

国内非贸易品价格 P_t^h、进口产品价格 P_t^f 和总体物价指数 P_t 之间满足如下动态关系：

$$P_t = [a (P_t^h)^{1-v} + (1-a)(P_t^f)^{1-v}]^{\frac{1}{1-v}} \qquad (4-11)$$

（2）国内企业部门

国内企业部门具体包括两类生产不同产品的企业：一类是仅生产石油的企业，为简化分析问题，我们假设生产的石油全部用于出口；另一类是仅生产非贸易品的企业。这种模型设定实际上对应开放经济宏观模型典型的两部门设定，即贸易品部门和非贸易品部门，只不过我们将研究的出口贸易品限定为石油。为了标记方便，我们用上标 h 表示非贸易品部门，用上标 o 表示贸易品部门即生产石油的企业部门。

①贸易品部门（生产石油）

一个代表性石油企业利用资本 K_{t-1}^o 和劳动 L_t^o 两种要素生产石油 Y_t^o 用于出口，生产函数为：

$$Y_t^o = A_t^o (K_{t-1}^o)^{\alpha_o} (L_t^o)^{1-\alpha_o} \qquad (4-12)$$

其中，A_t^o 表示生产石油的全要素生产率，α_o 表示资本在石油产出中所占的份额。给定工资 w_t 和资本租金率 r_t^k，在石油生产函数式（4-12）的约束下，石油生产企业通过选择劳动和资本投入量最小化生产成本：

$$\min\{w_t L_t^o + r_t^k K_{t-1}^o\} \qquad (4-13)$$

计算石油企业成本最小化问题可得石油企业的边际成本为：

$$mc_t^o = \frac{1}{A_t^o} \left(\frac{r_t^k}{\alpha_o}\right)^{\alpha_o} \left(\frac{w_t}{1-\alpha_o}\right)^{1-\alpha_o} \qquad (4-14)$$

②非贸易品部门（生产非贸易品）

类似地，一个代表性非贸易品企业利用资本 K_{t-1}^h 和劳动 L_t^h 两种要素

生产非贸易品 Y_t^h，生产函数为：

$$Y_t^h = A_t^h (K_{t-1}^h)^{\alpha_h} (L_t^h)^{1-\alpha_h} \qquad (4-15)$$

其中，A_t^h 表示生产非贸易品的全要素生产率，α_h 表示资本在非贸易品产出中所占的份额。给定工资 w_t 和资本租金率 r_t^k，在非贸易品生产函数式（4-15）的约束下，非贸易品生产企业通过选择资本和劳动投入量最小化生产成本：

$$\min \{ w_t L_t^h + r_t^k K_{t-1}^h \} \qquad (4-16)$$

计算非贸易品企业成本最小化问题可得非贸易品部门的边际成本为：

$$mc_t^h = \frac{1}{A_t^h} \left(\frac{r_t^k}{\alpha_h} \right)^{\alpha_h} \left(\frac{w_t}{1-\alpha_h} \right)^{1-\alpha_h} \qquad (4-17)$$

③进口商

我们假设存在一个零售商，作用是进口国外产品 Y_t^f，进口产品的价格以外币计价 $(P_t^f)^*$。进口产品通过包装变成进口消费品 C_t^f，并且不存在价格加成（mark-up）。国内进口产品的价格为：

$$(P_t^f)^* = \frac{P_t^f}{S_t} \qquad (4-18)$$

其中，P_t^f 表示以本币衡量的国内进口产品价格，S_t 表示直接标价法下的名义汇率（即1单位外币可以折算的本币数量）。式（4-18）表明，一价定律（The Law of One Price）成立即汇率完全传递（pass-through），这保证本国进口产品的价格波动完全反映外国产品的价格变化和汇率的动态。

④国内商品定价

根据现有文献的研究，我们假设石油价格不具有黏性，每一期根据市场条件变动，但非贸易品的价格存在黏性，其定价服从 Calvo 提出的交错定价策略。① 也就是说，生产非贸易品的企业每一期只有 $1-\theta$ 的概率可以重新定价，不能定价的企业保持上一期价格不变，这样，上一期

---

① Calvo, G. A., "Staggered Prices in a Utility-Maximizing Framework," *Journal of Monetary Economics*, 1983, 12 (3), pp. 383-398.

的价格就会对本期价格产生影响,从而形成价格黏性。

由于 Calvo 的交错定价策略应用非常广泛,因此我们在这里仅做简要说明,关于名义价格黏性的具体设定和详细计算过程可以参阅新凯恩斯主义文献如 Woodford[①]、Galí[②] 等的文章。假设在区间 [0, 1] 上存在连续均匀分布的零售商 i,零售商 i 从非贸易品企业购买同质的非贸易品,然后不同的零售商对同质的非贸易品进行分类包装,从而得到不同的零售非贸易品。最终品生产商从零售商购买差异化的零售非贸易品,然后利用 Dixit-Stiglitz 技术对不同的零售非贸易品进行加总得到最终品非贸易品。零售市场为垄断竞争,而最终品市场为完全竞争,因此通过最终品生产商利润最大化问题和零利润条件可以得到零售品 i 的市场需求函数。给定最终贸易品价格 P_t^h 和零售非贸易品需求函数,最优定价问题为:

$$\max E_t \sum_{\tau=0}^{\infty} (\beta\theta)^{\tau} \lambda_{t+\tau} (\tilde{P}_t^h/P_{t+\tau}^h - mc_{t+\tau}^h)(\tilde{P}_t^h/P_{t+\tau}^h)^{-\varepsilon} Y_{t+\tau}^h \qquad (4-19)$$

其中,θ 表示名义价格黏性参数,ε 表示非贸易品之间的替代弹性。如果考虑对称均衡,则计算最优定价式(4-19)可以得到如下一阶条件:

$$\tilde{P}_t^h = \frac{\varepsilon}{\varepsilon - 1} \frac{E_t \sum_{\tau=0}^{\infty} (\beta\theta)^{\tau} \lambda_{t+\tau} Y_{t+\tau}^h mc_{t+\tau}^h (P_{t+\tau}^h)^{\varepsilon}}{E_t \sum_{\tau=0}^{\infty} (\beta\theta)^{\tau} \lambda_{t+\tau} Y_{t+\tau}^h (P_{t+\tau}^h)^{\varepsilon-1}} \qquad (4-20)$$

根据 Calvo 提出的交错定价策略,我们可以推导出如下动态价格方程:

$$P_t^h = [\theta (P_{t-1}^h)^{1-\varepsilon} + (1-\theta)(\tilde{P}_t^h)^{1-\varepsilon}]^{\frac{1}{1-\varepsilon}} \qquad (4-21)$$

(3) 商业银行和中央银行

商业银行向国内生产企业部门(包括石油企业和非贸易品企业)提

---

① Woodford, M., *Interest and Prices: Foundations of a Theory of Monetary Policy* (Princeton University Press, 2003).
② Jordi Galí, *Monetary Policy, Inflation, and the Business Cycle: An Introduction to the New Keynesian Framework* (Princeton University Press, 2008).

供生产所需要的信贷资金。根据 Jermann 和 Quadrini[①]、彭俞超和方意[②]的研究,我们假设企业生产活动面临营运资金约束,即企业家在生产前需要支付工人的工资和资本租金。因此,石油企业和非贸易品企业向银行贷款的数量分别满足:

$$B_t^o = w_t L_t^o + r_t^k K_{t-1}^o \qquad (4-22)$$

$$B_t^h = w_t L_t^h + r_t^k K_{t-1}^h \qquad (4-23)$$

为简化问题,我们假设中央银行被界定为本国宏观经济调控的部门集合。对于本研究目的而言,中央银行的主要任务是通过货币政策和宏观审慎政策调控宏观经济。

$$\ln\left(\frac{R_t}{R}\right) = \rho_R \ln\left(\frac{R_{t-1}}{R}\right) + (1-\rho_R) \begin{bmatrix} \gamma_\pi \ln\left(\frac{\pi_t}{\pi}\right) + \gamma_Y \ln\left(\frac{Y_t}{Y}\right) \\ + \gamma_{\pi_H} \ln\left(\frac{\pi_{H,t}}{\pi_H}\right) + \gamma_S \ln\left(\frac{S_t}{S}\right) \end{bmatrix} \qquad (4-24)$$

其中,ρ_R 表示名义利率平滑系数,γ_π 表示名义利率对整体通胀的反馈系数,γ_{π_H} 表示名义利率对非贸易品价格的反馈系数,γ_Y 表示名义利率对产出缺口的反馈系数,γ_S 表示名义利率对名义汇率的反馈系数,不加时间下标的变量表示稳态值。

参考 Mohanty 和 Klau[③]、梅冬州和龚六堂[④]的研究,如果名义利率仅对 CPI 衡量的通胀和产出缺口做出反应,这意味着 $\gamma_{\pi_H} = \gamma_S = 0$,此时货币政策退化为常规货币政策形式(如封闭经济体的泰勒规则)。在后文数值模拟部分,我们根据货币政策对不同目标做出不同的反馈得到四种货币政策制度安排,它们分别为:一是 γ_{π_H} 趋于无穷大,这意味着利率

[①] Jermann, U., & Quadrini, V., "Macroeconomic Effects of Financial Shocks," *American Economic Review*, 2012, 102 (1), pp.238-271.

[②] 彭俞超、方意:《结构性货币政策、产业结构升级与经济稳定》,《经济研究》2016 年第 7 期。

[③] Mohanty, M. S., and Klau, M., "Monetary Policy Rules in Emerging Market Economies: Issues and Evidence, in Monetary Policy and Macroeconomic Stabilization in Latin America," Germany: Kiel Institute for the World Economy, 2005.

[④] 梅冬州、龚六堂:《新兴市场经济国家的汇率制度选择》,《经济研究》2011 年第 11 期。

对本国非贸易品商品价格变动的反应无穷大,表明货币政策紧紧盯住国内产品价格使其保持不变,对进口的外国商品以及汇率变动不做反应,即浮动汇率制度;二是 γ_π 趋于无穷大,这意味着利率对本国整体物价变动的反应无穷大,即所谓的货币政策通胀目标制;三是 γ_S 趋于无穷大,这意味着名义利率变动使名义汇率保持不变,即固定汇率制度;四是 $\gamma_{\pi_H}=0$,其他政策反馈系数不为零在合理范围内,即实行有管理的浮动汇率制。

(4) 实际汇率和无抛补利率平价方程

根据 Schmitt-Grohé 和 Uribe[1] 的研究,定义实际汇率为 $RE_t = S_t P_t^*/P_t$。在小国开放经济中,如果我们引入国际债券市场,那么在家庭部门除了可以将多余资金在国内银行购买存款外还可以在国际债券市场购买国际资产,假设 B_t^* 表示本国家庭购买的国际债券资产。根据 Davis 和 Presno[2]、温兴春和梅冬州[3]的研究,我们假设本国家庭持有国外资产的实际收益率 R_t^* 取决于国际市场的基础利率 $\bar{R}_t^*$ 以及家庭持有的国外资产总量 $\tilde{B}_t^*$ 变动产生的溢价,即:

$$\ln(R_t^*) = \ln(\bar{R}_t^*) - e\tilde{B}_t^* \qquad (4-25)$$

其中,参数 e 衡量利率溢价相对资产规模弹性。一旦考虑家庭持有国外资产,我们结合家庭持有国内资产(即银行存款)和国外资产的一阶条件可以得到无抛补利率平价(Uncovered Interest Parity, UIP)方程:

$$\beta E_t\left\{\left(\frac{C_{t+1}}{C_t}\right)^{-\sigma}\left(\frac{1}{\pi_{t+1}}\right)\left[R_t - \left(\frac{S_{t+1}}{S_t}\right)R_t^*\right]\right\} = 0 \qquad (4-26)$$

(5) 均衡条件和市场出清

当经济处于均衡状态,本国生产的非贸易品全部用于家庭消费:$Y_t^h = C_t^h$。我们定义本国国内生产总值为 $GDP_t = Y_t^h + Y_t^o$,根据支出法有

---

[1] Schmitt-Grohé, S., and Uribe, M., "Closing Small Open Economy Models," *Journal of International Economics*, 2003, 61 (1), pp. 163–185.
[2] Davis, J. S., and Presno, I., "Capital Controls and Monetary Policy Autonomy in a Small Open Economy," *Journal of Monetary Economics*, 2017, 85, pp. 114–130.
[3] 温兴春、梅冬州:《金融业开放、金融脆弱性以及危机跨部门传递》,《世界经济》2020年第10期。

$GDP_t = C_t + I_t$。全球其他国家对本国石油的需求 EY_t^o 等于本国石油供给，即 $EY_t^o = Y_t^o$。其中，根据 Chang 等①的研究，国外对本国石油的需求 $EY_t^o = \varepsilon_t^o [P_t/(S_t P_t^*)] - \eta_f Y^*$，参数 η_f 表示石油出口弹性大小，Y^* 为外生的国外产出水平，变量 ε_t^o 表示石油需求冲击，假设 $\ln(\varepsilon_t^o)$ 服从 AR(1) 过程：

$$\ln(\varepsilon_t^o) = \rho_{\varepsilon^o} \ln(\varepsilon_{t-1}^o) + \sigma_{\varepsilon^o} \xi_{\varepsilon^o} \qquad (4-27)$$

其中，ρ_{ε^o} 表示石油需求冲击的持续性，σ_{ε^o} 表示石油需求冲击的标准差，变量 ξ_{ε^o} 表示标准正态分布。

劳动力市场出清条件为：$L_t = L_t^o + L_t^h$；资本市场出清条件为：$K_t = K_t^o + K_t^h$。

2. 参数校准

我们利用校准法对模型参数进行赋值。根据 DSGE 文献，参数校准依据主要有两点：一是根据文献尤其是实证文献取值进行校准；二是利用石油输出国（如俄罗斯）的实际经济金融数据匹配模型稳态从而反推参数值。模型包含如下 18 个参数组成的参数集 $\Theta = \{\beta, \sigma, \eta, \delta, \Omega_k, a, v, \alpha_o, \alpha_h, \varepsilon, \theta, e, \eta_f, \rho_R, \gamma_\pi, \gamma_Y, \gamma_{\pi_H}, \gamma_S\}$。根据不同的参数分布在不同的部门这一现实，下面我们将参数集 Θ 划分为 4 组进行校准，参数校准结果如表 4-7 所示。

第一组参数集合 $\Theta_1 = \{\beta, \sigma, \eta, \delta, \Omega_k, a, v\}$ 分布在家庭部门。校准家庭主观贴现因子 β 为 0.99，这意味着稳态年利率约为 4%。根据经济周期文献，校准家庭相对风险规避系数 σ 等于 1，这表明消费以对数形式进入效用函数。采用 Chang 等②的校准值，设家庭劳动供给 Frisch 弹性为 0.5，也就是说倒数为 $\eta = 2$。资本折旧率一般年率为 10%，折算成季度折旧率为 0.025，即 $\delta = 0.025$。关于资本投资调整尺度参数

---

① Chang, C., Liu, Z., and Spiegel, M. M., "Capital Controls and Optimal Chinese Monetary Policy," *Journal of Monetary Economics*, 2015, 74, pp. 1-15.

② Chang, C., Liu, Z., and Spiegel, M. M., "Capital Controls and Optimal Chinese Monetary Policy," *Journal of Monetary Economics*, 2015, 74, pp. 1-15.

Ω_k，Christiano 等①基于美国数据利用 GMM 方法估计得到 Ω_k 约为 3，我们在基准模拟过程中将资本投资调整成本值设为 3，然后考虑到石油输出国一般为新兴经济体，其市场相较于美国并不完善，市场摩擦可能相对较大，因此我们在数值模拟过程中将 Ω_k 在 3 至 12 范围内轮替取值进行模拟，结果表明不会影响研究结论。关于石油输出国国内非贸易品消费占总消费的权重 a 和石油输出国国内产品和进口产品之间的替代弹性 v，我们采用 Oladunni②基于石油输出国进出口数据得到的估算值，即 $a=0.8$ 和 $v=1$。

第二组参数集合 $\Theta_2=\{\alpha_o,\alpha_h,\varepsilon,\theta\}$ 分布在国内企业部门。非贸易品企业一般为劳动密集型企业，根据文献惯例校准 $\alpha_h=0.35$，但石油企业严重依赖资本和技术，因此可以视为资本密集型企业，我们校准 $\alpha_h=0.7$。关于名义价格黏性参数，现有文献已经研究得比较透彻，总的来看，名义价格黏性参数 θ 值一般取 0.75，这表明企业调整价格的周期为 1 年，不同产品之间的价格加成，文献估算得到在 10% 附近，据此可以校准国内消费品（即非贸易品）之间的替代弹性为 10。

表 4-7 模型结构参数校准值

参数	含义	校准值	校准依据
β	家庭主观贴现因子	0.99	匹配 4% 的年存款利率校准
σ	家庭相对风险规避系数	1	消费以对数形式进入效用函数
η	Frisch 劳动供给弹性倒数	2	根据 Chang 等（2015）校准
δ	资本折旧率	0.025	根据年折旧率为 10% 换算得到
Ω_k	资本投资调整尺度参数	3	根据 Christiano 等（2005）校准
a	国内非贸易品消费占总消费的权重	0.8	根据 Oladunni（2020）校准
v	国内产品和进口产品之间的替代弹性	1	根据 Oladunni（2020）校准
α_o	资本在石油产出中所占的份额	0.7	根据石油是资本密集型企业校准

---

① Christiano, L. J., Eichenbaum, M., & Evans, C. L., "Nominal Rigidities and the Dynamic Effects of a Shock to Monetary Policy," *Journal of political Economy*, 2005, 113 (1), pp. 1-45.

② Oladunni, Sunday, "Oil Price Shocks and Macroeconomic Dynamics in an Oil-Exporting Emerging Economy: A New Keynesian DSGE Approach," *CBN Journal of Applied Statistics*, 2020, 11 (1), pp. 1-34.

续表

参数	含义	校准值	校准依据
α_h	资本在非贸易品产出中所占的份额	0.35	根据非贸易品是劳动密集型企业校准
ε	非贸易品之间的替代弹性	11	产品价格加成率为10%
θ	名义价格黏性参数	0.75	产品价格调整周期为1年
e	利率溢价相对资产规模弹性	0.0017	根据 Schmitt-Grohé 和 Uribe（2003）校准
η_f	石油出口弹性大小	1	根据 Feenstra 等（2018）校准
ρ_R	名义利率平滑系数	0.75	根据 Davis 和 Presno（2017）校准
γ_π	名义利率对整体通胀的反馈系数	1.5	根据 Davis 和 Presno（2017）校准
γ_Y	名义利率对产出缺口的反馈系数	0.5	根据 Davis 和 Presno（2017）校准
$\gamma_{\pi H}$	名义利率对非贸易品价格的反馈系数	1.5	根据 Devereux 等（2006）校准
γ_S	名义利率对名义汇率的反馈系数	0.25	根据 Devereux 等（2006）校准

第三组参数集合 $\Theta_3 = \{e, \eta_f\}$ 分布在国际信贷市场。根据 Schmitt-Grohé 和 Uribe[1]、温兴春和梅冬州[2]的研究，国际利率溢价相对资产规模弹性的数值大小（但不能设为0）并不影响模拟结果，因此这些文献校准 $e = 0.0017$，我们在基准模拟过程中采用该值，并通过取较大值（如0.002、0.005、0.01等）发现确实不影响模拟结果，但如果设 $e = 0$ 则模型不满足秩条件，导致模型无解，这也是 Schmitt-Grohé 和 Uribe 在开放经济宏观模型中引入该条件的主要目的。

第四组参数 $\Theta_4 = \{\rho_R, \gamma_\pi, \gamma_Y, \gamma_{\pi H}, \gamma_S\}$ 为分布在中央银行的货币政策参数。这类参数在开放经济宏观模型已有很多研究。我们通过比较现有文献研究和石油输出国货币政策实践，校准政策利率的持续性系数 $\rho_R = 0.75$，校准利率对国内整体通胀（即由 CPI 衡量）的反馈系数 $\gamma_\pi = 1.5$，校准利率对国内产出缺口的反馈系数 $\gamma_Y = 0.5$，不失一般性，我们假设利率对国内非贸易品价格变动的反馈系数 $\gamma_{\pi H}$ 等于 γ_π，即 $\gamma_{\pi H} = 1.5$，考虑到石油输出国如俄罗斯汇率制度为偏向有管理的浮动汇率制

---

[1] Schmitt-Grohé, S., and Uribe, M., "Closing Small Open Economy Models," *Journal of International Economics*, 2003, 61 (1), pp. 163–185.

[2] 温兴春、梅冬州:《金融业开放、金融脆弱性以及危机跨部门传递》,《世界经济》2020年第10期。

度，据此将利率对名义汇率的反馈系数校准为 0.25，即 $\gamma_S = 0.25$。

3. 数值模拟分析

历史经验和现有实证文献均表明，影响石油价格上涨的因素主要来自供需两个方面：一是负向供给冲击，例如欧佩克（石油输出国组织）减少石油供给量，从而提升石油价格；二是正向需求冲击，这类需求往往来自国外，例如石油输入国对石油需求大幅增加，这样就会提高石油价格，从而提高石油产量。我们在建模时刻画了这两类冲击：第一类，石油生产技术 A_t^o 可以刻画来自石油供给端的外生冲击，如果用 AR（1）过程刻画 A_t^o 的动态，那么负向冲击就会导致石油供给减少，从而提高石油价格；第二类，ε_t^o 表示石油需求冲击，如果 ε_t^o 受到正向冲击则国外对石油的需求增加，从而提高石油价格，从而增加石油供给量。下面我们基于校准参数对两类冲击的传导机制和影响做出分析。

（1）负向供给冲击

假设石油生产技术 A_t^o 服从如下 AR（1）过程：$\ln(A_t^o) = \rho_{A^o}\ln(A_{t-1}^o) - \sigma_{A^o}\xi_{A^o}$，其中，$\rho_{A^o}$ 表示石油供给冲击的持续性，σ_{A^o} 表示石油供给冲击的标准差，变量 ξ_{A^o} 表示标准正态分布。我们在数值模拟过程中遵循 DSGE 文献常见做法校准石油供给冲击的持续性 $\rho_{A^o} = 0.75$[①]，标准差 $\sigma_{A^o} = 0.01$，这表示石油负向偏离稳态 1 个百分点对石油价格和宏观经济的影响，负向供给冲击的脉冲响应见图 4-3。

石油供给端受到负面冲击，例如欧佩克（石油输出国组织）通过减少石油产量来提高石油价格或国际地缘政治冲突等因素导致石油输出国供给石油数量大幅削减，直接后果就是石油价格大幅上涨，石油价格上涨对国内价格产生较大压力，表现为国内物价指数迅速上涨从而造成通胀高企。由于通胀削弱了家庭的实际购买力，家庭消费同等商品需要支出更多，在收入不变的前提下家庭只能减少消费。根据货币政策遵循的泰勒规则，利率对通胀上升会做出内生反应即利率会相应增加，这不仅增加了企业偿债成本，也提高了融资成本，因此企业投资下降，资本数

---

① 直觉上，若提高冲击的持续性系数，则主要经济变量的脉冲响应变化方向不变，但变化幅度会相应地变大。我们在数值模拟过程中对冲击持续性系数在合理范围内（0.5~0.95）进行稳健性分析验证了这一点。

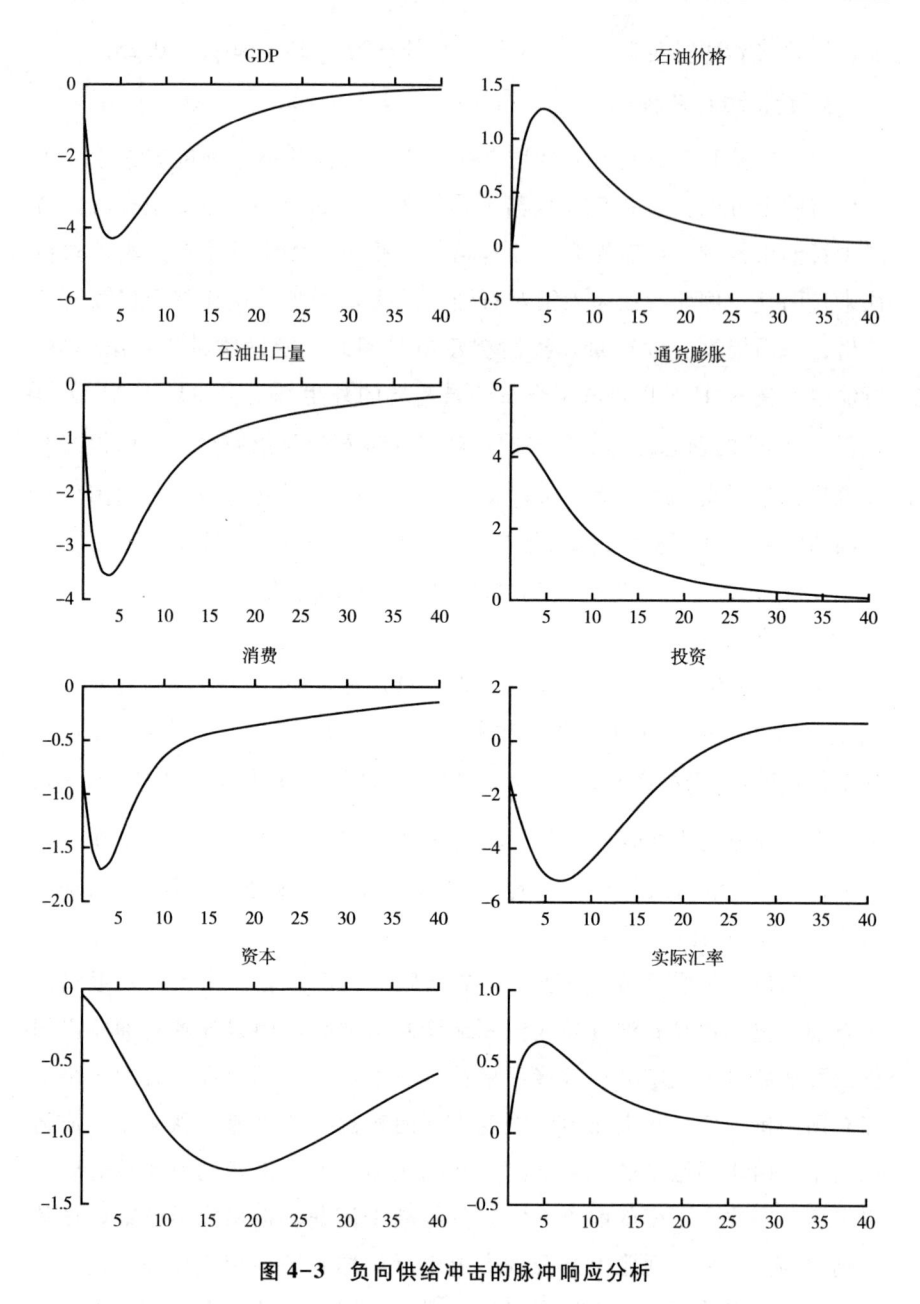

图 4-3　负向供给冲击的脉冲响应分析

注：脉冲图横轴表示时间，以季度为单位，纵轴表示变量相对稳态偏离的幅度。

量减少。由于消费和投资均因石油价格上涨而大幅下降，最终造成GDP下降，这些在图4-3都可以清晰地看出。由于石油出口量下降，石油输出国可以赚取的石油销售收入下降导致外汇减少,本国进口国外商品的价格更加昂贵,这意味着本国货币相对外币贬值,因此实际汇率贬值(由于模型采用直接标价法,因此汇率上升即表明本币贬值)。

(2) 正向需求冲击

类似地,我们在数值模拟过程中校准石油需求供给冲击的持续性 $\rho_{\xi^o} = 0.75$,标准差 $\sigma_{\xi^o} = 0.01$,这表示国外对石油需求正向偏离稳态一个百分点对石油价格和宏观经济的影响,对应的脉冲响应如图 4-4 所示。

如果在某一期国外对石油的需求突然增加,则石油价格会立即上升,这会激励石油输出国增加石油供给从而增加石油出口利润。不过,石油价格高涨同样会对国内价格形成压力,从而驱动国内通胀上升。虽然通胀上升对国内消费和投资产生一定的压力,但与负向供给冲击不同,正向需求冲击扩大了生产石油企业的规模,为了增加石油供给,企业会通过提高工资来雇用更多的工人,同时会加大投资力度,表现为新增资本数量显著增加,家庭的收入增加会抵消通胀对消费的负面影响。总的来看,家庭的消费和企业的投资都有不同程度的上升,由于内需扩张拉动 GDP 增加。正向需求冲击导致石油销售收入增加即外汇增加,由财富效应可知,实际汇率升值为国内消费者提供了更多进口商品的额外动力,因为此时 1 单位本币可以兑换到更多的外币,进口的国外消费品价格相对更加便宜。

三 俄罗斯经济发展的制约因素

(一) 经济增长动力不足

1. 缺乏投资

从总需求的角度看,在拉动国民经济增长的"三驾马车"中,投资的作用远远不如消费。2016 年俄罗斯 GDP 中,消费占 GDP 的比重为 70.8%,而投资仅占 24%。消费需求长期占据主导地位挤占了投资,这明显地表现为在工资增加的同时,利润在相对下降。俄罗斯人长期的消费习惯和高通货膨胀率是造成高消费、低储蓄的主要原因,另外,在经济增长时期,工

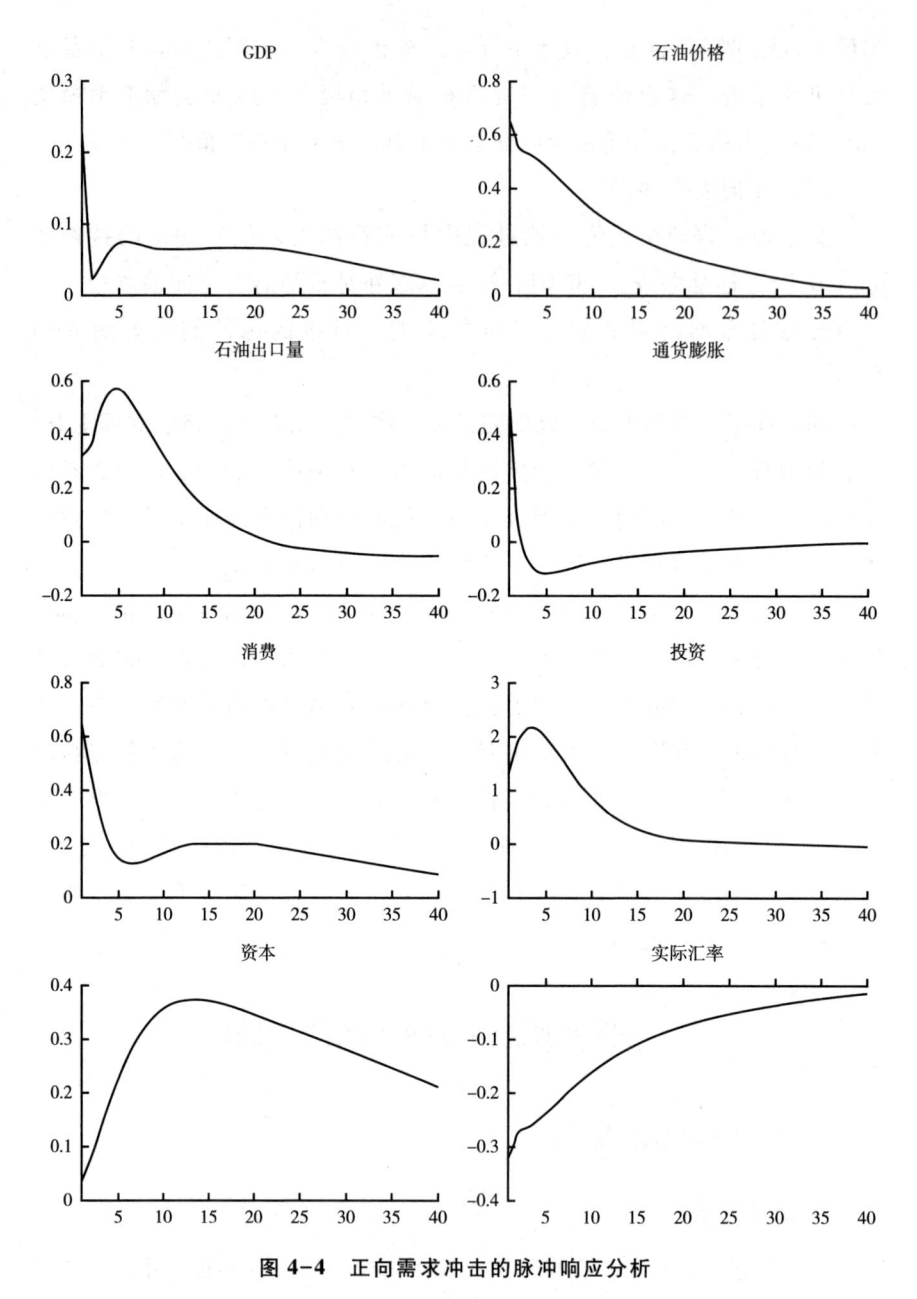

图 4-4　正向需求冲击的脉冲响应分析

注：脉冲图横轴表示时间，以季度为单位，纵轴表示变量相对稳态偏离的幅度。

资增加速度高于 GDP 和劳动生产率的增速，而劳动生产率的提高依赖于投资，可以说，投资不足是俄罗斯经济增长缺乏内生动力的重要原因之一。

俄罗斯实体经济部门以资本密集型产业为主，长期的粗放型发展模式决定生产过程中需要大量资金投入，因此，固定资产投资成为扩大生产的重要因素。在 2000~2007 年俄罗斯经济快速增长时期，除 2002 年外，固定资产投资一直保持两位数增长，2007 年俄罗斯固定资产投资增长率更是高达 22.7%。2008 年的金融危机沉重地打击了投资者的信心，2009 年固定资产投资出现负增长，同比下降 16.2%，2010~2011 年，随着经济的复苏投资预期逐渐向好，但也一直未能恢复到危机前的水平（见图 4-5）。普京第三任期以来，俄罗斯固定资产投资增长率一直处于较低的水平，尤其是 2014~2016 年，固定资产投资均为负增长。导致这一时期投资不足的原因有两个方面：一方面，乌克兰危机后，在欧美制裁的条件下，俄罗斯企业海外融资能力急剧下降；另一方面，俄罗斯国内投资环境恶化，资本纷纷外逃。2012~2015 年俄罗斯资本净流出额分别为 539 亿美元、603 亿美元、1521 亿美元和 575 亿美元。[①]

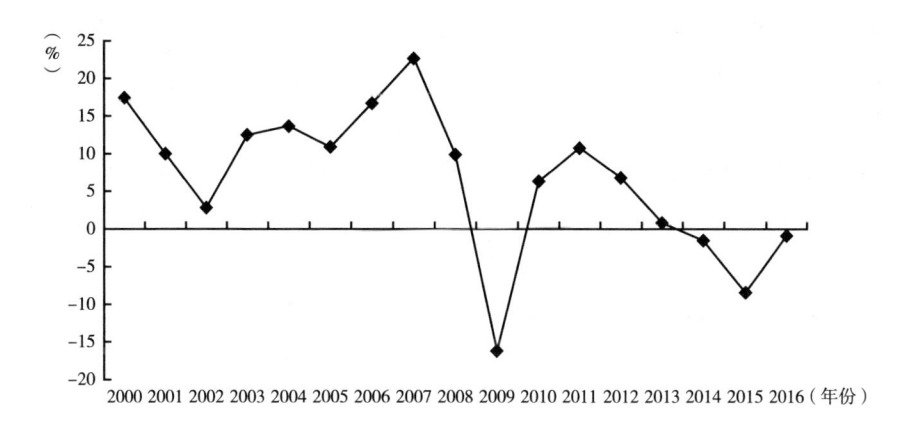

图 4-5　2000~2016 年俄罗斯固定资产投资增长率

资料来源：Федеральная служба государственной статистики, Российский статистический ежегодник 2010，C671；Российский статистический ежегодник 2016，C579。

当前经济形势下，显然刺激消费仍是提高经济增长率最为直接的手段，因此调整消费投资结构的措施要在投资增量上做文章，使投资增速快于消费增速。一方面，政府应积极改善投资环境，减少资金外流，吸

---

① Банк России, Статистический бюллетень Банка России 2016，№12（283），C17.

引外商投资；另一方面，对技术含量高、具有国际竞争力的部门的政策倾斜也可刺激企业扩大投资规模。

2. 人力资本发展受限

人力资本是经济发展的重要因素之一。人力资本发展对俄罗斯而言已经不仅仅是一个社会问题，更是关系着国家发展和民族命运的重大政治和经济问题。

人力资本发展体现在数量和质量两个方面。从数量看，苏联解体之后到21世纪的前十年，俄罗斯多数年份人口数量处于负增长状态，因此，俄罗斯政府长期以来一直将人口问题作为执政要务，大力推行了一系列鼓励生育、促进人口增长的政策，随着国民收入的增长和居民生活水平的提高，从2009年起俄罗斯人口数量开始缓慢回升，但人口的自然增长直到2013年才得以实现（见表4-8）。尽管俄罗斯总人口数量在2014年到2015年出现回升，但俄罗斯劳动力的年龄结构正在发生变化，人口老龄化程度加深导致适龄劳动力持续减少。2012年俄罗斯适龄劳动力人口为8705.5万人，占人口总数的60.85%，2016年适龄劳动力人口数下降至8419.9万人，占人口总数的比例降低至57.45%，而年龄高于适龄劳动力的人口数从2012年的3243.3万人增长至2016年的3598.6万人，在人口总数中的比例也从22.67%提高至24.56%。[①] 随着人口红利的逐渐消失，适龄劳动力人口的减少使劳动力供给日趋紧张，将逐渐从结构性劳动力短缺向劳动力全面不足转变。老龄化的加剧大大增加了社会赡养负担，俄罗斯社会保障体系及预算体系将不堪重负。

表4-8 1990~2015年俄罗斯人口自然增长数量

单位：人

年份	出生人口	死亡人口	自然增长人口
1990	1988858	1655993	332865
2000	1266800	2225332	-958532
2005	1457376	2303935	-846559
2010	1788948	2028516	-239568

① Федеральная служба государственной статистики, Российский статистический ежегодник 2016, C69.

续表

年份	出生人口	死亡人口	自然增长人口
2012	1902084	1906335	-4251
2013	1895822	1871809	24013
2014	1942683	1912347	30336
2015	1940579	1908541	32038

资料来源：Федеральная служба государственной статистики, Рождаемость, смертность и естественный прирост населения, http：//www.gks.ru/wps/wcm/connect/rosstat_main/rosstat/ru/statistics/publications/catalog/doc_1135087342078。

从人力资本的质量看，尽管近年来俄罗斯积极推行教育、医疗等社会领域的改革，但目前收效仍不明显，俄罗斯基础教育的质量仍在下降。科研人员的数量呈下降趋势，2000年俄罗斯科研人员数量为88.77万人，2015年减少至73.89万人。其中，研究人员从2000年的42.6万人减少至2015年的37.94万人，技术人员从2000年的7.5万人减少至2015年的6.28万人。[①] 高素质人才外流，在人力资本流失的同时还带走了俄罗斯稀缺的资金，这对俄罗斯的技术进步与创新都将产生负面影响。此外，技术熟练工人也严重短缺，根据俄罗斯盖达尔经济政策研究所的调查，难以找到技术过硬的工人已成为阻碍俄罗斯企业竞争力提高的重要因素之一。

3. 企业创新积极性不高

企业是参与市场经营活动和创新活动的主体，企业缺乏创新积极性是阻碍结构优化、实现创新发展的关键性因素。近年来，尽管俄罗斯政府着力推进创新型经济的改革，但企业创新积极性并未有太大改观，普京第三任期以来，大多数企业疲于应对经济危机，也不利于创新积极性的提高。2010～2015年，矿产资源开采业中技术创新企业的占比从6.6%下降至5.8%，创新产品产值占比从2.7%增长至3.7%；加工工业中技术创新企业占比从11.3%提高到12.1%，创新产品产值占比从6.7%增长至10.6%。从企业创新支出占产值的比例看，工业企业创新支出在产值中

---

① Федеральная служба государственной статистики, Российский статистический ежегодник 2016, C505.

的比例低于俄罗斯经济整体水平，2015年，全俄企业创新支出在产值中占2.6%，矿产资源开采业中创新支出占产值的比例仅为1.3%，加工工业为2.1%，水、电、气的生产与调配业为1.2%。[①] 与之相比，美国企业一般将10%左右的销售收入用于产品研发和创新，俄罗斯企业无论是在创新投入还是在创新积极性方面都存在巨大差距。

相对于自主研发、自主创新和培养企业自身的科研技术潜力而言，俄罗斯企业更乐于进口外国先进的工艺设备，以便能更快速地实现生产设备的现代化。这主要是因为：企业对研发工作的客观需求与科研和实验设计机构的研发方向严重脱节；技术市场的创新基础设施（如中介、信息、法律、金融及其他服务）不发达；知识产权和创新产品技术认证的保护及转让的法律问题并未完全解决。这些因素都会阻碍企业创新积极性的提高。此外，对于大企业而言，由于大型企业多为俄罗斯特权精英把持，他们满足于既得利益，不关心企业的长远发展，因此企业创新动力不足；对于中小企业而言，又存在着市场准入、行政壁垒和资金约束等诸多障碍，则这些企业更多地表现为创新能力不足。

4. 传统增长模式失效

2012年以来，俄罗斯经济逐步陷入低速增长，此后在外部因素影响下困难重重，从其经济发展态势看，低速增长仍是未来经济面临的主要挑战。

普京的前两个总统任期内，随着国际油价的逐渐上涨，国民经济保持快速增长趋势，然而2012~2013年，在国际油价高位运行的条件下，俄罗斯经济增速却在下降。为何"高油价支撑高增长"的传统模式会逐渐失效，这要对能源出口收入增加与经济增长之间的内在联动机制进行剖析。首先，能源出口实物量的增加和国际能源价格的上涨给俄罗斯带来了能源出口收入的增长，这为整个经济的增长做出了直接贡献。此外，能源出口收入增加也为能源部门自身的投资和再生产打下了基础。其次，大量的贸易盈余会引起卢布升值，卢布升值会刺激外资加速流入国内。

---

① Федеральная служба государственной статистики, http://www.gks.ru/wps/wcm/connect/rosstat_ main/ rosstat/ru/statistics/science_ and_ innovations/science/#.

在外资流入过程中，俄罗斯只有防范短期热钱的流入，吸引外商直接投资的进入，才能使这些为实体经济服务的外资能够落地生根，填补俄罗斯产业结构中的弱势项目，为整个社会的再生产提供保障。最后，在整个社会再生产有效扩大的基础上，国民收入进一步增加，其中，居民收入增加带动消费增长，企业利润和政府税收的增加带来投资增长，再加上外国直接投资的增长，也就是将收入转化为需求的过程。在这样一种联动机制下经济增长形成了一种循环，即收入—需求—供给—收入的循环，从而保证了经济增长。然而，这一联动机制能否顺利运转还取决于三个条件：一是能源部分的出口收入能否保持持续增长；二是卢布升值引起的外商直接投资效应是否会被出口下降的效应抵消；三是能否有效地将能源出口收入转化为国内需求。

这里对应俄罗斯的现实情况进行分析。第一个条件，主要取决于国际市场的能源价格和俄罗斯出口实物量两方面因素，2013年俄罗斯能源出口收入为3718亿美元，与2012年的3694亿美元相比有所增长。但显然，出口收入的增长不可能一直保持，2014~2016年的国际油价大跌导致出口收入锐减就是最好的印证。第二个条件，2008~2009年俄罗斯经济在国际金融危机的波及下遭到沉重打击，此后，俄罗斯始终处于资本净流出状态。第三个条件，看能否将能源出口收入转化为国内需求，2003~2007年，随着能源出口收入的增加，居民实际可支配收入和实际工资均保持两位数增长，居民收入的大幅提高带动消费，企业利润和政府税收的增加带来投资，固定资产投资增长率平均为15.3%，能源出口收入顺利转化为国内需求推动经济增长。然而，2012年后，俄政府一直坚持稳妥、谨慎的宏观经济政策，将"保持稳定"作为经济工作的首要任务，在货币政策方面，实行通货膨胀目标制，与2003~2007年相比，居民收入和固定资产投资增长率均出现显著下降。此外，随着进口的增长，净出口对经济增长的拉动力也在减弱。当支撑这一机制运转的三个条件均不满足时，传统的能源出口拉动经济增长的模式就已经逐步失效。

（二）经济结构失衡

经济结构失衡是俄罗斯经济中长期存在的问题，2008年和2014年两次国际原油价格大跌都导致俄罗斯经济陷入危机，这充分凸显了俄罗斯经济结构性矛盾。俄罗斯经济结构失衡具体体现在以下三个方面：一是工业结构失衡；二是服务业结构失衡；三是出口商品结构失衡。

1. 工业结构失衡

工业结构中能源和原材料工业所占比重过大。整个工业中，能源和原材料的开采和加工工业的比例占一半左右。能源和原材料行业产业链条短，所产生的产业关联效应较小。从"荷兰病"的角度看，资源行业过度发展可以通过资源转移效应和支出效应导致制造业部门直接和间接的"去工业化"。此外，从经济安全的角度，这种畸形的工业结构使俄罗斯经济发展受制于国际市场行情，导致俄罗斯经济具有较强的脆弱性和外部依赖性。俄罗斯政府早已意识到这种畸形的工业结构将成为俄罗斯经济发展的重大阻碍，推行了一系列结构调整的改革，但目前收效并不明显，2015年能源和原材料工业占比仍高达50.40%，高于2005年的水平（见表4-9）。

表4-9 2005~2015年俄罗斯工业结构变化

	2005年	2010年	2011年	2012年	2013年	2014年	2015年
工业产出（十亿卢布）	13625	28764	35052	38221	40546	44064	49091
能源和原材料工业产出（十亿卢布）	6762	14496	18114	19843	21331	22901	24741
能源和原材料工业在工业中的比例（%）	49.63	50.40	51.68	51.92	52.61	51.97	50.40

注：能源和原材料工业包括矿产开采业，木材加工及木制品生产业，焦炭及石油制品生产业，其他非金属矿产品生产，水、电、气的生产及调配。

资料来源：根据俄罗斯联邦国家统计局数据计算所得，参见 Федеральная служба государственной статистики, Российский статистический ежегодник 2016, C337。

2. 服务业结构失衡

劳动密集型服务业所占比重过大。从服务业内部结构看，批发、零售与维修业，餐馆与旅店业，交通与通信服务业均属于劳动密集型服务业，这三类服务业增加值在整个服务业中的比重为40%左右，金融服务、保险、租赁等行业主要以资本要素投入生产过程，体现资本密集型特征，法律、会计、审计、市场调研、商务管理咨询、税务咨询、建筑和工程服务、广告、人力资源等商务服务业，主要以智力和专业知识作为主要投入，体现知识密集型特征，俄罗斯这两类行业在整个服务业中的比重在35%左右，美国、英国、德国、日本等主要发达国家在2000年时这两类行业在整个服务业中的比重就已超过50%，与之相比俄罗斯服务业发展仍存在巨大差距。值得注意的是，俄罗斯服务业结构在向着优化的方向发展，2011年劳动密集型服务业占比为42.4%，到2016年这一比例降低至39.7%，而金融服务业和不动产、租赁及相关服务业两类资本及知识密集型服务业占比从2011年的33.8%提高到2016年的36.4%（见表4-10）。

表4-10 2011~2016年俄罗斯服务业结构

单位：%

	2011年	2012年	2013年	2014年	2015年	2016年
批发、零售与维修业	28.3	28.3	27.9	27.8	26.1	25.4
餐馆与旅店业	1.5	1.5	1.5	1.5	1.4	1.4
交通与通信服务业	12.6	12.6	12.7	12.5	12.7	12.9
金融服务业	6.1	7.0	7.7	8.0	7.8	7.9
不动产、租赁及相关服务业	27.7	27.5	27.3	27.4	28.1	28.5
国家管理及军事安全保障、社会保险业	10.4	10.1	10.1	10.0	10.6	10.7
教育业	4.3	4.0	3.9	3.9	4.0	4.0
医疗及相关社会服务业	5.5	5.4	5.4	5.5	5.6	5.6
其他社会及个人服务业	2.6	2.5	2.5	2.4	2.5	2.6
家庭经济活动业	1.1	1.1	1.1	1.1	1.1	1.1

资料来源：根据俄罗斯联邦国家统计局各类服务业增加值计算得出。

3. 出口商品结构失衡

初级产品所占比重过大。一国的出口商品结构是该国经济发展水平、产业结构、资源禀赋和贸易政策的一种综合反映。表4-11将俄罗斯出口商品结构与美国、德国、日本三国进行比较。2013年，美国对外贸易中机械和运输设备、化学品两大类商品占比最高，分别为33.8%和13.2%，武器和弹药、艺术品和古董、医用电子诊断设备、炸药和烟火制品、医用仪器及器械是美国国际市场份额最大的五种商品。机械和运输设备、化学品两大类商品在德国对外贸易中同样占有最高比重,分别为46.8%和4.9%,德国具有一些很强的优势产业,这些行业的国际市场占有率很高。① 日本的出口商品结构中,机械和运输设备这一类商品更是占到57.9%的高比例,其次是以材料分类的制成品和化学品这两类商品,占比分别为13.2%和10.6%。可以说,美国、德国和日本三国中,具有国际竞争力的行业大多属于中等和高等技术水平。再来看俄罗斯出口商品结构,化学品、以材料分类的制成品、机械和运输设备、杂项制品等工业制成品在总出口额中的比例总共还不足20%,属于中等和高等技术水平的化学品、机械和运输设备两类商品占比只有8.6%,而编码为0-4的原材料和初级产品的出口占比则高达76.6%(见表4-11),这充分说明俄罗斯工业制成品的国际竞争力不强,在全球国际分工中仍处于价值链的低端。

表4-11 2013年出口商品结构的国际比较

单位:%

国际贸易标准分类编码	商品类别	俄罗斯	美国	德国	日本
	所有商品	100	100	100	100
0+1	食品、动物+饮料烟草	2.6	7.2	5.4	0.6
2+4	原材料+动物及植物油等	3.4	5.7	2.0	1.8
3	矿物燃料、润滑油及相关产品	70.6	9.4	2.8	2.3
5	化学品	4.5	13.2	14.9	10.6
6	以材料分类的制成品	10.2	9.2	12.4	13.2
7	机械和运输设备	4.1	33.8	46.8	57.9
8	杂项制品	1.1	9.9	10.2	7.8
9	非国际贸易标准分类产品	3.6	11.6	5.5	5.7

资料来源:联合国贸易数据库。

综合以上三个方面,可以看出,俄罗斯经济结构问题已不能简单概括为"能源化","能源化"符合俄罗斯的自然禀赋和比较优势,俄罗斯

---

① 如塑料单丝这一商品2010年在国际市场上的占有率达到38%,印刷和装订机械及其零件达到30%,传动轴达到23.5%,客运汽车的国际市场占有率为22.8%,飞机和相关设备、航天飞机的国际市场占有率达到22.3%等。

经济发展核心问题应该是技术和知识密集型产业发展滞后。工业中技术密集型制造业发展滞后导致产品在国内外市场不具竞争力,知识和技术密集型生产性服务业发展滞后又不利于带动第一、二产业发展,经济只能沿着"能源化"这条传统路径惰性发展。俄罗斯政府制定的创新型经济发展战略正是抓住了这一症结,只有通过不断地技术创新和制度创新,为技术和知识密集型产业发展创造良好条件,才能使俄罗斯脱离"能源化"的路径依赖,走上创新发展的"康庄大道"。

(三) 国家垄断现象严重

2004年以后,国有或国有控股企业通过兼并、重组等方式,积极并购同类或具有产业关联性的企业,国有经济成分在股份公司中控股比例连年增长。2004~2008年,国有持股100%的企业在股份公司总数中的比重迅速增长,短短四年时间,从4%增长到54%,2008年后尽管该趋势有所放缓,但国有持股100%的企业比例仍在增长,到2018年已达到66%。2004~2018年国有持股50%~100%的企业占比从15%下降至6%,国有持股低于50%的企业占比从81%下降至28%,国家对经济的控制力大大增强。2011年之后,国有持股100%企业在股份公司中的比例保持在60%以上(见表4-12)。

表4-12 2004~2018年不同国有持股比例的企业占股份公司总数的比重

单位:%

年份	国有持股100%的企业	国有持股50%~100%的企业	国有持股低于50%的企业
2004	4	15	81
2005	10	13	77
2006	30	12	58
2007	45	10	45
2008	54	7	39
2009	55	6	39
2010	57	6	37
2011	63	5	32
2012	64	6	30

续表

年份	国有持股100%的企业	国有持股50%~100%的企业	国有持股低于50%的企业
2013	65	6	29
2014	62	6	32
2015	60	6	34
2016	64	7	29
2017	61	7	32
2018	66	6	28

资料来源：Федеральная агентство по управлению федеральным имуществом, Отчет о приватизации федерального имущества, http：//www.rosim.ru。

国家通过扩大国有制经济比例控制国民经济命脉，一方面，这有利于国家控制战略资源，保证经济、社会政策的顺利推行，维护国家和社会稳定，国有企业在国家的支持下更容易聚集资本形成规模效应，有利于提高企业竞争力；另一方面，国有经济的扩张往往会造成行业垄断，破坏竞争机制，企业缺乏创新积极性，从长远看不利于经济的可持续发展。

（四）贫富分化加剧

进入21世纪以来，随着俄罗斯经济的增长，居民收入差距进一步加大。俄罗斯联邦国家统计局按照收入水平高低的顺序将全国居民分为人数相等的5组。2000年，收入最高一组人群的收入占全俄总货币收入的46.7%，最低的一组居民收入占5.9%。收入最高10%人群的收入是收入最低10%人群收入的13.9倍，基尼系数为0.395。到2018年，俄罗斯贫富差距进一步拉大。收入最高一组人群的收入占全俄总货币收入的比例上升至47.1%，最低的一组居民收入占比下降至5.3%。收入最高10%人群的收入与收入最低10%人群收入的倍数扩大至15.6倍，基尼系数也上升为0.413。[①] 由于资本市场不完善，贫富差距的加大将使更多穷人面临信贷约束而放弃投资回报率较高的人力资本投资，甚至放弃物质资本投

---

① Федеральная служба государственной статистики, Российский статистический ежегодник 2019, С165.

资。收入分配差距的扩大将给社会造成不稳定因素，一方面，财富和收入的不平等会使大量低收入者在面对少数非常富有者时，对社会经济现状产生不满情绪，从而要求进行重大社会变革，继而导致政治体制的不稳定；另一方面，贫富差距过大会导致低收入者从事暴力或其他破坏性活动，这些活动不仅不能创造生产力，还会威胁到对投资有重要作用的产权安全，导致投资环境恶化，物质资本积累减少，进而阻碍经济发展。

第五章 俄罗斯产业结构的形成与演变

第一章理论概述中提到，从较广义的定义来说，经济发展指的是经济增长加上经济结构转变，最主要的是产业结构的转变。随着技术水平的提高和社会分工的细化，产业结构与经济发展的内在联系日趋明显。大量的资本积累和劳动投入虽然是经济增长的必要条件，但不是充分条件，因为资本和劳动投入所产生的效益在很大程度上还取决于经济各部门间的技术转换水平和结构状态。因此，分析经济结构的演变和调整对评价一国经济发展水平具有重要意义。本章首先追踪普京时代俄罗斯产业结构的演变进程，分析其形成的原因，并在此基础上分析产业内部结构的变化特点。

一 俄罗斯三次产业结构的演变态势

苏联解体后，俄罗斯产业结构的演变总体上分为三个阶段。第一个阶段为1991~1998年，俄罗斯经历了从计划经济到市场经济体制的制度转型，转型过程中宏观经济大幅下滑，产业结构在经济下行的背景下发生变化，可以被称为"在衰退中演变"时期。第二个阶段为1999~2008年，俄罗斯经济逐渐走出转型阴霾，实现恢复性增长，宏观经济形势整体向好，产业结构在经济增长的前提下发生变化，可被称为"在增长中调整"时期。第三个阶段为2009~2020年，该阶段俄罗斯经济在负增长和低增长中交替，前两个时期的产业结构变化规律也在该时期交替出现，该时期可被称为"在停滞中固化"时期。下文对这三个时期产业结构的变化进行具体阐述。

（一）"在衰退中演变"时期（1991~1998年）

1. 产业结构变动态势

1991~1998年，俄罗斯经历了从计划经济到市场经济体制的制度转型，转型过程中宏观经济大幅下滑，产业结构在经济下行的背景下发生变化，可以被称为"在衰退中演变"时期。该时期，在经济转型过程中，俄罗斯产业结构出现了第一、二产业在国内生产总值中所占比例迅速下降的现象。工业占GDP的比重由1991年的48.6%下降至1998年的35.6%；农业占GDP的比重由1991年的13.9%锐减至1998年的6.1%，下降了7.8个百分点。与第一、二产业形成鲜明对照，第三产业迅速发展。1991年服务业增加值在GDP中的比重仅为37.5%，1992年这一比重激增到52.0%，1993年该比重回落为49.5%，1994~1998年这一比重保持在51%至59%之间（见表5-1）。第三产业的迅速发展与经济转型后私有化的开展和市场型服务机构的建立有关，但不能认为这是俄罗斯产业结构优化的表现。因为结构调整并不是通过各部门经济增长的差异实现的，而是在普遍下降的情况下实现的，是由于第一、二产业增加值下降的速度快于第三产业，造成第三产业在GDP中的比重激增，而事实上这种产业结构的变化具有明显的消极性和被动性。

表5-1 1991~1998年俄罗斯三次产业结构

单位：%

年份	第一产业	第二产业	第三产业
1991	13.9	48.6	37.5
1992	7.0	41	52.0
1993	7.8	42.7	49.5
1994	6.5	42.3	51.2
1995	7.2	37.2	55.6
1996	7.0	35.9	57.1
1997	7.1	35.6	57.3
1998	6.1	35.6	58.3

注：根据实际GDP经计算得出，按1995年价格计算。
资料来源：根据俄罗斯联邦国家统计局数据经计算得出。

根据产业结构演变的一般规律，随着一国工业化的发展，产业结构会经历第一、二产业比重逐渐下降，第三产业比重逐渐上升的过程，在工业化后期，第三产业快速发展，其增加值比重在三次产业中占有支配地位，甚至占绝对支配地位。但这一规律的前提是，产业结构作为以往经济增长的结果和未来经济增长的基础,与经济发展相对应而不断变动。显然,"在衰退中演变"时期,俄罗斯产业结构出现的变化并不符合这一前提。在激进式的经济转型过程中,俄罗斯经济迅速下滑,生产中的资本要素投入大大降低,所以产业结构的演变是伴随着经济衰退的一种自发调整。因此,该时期第一、二产业比重的下降和第三产业比重的上升并不是产业结构优化的标志。

2. 产业结构变动的原因——经济自由化顺序不当

1991~1992 年是俄罗斯三次产业结构变动最大的时期,从 1991 年第二产业主导的产业结构转变为第三产业主导的产业结构,发生这种转变的根本原因显然不是技术革新,而是俄罗斯 1991 年开始的激进式的经济转型。由于经济转型过程中经济自由化的顺序不当导致第一、二产业下滑的速度快于第三产业,激进的转型方式不可能在一夕之间就形成完善的制度环境,结构调整没有与市场制度的完善同步进行,导致了产业结构自发性调整的方向失之偏颇,为此后产业结构的调整埋下了重大隐患。

从制度经济学的角度看,经济转型有利于产业结构的调整升级,因为经济转型的同时伴随着制度的变迁,而制度通过决定交易和生产成本来影响经济绩效,高质量的经济制度有助于提高经济增长的速度。[①] 然而俄罗斯的经济转型并不是伴随着制度经济学理论中的"制度变迁",而是出现了所谓的"制度突变"。这导致俄罗斯整个经济主体在面对政局不稳、价格信号失真的情况时表现出各种短期化行为,这是转型失败的主要原因,也是其产业结构"在衰退中演变"的根本原因。下文将在经济转型这一背景下分析各产业变动的内在机理。

麦金农(Roland Ian Mckinnon)在《经济自由化的顺序:向市场经济过渡中的金融控制》一书中提出了稳定财政→开放国内资本市场→对外商品贸易→国际资本流动的转型顺序,其核心思想是保持稳定的货币和金融环境。然而俄罗斯采用了激进式的转型方式,在转型过程中没有考虑好各项制度安排的次序关系,违反了"稳定大于一切"的原则,导致财政赤字以及资本外逃等原因引起的通货膨胀,从而使得市场经济的

---

① 〔美〕道格拉斯·C. 诺斯:《制度、制度变迁与经济绩效》,刘守英译,上海三联书店,1994。

价格信号失真，在这样的情况下市场主体表现出投机和各种短期化行为，生产持续下降在所难免。

在宏观经济衰退的过程中，俄罗斯各产业增加值比重也相应发生了不同的变化，下文将用"货币与资本的互补性"理论对该时期各产业的变动分别做出解释。

麦金农在《经济发展中的货币与资本》一书中指出，在欠发达国家中广泛存在着金融压抑现象，由此导致家庭部门和小企业在面对那些不可分割的技术投资时难以利用借贷资本的杠杆作用，整个经济可能陷入低水平的发展中。"货币与资本的互补性"理论是指，在任何确定的收入水平下，如果意愿资本积累率提高，收入与支出之间的缺口增加，就会迫使需要投资的企业持有较多的现金余额，实际现金余额对收入的平均比例就会上升。因此，货币与实物资本积累之间存在互补性。这种互补性通过两种方式发生作用：由于货币供给条件对储蓄和投资决策具有第一位的影响作用，因此，如果持有货币的实际收益增加，那么在面对大量的投资机会时，投资也会增加；持有货币余额意愿的增强，降低了使用内部储蓄购买资本品的机会成本，从而使得资本积累的金融渠道得以拓宽。

（1）第二产业比重下降的原因分析

由表 5-1 可以看出，第二产业在 GDP 中的比重由 1991 年的 48.6% 下降到 1998 年的 35.6%，这期间伴随着证券私有化和货币私有化的过程。其增加值下降的原因包括以下三个方面。

第一，大规模的证券私有化使得企业的股份过于分散，企业的经营决策很难统一。即使按规定企业领导人可以再购买 5% 的普通股股票，但由于缺乏资金来源也很难实现。企业的经营决策权分散使得企业的生产短期内迅速下滑。

第二，与"货币与资本的互补性"理论有关。第二产业大都是资本密集型行业，按照"货币与资本的互补性"理论，其投资越大，所持有的实际货币余额应该越多。然而，货币私有化过程导致大量货币余额用于购买股份，用于实际投资的货币余额减少。此外，由于恶性通货膨胀，货币的实际余额是下降的，进行投资的能力也相应下降，货币与资本的互补性的第一条途径不复存在；货币实际余额的下降还导致持有意愿的下降，居民和企业大都转向存货进行储蓄，这使得外源性融资的机会大大降低，货币与资本的互补性的第二条途径也不复存在。

第三，国防工业在第二产业中占有较大份额，"军转民"计划的失败导致第二产业增加值下降。首先，从产品性质的角度来看，国防工业提供的产品都是公共产品，应该由国家进行采购。其次，国防工业"军转民"也是采用的私有化方式，同样存在上述第二点原因。最后，"军转民"要求国防工业企业转向民品生产，这意味着技术转换和技术创新。从资本参与再生产的用途来看，它经历了资本的规模效应到资本的协同效应再到技术创新的过程。如果说在恶性通货膨胀下资本的规模效应尚难达到，那么希望通过"军转民"达到技术创新则更是难上加难。

在上述原因作用下，俄罗斯第二产业增加值在经济转型时期急剧下降，第二产业内部不但延续了苏联时期重轻结构失衡的问题，经济能源化、原材料化的趋势也愈加明显。其中一个重要的原因就是许多重要的、关系国家经济安全的大型企业并没有采取证券私有化的方式，直到1997年它们才采取个案私有化的方式进行转型，这些公司大都是石油公司和钢铁公司。

（2）第三产业比重上升的原因分析

1991~1998年，按可比价格计算的第三产业增加值也是下降的，但与第一、二产业相比，其下降的幅度较小，因此在产业结构中第三产业比重表现为上升趋势。在同样不利的宏观经济环境下，第三产业能够维持较小的下降幅度，其原因有如下两方面。

第一，第二产业的富余劳动力为第三产业的发展提供了人力资源保障。在原有的国有体制下，企业职工劳动效率低，人浮于事的现象较为严重。随着国有企业私有化政策的实施，企业成为以利润最大化为中心的市场主体，生产过程必须有效率，因此解雇与生产无关的后勤人员和工作低效的员工成为必然。失去岗位的产业工人只能转向第三产业。

第二，私有化证券的转让所得资金为失业工人再就业提供了初始资本。根据前文"货币与资本的互补性"理论，初创的第三产业规模较小，所需资本相对较小，在少量的货币余额条件下，根据互补性原理可以快速发展。正如麦金农所言，一旦市场放开，小规模的私营资本主义，即小店主、小农户、小手工艺人等，会迅速涌现和发展。① 失业的产业工人和小额的初始资本是俄罗斯第三产业在转型时期迅速发展的条件，这也决定了第三产业的内部结构并不是高级化的，从俄罗斯的情况看，第三产业中发展最快的是贸易类，其占比由转型初期的10%左右迅速上升至20%左右；而通信和金融这类资本和技术密集型的产业，占比一直较小。

（3）第一产业比重下降的原因分析

20世纪80年代初，中国农村实行了家庭联产承包责任制，农民的生产积极性被释放，第一产业增加值稳步增长。20世纪90年代俄罗斯也进行了改革，传统的大锅饭机制被打破。按照中国规律，俄罗斯的农业也应该稳步增长，然而事实却出现了相反的现象，俄罗斯的农业不但没有增长反而还衰退了。同样的转型机制为什么会产生不同的结果呢？

第一，机制作用的土壤不同。在中国，农业主要表现为小农经济，即农业的要素投入中人力的投入相对更多一些，人民公社解散后，农民的积极性得到释放，劳动力要素投入增加，继而推动农业增长。在俄罗斯，农业则主要表现为大农业的形式，即农业的要素投入中资本的投入更多一些。随着原有的国有农场被解散，带来的直接问题是有形资本的使用权难以确定，这是导致产出下降的最直接原因。

第二，在恶性通货膨胀条件下，实际货币余额大幅下降。根据"货币与资本的互补性"理论，农业投资大幅下降，在资本密集型农业的条件下，产量自然大幅下降。此外，在传统计划经济体制下，农业享受较多的财政补贴，突然的放开价格使得很多农产品失去竞争力，一些农产品甚至出现生产成本与销售价格倒挂的现象，这更降低了投资积极性。

第三，尽管土地政策解决了土地所有权的问题，但是土地流转的问题一直未得到解决。在资本密集型农业条件下，土地过于分割不利于生产的开展。

（二）"在增长中调整"时期（1999~2008年）

1. 产业结构变动态势

1999~2008年，俄罗斯经济开始走出危机，随着经济的逐步复苏、增

---

① 〔美〕罗纳德·I. 麦金农：《经济自由化的顺序：向市场经济过渡中的金融控制》，李瑶、卢力平译，中国金融出版社，2006，第134页。

长，产业结构也相应出现变化。第一产业整体呈下降趋势，其增加值在GDP中的占比由1999年的6.7%下降至2008年的4.4%。第二产业的发展经历了两个阶段，以2004年为界，1999~2004年，第二产业增加值占比由1999年的36.8%增长至2004年的40.4%，第三产业增加值占比由1999年的56.5%下降至2004年的54.4%。这一阶段俄罗斯产业结构的演变趋势是，第二产业增加值比重上升而第三产业增加值比重下降。该时期宏观经济呈上升趋势，工业生产也逐年恢复，应该说整个经济经历了再资本化的过程。因此，尽管从表面上看，产业结构出现"倒退"的迹象，但与前一时期在衰退条件下第二产业比重下降相比，该时期第二产业增加值占比的提高恰恰说明第二产业在以相对于第三产业更快的速度进行恢复性增长。2004~2008年，第二产业增加值占比呈下降趋势，由2004年的40.4%下降至2008年的36.1%。第三产业发展与第二产业的发展表现出相反的走势，占比则由2004年的54.4%上升至2008年的59.5%（见表5-2）。

表5-2 1999~2008年俄罗斯三次产业结构

单位：%

年份	第一产业	第二产业	第三产业
1999	6.7	36.8	56.5
2000	6.5	38.2	55.3
2001	6.9	38.5	54.6
2002	5.9	38.5	55.6
2003	5.4	39.2	55.3
2004	5.1	40.4	54.4
2005	4.9	39.9	55.2
2006	4.7	38.8	56.5
2007	4.4	37.6	58.1
2008	4.4	36.1	59.5

注：根据实际GDP经计算得出。1999年的产值按1995年的价格计算，2000~2002年的产值按2000年的价格计算，2002年以后的产值按2008年的价格计算。
资料来源：根据俄罗斯联邦国家统计局数据经计算得出。

2. 产业结构变动的原因——经济转型为产业结构演进提供长期制度保障

（1）经济转型确立了市场在资源配置中的基础性地位和作用

第一，在市场机制的作用下，资源配置主体多元化。资源由非市场化的低效配置转向了市场化的高效配置，资源配置的主体不仅包括政府，还包括企业和居民，而企业是资源的主要配置者。企业和居民在利益最大化的目标下，根据市场信号反映的商品和要素的供求信息，调节生产和需求，使资源得到合理配置，产业结构得以优化。

第二，市场能够发挥价值规律的作用，适应供求关系的变化。在市场经济体制下，企业作为独立的生产者，所需的固定资产投资、流动资金来自银行贷款。这对企业而言是有偿使用资金，还本付息的压力迫使企业必须慎重投资、提高资金使用效率和经济效益。为了提高生产率，企业将加大技术要素的投入，促进产业全面升级。

(2) 经济转型改变了所有制结构，确立了产权制度

产权是一个社会所强制的选择一种经济品使用的权利。[1] 著名的科斯定理揭示了产权制度、交易费用与资源配置效率之间的关系。科斯认为市场运行是需要成本的，即所谓的交易费用。科斯定理的基本内容可以归纳为以下三点。第一，如果交易费用为零，产权制度对资源配置效率没有影响。因为即使初始产权安排不合理，市场竞争机制也会通过产权交易自然而然地实现资源的优化配置。第二，如果交易费用为正，产权制度对资源配置效率产生重要影响。当产权初始安排不合理时，需要通过产权交易重新安排使其合理化，而只有当交易费用小于产权重新安排所带来的收益时，产权交易才能实现，资源配置才能优化。第三，明晰的产权制度是产权自由交易的条件，并有助于降低交易费用，从而有利于实现资源优化配置，达到帕累托最优。因此，经济转型中确立的产权制度是产业结构优化的保障。

(3) 经济转型形成了竞争机制

竞争对产业结构的作用机制是，通过对供求关系的协调，促进各利益主体在竞争中不断实现生产要素的优化组合，促进技术不断进步、组织结构不断创新、劳动者素质也不断提高，资本、劳动力要素从生产效率低的部门向生产效率较高的部门转移，从而实现产业结构优化。

(4) 经济转型与产业结构调整的长期互动性

经济转型与产业结构调整之间的长期互动性主要通过需求结构和供

---

[1] 〔美〕R. 科斯、〔美〕A. 阿尔钦、〔美〕D. 诺思等：《财产权利与制度变迁：产权学派与新制度学派译文集》，上海三联书店、上海人民出版社，1994，第166页。

给结构相互作用进行传导。一方面，产业结构调整是经济转型的必然结果。经济转型从长期看将会促进经济增长，居民收入会相应增加，进而产生财富效应，改变个人消费需求结构。个人消费需求结构变动影响社会需求结构，社会需求结构的改变必然诱导供给结构改变，从而对所提供社会产品的种类提出新的要求，带动产业结构发生变动。另一方面，经济转型是靠产业结构的不断调整和升级来推动的。产业结构的变动往往是同技术创新和技术进步联系在一起的，不仅技术进步会使相关产业部门发展加快，而且一种新的重要技术更可能带来新的产业部门的诞生，进而带动整个社会产业结构发生深刻的变化。新的供给结构创造新的需求结构，其作用的深层机理在于产业结构升级和产业结构调整中产生了新的结构关联效应，结构关联效应通过自身组织能力、通过产业结构调整和升级的推动，引发经济绩效的不断提高从而将经济转型推向深入。[1]此外，从计划经济到市场经济的转型，能够使产业结构调整的手段不再拘泥于计划体制下的行政手段，而是将经济手段、行政手段和法律手段相结合。统一市场的形成使产业结构组织方式亦有可能不再受行政隶属的限制，真正实现产业结构的优化重组，从而带来经济绩效的不断提高，而经济增长又会对结构调整产生强大的推动作用，从而进入良性循环。

基于以上的分析可以看出，当俄罗斯经济进入上升通道后，经济增长与结构调整之间发生一定程度的良性互动。

（三）"在停滞中固化"时期（2009~2020年）

2009~2018年，该时期俄罗斯经济在负增长和低速增长中交替，因此，在前两个时期出现的产业结构变化规律也在该时期交替出现，即经济增长时第二产业比例增加，第三产业比例下降，而在经济下行和停滞时期，由于第二产业下降幅度大于第三产业，导致第二产业占比下降，而第三产业占比上升的所谓"结构优化"的假象。2009~2018年第一产业增加值在GDP中的占比继续下降，从2009年的4.8%下降至2018年的3.6%（见表5-3）。第二产业和第三产业比例的变动呈现此消彼长的

---

[1] 景维民、杨晓猛：《产业结构调整与经济绩效——中俄两国之比较》，《开发研究》2004年第2期。

状态。在经济下行及停滞的年份中（2009年、2014~2016年）第二产业在经济中的比例较低，而第三产业比例则较高。

2008年，美国次贷危机引发了国际金融危机，俄罗斯经济此后也遭受了沉重打击，2009年GDP呈现7.8%的负增长，该年固定资产投资大幅下滑，工业增加值下降了9.3%，下降速度快于第三产业，第二产业占比从2008年的36.1%下降至2009年的34.6%，第三产业则从2008年的59.5%增加至2009年的60.6%。同样地，2014年乌克兰危机后，在西方制裁、油价下跌等多重因素的影响下，俄罗斯经济仅保持了0.7%的增长，固定资产投资同比下降2.5%，工业增长率也仅为1.7%，随着工业增长速度的放缓，工业在经济的比重也相应下降到32.1%，低至苏联解体以来最低值，第三产业比重则相应增长至64.0%。2015年和2016年这两年，俄经济处于负增长和停滞状态下，第二产业占比依然保持较低水平，分别为33.2%和32.4%，而第三产业则高达62.5%和63.3%。在经济恢复性增长的年份，产业结构变动趋势与经济停滞和下降年份正好相反。如2010~2012年，是危机后的恢复性增长时期，这三年工业增长速度较快，增长率分别为7.3%、5%和3.4%，第二产业在经济中的占比分别为35.5%、35.9%和35.5%，而第三产业占比分别为60.4%、59.6%和60.4%（见表5-3）。

表5-3 2009~2018年俄罗斯经济增长率及三次产业产出结构

单位：%

年份	GDP增长率	第一产业	第二产业	第三产业
2009	-7.8	4.8	34.6	60.6
2010	4.5	4.1	35.5	60.4
2011	4.3	4.5	35.9	59.6
2012	4.0	4.2	35.5	60.4
2013	1.8	4.3	35.0	60.7
2014	0.7	3.9	32.1	64.0
2015	-2.0	4.3	33.2	62.5
2016	0.2	4.3	32.4	63.3
2017	1.8	3.9	34.0	62.1
2018	2.5	3.6	36.4	60.0

资料来源：根据俄罗斯联邦国家统计局数据经计算得出。

三次产业产出结构变化的同时，各个产业就业人员数量也发生了显著变化。从表5-4中可以清楚地看出就业人员从第一、二产业中流出，流向第三产业的过程。从1990~2000年，第一产业就业人数基本保持稳定。2000年后，第一产业就业人数比重逐年下降，从2000年的13.4%下降至2009年的8.3%，继而下降到2019年的5.8%；第二产业就业人数比重呈持续下降趋势，1990~2000年，第二产业就业人数比重下降较快，从1990年的42.3%下降至2000年的30.4%，2000~2019年，下降速度趋缓，从2000年的30.4%下降到2019年的26.8%。哪怕在普京前两任期工业生产实现增长的时期，第二产业就业人员流出也没有停止过。而第三产业吸纳了从第一、二产业中流出的人员，就业人数比重持续增长，从1990年的44.5%提高至2019年的67.4%。

表5-4 1990~2019年俄罗斯（苏联）三次产业就业结构

单位：%

年份	第一产业	第二产业	第三产业
1990	13.2	42.3	44.5
2000	13.4	30.4	56.2
2005	10.1	29.3	60.7
2009	8.3	27.6	64.3
2010	7.7	27.8	64.5
2011	7.7	27.4	64.8
2012	7.3	27.8	64.6
2013	7.0	27.9	65.4
2014	6.7	27.6	65.5
2015	6.7	27.4	66.2
2016	6.7	27.0	66.1
2017	5.9	27.0	66.9
2018	5.9	26.9	67.3
2019	5.8	26.8	67.4

资料来源：根据俄罗斯联邦国家统计局数据经计算得出。

由此可见，在俄罗斯三次产业结构的变动中，第一产业的产出结构和就业结构基本呈持续下降状态；第二产业产出结构整体呈下降趋势，1998~2004年一度从35.6%增长至40.4%，此后又继续下降，2019年第二产业产出占比为36.4%，与2008年的水平相当，就业人数则持续下降；而第三产业产出结构与第二产业变动趋势相反，达到60%以上的高水平，但这并不能说明俄罗斯第三产业高度发达，却恰恰反映了第二产业发展的滞后，第三产业在经济中的高比重是建立在第二产业产值下降或增长放缓的基础之上的，并不是产业结构高级化的表现。将三个时期产出结构进行整体比较，2009~2019年，第二产业比例比前两个时期都低，这充分说明了俄罗斯工业发展的倒退。本书第七章将对普京时代俄罗斯产业政策的演变进行系统梳理，显然，振兴工业的产业政策并没有取得预期效果。

二　俄罗斯产业内部结构的变化

(一) 俄罗斯农业发展状况及内部结构变化

1. 俄罗斯农业发展状况

农业一直以来是俄罗斯经济中比较薄弱的部门。1991~1998年农业生产全面大幅下滑，除1997年外均为负增长。这一阶段农业产值快速下滑是俄罗斯实行"休克疗法"的结果，由于实行了价格自由化，工农业价格"剪刀差"加大，同时国家又大幅削减了对农业的补贴，导致农业一路下滑，到1998年经济危机时跌至谷底。从1999年农业开始出现转机，1999~2019年大部分年份产值保持增长（仅2003年、2010年、2012年和2018年出现下降），但从整体上看，俄罗斯农业形势仍不容乐观，2019年农业产值按可比价格计算仍然仅恢复到1990年水平。[①]

1999~2019年，根据农业产值增长率的变化，俄罗斯农业发展大体可以分为以下四个阶段。第一阶段为1999~2001年，农业产值增长速度较快，分别为3.8%、6.2%和6.9%。1998年俄罗斯发生了金融危机，卢布对美元持续贬值。对俄罗斯农业而言，卢布的贬值效应抑制了农产品进口，无形中提高了本国农产品的价格竞争力，进而扩大了市场份额，实现了进口替代，农业生产者的利润率也相应提高。第二阶段为2002~2007年，农业增长速度明显放缓，农业增长率低于GDP增长率，年均增

---

① 按可比价格计算，2019年俄罗斯农业产值相当于1990年的101.6%。

长率仅为2%，2003年甚至出现了小幅的负增长。该时期增长放慢的主要原因是卢布贬值效应逐渐消失，导致进口农产品逐渐占据国内市场，同时工农业产品价格"剪刀差"进一步扩大，农业生产者财务状况恶化。但由于经济转型的制度效应逐渐释放和俄政府对农业实行了扶持政策，使得该时期的俄罗斯农业在市场环境恶化的条件下并没有出现转型时期的大幅下滑，而是呈缓慢增长态势。第三阶段为2008~2012年，这一阶段农业增速波动较大。2009年和2010年增速急剧下降，这一次与美国次贷危机引发的国际金融危机有较大关系，然而这次危机与1998年的危机完全不同：尽管这次卢布也发生了贬值，但美元自身贬值引致大宗商品的价格上涨增加了农业生产的成本，造成农业生产下滑。此外，2010年农业生产下滑的另一重要原因是发生了严重的旱灾，43个联邦主体受旱灾影响产出大幅下滑。2011年，俄罗斯农业同比增长22.3%，增幅为20世纪90年代以来的最高水平，不但弥补了2010年的下降，还在2009年的水平上增长了8.3%。2012年，农业产值又出现4.4%的下降。第四阶段为2011~2019年，农业产值受市场因素影响上下波动，即便在2014~2015年经济危机时期，农业生产仍然一枝独秀，保持了增长态势（见图5-1）。

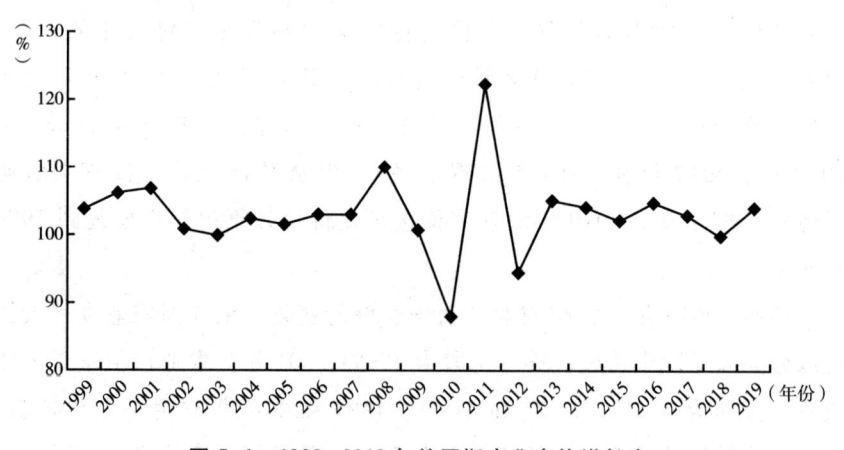

图5-1 1999~2019年俄罗斯农业产值增长率

资料来源：Федеральная служба государственной статистики，https：//gks.ru/free_doc/new_site/business/sx/tab-sel3.htm。

2. 俄罗斯农业内部结构变化

2000~2019年，种植业产量整体上保持了增长的趋势，2004年种植业产量已恢复到1990年的水平，但由于俄罗斯农业现代化水平低，种植业受气候条件和自然灾害影响严重，产量表现出很大的不稳定性，因此，种植业产值波动也较大（见表5-5）。

畜牧业在俄罗斯农业中同样占据举足轻重的地位。俄罗斯疆域辽阔，草场面积广大，具有良好的发展畜牧业的条件。20世纪90年代，畜牧业遭受了严重的滑坡。牲畜存栏数锐减，畜牧业主要产品产量也大幅下降。2000年之后，畜牧业开始复苏，由于受天气影响较小，畜牧业的产量曲线保持了相对平滑的增长态势，除2003年和2004年出现很小幅度的下降，[①] 其余年份均保持增长，增幅也相对平稳，尤其是2009年后，俄罗斯畜牧业产值增幅均未超过3%。随着居民消费水平的提高和消费结构的升级，居民对畜牧业产品的消费也将增长，从这个角度看，为满足日益增长的消费需求，俄罗斯畜牧业发展仍有空间。

从俄罗斯农业内部结构看，种植业和畜牧业基本平分秋色。由于畜牧业发展整体呈稳定增长态势，农业内部结构的变化主要取决于种植业产值的变化。

表5-5 2000~2019年俄罗斯农业产值及内部结构

单位：亿卢布，%

年份	农业产值	种植业	畜牧业	种植业产值占比	畜牧业产值占比
2000	7424	3947	3477	53.2	46.8
2001	9182	4661	4521	50.8	49.2
2002	9682	4807	4875	49.6	50.4
2003	10764	5572	5192	51.8	48.2
2004	12532	6506	6026	51.9	48.1
2005	13809	6698	7111	48.5	51.5
2006	15706	7648	8058	48.7	51.3
2007	19316	10024	9292	51.9	48.1
2008	24614	13064	11550	53.1	46.9
2009	25159	12389	12770	49.2	50.8
2010	25878	11915	13963	46.0	54.0
2011	32617	17035	15582	52.2	47.8

---

① 2003年畜牧业产值下降0.6%，2004年下降1.7%。

续表

年份	农业产值	种植业	畜牧业	种植业产值占比	畜牧业产值占比
2012	33392	16364	17028	49.0	51.0
2013	36871	19188	17683	52.0	48.0
2014	43190	22224	20966	51.5	48.5
2015	47946	24873	23073	51.9	48.1
2016	51123	27103	24020	53.0	47.0
2017	51095	25997	25098	50.9	49.1
2018	53488	27561	25927	51.5	48.5
2019	59079	31600	27479	53.5	46.5

注：2019年数据为预估值。
资料来源：根据俄罗斯联邦国家统计局数据经计算得出。

（二）俄罗斯工业内部结构变化

1. 工业内部结构原材料化

在经济转型之前，苏联的经济是封闭型经济，俄罗斯在向市场经济过渡过程中采取了"休克疗法"方式，立即实行对外贸易自由化，俄罗斯加工工业部门的产品由于长期存在资源补贴机制以及生产工艺落后，难以与外国产品竞争。为了获取短缺的外汇资金，促进经济复苏，俄罗斯不得不大量出口能源、原材料等初级产品，从而形成了俄罗斯工业能源、原材料化趋势。近年来，俄罗斯政府已意识到这种畸形的工业结构必将阻碍俄罗斯经济可持续发展，也制定了相关政策试图扭转局势，但能源化、原材料化趋势具有一定刚性，在国际市场价格的推动下，该趋势不但没有缓解反而加重了。

1990年，俄罗斯工业中能源和原材料工业的比重为33.5%，制造业的比重为66.5%。苏联解体后，随着市场的开放和"军转民"计划的实施，俄罗斯的制造业遭受了前所未有的打击，1995年，俄罗斯制造业在工业中的比重已下降至42.7%，而能源和原材料工业的比重相应增长至57.3%。1995~2003年，俄罗斯工业结构相对稳定。2004年后，随着国际能源价格的走高，能源工业快速发展，已成为俄罗斯经济的支柱产业。

第五章 俄罗斯产业结构的形成与演变

2004年之后，国际能源价格高涨，在"资源的诅咒"传导机制的作用下，形成了对制造业的挤出效应，劳动力、人力资本、资本等生产要素不断从制造业涌入自然资源部门，能源和原材料行业不断扩大。俄罗斯联邦国家统计局于2004年变更了统计口径，根据2004年版全俄经济活动统计分类，2003年矿产资源开采业增加值在工业中的比例为25.0%，2004年猛增至31.0%。2005年，矿产资源开采业在工业中的比重已达到34.1%（见表5-6），若将加工工业中与能源和原材料相关的行业进行加总[1]，则能源、原材料相关行业增加值在工业增加值中的比重超过70%，经济能源、原材料化的趋势已非常明显。2009年金融危机中，国际油价大跌，能源行业受到的冲击最为直接，该年矿产资源开采业和能源、原材料相关行业的比重均有所下降，分别为31.1%和70.5%，加工工业增加值在工业中的比重下降至53.7%，如除掉能源、原材料相关行业，则仅为29.5%。此后，能源、原材料行业继续扩张，制造业比例逐年下降。2013年俄罗斯经济增速出现明显放缓趋势，2014年，在西方制裁、国际油价暴跌等因素的影响下，经济仅维持了0.6%的增长，工业企业资金紧张，发展步履维艰，矿产资源开采业增加值在工业增加值中的比例下降为35.8%，加工工业增加值为51.7%，能源、原材料行业的比例加总下降至71.3%，加工工业中除掉能源、原材料相关行业剩余的制造业的比例下降至26.6%。在经济下滑的年份中，由于能源行业受到冲击较大，其下跌速度也快于制造业，反而形成了制造业比例提高的"优化"假象。到2019年，矿产资源开采业增加值在工业增加值中的比例已提高到41.5%，能源、原材料相关行业的比例提高到74.4%，加工工业的比例下降至48.2%，加工工业中除掉能源、原材料相关行业剩余的制造业比例下降至23.7%（见表5-7）。尽管近年来俄罗斯政府一直致力于经济现代化，也制定了不少纲要、规划和措施扶持制造业发展，但从实际数据看，工业结构反倒更趋能源和原材料化。

---

[1] 包括矿产资源开采业，木材加工业，造纸和印刷业，焦炭及石油产品生产业，冶金业，其他非金属矿产品生产业，金属制品生产业（机器和设备制造业除外），电力、燃气和蒸汽及空调的供应业。

表 5-6　2003~2011 年俄罗斯工业结构变化

单位：%

	2003年	2004年	2005年	2006年	2007年	2008年	2009年	2010年	2011年
矿产资源开采业	25.0	31.0	34.1	34.1	32.8	31.3	31.1	34.0	35.6
加工工业	61.6	56.7	55.9	55.8	57.7	59.0	53.7	52.5	51.7
食品、饮料、烟草制品生产业	11.1	9.2	8.7	8.9	8.6	9	11.2	9.3	8.3
纺织品、服装、皮革及制品生产业	0.8	0.8	0.7	0.7	0.8	0.7	0.7	0.6	0.5
木材加工业、木材及软木制品生产业（家具除外）、草秆制品及编制材料生产业	1.2	1.2	1.3	1.3	1.4	1.2	1.2	1.2	1.0
纸及纸制品生产业	1.3	0.9	0.9	0.8	0.9	0.8	1.0	1.1	1.1
印刷及复印业	1.3	1.3	1.3	1.4	1.5	1.5	1.2	1.0	0.7
焦炭及石油产品生产业	7.6	8.3	12.0	10.2	10.3	11.9	10.4	9.9	11.9
化工业	3.7	3.5	3.5	3.4	3.3	4.8	3.8	3.9	4.3
塑料及橡胶制品生产业	0.9	1.0	1.0	1.2	1.2	1.3	1.3	1.2	1.0
其他非金属矿产品生产业	2.6	2.5	2.7	3.0	4.2	3.9	2.6	2.3	2.4
冶金业	10.6	12.1	10.0	11.5	11.1	9.1	6.5	7.5	6.6
金属制品生产业（机器和设备制造业除外）	1.5	1.3	1.2	1.3	1.5	1.6	1.3	1.5	1.3
机器和设备制造业（武器制造业除外）	4.5	3.5	3.2	3.1	3.6	4.0	3.2	3.1	3.2
电脑及办公设备制造业	0.1	0.1	0.1	0.1	0.2	0.1	0.1	0.1	0.1

续表

	2003年	2004年	2005年	2006年	2007年	2008年	2009年	2010年	2011年
电气设备制造业	1.3	1.4	1.2	1.1	1.3	1.3	1.1	1.3	1.2
电子零件、广播、电视、通信设备制造业	1.0	0.7	0.7	0.6	0.7	0.6	0.6	0.6	0.6
医疗器材、测量仪器、光学仪器业	1.2	1.1	1.0	1.0	1.0	1.1	1.1	1.2	1.2
汽车、拖车及半挂车制造业	2.3	2.0	1.5	1.6	1.7	1.3	0.7	1.2	1.4
其他运输工具及设备制造业	3.6	2.7	2.1	1.9	1.8	2.1	2.7	2.5	2.4
家具生产业	1.8	1.0	1.0	1.0	0.9	1.0	1.1	1.0	0.8
其他制成品生产业	3.2	2.1	1.8	1.7	1.7	1.7	1.9	2.0	1.7
水、电力、气的生产和供应业	13.4	12.3	10.0	10.1	9.5	9.7	15.2	13.5	12.7

备注：以2004年版全俄经济活动分类为标准。

资料来源：根据俄罗斯联邦国家统计局按现价计算的增加值整理。

表 5-7 2011~2019 年俄罗斯工业结构变化

单位：%

	2011年	2012年	2013年	2014年	2015年	2016年	2017年	2018年	2019年
矿产资源开采业	36.0	36.4	36.7	35.8	36.3	37.0	39.0	42.8	41.5
加工工业	50.4	50.9	50.2	51.7	51.4	49.9	48.9	46.8	48.2
食品、饮料、烟草制品生产业	7.2	8.1	8.7	8.1	7.5	7.9	7.2	6.5	7.4
纺织品、服装、皮革及制品生产业	0.9	0.9	1.0	0.9	0.9	0.9	0.9	0.8	0.8
木材加工业、木材及软木制品生产业（家具除外）、秸秆制品及编制材料生产业	0.9	0.8	0.9	1.0	1.0	1.0	0.9	0.9	0.8
纸及纸制品生产业	1.1	0.9	0.9	1.0	1.2	1.4	1.1	1.1	1.1
印刷及复印业	0.3	0.3	0.3	0.4	0.4	0.4	0.4	0.3	0.3
焦炭及石油产品生产业	11.8	10.9	10.9	10.1	7.6	7.3	7.6	9.8	8.6
化工业	3.4	3.2	2.6	3.2	4.3	3.9	3.5	3.4	3.3
药品及医用材料生产业	0.5	0.5	0.6	0.7	0.8	0.9	1.0	0.8	1.0
塑料及橡胶制品生产业	0.9	0.9	1.1	0.9	1.0	1.1	1.0	0.8	0.9
其他非金属矿产品生产业	2.3	2.5	2.4	2.4	2.1	2.0	1.9	1.7	1.8
冶金业	7.8	7.2	6.3	7.9	9.2	8.7	8.4	8.2	9.2
金属制品生产业（机器和设备制造业除外）	1.8	2.0	2.3	2.3	2.7	3.5	2.9	2.4	2.7
电脑、电子及光学产品生产业	1.9	2.0	2.2	2.5	2.6	2.4	2.2	1.8	1.8

续表

	2011年	2012年	2013年	2014年	2015年	2016年	2017年	2018年	2019年
电气设备制造业	1.3	1.3	1.1	1.2	1.2	1.0	1.0	0.8	0.8
不包含在其他分类中的机器和设备制造业	2.1	2.3	2.1	1.9	2.0	1.6	1.5	1.2	1.2
汽车、拖车及半挂车制造业	1.4	1.7	1.4	1.4	1.0	1.2	1.4	1.3	1.3
其他运输工具及设备制造业	2.8	3.2	3.1	3.4	4.0	2.3	3.2	2.7	2.6
家具生产业	0.7	0.8	0.8	0.9	0.8	0.6	0.7	0.6	0.7
机器和设备的修理及安装业	1.3	1.4	1.5	1.5	1.1	1.8	2.1	1.7	1.9
电力、燃气和蒸汽及空调的供应业	11.8	10.8	11.2	10.4	10.4	11.2	10.3	8.8	8.4
给排水、废品收集及加工利用、清污业	1.8	1.9	1.9	2.1	1.9	1.9	1.8	1.6	1.6

注：以2016年版全俄经济活动分类分类为标准。

资料来源：根据俄罗斯联邦国家统计局按现价计算的增加值整理。

综上所述，从整个产业结构看，结构失衡问题的主要矛盾在于工业结构失衡，而工业结构的矛盾又主要集中体现在工业的能源化、原材料化上。因此，能源化、原材料化是俄罗斯产业结构失衡的核心问题所在。

2. 工业结构原材料化形成的原因

第一，历史惯性。经济发展存在一定的路径依赖，俄罗斯当前的工业结构很大程度上是由俄罗斯经济发展的历史惯性造成的。从苏联时期开始，燃料动力综合体就是苏联的支柱产业。20世纪50年代苏联开始大规模开发石油，20世纪50~60年代，依靠伏尔加河沿岸的油田，石油产量增长迅猛。60年代，苏联在西西伯利亚发现油田，然后依靠向发达国家出口石油来支付大规模进口农产品的费用。1980年，石油和天然气出口额已占苏联向经合组织国家出口额的67%。[①] 能源工业的过度发展也是苏联解体很重要的一个经济诱因。国际石油价格上涨为苏联延续了30年的经济增长，而油价下跌又给当时处于崩溃边缘的苏联经济沉重一击。由此看来，2000年以后产业结构资源化的特点是苏联时期和叶利钦转型时期的延续和深化，存在一定的历史发展惯性。因此，当前经济结构调整要扭转这种惯性存在一定的难度，这也决定了结构调整的长期性和艰巨性。

第二，比较优势。俄罗斯资源在国际贸易中的先天比较优势使资源出口成为经济发展的必然选择。俄罗斯地大物博，自然资源丰富，拥有的矿产资源占世界储量的20%以上。[②] 自然资源禀赋决定了俄罗斯出口的比较优势，并且自然资源禀赋具有不可替代性。这样，俄罗斯在谋求凭借出口创汇快速摆脱经济危机时，能源和原材料出口成为经济发展的突破口，这必然使能源和原材料的生产获得更多投资，形成并强化了俄罗斯产业结构能源化、原材料化的趋势。尽管基于国际贸易理论中的比较优势原理和俄林定理，俄罗斯大力发展能源和原材料出口具有其合理性，但是这一理论的前提是，国际商品贸易市场是一个完全竞争的市场。然而国际大宗商品市场受某些国家和金融集团操纵的现象日趋明显，因此过度地依赖能源出口对国家安全存在一定影响，也不利于俄罗斯经济的可持续增长。

[①] 〔俄〕E.T. 盖达尔:《帝国的消亡：当代俄罗斯的教训》，王尊贤译，社会科学文献出版社，2008，第132~141页。

[②] Стратегический ресурсы России, информационные политические материалы, Москва, 1996, http://www.iet.ru.

第三，国际分工。俄罗斯能源、原材料产业过度发展是全球化背景下国际分工的自然结果。20世纪90年代，以知识和技术为核心的"新经济"蓬勃发展，对于经济全球化以及各国经济现代化进程产生了重大影响，同时对于国际经济分工格局也产生了决定性作用。"新经济"具有两个突出的特点：一是注重前期大量的研发投入和后期的创新成果保护，而非传统的制造行业规模化生产；二是研发性技术创新成果体现出"非贸易品"的属性，客观上限制了研发中心源的转移力度。全球经济在此次技术创新的背景下形成了"美国-日欧-发展中国家"的垂直型国际分工格局。美国主导高新技术产业的创新与周期性转移，形成了世界经济的霸主地位，日欧利用高新制造产业的技术优势和发展中国家工业化的市场需求，形成了高新制造业的优势地位。在此背景下，俄罗斯则只能利用自身丰富的自然资源参与国际经济合作，在能源及原材料行业发挥成本优势，利用国际市场的"发动机效应"拉动国内经济增长，寻求自身在国际经济格局中的位置。[1]

第四，国际油价。国际石油市场价格上涨使原材料化的产业结构更加固化。2000~2008年，国际石油市场价格一直高位运行。2011年，英国Brent牌石油价格更是达到111.33美元/桶的高位，俄罗斯Urals牌石油价格达到了109.3美元/桶。据俄罗斯学者分析，当时国际油价上涨的主要原因包括：第一，世界经济特别是亚太地区国家，如中国、印度经济的快速发展使能源的需求日益增加；第二，由于产油国的政治原因，国际市场上的能源供应量减少；第三，由于能源勘探缺乏足够的投资，石油、天然气等能源生产速度放慢。[2] 在供给推动和需求拉动的同时作用下，国际石油价格飞涨。此外，推动国际能源价格上涨的不仅包括供求关系，还有地缘政治、财团利益、国际资本流动、能源战略和政策以及突发事件等多种因素。俄罗斯是世界石油出口大国之一，在世界能源市场中的地位举足轻重，国际油价的上涨更加促使俄罗斯加快发展能源行业，增加出口，抢占国际市场份额。这使得整个经济对能源出口的依赖性更强。2008年爆发了

---

[1] 关雪凌、程大发：《全球产业结构调整背景下俄罗斯经济定位的困境》，《国际观察》2005年第4期。

[2] Кимельман. С., Андрюшин. С., Проблемы нефтегазовой ориентации экономики России, 《Вопросы экономики》, 2006 г., No4.

全球金融危机，国际油价暴跌，俄罗斯经济因此遭受了巨大的打击，工业结构失衡的问题凸显，令俄罗斯政府深刻体会到结构调整已迫在眉睫。

（三）俄罗斯服务业内部结构变化特点

1. 服务业发展的演进过程

在工业化之前，世界上许多发达国家的服务业已占据重要的地位，即存在着工业化阶段之前的一个商业化社会阶段，此阶段中商务服务业所占份额甚至超过第二产业，说明服务业具有相当深厚的基础。在进入工业化快速发展时期，服务业比重可能会略微下降，但比重基本不变；当收入水平再向高水平上升时，服务业比重又重新上升。服务业发展的阶段性特征说明服务业和以人均 GDP 或 GNI 为代表的经济增长水平之间存在着一种宽泛的关系。总体来说，随着经济增长和收入水平的提升，服务业发展的总体趋势是上升的，但不是单纯线性的。[①] 因此不能单纯地依据服务业产值和就业占比的情况判断服务业的发展水平以及经济所处的发展阶段。

服务业整体发展与经济增长水平之间并非简单的线性关系，但随着经济的发展，服务业内部存在交替演进的次序。具体来讲，这一演变顺序可表示为：个人服务和家庭服务→交通通信及公共设施→商务服务、金融和保险业→企业生产者服务→休闲性服务业→社会公共或集体服务业。表 5-8 给出了 OECD 成员国服务业增加值和就业的内部变动结构。从表 5-8 中可以看出，传统的批发零售贸易、餐馆与旅店业的比重基本呈下降趋势；交通、仓储、通信业基本保持稳定或有所下降，但其中通信业的比重往往经历过持续上升的阶段；政府服务业部门在增加值比重中基本保持稳定或略有下降，但在就业结构中却出现较大幅度的上升，这与战后西方国家政府较多地参与国民经济管理进程有相当的关系，到 20 世纪 90 年代后，政府服务业的就业增长速度已放缓，并有明显的下降趋势，说明西方国家逐步扭转了这种较畸形的"政府经济"形态，而重新转为比较自由的经济形态。

在服务业内部结构中，唯有金融、保险、房地产、商务服务业和

[①] 郑凯捷：《分工与产业结构发展——从制造经济到服务经济》，博士学位论文，复旦大学，2006。

社会及个人服务业这两类服务业在所有指标中都呈现持续上升的态势，但前者无疑是增长最为显著的。在增加值结构中，金融、保险、房地产、商务服务业从20世纪80年代开始就一直雄踞服务业内部的主导位置，虽然此时其就业比重上升的速度不如增加值比重上升速度快，但这体现了此类服务业高生产效率的增长方式以及对西方服务经济阶段发展所做的巨大的贡献。相反，社会及个人服务业却呈现就业增长大大快于增加值增长的趋势，虽然该类服务业在20世纪90年代后逐渐占据了就业结构中的主导地位，在增加值方面甚至排在传统的批发零售贸易、餐馆与旅店业的后面，这与此类服务业劳动生产率大大低于金融、保险、房地产、商务服务业的劳动生产率有关。在社会及个人服务业中，传统的个人家庭服务的比重逐渐下降，医疗、卫生等社会公共服务的比重逐渐增加。

表5-8 OECD成员国服务业内部结构及变化

单位：%

指标	年份	总计	批发零售贸易、餐馆与旅店业	交通、仓储、通信业	金融、保险、房地产、商务服务业	社会及个人服务业	政府服务业	其他服务业
增加值	1971	101.4	29.5	14.1	22.9	12.6	20.0	2.3
	1980	97.2	25.0↓	11.5↓	23.6↑	14.4↑	20.6↑	2.1↓
	1985	95.5	23.6↓	10.7↓	25.0↑	14.8↑	19.4↓	2.0↓
	1990	97.8	22.6↓	10.7→	28.0↑	15.6↑	18.9↓	2.0→
	1992	97.9	21.8↓	10.6↓	27.9↓	16.3↑	19.2↑	2.1↑
	1995	—	22.8↑	12.1↑	33.2↑	21.8↑	14.5↓	—
就业	1974	97.3	32.6	12.1	10.4	15.3	26.9	
	1980	97.8	31.0↓	11.1↓	11.4↑	16.1↑	28.2↑	
	1985	97.9	30.2↓	10.3↓	12.8↑	16.3↑	28.3↑	
	1990	98.0	29.4↓	9.9↓	13.9↑	17.2↑	27.6↓	
	1992	97.9	28.8↓	9.6↓	13.7↓	18.0↑	27.8↑	
	1995	—	28.7↓	9.5↓	16.4↑	29.9↑	18.4↓	

资料来源：1992年以前的资料来源为OECD，*Services: Statistics on Value Added and Employment*（Paris：OECD，1996）；1995年的资料来源为OECD，*Services: Statistics on Value Added and Employment*（Paris：OECD，2000），转引自郑凯捷《分工与产业结构发展——从制造经济到服务经济》，博士学位论文，复旦大学，2006。

2. 生产性服务业的重要作用

从上文对服务业内部结构演进的分析中可以看出，在发达工业国家从工业经济向服务业经济转型的过程中，诸如金融、保险以及商务服务之类的服务业逐渐占据主导地位，而这些服务业成为主导的共同特性表现在它们满足了制造业中间需求的特性，即为生产和经营提供服务。对此学术界将这类服务业归结为生产性服务业。

最早提出生产性服务业概念的是布朗宁（Browning）和辛格曼（Singelmann）。在《服务社会的出现》一书中，布朗宁和辛格曼指出生产性服务业包括金融、保险、法律工商服务、经纪等具有知识密集和为客户提供专门性服务的行业。[1] 除了用这种描述性方法对生产性服务业定义，生产性服务业还可从功能角度进行分析。格鲁伯和沃克认为生产性服务业不是直接用来消费，也不是直接可以产生效用的，它是一种中间投入而非最终产出，它扮演着一个中间连接的重要角色，用来生产其他的产品或服务。[2] 同时，格鲁伯和沃克还进一步指出，这些生产者大部分使用人力资本和知识资本作为主要的投入，因而他们的产出包含有大量的人力资本和知识资本的服务，于是生产性服务能够促进生产专业化，扩大资本和知识密集型生产，从而提高劳动与其他生产要素的生产率。[3]

从理论角度讲，生产性服务业得以产生和发展的动因是劳动分工不断深化和交易成本不断降低的结果。古典经济学家亚当·斯密（Adam Smith）在《国富论》一书中最早论述了劳动分工促使生产效率提升的结果。

从实践角度讲，生产性服务业一定是后工业社会的产物。随着人类社会由工业社会进入后工业社会，整个经济的生产和消费模式都发生了深刻转变，其核心特点是信息技术在经济活动中扮演着不可或缺的角色。信息时代的到来使得整个社会的交易成本大幅度降低，促进了专业化分

---

[1] Browning, H. L., Singelmann, J., *The Emergence of a Service Society* (Springfield, 1975), p. 9.
[2] 〔加〕赫伯特·G.格鲁伯、〔加〕迈克尔·A.沃克：《服务业的增长原因与影响》，陈彪如译，上海三联书店，1993，第220页。
[3] 〔加〕赫伯特·G.格鲁伯、〔加〕迈克尔·A.沃克：《服务业的增长原因与影响》，陈彪如译，上海三联书店，1993，第221~223页。

工的深化。企业出于成本的考虑，将那些可以通过市场以更低价格买入的服务外部化，这促使纯粹成本推动的生产性服务的外部化。企业出于核心竞争力的考虑，将那些内部投资存在风险的服务（如员工培训、市场调研等）外部化，这促使准成本推动的生产性服务外部化。

就现实的经济增长看，西方发达国家生产性服务业的增长已成为经济增长的主要拉动力。2000~2004年，全球信息服务业的规模从6660亿美元增加到11740亿美元，北美和欧洲信息服务业已进入稳定发展阶段，而亚太地区将成为重要的信息服务业新兴市场。就研发服务业而言，1996~2004年，美国研发服务业的年均增长率就达到9.9%；1990~2001年，加拿大研发服务业的年均增长率就超过10%；1996~2001年，英国研发服务业的年均增长率更是高达16.8%。在2008年国际金融危机没有爆发前，金融业在生产性服务业中占据主导地位，不仅金融市场规模巨大，而且新技术得到广泛应用，同时发达国家的金融业表现出国际化的趋势，即为其他国家和地区提供各种金融服务。此外，在上文对OECD成员国服务业内部结构变动的考察中，那些满足中间需求的生产性服务业无论是在增加值方面还是在就业方面的比重都呈上升趋势。

综上所述，判断一个国家是否进入后工业化时代（即服务经济时代），不能简单地依据服务业在国民经济中的占比进行判断；关键是要看经济增长中中间投入的比例，即生产性服务业对整个经济的渗透，因为这体现了知识资本在经济增长中的作用，是一种集约型的发展方式。

3. 俄罗斯服务业内部结构变化

表5-9显示了2002年各国服务业及生产性服务业的发展水平。从表5-9中可以得出以下两个结论。第一，2002年，世界主要发达国家的服务业增加值占GDP的比重都超过了65%，它们已经完成工业化进程，进入后工业化社会。对俄罗斯而言，其服务业的发展水平低于捷克，但高于中国。这说明俄罗斯仍处于工业化的后期阶段。第二，就生产性服务业增加值占GDP的比重而言，俄罗斯处于同样的位置。然而，从服务业中生产性服务业占比看，俄罗斯的比重仅为33.44%，是六个国家中最低的。这说明俄罗斯服务业的内部结构并不合理，消费性服务业所占比重较高。这与俄罗斯当时所处的经济环境有关，2002年俄罗斯还没有完全

走出金融危机的阴影,工业部门出现了萎缩的现象,这导致对生产性服务业的需求相对下降,因此,尽管整个服务业的比重相对增加,但生产性服务业并没有得到充分发展。

表5-9 2002年生产性服务业发展水平的国际比较

单位:%

国家	生产性服务业增加值占GDP的比重	生产性服务业产出占服务业总产出的比重	服务业增加值占GDP的比重
美国	26.25	39.18	77.14
英国	29.19	45.44	71.99
日本	19.92	36.12	69.70
俄罗斯	15.16	33.44	55.60
中国	12.16	36.40	30.97
捷克	20.67	49.29	57.64

资料来源:根据OECD投入-产出数据库计算整理。

第三产业内部结构也并不平衡。如表5-10、5-11所示,批发零售贸易、维修、餐馆和旅店、交通和通信行业为劳动密集型的传统服务业,2002年此类服务业增加值在整个服务业中的比重最大,为55.9%。其中,批发零售贸易、维修行业比重呈持续下降趋势,从2002年的37.6%下降到2019年的22.8%;餐馆和旅店行业比重在2002年至2019年间基本保持稳定,尤其是2012年后,始终保持在1.4%的水平;交通和通信行业在2002年至2011年间的比重先升后降,根据变更统计口径后的数据,2012~2019年,交通和仓储行业比例从2012年的9.3%增加至2019年的10.9%,信息通信行业的比重基本保持在4%上下。金融与保险行业、房地产行业主要以资本要素投入生产过程,此类资本密集型服务业比例在2002年为22.3%。2002~2008年金融行业的比重从4.8%提高至7.3%,此后始终保持在7%左右的水平;房地产行业的比重先升后降,2002年为17.5%,到2009年提高至20.2%,此后持续下降,到2019年房地产行业占比为15.7%。职业技术、科学技术服务、教育这类行业大都是以人的智力和知识要素作为主要投入,体现着知识密集型的特征。职业技术包含法律、会计、审计、市场调研、商务管理咨询、税务咨询、建筑和工程服务、广告、人力资源等,在2004年版的全俄经济活动分类中没有将此类服务业单独分类,在2016年版的全俄经济活动分类中增加了此项,2012年职业技术、科学技术服务行业占比为6.2%,2019年增长至7.2%。教育在服务业中的比重也基本保持逐年增加,2002年为4.8%,到2019年增长至5.3%。国家管理、军事安全保障、社会保障服务行业的占比从2002年的8.4%增加到2019年的12.4%。文化、体育、休闲和娱乐服务行业的比重上升,从2012年的1.2%提高至2019年的1.7%(见表5-11)。

表5-10 2002~2011年服务业内部结构变化

单位:%

分类	2002年	2003年	2004年	2005年	2006年	2007年	2008年	2009年	2010年	2011年
批发零售贸易;维修	37.6	36.2	34.9	34.2	34.9	34.1	34.1	29.0	32.6	32.8
餐馆和旅店	1.5	1.3	1.6	1.6	1.5	1.7	1.7	1.6	1.6	1.7
交通和通信	16.8	17.5	19.0	18.0	16.8	16.3	15.6	15.6	14.9	14.8
金融	4.8	5.5	5.5	6.6	7.3	7.4	7.3	8.2	7.2	7.0
房地产、租赁服务	17.5	17.5	16.3	17.3	17.1	18.4	18.9	20.2	19.9	19.8
国家管理、军事安全保障、社会保障	8.4	9.2	9.3	9.1	8.9	8.7	9.0	10.6	9.9	9.6
教育	4.8	4.5	4.6	4.7	4.6	4.6	4.6	5.4	5.0	5.0
医疗服务	5.5	5.5	5.5	5.4	5.6	5.7	6.5	6.0	6.3	
其他公用事业、社会及个人服务	3.1	3.1	3.2	3.1	3.1	3.1	3.0	2.8	2.8	2.9

注:俄罗斯联邦国家统计局曾于2004年和2016年两次变更统计口径。本表中服务业分类以2004年版全俄经济活动分类为标准。

资料来源:俄罗斯联邦国家统计局。

表5-11 2012~2019年服务业内部结构变化

单位:%

分类	2012年	2013年	2014年	2015年	2016年	2017年	2018年	2019年
批发零售贸易;维修	26.6	25.2	25.3	25.3	23.2	22.7	23.1	22.8
交通和仓储	9.3	10.0	9.7	10.7	11.5	11.3	11.0	10.9

续表

分类	2012年	2013年	2014年	2015年	2016年	2017年	2018年	2019年
餐馆和旅店	1.4	1.4	1.4	1.4	1.4	1.4	1.4	1.4
信息通信	4.3	4.1	3.9	4.0	4.0	4.2	4.1	4.2
金融与保险	6.6	7.0	7.0	5.7	7.0	7.0	7.2	7.0
房地产	18.2	17.1	16.6	16.2	16.1	16.1	15.7	15.7
职业技术、科学技术服务	6.2	6.7	6.9	7.1	7.0	7.2	6.9	7.2
行政及相关附加服务	2.8	3.1	3.2	3.8	3.8	3.8	3.8	3.5
国家管理、军事安全保障、社会保障	12.3	12.7	12.6	12.3	12.6	12.5	12.4	12.4
教育	4.8	5.0	5.0	5.0	5.0	5.1	5.2	5.3
医疗和社会服务	4.5	4.8	5.2	5.1	5.0	5.1	5.5	5.7
文化、体育、休闲和娱乐服务	1.2	1.3	1.3	1.4	1.4	1.5	1.6	1.7
其他服务	0.7	0.6	0.9	0.9	0.9	1.0	1.0	1.2
个人和家庭服务	1.0	1.0	1.0	1.0	1.0	1.0	1.1	1.0

注：俄罗斯联邦国家统计局曾于2004年和2016年两次变更统计口径。本表中服务业分类以2016年版全俄经济活动分类为标准。

资料来源：俄罗斯联邦国家统计局。

综合以上分析，俄罗斯服务业行业构成的突出特点是：劳动密集型的批发零售贸易、餐馆和旅店及交通和通信行业比重过大；而资本密集和知识密集型的金融与保险行业、房地产行业和商务服务行业比重过小。从服务业内部结构演变趋势看，传统劳动密集型服务业比例下降，资本密集型和知识密集型服务业比例上升，政府服务业部门基本稳定，休闲娱乐服务业比重加大，基本符合发达国家所经历的演变轨迹，趋势向好，但与发达国家服务业发展水平相比存在巨大差距。

三 俄罗斯产业结构所处阶段的研判

(一) 产业结构演进的一般规律

各个国家产业结构都会随着经济发展发生不同程度的变动,产业经济学家根据许多发达国家和新兴市场国家的经济发展实践总结出产业结构演变的一般规律。

从三次产业结构演变规律看,产业结构一般遵循以第一产业为主导,到以第二产业为主导,再到以第三产业为主导的方向依次演进。在第一产业内部,产业结构演进沿着从技术水平较低的粗放型农业向技术要求较高的集约型农业发展,再向生物、环境、生化、生态等技术含量更高的绿色农业、生态农业发展;从以种植业为主导向以畜牧业为主导发展;从野外型农业向工厂型农业发展。在第二产业内部,产业结构的演进沿着劳动密集型产业→资本密集型产业→技术密集型产业的方向发展。在第三产业内部,产业结构沿着传统型劳动密集型服务业→多元化服务业→现代服务业→信息产业→知识产业的方向演进。

从主导产业转换的规律看,在产业结构演进中,主导产业的转换分别是农业→轻纺工业→原料、动力等基础工业→低加工度工业→高加工度工业→第三产业→信息产业。

在以农业为主导的阶段,农业在经济中的比重占绝对地位,第二、三产业的发展刚刚开始。在以轻纺工业为主导的阶段,轻纺工业对技术的要求相对简单,在需求的拉动下,比较容易吸收第一产业中的剩余劳动力,因此得到较快发展,该时期农业发展速度下降,轻纺工业取代农业成为主导产业,重化工业和第三产业在该阶段发展仍然较为缓慢。在以能源、原材料工业为重心的重化工业阶段,农业在经济中的比重已经很小,轻纺工业继续发展但速度减慢,重化工业中的先行行业如能源、原材料等基础工业成为主导产业,因为只有这类产业先行发展才不至于成为其他重化工业发展的"瓶颈"。在以低度加工组装型重化工业为主导的阶段,对技术水平要求不高的机械、钢铁、造船等低加工度的重化工业发展速度加快。在以高度加工组装型重化工业为主导的阶段,由于高新技术的大量应用，传统工业得到改造，对技术要求较高的精密机械、精密化工、石油化工、机器人、电子计算机、飞机制造、航天器、汽车及机床等高附加值、高加工度的重化工业成为国民经济增长的主要动力。在以第三产业为主导的阶段，第二产业发展速度有所减慢，特别是传统工业下降较快，而新兴产业和高新技术产业仍有较快发展，第二产业已不占主导地位，第三产业发展速度明显加快。在以信息产业为主导的阶段，信息产业获得长足发展，特别是信息高速公路的建设和国际互联网的普及，信息化逐渐向其他行业渗透，信息化的发展推动工业化向纵深发展。

（二）工业结构演进的一般规律

世界主要发达国家工业化发展进程中工业结构演进是直接由生产力发展推动的，也就是由生产力发展中三次重大产业革命推动的。20世纪初以前，世界主要工业发达国家的工业由于蒸汽机的发明和应用而得到快速发展。最先、最集中采用蒸汽机的是纺织、采矿和黑色冶金这三个部门，因此在工业化发展的初期，轻型制造业在工业结构中占主要地位，能源、原材料工业次之。19世纪末20世纪初，发生了以电气化和化学化为标志的第二次工业革命。一方面，对能源、原材料的二次加工有利于其利用率，另一方面，电气化的普及使所有工业部门广泛采用机器生产，形成了重型制造业的大发展。这样这一阶段重型制造业占据主导地位，能源、原材料工业和轻型制造业比重相对下降。20世纪五六十年代，发生了以电子信息、新型材料、生物技术等为标志的第三次产业革命。在新的技术基础上形成的高技术产业群，进一步提高了能源、原材料的利用率，并以信息化推动工业化，重型制造业尤其是机械制造和电子工业比重进一步上升。[1]从图5-2中可以看出，在主要发达国家工业结构演替的三个时期中，始终以制造业居主导地位，工业化进程是从轻型制造业主导演进到重型制造业主导的过程，能源、原材料工业从居中的辅助地位演进到居末位。

---

[1] 杨云龙：《中国经济结构变化与工业化（1952—2004）——兼论经济发展中的国家经济安全》，北京大学出版社，2008，第74页。

第五章 俄罗斯产业结构的形成与演变

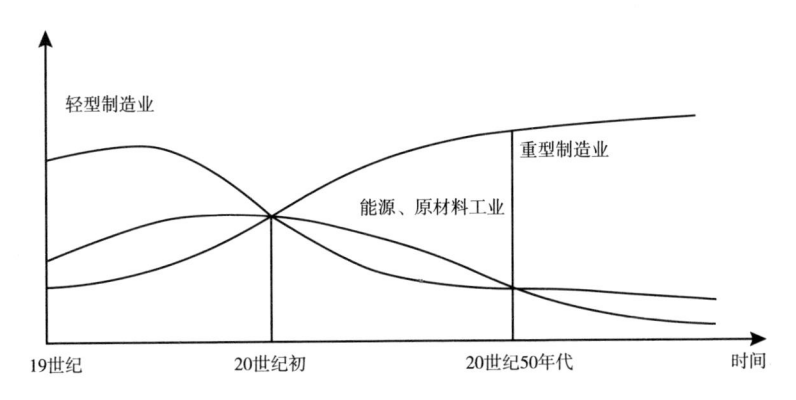

图 5-2　主要发达国家工业结构演替进程

资料来源：郭晓琼《俄罗斯产业结构研究》，知识产权出版社，2011。

早在 1925 年，苏联就已提出了工业化方针。尽管重工业①一直是苏联工业的重点发展方向，但在工业结构演进过程中也经历了轻型制造业快速发展的阶段。1965 年，苏联工业结构中，轻型制造业（轻工业和食品工业）的比重为 43.8%，重型制造业（机器制造和金属加工、化学和石油化工）的比重为 21.4%。能源和原材料行业（电力工业，燃料工业，森林、木材加工和造纸工业，建筑材料工业）的比重为 13.3%。然而，由于苏联一直实行"统一调度集中使用全国的人力、物力、财力，确保重工业高速发展"和"强调优先发展与科技进步有直接关系的部门"的方针政策，重型制造业比例迅速提升，从 1982 年起，重型制造业产值在工业中的比重（32%）超过轻型制造业（31.1%），能源和原材料工业的比例也提高到 20.2%（见表 5-12）。该时期苏联工业化进程与主要发达国家 20 世纪 50 年代后的状态相吻合。

表 5-12　1965~1984 年苏联工业结构

单位：%

分类	1965 年	1970 年	1975 年	1980 年	1981 年	1982 年	1983 年	1984 年
机器制造和金属加工	16.7	19.7	20.1	24.3	24.8	25.4	25.8	26.4
化学和石油化工	4.7	5.7	5.8	6.2	6.4	6.6	6.5	6.6

---

① 严格意义上讲，苏联时期所指的"重工业"为甲类工业，是指生产资料生产工业，在这里既包括重型制造业，也包含能源、原材料工业。

续表

分类	1965年	1970年	1975年	1980年	1981年	1982年	1983年	1984年
电力工业	2.9	3.0	3.7	3.8	3.8	3.9	3.8	3.9
燃料工业	—	—	8.7	8.3	8.1	8.0	7.8	7.6
森林、木材加工和造纸工业	5.9	5.2	5.1	4.5	4.5	4.5	4.5	4.5
建筑材料工业	4.5	4.5	4.4	3.9	3.9	3.8	3.9	3.8
轻工业	18.6	18.9	16.8	16.2	16.1	15.7	15.2	14.7
食品工业	25.2	22.5	17.6	15.4	15.3	15.4	15.6	15.4

资料来源：陆南泉等编《苏联国民经济发展七十年》，机械工业出版社，1988，第130页。

然而，苏联解体后，俄罗斯工业结构的演进却是制造业下降，能源、原材料工业比例上升的过程。当然，俄罗斯是一个经济转型国家，当前所处的世界经济发展环境也与百年前发达国家工业化进程截然不同，因此俄罗斯工业化进程不能完全用发达国家的标准来衡量。但不可否认的是，经济转型打断了苏联后期的工业化进程，朝着"去工业化"的方向演变。

（三）对俄罗斯产业结构所处阶段的研判

根据上文对俄罗斯工业和服务业内部结构的梳理和分析，可以说，俄罗斯早在苏联时期就开始了工业化进程，但到目前为止尚未进入后工业化阶段。这里参照钱纳里和塞尔奎的"标准产业结构模型"，结合人均收入水平、三次产业结构以及城市化水平等多方面因素，对俄罗斯当前产业结构所处阶段进行判断。

世界银行经济顾问钱纳里和塞尔奎通过对多国数据的分析，发表了著名的"标准产业结构模型"。他们认为随着经济的不断发展，产业结构的变动具有很大的一致性，大体上可分为三个阶段，即初级产品生产阶段、工业化阶段、后工业化阶段，其中工业化阶段又分为前期、中期和后期。上述五阶段的划分标准主要参照人均收入水平：以1964年的购买力平价计算，初级产品生产阶段的人均收入水平为100~200美元；工业化前期的人均收入水平为200~400美元；工业化中期对应的人均收入水平为400~800美元；工业化后期对应的人均收入水平为800~1500美元；后工业化阶段人均收入水平应达到1500美元以上。

第五章 俄罗斯产业结构的形成与演变

陈家贵等学者参照钱纳里和塞尔奎的计算方法，以美国实际GDP和GDP平减指数推算出换算因子，将1964年的基准收入水平换算到2004年，以此评判中国工业化进程。根据这一方法，将基准收入水平换算到2010年，对比俄罗斯2010年的人均收入水平来判断工业化所处阶段。根据世界银行的统计，2010年俄罗斯实际GDP为9092.66亿美元（按2005年价格计算），换算成2010年的购买力平价[①]为16421.34亿美元，2010年俄罗斯人口为1.428亿人，则人均GDP为11499美元。参照表5-13，以人均收入水平判断俄罗斯处于工业化后期阶段。

表5-13 产业结构演进不同阶段的标志值

基本指标		前工业化阶段	工业化阶段			后工业化阶段
			初期	中期	后期	
基准收入水平（人均GDP，美元）	1964年	100~200	200~400	400~800	800~1500	1500以上
	2004年	720~1440	1440~2880	2880~5760	5760~10810	10810以上
	2010年	818~1636	1636~3271	3271~6542	6542~12278	12278以上
三次产业产值结构（产业结构）		A>I	A>20% A<I	A<20% I>S	A<10% I<S*	A<10% I<S
制造业增加值占总商品增加值的比重（工业结构）		20%以下	20%~40%	40%~50%	50%~60%	60%以上
人口城市化率（空间结构）		30%以下	30%~50%	50%~60%	60%~75%	75%以上
第一产业就业人员占比（就业结构）		60%以下	45%~60%	30%~45%	10%~30%	10%以下

注：A、I、S分别代表第一、第二和第三产业增加值在GDP中所占的比重。
*引用文献中为I>S，但基于产业经济学基本理论，工业化后期第三产业比重已占支配地位（苏东水主编《产业经济学》，高等教育出版社，2000，第235页），故在此进行了修正。
资料来源：陈佳贵、黄群慧、钟宏武《中国地区工业化进程的综合评价和特征分析》，《经济研究》2006年第6期。

---

① 根据国际货币基金组织提供的俄罗斯历年GDP平减指数，作者推算出换算因子为1.806。

然而，"标准产业结构模型"中的人均收入只能大致地在一个比较宽泛的范围内反映一个国家经济发展的水平和可能相对应的产业结构。因此，简单地利用"标准产业结构"模式来衡量国家或地区的产业结构及经济发展阶段也可能是失之偏颇的，因此本书还加入三次产业产值结构、制造业增加值占总增加值的比重、人口城市化率和第一产业就业占比这四个指标，对俄罗斯产业结构所处阶段进行综合判断。按产业结构标准衡量，2018年俄罗斯三次产业的产出占比依次为3.6%、36.4%和60%，对照标准值判断，俄罗斯处于工业化后期或后工业化时期；按工业结构标准衡量，2018年俄罗斯工业增加值占总商品增加值的比重为30.7%，[1] 处于工业化初期水平；按人口城市化率衡量，2019年俄罗斯城市人口比例为74.6%，[2] 属于工业化后期指标范围；按照第一产业就业人员占比，2014年俄罗斯农业就业人口占比为5.8%，[3] 属于后工业化范围。

综上所述，按照基准收入水平、产业结构、城市化来衡量，俄罗斯处于工业化后期水平，按照就业结构衡量，俄罗斯处于后工业化范围，但按照工业结构来衡量，俄罗斯仍处于工业化初期水平。由此进行综合判断，目前俄罗斯大约处于工业化中、后期阶段，但并未进入后工业化时期。

---

[1] 俄罗斯联邦国家统计局数据，2019年12月31日更新，https://www.gks.ru/accounts#。
[2] 俄罗斯联邦国家统计局数据，2019年6月18日更新，https://www.gks.ru/folder/12781#。
[3] 俄罗斯联邦国家统计局数据，2015年5月8日更新，http://www.gks.ru/wps/wcm/connect/rosstat_ main/rosstat/ru/statistics/wages/labour_ force/#。

下篇　政策演变篇

第六章 俄罗斯经济发展战略演变

  2000年以来，俄罗斯经济不同时期经济发展战略与当时经济形势密切相关，但又有其演变的内在逻辑。在第一个总统任期中，普京肯定了20世纪90年代建立起的市场经济制度框架，并在此基础上针对俄罗斯当时存在的问题推行了一系列改革，完善制度环境，整顿经济秩序，明确发展目标，为此后的经济发展创造良好制度条件。普京在执政之初就一直倡导，并在2003年国情咨文中正式提出的"强国富民"思想成为贯穿普京执政二十余年的基本执政理念。"强国"思想的核心是突出国家的地位和作用，以俄罗斯传统价值观凝聚社会共识，团结各界力量建设祖国，改变国家和人民的命运。"富民"思想则确定了俄罗斯国家战略的社会取向，国家强大和经济增长的最终目标是让国民消除贫困，过上富足的生活。普京在第二个总统任期加强了国家对重要战略资源的掌控，利用国际能源价格高涨的有利时机，充分发挥能源优势，获得大量能源出口收入，为解决社会、经济问题提供了资金保障，能源外交战略还成为俄罗斯保障国家安全和恢复大国地位的重要手段。但也正是在这一时期，俄罗斯能源出口导向的经济增长模式逐渐形成并固化，为此后的经济发展埋下了隐患。随着经济快速增长，俄政府秉承"富民"思想，加大了解决民生问题的力度，实施"四大民生工程"。梅德韦杰夫执政时期，普京作为政府总理批准了《2020年前俄罗斯社会经济长期发展战略》（以下简称《2020战略》），这一指导国家长期未来发展方向的纲领性文件虽然在梅德韦杰夫继任总统之后被公布，但它是普京在离任前一手领导制定的，是普京作为总统对其在任8年中俄罗斯经济发展模式的反思，体现了普京对俄罗斯未来十几年内社会经济发展的远景规划，以此确保最高权力更迭后俄罗斯经济发展道路的延续性。《2020战略》的目标是使俄罗斯从能源出口型的经济模式转向以高新技术、人力资本为基础的社会导向型创新发展模式，到2020年按购买力平价计算的GDP进入世界前五强。"人本"和"创新"是该战略的两大核心经济思想，此后梅德韦杰夫提出的"经济现代化"方案、普京第三任期经济发展政策和第四任期的"突破性"发展战略均未脱离《2020战略》的思想框架。普京第三任期的经济政策主要围绕反危机、反制裁,以及解决俄罗斯经济内生的结构性矛盾。普京第四任期的经济政策则主要围绕以国家项目为抓手实现"突破性发展"。纵观普京执政二十余年,其经济战略遵循"建制度—促增长—调结构—保稳定—寻突破"的轨迹演变。

一 普京第一任期经济发展战略

(一)"强国富民"思想

1. 弘扬"强国"思想,恢复社会凝聚力

叶利钦时期,俄罗斯社会一盘散沙,不同社会阶层和政治力量的人们信奉不同的价值观。普京执政后,需要解决国家统一、经济建设、社会稳定等一系列棘手的问题,这些问题都需要以一种全新的思想认同团结全社会力量,凝聚社会共识。

普京明确反对强制实行公民意见统一,"反对在俄罗斯恢复任何形式的国家官方意识形态",他认为"任何的社会一直都只能通过自愿的方式达成","凡是在国家意识形态被当作一种官方赞同的地方,就不会有精神自由、思想多元化和出版自由,就不会有政治上的自由"。[1] 普京提出,俄罗斯传统的价值观是俄罗斯社会团结的支柱。这一价值观包含"爱国主义"、"强国意识"、"国家观念"和"社会团结"。而"俄罗斯思想"则是将全人类共同的价值观与经过时间考验的俄罗斯传统价值观相结合。普京认为:"只有团结所有健康力量才能实现整个俄罗斯的利益和前途。"他倡导,在未来发展中俄罗斯各界精英及各党团、组织和运动的领袖应将对祖国和人民命运的责任感置于党团利益之上。普京指出:"俄罗斯正处于其数百年来最困难的一个历史时期。大概这是俄罗斯近二三百年来首次真正面临沦为世界二流国家,甚至三流国家的危险。为了

---

[1] Владимир Путин, Россия на рубеже тысячелетий, Независьмая газета, 30 декабря 1999 г., http://www.ng.ru/politics/1999-12-30/4_ millenium.html.

避免陷入这种窘境，国家必须付出巨大的脑力、体力及道德力量……现在一切取决于我们能否认清危险程度，能否团结起来，能否承担起长期又艰巨的工作。"① 可以看出，"俄罗斯思想"的核心就是"国家"的观念，即突出国家的地位和作用，② 以传统价值观凝聚社会共识，恢复全社会的凝聚力，团结社会各界力量建设祖国，改变国家和人民的命运。

此后，在普京历年的国情咨文中也多次提到"强国"思想。在2000年的国情咨文中，普京提出："俄罗斯唯一真正的选择是选择成为一个强大的国家，坚强而自信。""俄罗斯需要一种有竞争力、高效率、社会公平的经济体系，来确保稳定的政治发展。经济的可持续发展是民主社会的重要保障，也是建立强大而受尊重国家的基础。"③ 在2001年的国情咨文中，普京指出："经过十年风风雨雨的改革，我们正在步入一个新的时期，国家的振兴取决于我们的意志、努力和承受力。"④

2003年，普京在国情咨文中明确提出以"强国战略"振兴俄罗斯的主张，他提出："在可预见的未来，俄罗斯应当在世界上真正强大的、经济先进的和有影响力的国家中占有一席之地，我们的所有决定，所有行动都只能服从于这一点。""要在广大的空间保住一个国家，保存独一无二的各民族联盟，而且让国家在世界上拥有强大的地位，这不仅要求我国人民付出巨大的劳动，而且要做出巨大的牺牲，忍受巨大的苦难。这就是俄罗斯千百年来走过的历史道路，就是使俄罗斯成为强国的方法。""俄罗斯复兴为世界富裕、发达、强大和受人尊敬的国家，应该成为我们最重要的目标。""成为强大而自信的国家，成为与强国为伍而不是为敌的国家，是俄罗斯唯一的选择"，"俄罗斯是伟大的。但是，伟大的俄罗斯不仅是个伟大的国家，首先应该是现代化的发达社会，而发达的社会不会自己产生"。"我们应该不只是勉强生存，应该拥有极大的经济、智

---

① Владимир Путин, Россия на рубеже тысячелетий, Независьмая газета, 30 декабря 1999 г., http://www.ng.ru/politics/1999-12-30/4_millenium.html.

② 李新、沈志义：《普京时期俄罗斯经济政策的调整》，《上海财经大学学报》（哲学社会科学版）2007年第4期。

③ Послание Федеральному Собранию Российской Федерации, 8 июля 2000 г., http://www.kremlin.ru/events/president/transcripts/21480.

④ Послание Федеральному Собранию Российской Федерации, 30 апреля 2001 г., http://www.kremlin.ru/events/president/transcripts/21216.

力、道德和军事优势。只有这样我们才能保住我国在世界一系列大国之中的位置。""俄罗斯必定能登上与其潜力相符的高度。只要我们将全部智力、权力和道德资源汇集在一起，必将会使俄罗斯达到无愧于伟大人民的最伟大的目标。"①可以说，"强国"思想是2003年普京国情咨文中的主线，"建立强大的国家"成为当时俄罗斯的首要任务。

2. "富民"思想

普京在执政之初就确定了国家战略的社会取向，国家强大和经济快速增长的最终目标是让国民消除贫困，过上富足的生活。在他历年的国情咨文及一些公开场合的讲话中都会提到"提高人民生活水平"的问题。

经历了激进的经济转型，俄罗斯国内贫困现象普遍存在。1998年初世界人均年收入约为5000美元，而俄罗斯的人均年收入仅为2200美元，不到世界平均水平的一半。在《千年之交的俄罗斯》中，普京痛心疾首地提出"不能再有任何造成人民生活水平恶化的改革和措施"，"新政策的目标是在增加居民实际收入的基础上确保居民生活水平的稳步提高"。普京还提出政府应下决心加大对科学、教育、文化和医疗卫生领域的扶持措施。"如果一个国家的人民生理和心理都不健康，不能享受高等教育、缺乏专业知识，那么这个国家任何时候都不可能攀登到世界文明的顶峰。"② 在2000年的国情咨文中，普京提出要确保养老金账户资金的可持续性，国家有义务防止人口迅速老龄化，并优先帮助生活水平在最低生活标准之下的贫困人群。③ 在2001年的国情咨文中，普京以较大篇幅阐述俄罗斯在社会保障领域的改革，其中包括推行医疗保健体系现代化，向医疗保险制度过渡；改善老年人生活，确保平均养老金高于最低生活标准，推进养老金制度改革；提高社会服务领域的效率和透明度；制定国家教育标准，增加低收入家庭学生教育的可及性；提高对基础科

---

① Послание Федеральному Собранию Российской Федерации, 16 мая 2003 г., http://www.kremlin.ru/events/president/transcripts/21998.

② Владимир Путин, Россия на рубеже тысячелетий, Независимая газета, 30 декабря 1999 г., http://www.ng.ru/politics/1999-12-30/4_millenium.html.

③ Послание Федеральному Собранию Российской Федерации, 8 июля 2000 г., http://www.kremlin.ru/events/president/transcripts/21480.

学的支持力度；加强知识产权保护；等等。① 在 2002 年的国情咨文中，普京提出要推行住房公用事业的改革，提高服务质量，降低服务成本，发展房屋抵押贷款制度，为国民提供负担得起的住房。② 在 2003 年的国情咨文中，普京提出 2002 年的人口普查表明俄罗斯人口持续下降，人均寿命从 1999 年的 67 岁下降至 2002 年的 64 岁，应加快过渡到医疗保险制度，加强医疗卫生领域的财政基础。③ 在 2004 年的国情咨文中，普京提出："国家的主要竞争资本、主要发展源泉是俄罗斯公民。"为了挖掘公民的潜力，政府应为公民"创造安全的生活条件，降低国内犯罪率，改善国民的健康状况，制止吸毒人数的增长，消除儿童流浪现象"。他还提出，在以前的国情咨文中注意力通常放在重大的社会经济任务上，此次国情咨文则将注意力集中于社会领域，解决公民最迫切的问题，其中包括：保障公民买得起房，到 2010 年至少使 1/3 的居民能够依靠积蓄和利用住房贷款购买现代化住所；使更多的人看得起病，提高医疗服务质量，为强制性医疗保险、国家医疗保障、私人行医、付费医疗服务提供法律依据；中学生无论其父母经济状况如何，都应有机会按照其知识水平接受大学教育，采用符合时代要求的教育标准，进一步将教学与科研相结合；增加就业岗位。通过解决上得起学、看得起病、买得起房的问题，缓解贫困，这些政策的推行成为普京第二任期"四大民生工程"的基础。

（二）明确经济发展目标

1999 年 12 月 31 日，普京在《独立报》上发表《千年之交的俄罗斯》，对苏联时期的计划经济体制和叶利钦时期的经济转型的教训进行了总结，并提出应认清发展现实，明确发展目标，探索符合俄罗斯本国国情的发展之路。普京认为，苏联时期中央集权的计划经济体制不允许竞争，无法激发企业的创新积极性，阻碍了科学技术的发展。他指出："苏

---

① Послание Федеральному Собранию Российской Федерации, 30 апреля 2001 г., http://www.kremlin.ru/events/president/transcripts/21216.
② Послание Федеральному Собранию Российской Федерации, 18 апреля 2002 г., http://www.kremlin.ru/events/president/transcripts/21567.
③ Послание Федеральному Собранию Российской Федерации, 16 мая 2003 г., http://www.kremlin.ru/events/president/transcripts/21998.

维埃政权没有使国家繁荣,社会昌盛,人民自由。用意识形态的方式搞经济导致俄罗斯远远落后于发达国家。我们将近七十年都在一条死胡同里发展,这条道路偏离了人类文明的康庄大道。"① 20世纪90年代俄罗斯采用"休克疗法"进行激进式改革,导致政治、经济和社会危机日益激化,"国家的承受能力、生存能力和建设能力都已处于枯竭的边缘"②。普京认为"只将外国课本上的抽象模式和共识简单地照搬","机械地照抄别国经验是不会取得成功的"。因此,他提出应该为俄罗斯人民探索出一条能够使俄罗斯复兴和繁荣的道路,"这一战略应依据市场和民主改革过程中创造的一切好的经验,并且只能用渐进的、逐步的和审慎的方法实施","实施时既要保证政治稳定,又不能使俄罗斯人民的各个阶层和群体生活水平下降","应保证在比较短的历史时期里消除持续已久的危机,为国家经济和社会快速稳定发展创造条件","这一战略应将市场经济和民主制度的普遍原则与俄罗斯的现实有机结合起来"。

在经济发展方面,普京提出:"如何使俄罗斯成为世界上的一个发达、繁荣和伟大的国家,缺少一个明确的规划。在经济方面这一问题尤为突出,缺少一个为期15~20年或更长年限的长期发展战略。""国家需要制定一个长期的全国性的发展战略。"③ 因此,普京执政后立即着手组建俄罗斯战略研究中心,集各派经济学家之力制定未来十年的经济发展战略,明确未来发展目标。2000年8月俄罗斯战略研究中心制定了《2000~2001年俄罗斯联邦政府在社会政策和经济现代化方面的行动计划》,2001年1月制定了《俄罗斯联邦政府长期社会经济政策基本方针》(也称"格列夫计划"),2001年4月又制定了《2002~2004年社会经济发展中期纲要》。这些经济发展规划为普京第一任期俄罗斯经济发展指明了方向。

《俄罗斯联邦政府长期社会经济政策基本方针》是普京执政之后的

---

① Владимир Путин: Россия на рубеже тысячелетий, Независьмая газета, 30 декабря 1999 г., http://www.ng.ru/politics/1999-12-30/4_millenium.html.
② Владимир Путин: Россия на рубеже тысячелетий, Независьмая газета, 30 декабря 1999 г., http://www.ng.ru/politics/1999-12-30/4_millenium.html.
③ Владимир Путин: Россия на рубеже тысячелетий, Независьмая газета, 30 декабря 1999 г., http://www.ng.ru/politics/1999-12-30/4_millenium.html.

第一个长期发展战略。实施该战略的主要原则是：保障竞争，让市场成为经济发展的主要调节器，通过为所有经营者创造平等条件营造竞争环境；国家对经济的干预最小化、最佳化，国家的任务是为有成效的私有经营者创造条件；加强经济的开放性，任何保护主义的措施都应是临时性，而不是禁止性的；保障市场主体经济活动的自由化。经济政策的主要方向是提高俄罗斯经济在国内外市场的竞争优势。具体政策包括：第一，改善俄罗斯企业经营和投资环境；第二，提高生产具有高制造水平产品的部门和劳务部门所占份额；第三，完成国家经济职能机构的转型，提高效率；第四，加快融入世界经济体系，推进地区一体化进程。除长期发展战略之外，俄罗斯政府还以3年为单位制定中期发展规划，有时还会对下一年的经济工作制定1年的行动计划。

在经济发展战略中，刺激经济快速增长是其中一项重要目标。普京在很多公开场合明确提出要追求经济高速增长。在2002年的国情咨文中，他提出："俄罗斯今天需要更多雄心勃勃的目标，更快的经济增长速度。我们的经济政策和国家机构的日常工作应该解决这些问题。""为了确保我们公民的体面生活水平，让俄罗斯成为国际社会的重要组成部分，成为强有力的竞争者，我们的经济必须以更快的速度增长。"[①] 在2003年的国情咨文中，普京对2002年经济增速下降表示不满，"经济增长速度放慢，就不可避免地放慢社会发展速度，也就不能解决当前面临的很多其他问题"。[②] 2004年，普京在国情咨文中谈到尽管2003年取得了7.3%的经济增长，但不能满足于现状，"在长期的经济危机中，俄罗斯的经济潜力几乎丧失了一半。最近四年我们已弥补了40%的下降，但还没能达到1989年的水平。只有保持现在这样的高速发展，才不会被抛弃到世界经济的'后院'"。"为了在全球竞争的困难条件下占据主要位置，应当比世界其他国家增长得更快。应该在增长速度上，产品和服务质量上，以及教育、科学和文化的水平上超过其他国家。这是我们经济上能否生存下去的问题，是俄罗斯能否在变化了的国际条件下取得应有

---

① Послание Федеральному Собранию Российской Федерации, 18 апреля 2002 г., http://www.kremlin.ru/events/president/transcripts/21567.

② Послание Федеральному Собранию Российской Федерации, 16 мая 2003 г., http://www.kremlin.ru/events/president/transcripts/21998.

地位的问题。"普京还强调了"十年内将国内生产总值翻一番,缓解贫困状况,提高人民生活水平"的目标。①

(三) 完善制度环境,为经济发展扫清障碍

良好的制度环境是经济快速发展的前提条件,普京第一任期花费大量时间和精力用于改善国内制度环境,加强中央集权,消除地方保护主义,理顺中央与地方关系,建立统一的法律和经济空间,才能保证中央政府经济及社会政策的执行力;整肃寡头,打击寡头干政,避免经济命脉受控于寡头,才能使战略资源掌控在国家手中;推行行政改革,提高国家管理体系的效率,才能减轻财政的负担;鼓励竞争,减小政府在经济中的作用,但也不意味着放松国家对经济的宏观调控;推行税收制度、预算制度及金融体制的改革,才能使其为经济发展服务,提高经济的竞争力;降低关税,调整相关法律法规与国际接轨,提高经济开放度,才能更快加入世界贸易组织,更好地融入世界经济体系。这些改革都是从长远考虑,在为俄罗斯未来经济发展谋篇布局,为达到高速经济增长的目标扫清障碍。

(1) 理顺中央与地方关系,建立统一的法律经济空间

20世纪90年代俄罗斯地方保护主义盛行、经济受控于寡头等现象严重,社会处于无政府、弱政府状态,一些地方官员掌控地方权力公然对抗中央政府指令,统一的国民经济空间遭受破坏。普京执政之后,充分意识到如果国家政权软弱无力,任何发展规划、经济政策及社会政策在贯彻中都会遭遇阻力,因此,普京执政之初就致力于树立国家权威,加强中央集权,建立行之有效的垂直政权体系,恢复统一的法律和经济空间,削弱地方领导人权力,使地方服从于中央政府的指挥。具体做法如下。2000年5月,普京决定按照地域原则将相关共和国、边疆区和州划分为七个联邦区,每个联邦区设总统全权代表,由总统任命,设立代表处,对地方政府进行协调和监督。同时修改联邦委员会由地方领导人组成的原则,削弱地方领导人权限,强化自上而下的垂直权力体系。②

---

① Послание Федеральному Собранию Российской Федерации, 26 мая 2004 г., http://www.kremlin.ru/events/president/transcripts/22494.
② 李新、沈志义:《普京时期俄罗斯经济政策的调整》,《上海财经大学学报》(哲学社会科学版) 2007年第4期。

2004年启动"联邦主体合并计划",旨在减少联邦主体数量,加大中央对地方的控制和监督力度。2004年12月,根据普京总统的建议,俄罗斯国家杜马修改了关于联邦主体行政长官产生办法的法案,规定地方行政长官不再通过选举产生,而是由总统提名并通过地方立法会议表决。此外,总统还有权解除地方行政长官的职务。普京通过上述行政手段加强了中央集权,统一了全国经济政策,废除了与联邦法律相抵触的地方法律,消除了地方市场割据现象,理顺了中央和地方的利益分配关系,为经济发展创造了良好的环境。

(2)惩治寡头,掌控国家战略资源

20世纪90年代,俄罗斯进行了大规模私有化,在"证券私有化"过程中,由于经济衰退和卢布贬值,很多俄罗斯民众以极低的价格出卖了自己手中的私有化债券,寡头们借机利用低价收购来的私有化证券掌握了大量国有资产。当时最具实力的七个寡头为别列佐夫斯基、古辛斯基、霍多尔科夫斯基、弗里德曼、波塔宁、斯莫棱斯基和彼得·阿文。这些寡头们不仅控制了国家经济命脉,还操纵国家政策走向,成为国家经济安全和政治安全的重大威胁。因此,惩治和肃清寡头成为普京执政之后面临的一大挑战。2000年5月,普京就任总统的当月就着手追究古辛斯基和别列佐夫斯基的经济犯罪。2000年6月13日,"桥"新闻媒体集团公司总裁古辛斯基以"诈骗国家100万美元巨额财产罪"的罪名被捕。此后,别列佐夫斯基被起诉后逃往英国,俄罗斯国际集团公司总裁波塔宁、卢克石油公司总裁阿列克佩罗夫、天然气工业公司总裁维亚希列夫、伏尔加汽车厂总经理卡丹尼科夫相继因经济犯罪被起诉。2003年尤科斯石油公司总裁霍多尔科夫斯基被捕入狱。这样,普京如其保证的那样,在不追究私有化结果的同时,打击和惩治了寡头,此后还通过拍卖、收购和提高税收等方式将国家战略资源重新掌握在政府手中。

(3)推行行政改革,建立有效的国家管理体系

普京第一任期推行了行政改革,行政改革的目标是提高国家职能机构的工作效率、工作质量和透明度,减少行政障碍,打击腐败。推行权力执行机关体制改革,改变国家管理的拨款机制,改变国有财产的管理体制,改革矿产资源的使用体制,减少经济中的行政障碍。俄政府还竭力降低国家在重新分配经济资源中的参与程度。冗杂的国家管理部门缺

乏效率，但占用过多财政支出，过重的税负使得"灰色"经营活动屡禁不止，阻碍法治国家的形成，因此应减少国家对经济和社会领域的无效干预，取消不合理的国家义务，转向根据"绩效"对国家政权机关拨款，控制政府预算的实际支出水平。继续进行司法制度改革，提高国家经济调控效率。完善与保护产权、解决企业纠纷相关的法律法规，完善执法机制，特别是关于改善国家商业环境相关的重要机制。

（4）鼓励竞争，降低政府在经济中的作用

为了巩固市场经济体制改革成果，保证改革方向的不可逆转，普京第一任期中，俄政府强调建立"有秩序的市场经济"，国家和政府的作用是促进市场经济制度不断完善，为市场经济有效运行创造条件。普京强调在确定国家调控体系的规模和机制时，应遵循的原则是："需要国家调控的地方，就要有国家调控；需要自由的地方，就要有自由。"[①] 实行国家对经济的宏观调控的目的是整顿经济秩序，建立严格且公认的规则，保障经济和社会政策的连续性和执行力。鼓励竞争，取消对个别经济主体的优惠和特权，建立联邦和地区一级的统一的商品市场监管体系，加强反垄断检查，加强对经济主体和金融机构的监察。

（5）推行税收、预算及金融体制改革，提高经济竞争力

普京执政后，俄罗斯政府在叶利钦时期建立的财政和金融制度框架内，对税收制度、预算制度和金融体制进行了一系列改革和调整，对提高经济竞争力起到了积极的作用。

税收制度改革的内容包括：第一，根据经济发展水平和国家管理水平，查明经济能够承担的最佳税负；第二，理顺各级政府的职权范围，建立联邦、联邦主体和地方三级预算体制之间的税收分配制度，使税金付费和非税金付费的比例关系最佳化；第三，减轻税负，简化税制。减轻加工工业和服务业税负，取消对取得补偿权的限制，调整农业税；鼓励非原材料商品和服务的出口，统一出口手续，缩减对补偿增值税的限制。

普京第一任期预算改革的主要内容包括：提高预算体系的稳定性，

---

① Владимир Путин, Россия на рубеже тысячелетий, Независьмая газета, 30 декабря 1999 г., http://www.ng.ru/politics/1999-12-30/4_millenium.html.

降低其对外部经济行情的依赖；加强税收和预算政策作为鼓励投资积极性工具的作用；保证预算政策的制定和实施过程中的公开和透明；保证联邦主体和地方财政收入来源稳定；明确划分联邦、联邦主体和地方财政的收支权限。预算收入领域的政策为：保障税收政策有效执行；完善海关政策；提高国有资产管理效率；为防止外部不良经济行情的影响，在预算中设立稳定基金。预算支出领域的政策包括：制定中期计划，量入为出；通过专项纲要制度分配预算资金，有的放矢地解决尖锐的社会和经济问题；完善国家采购立法，广泛推广国家社会订货机制，在提高国家和社会服务质量的同时，保障通过竞争获得预算资金；完善预算报表制度，提高使用预算资金业务的透明度；完善国家执行和监督预算资金支出的机制。

在金融市场不完善的条件下，高额流通费用是在生产中导致生产率低下的重要原因之一。金融制度改革对提高宏观经济和社会政策的效率而言至关重要。第一，改革银行系统。为保证银行资产的支付能力，采取措施活跃商业银行从俄罗斯银行再融资的机制；使有问题银行退出市场，保证银行体系资本化；在降低资产操作风险的情况下，建立对加工制造部门提供贷款的有效刺激机制；制定吸引外资的政策；完善风险评估机制，保证银行监督机制发展；等等。第二，发展基金市场，提高基金市场在吸引投资和进行资金再分配方面的作用。第三，发展保险服务市场，建立国家保险体制。

（6）提高经济开放度，加快融入世界经济体系

普京执政后，其市场经济地位得到西方主要国家的承认。俄罗斯加快融入世界经济体系，为与国际经济接轨，采取了一系列措施：2002年6月成为"八国俱乐部"成员；国家的主权信用评级逐年提高，俄罗斯还积极参与了许多国际组织的工作，并加快推进与世界贸易组织的谈判。为了尽快加入世界贸易组织，俄罗斯进行了相关法律法规的调整，并降低了关税。

综上所述，普京第一任期经济发展战略的核心内容是"建制度"：一方面，巩固已经建立起的市场经济制度；另一方面，完善法律法规，优化制度环境，为实现"强国富民"和"经济增长"的宏伟目标扫清障碍。

二 普京第二任期经济发展战略

（一）加强国家对战略资源的掌控

普京在第一个总统任期中，惩治了寡头，但在第一任期结束之前，国家战略资源还掌握在私营大企业手中。2004年，俄罗斯政府控制的石油公司仅占石油工业的7%，石油收入仅占财政收入的15%，石油利润仍由尤科斯石油公司、西伯利亚石油公司、卢克石油公司、苏尔古特油气公司、阿尔法集团等把持，仅尤科斯石油公司就控制着全俄石油总产量的17%，总开采量的29%。[①] 因此，从普京的第二任期起，俄罗斯逐渐调整政治经济发展模式，将寡头手中的经济资源收归国有，政府对经济的干预、管理和规制的作用也逐渐加大。国家通过限制战略性企业私有化、以并购形式获得私营企业控制权、组建国家公司等手段控制了关系国民经济命脉的企业，甚至形成行业垄断。此外，普京于2004年8月7日签署了关于确定国有战略企业和战略股份公司名单的命令，514家国有战略企业和549家战略股份公司榜上有名，其中包括天然气工业公司、俄罗斯石油公司、石油运输公司、俄罗斯铁路公司、统一电力系统公司等大公司和一大批军工企业，被列入名单的企业和公司的产品只有总统特批才能出售。

2004年后，尽管从企业数看国有制经济比重仍在降低，但从就业人数、产值等方面看，国有经济成分在所有制结构中均出现上升趋势。2005~2008年，国有经济在矿产资源开采业销售额中的比重从5.5%增长至13.5%（见表6-1），在货运销售额和商业货运量中的比重分别从44.9%和41.8%猛增至71.1%和94.3%，国有经济在运输业中占据垄断地位；国有经济的固定资产投资也从2005年的14.9%增长到2008年的21.5%。

---

① 高梁:《浅析普京政府的经济改革政策》,《当代经济研究》2006年第8期。

表 6-1　2005~2008 年俄罗斯国有经济成分在主要经济指标中占比的变化趋势

单位：%

指标	2005 年	2006 年	2007 年	2008 年
矿产资源开采业销售额	5.5	6.0	13.8	13.5
燃料动力矿产开采业销售额	—	—	11.8	13.2
加工工业销售额	8.9	8.2	8.4	8.5
水、电、气的生产与调配业销售额	13.7	10.7	11.4	13.0
建筑业销售额	5.5	4.4	4.0	3.6
运输企业客运周转量	68.7	68.5	65.9	63.9
运输企业的货运销售额（不包括管道运输）	44.9	67.2	72.9	71.1
运输企业的商业货运量（不包括管道运输）	41.8	93.9	64.6	94.3
通信业服务净销售额（扣除增值税、消费税及其他必要费用）	—	—	9.8	9.9
科研部门的国内总开支	68.3	70.4	72.4	72.6
有偿服务	18.5	17.2	16.4	16.3
固定资产投资	14.9	14.4	19.5	21.5
来源于拨款的固定资产投资	19.1	18.1	15.0	15.9
商品和劳务的净销售额（扣除增值税、消费税及其他必要费用）	11.2	10.2	10.2	9.8
平均职工人数	25.6	26	24.9	24

资料来源：Федеральная служба государственной статистики, О развитии государственного сектора экономики Российской Федерации, 2006–2011г.。

2004 年以后，国有或国有控股企业通过兼并、重组等方式，积极并购同类或具有产业关联性的企业，国有经济成分在股份公司中控股比例连年增长。尤其是 2007 年后，俄罗斯对战略性资源和企业的国有化进一步增强，从油气行业逐渐扩展到银行、汽车制造、航空等重要的制造业，再继续扩展到住房建设及核能、纳米技术等高科技产业。俄罗斯还通过任命政府高官到战略性企业任职或兼职的方式，牢牢控制住国家经济命脉，并希望通过国家控制资源主导发展的方式，以战略性企业带动行业发展。

2004~2008 年，国有独资企业在股份公司总数中的比重迅速增加，从 2004 年的 4% 增长到 2008 年的 54%（见表 6-2）。2004~2008 年国有持股50%～100%的企业占比从15%下降至7%，国有持股低于50%的企业占比从81%下降至39%。这样，到2008年，国有制经济在股份公司中掌握控股和绝对控股权的企业比例已达到61%，国家对经济的控制力大大增强。

国家通过扩大国有制经济比例控制国民经济命脉，一方面，有利于国家控制战略资源，保证经济、社会政策的顺利推行，维护国家和社会稳定，国有企业在国家的支持下更容易聚集资本形成规模效应，有利于提高企业在国内外市场上的竞争力；另一方面，国有经济的扩张往往会造成行业垄断，破坏竞争机制，企业缺乏创新积极性，从长远看不利于经济的可持续发展。

表6-2 2004~2008年不同国有持股比例企业占股份公司总数的比例

单位：%

股份公司中的国有成分比例分布	2004年	2005年	2006年	2007年	2008年
国有持股100%的企业	4	10	30	45	54
国有持股50%～100%的企业	15	13	12	10	7
国有持股低于50%的企业	81	77	58	45	39

资料来源：Федеральная агентство по управлению федеральным имуществом, Отчет о приватизации федерального имущества, http：//www.rosim.ru。

值得注意的是，2004年以来，尽管俄罗斯国有经济成分大幅度扩张，但从那时起到普京第四任期，俄罗斯的"私有化"和"国有化"一直在同时进行。在一些战略性行业中，国有经济成分仍在扩张，但在竞争性行业中，俄罗斯也一直推行着私有化。

同时，私有化的进行并不意味着降低国家对经济的控制力。首先，私有化的对象大多为竞争行业中的国有独资公司和股份公司，不包括战略性行业中的国企，因此，国家对战略性行业的掌控不会因私有化产生丝毫动摇。其次，完成私有化之后，国家在特大型企业中的持股比例往往维持在50%加1股或75%加1股，也就是说，国家仍掌握绝对控股权。此外，国家在一些重要的企业中还持有"金股"，对企业的重大决策拥有一票否决权。再次，就算私有化计划得以全部落实，私有化的规模也很小，以2010年的私有化为例，价值1万亿卢布的私有化收入还不到当年国有企业固定资产投资的1/19。因此，私有化计划的实施不足以影响国家对经济的调控能力。

（二）充分发挥能源优势

普京执政后俄罗斯能源产业快速发展，在国际能源价格的推动下，能源产业逐渐成为俄罗斯的主导产业，其中石油工业发展最为迅速，也是出口收入的主要来源。俄罗斯利用国际能源价格高涨的有利时机拉动经济取得了短期的高速增长，能源出口收入为解决社会、经济问题提供资金保障，能源外交战略还成为俄罗斯保障国家安全和恢复大国地位的重要手段。

（1）能源产业发展拉动经济增长

2002年以来，能源出口拉动了俄罗斯经济的增长，具体表现在：约60%的GDP增长是通过油气出口量的增加和国际油价的上涨获得的；超过一半的GDP增长发生在能源、原材料部门和贸易部门；GDP的增长速度比能源、原材料出口实物量的增长速度低50%~100%，同时进口增长速度大大超过国内需求扩大的速度。[①]

能源出口对整个经济的拉动存在内在联动机制。首先，能源出口实物量的增加和国际能源价格的上涨给俄罗斯带来了丰厚的能源出口收入，这为整个经济的增长做出了直接贡献。此外，能源出口收入也为能源部门自身的投资和再生产打下基础。其次，大量的贸易盈余会引起卢布升值，卢布升值会刺激外资加速流入国内。在外资流入过程中，俄罗斯只有防范短期热钱的流入，吸引外商直接投资的进入，才能使这些为实体经济服务的外资能够落地生根，填补俄罗斯产业结构中的弱势项目，为整个社会的再生产提供保障。最后，在整个社会再生产有效扩大的基础上，国民收入进一步增加，收入的增加将带动国内消费和投资新的增长。

在这样一种联动机制下，形成了一种经济增长的循环，即需求—供给—收入—需求的循环，从而保证了经济的增长。[②] 然而，这一联动机

[①] А. Р. Белоусов, Долгосрочные тренды российской экономики: сценарии экономического развития России до 2020 года, Центр макроэкономического анализа и краткосрочного прогнозирования, М., 2005.

[②] А. Р. Белоусов, Долгосрочные тренды российской экономики: сценарии экономического развития России до 2020 года, Центр макроэкономического анализа и краткосрочного прогнозирования, М., 2005.

制能够顺利运转还取决于三个要素：一是能源部分的出口收入是否可持续，这主要取决于国际市场的能源价格；二是能否有效将出口所得的收入转化为国内需求；三是卢布升值引起的外商直接投资效应是否会被出口收入下降的效应抵消。

（2）能源出口收入为社会经济问题的解决提供资金保障

国际市场能源价格走高刺激了俄罗斯能源产品的出口，价格高企和出口量的增加共同推动了能源产品收入的快速增长。俄罗斯中央银行数据显示，2000年至2007年上半年，油气出口总收入达7694亿美元，其中原油、成品油、天然气的出口总收入分别为4162亿美元、1652亿美元、1880亿美元。2002~2006年，联邦预算中油气收入占GDP的比重从5.4%增长到11.7%。① 俄罗斯利用油气出口的额外收入偿还了大笔外债，具体包括2005年偿还了国际货币基金组织935亿卢布（折合33亿美元）的债务、巴黎俱乐部成员国4301亿卢布（折合150亿美元）的债务和对外经济银行1238亿卢布（折合43亿美元）的贷款。2005年提前偿还的外债节省了10亿美元左右的利息支出，并使俄罗斯外债占GDP的比重从2000年的14.7%下降到2005年底的9%。②

此外，俄罗斯政府还利用超额油气收入补发了拖欠工人的工资，弥补了养老基金的赤字，提高了居民最低生活保障收入，并投入大笔资金实施教育、医疗、住房等一系列社会改革，提高人民的生活质量。

（3）发挥能源外交作用

随着经济全球化进程的加剧，世界各国经济发展对能源需求的加大，作为能源生产大国，俄罗斯近年来在世界石油市场上的地位日益重要。能源作为俄罗斯推行外交政策、保障国家安全、恢复大国地位的重要手段，被运用于独联体、欧盟、东亚和美国等国家和地区的油气出口和合作开发等问题上。

第一，加强对独联体国家能源的控制。2002年独联体各国能源部长在莫斯科召开能源峰会，会议决定加强各国的能源合作并讨论建立统一的能源委员会计划。2004年6月俄罗斯同乌兹别克斯坦签署了联合开发

---

① Министерство финансов РФ, http://www1.minfin.ru/common/img/uploaded/library/2006/07/met_bud_2007_pril.zip.

② Министерство финансов РФ, Государственный долг Российской Федерации, https://minfin.gov.ru/ru/statistics/gov_debt/.

天然气田的合同,并就建设一条输气管道等问题进行谈判;俄还与其他中亚国家进行了类似的谈判。此外,2005年以来,俄罗斯先后提高了对乌克兰、格鲁吉亚、摩尔多瓦和白俄罗斯的天然气供应价格,在这场围绕天然气提价的外交战中,能源充分显示了其作为俄罗斯外交工具的重要作用。

第二,加强与欧盟国家的能源合作,增强俄罗斯在欧洲的发言权。俄、欧双方在能源领域有很强的互补性,欧盟国家大多能源匮乏,是俄罗斯重要的出口市场,俄罗斯针对欧盟的能源外交政策主要包括:开展对话,化解矛盾,务实合作,争取共赢;努力树立负责任大国的形象,力图使欧盟对俄能源供给的可靠性放心;积极参与欧洲经济一体化进程;积极吸引欧盟大国的能源投资,引进先进的能源技术,"从欧洲经济增长中获取最大国家利益";双边合作与多边合作并举,根据不同情况争取每一个国家,其中与德国的能源合作最富成效。[①] 俄罗斯在增加对欧盟能源出口的同时,还涉足欧洲管道的控制权。通过参加欧洲的能源管道建设,俄罗斯不仅可以获得大量的经济利益,还可以实现对能源从生产到供应的全程控制,增加对欧关系中的砝码。

第三,积极开拓东亚能源市场。近年来,中国和印度经济增长快速,对能源的需求旺盛,日本和韩国也是能源进口国,对俄罗斯而言,东亚是极具潜力的能源市场。俄罗斯提出"大力发展与亚洲国家的能源关系",以此来实现油气出口的多元化,减少对欧洲市场的出口依赖,保障国家能源安全;谋求能源利益最大化;促进俄东部地区的经济发展;深化与中国、印度的战略伙伴关系,争取地缘战略的有利地位,保证大国地位的快速提升。因此在与亚洲国家特别是与中国、印度发展能源合作的问题上,俄罗斯表现出很大的热情。

(三) 着力解决民生问题

在普京的第二任期,俄罗斯借助国际能源价格上涨的有利时机,通过能源出口获取了大量外汇收入,推动俄罗斯经济快速增长,2004～2008年俄罗斯经济年均增长率约为7%。普京第一任期的"富民"思想

[①] 王海运:《"能源超级大国"俄罗斯的能源外交》,《国际石油经济》2006年第10期。

发展到第二任期更趋具体化，民生问题的解决主要着力于三方面：一是提高居民收入水平；二是缓解人口持续下降趋势；三是实施"四大民生工程"（教育、住房、医疗、农业）。提高居民收入和生活水平，一方面，能够让俄罗斯民众分享经济增长成果，增加社会福利和安全感，使民众为祖国的富强感到自豪，这有利于促进社会稳定，增强全社会的凝聚力，也符合"强国"战略的思想；另一方面，居民收入的提高和生活质量的改善有利于居民消费从以吃、穿、用为主要消费对象的第一级再生产循环向以住房和汽车为主要消费对象的第二级再生产循环，向以信息产品服务为主要消费对象的第三级再生产循环过渡。① 居民消费的升级有利于推动产业升级，促进经济发展。同时，鼓励生育、提高医疗服务质量等民生政策有利于人力资本数量的增长，对教育的大力扶持则是致力于人力资本质量的提高，这又为普京在第二任期卸任前提出《2020战略》中的"以人为本""向社会创新型经济发展模式过渡"的思想奠定了基础。

1. 提高居民收入

普京第二任期后，普京责成俄罗斯政府划拨预算资金提高居民收入。首先提高教师、医生、文化工作者、科技人员和军人的工资，因为这些人"肩负着将俄罗斯新一代公民培养成身体健康、能保持前辈传统和宝贵精神的有教养的人的重任，他们决定着现代社会发展的标准，参与造就俄罗斯未来的精英阶层，是俄罗斯丰富文化和精神遗产的保存者"。普京还提出，这些部门人员的实际收入至少应提高50%，这意味着收入增长速度要超过消费品物价涨幅的50%。②

从表6-3中可以看出，普京前两任期俄罗斯居民人均货币收入持续大幅提高，从2000年的每月2281.1卢布提高至2008年的14939.2卢布，实际工资和最低生活保障线连续九年保持两位数增长，居民实际可支配货币收入连年增加，收入在最低生活保障线以下的贫困人口在总人口中的占比从2000年的29.0%下降至2008年的13.1%。

---

① Вячеслав Никонов, Стратегия Путина, Российская газета, 22 Декабрь 2004 г., 转引自李中海主编《普京八年：俄罗斯复兴之路（2000-2008）》（经济卷），经济管理出版社，2008。
② Послание Федеральному Собранию Российской Федерации, 25 апреля 2005 г., http://www.kremlin.ru/events/president/transcripts/22931.

表 6-3　2000~2008 年俄罗斯居民生活水平主要指标

指标	2000年	2001年	2002年	2003年	2004年	2005年	2006年	2007年	2008年
人均货币收入（每月,卢布）	2281.1	3062.0	3947.2	5170.4	6410.3	8111.9	10196.0	12602.7	14939.2
居民实际可支配货币收入增长（同比,%）	112.0	108.7	111.1	115.0	110.4	112.4	113.5	112.1	101.9
实际工资增长（同比,%）	120.9	119.9	116.2	110.9	110.6	112.6	113.3	117.2	111.5
实际养老金增长（同比,%）	128.0	121.4	116.3	104.5	105.5	109.6	105.1	104.8	118.1
最低生活保障线（每月,卢布）	1210	1500	1808	2112	2376	3018	3422	3847	4593
最低生活保障线增长（同比,%）	120.0[3]	124.0	120.5	116.8	112.5	118.6[3]	113.4	112.4	119.4
收入低于最低生活保障线人口在总人口中的比例（%）	29.0	27.5	24.6	20.3	17.6	17.7	15.2	13.3	13.1

资料来源：Российский статистический ежегодник 2009, https://www.gks.ru/folder/210/document/12994。

2. 缓解人口持续下降的趋势

为缓解人口持续下降的趋势，俄罗斯政府出台一系列政策措施提高人口出生率、降低死亡率及吸引移民。为提高人口出生率，俄政府加大力度宣传"为人父母光荣"的思想，鼓励年轻家庭生育第二个孩子，提高儿童津贴和儿童教育补偿金，取消遗产税，2007年还开设了"母亲基金"，为年轻女性生育子女、年轻家庭教育子女消除后顾之忧。针对死亡率高的问题，俄政府改革医疗系统，提高服务质量，重振传统医学学科——疾病预防学，出台防止交通事故的各项措施，下禁令杜绝酗酒和吸毒，倡导国民开展体育锻炼，开展健康生活方式的宣传。

俄罗斯社会经济发展需要业务熟练的合法劳动力，为吸引移民，俄政府完善移民相关法律法规，加强了对移民的引进和管理。第一，鼓励海外的俄罗斯同胞回国定居。2006年6月,普京总统批准了《同胞自愿移居俄罗斯》国家纲要,其中提出了吸引海外俄罗斯同胞回国并到劳动力短缺地区定居的一系列优惠及保障政策。第二,将独联体国家的移民作为优先引进的对象。2007年,《俄罗斯联邦外国公民和无国籍人士移民登记法》和新版《俄罗斯联邦外国公民法律地位法》正式生效,根据以上法律,俄政府开始实施劳动许可证配额制度,每年规定下一年引进外国劳务移民的配额。2008年,俄政府出台《为移民教授俄语法》,进一步提高了劳务移民进入的门槛,规定移民在申请临时居留证和外国人永久居留证时,应提交具有初级以上俄语水平的证明文件。第三,简化劳务移民的手续。2007年新版《俄罗斯联邦外国公民法律地位法》规定简化接收外国劳务移民的手续,还简化了外国公民和无国籍人士在俄居住地和临时居留地办理注册和登记的手续。第四,加强对非法劳务移民的管理。2007年4月,俄罗斯出台《俄罗斯联邦禁止外国人在售货摊位和市场从事零售工作》的政府令。此后陆续出台了对违反移民法规的劳务移民及非法滞留人员的惩罚办法。2010年,为了解决非法劳务移民的问题,俄政府决定实施劳动特许权证制度,将在私人部门中工作的免签国家劳务移民合法化。第五,对劳务移民实行区别化的引进政策。2012年出台的《2025年前俄罗斯联邦国家移民政策构想》中提出,应及时对俄罗斯劳动力市场需求进行评估,对外国劳务移民实行区别化的引进政策。将具有高等专业技能的人才、企业家作为吸引劳务移民的优先方向,并支持教育移民,在求学期间打工及毕业后就业等方面,给予在俄留学生与俄本地学生同等的机会与条件。

3. 实施"四大民生工程"

2005年,普京总统提出强化以社会保障为核心的四大"国家重点工程",即现代化的医疗、普及适用性住房、高质量的教育和高效的农业,被称为"四大民生工程"。这是普京在2004年国情咨文中提出的让国民"上得起学、看得起病、买得起房"的具体落实,集中体现了普京时期"民生为先"的思想理念。

在医疗领域,俄政府的具体政策主要包括:实施《国家免费医疗救助纲要》,免费医疗救助的范围包括初级医疗卫生救治、急救和专业救助;出台《健康》国家纲要,明确医疗领域发展的优先方向,即发展初级医疗保健、加强疾病防治、发展高科技医疗服务及提高对孕产期女性的医疗救助；修订一系列法律法规，完善医疗体系制度建设，提高医疗服务的质量；保障居民获得相应免费药品及使用医疗器械；加强药品的价格调控。

在住房领域，俄政府继续推进住房私有化，完善相关法律，2004年通过《住宅法典》、《城市建设法典》和《参与集资建造公寓和其他不动产及相关法规修订》。2005年修订了《住宅法典》，保障获得公有住房的居民将现居住的房屋进行无偿私有化的权利。通过扩大住房建设规模和维修存量住房的方式提高人均住房面积，筛选出优先发展的市政基础设施工程；将等待分配公有社会保障性住房的时间从20年缩短为5~7年；提高住房公用事业服务质量；发展住房抵押贷款市场，允许银行发行住房抵押贷款证券，吸纳公开市场上的资金；为低收入及特定人群提供住房保障，优先改善其住房条件。

在教育领域，俄罗斯政府确定教育为国家优先发展方向，保证每一位公民具备享有受教育的权利。俄政府修订《俄罗斯联邦教育法》，赋予教育机构经济自主权；设立教育与科学部负责制定并推行教育政策；增加对教育的预算拨款；实施国民"教育"工程，增加教师和有才华青年的工资，支持技术设备的更新，引进信息技术；提高教育质量，并且让每个孩子上得起学；提高教育领域的管理水平，改革教育财政机制；吸引有学养的学者和训练有素的青年从事教育工作；支持综合性大学和高等学府的创新发展计划；针对初级和中等职业教育，组织力量对中等职业教育的教学大纲的内容和导向进行分析，使其与企业和劳动力市场的现实需求对接。[1]

在农业生产食品工业和纺织工业领域，为了让农业提供国内消费市场的农副产品，最大限度地满足国民生活需要，俄政府将农业也列为"四大民生工程"之一。主要政策包括：支持个人副业与农场、为农民提供补贴贷款、组建农业合作社、建立土地抵押贷款机制、增加对农业的投资等。

为保证社会民生领域各项措施的贯彻落实，俄政府划拨大量预算资

---

[1] 普京：《优先发展教育，高标准全面培养高精尖人才——在国务委员会召开的"发展俄罗斯联邦教育"会议上的开幕词》，2006年3月24日，转引自《普京文集（2002—2008）》，中国社会科学出版社，2008，第269~272页。

金。与2006年相比，2007~2008年，整体上针对住房和公用事业、教育、医疗和体育及社会政策的预算拨款明显增加，预算执行的力度也较好（见表6-4）。

表6-4 2006~2008年俄政府关于社会民生预算支出的变化

	预算支出额（亿卢布）			预算执行比例（%）			在预算总支出中的比例（%）		
	2006年	2007年	2008年	2006年	2007年	2008年	2006年	2007年	2008年
住房和公用事业	526.9	2949.4	1208.7	96.95	99.35	93.19	1.23	4.93	1.75
教育	2123.7	2946.1	3450.8	99.87	101.2	101.1	4.96	4.92	5
医疗和体育	1475.3	1964.9	2687.2	91.74	70.63	98.84	3.28	3.4	3.9
社会政策	2012.4	2140.4	2936.3	93.26	75.65	98.39	4.7	3.58	4.3
其中：养老金	1410.6	1605.7	2120.3	99.37	78.11	99.91	3.3	2.68	3.1
社会服务	32.9	38.2	—	89.27	96.54	—	0.077	0.063	—
社会保障	512.9	435.7	—	79.6	70.26	—	1.2	0.73	—

资料来源：根据俄罗斯财政部预算执行情况整理。

三 梅德韦杰夫执政时期经济发展战略

梅德韦杰夫执政时期俄罗斯先后推出了《2020战略》、反危机计划和"经济现代化"方案作为一定时期内经济发展的总体战略，这三者之间并不是相互孤立的，而是一脉相承的。《2020战略》是俄政府制定的长期发展战略，反危机计划是专门应对金融危机和复苏经济的政策，"经济现代化"方案则是后金融危机时代俄罗斯经济回归发展轨道的经济战略。从三个战略中的具体政策看，反危机计划和"经济现代化"均未脱离《2020战略》的思想框架，是特定时期遵循《2020战略》中"人本"和"创新"这两大主要经济思想演化和发展而来的，三大战略的最终目标都是使俄罗斯从能源出口型的经济模式转向以高新技术、人力资本为基础的"社会创新型经济发展模式"，完成赶超任务，实现俄罗斯"强国富民"的目标。

（一）《2020 战略》

2008年2月8日，即将卸任的普京总统在国务委员会扩大会议上做了《2020年前俄罗斯发展战略》的报告，第一次正式提出了创新发展战略。5月，普京就任俄政府总理的就职演说中规划了实施该战略的目标和手段。2008年11月，普京作为政府总理批准了《2020年前俄罗斯社会经济长期发展战略》（以下简称《2020战略》），这一指导国家长期未来发展方向的纲领性文件虽然在梅德韦杰夫继任总统之后被公布，但它是普京在离任前一手领导制定的，是普京作为总统对其在任8年中俄罗斯经济发展模式的反思，体现了普京对俄罗斯未来十几年内社会经济发展的远景规划，以此确保最高权力更迭后俄罗斯经济发展道路的延续性。该文件为此后俄罗斯提出"经济现代化"战略奠定了基础。

《2020战略》提出，俄罗斯要从能源出口型经济向"社会创新型经济发展模式"过渡。社会创新型经济发展模式包括以下三方面内容。首先，利用俄罗斯在科学、教育和高技术领域的比较优势，提高俄罗斯经济的竞争潜力，培育新的经济增长点，提高福利水平。其次，使人的智力和创造力转化成经济增长和提高国家竞争力的主导要素，在此基础上提高自然资源和生产性资本的利用效率，从而实现传统经济部门的现代化改造。最后，创新发展道路还会提高社会的稳定性和公正性，分享经济增长成果的不仅是获得地租和出口收入的一小部分人，还有基础设施、农业、工业和人力资本培育等领域的广大社会群体，从而体现经济发展的社会导向性。

《2020战略》中详细地制定了实现这一转变的六个主要工作方向。第一，充分发挥俄罗斯的人力资本潜力。第二，形成高度竞争的制度环境，鼓励经营积极性，吸纳经济发展所需资本。第三，在技术创新的基础上实现经济结构多样化，建立国家创新体系。第四，巩固和增强俄罗斯在传统领域（能源、交通、农业、自然资源加工业）中的全球竞争优势。第五，巩固和增强俄罗斯的对外经济地位，提高其参与国际分工的效率。第六，构建俄罗斯地区经济发展新模式。

《2020战略》还强调了作为创新主体的国家、私人经营者和社会三者间的互动关系。其应遵循的主要原则为：国家为企业自由经营和竞争创造条件，发展企业的自律机制；降低经济中的行政壁垒，将俄罗斯变成腐败程度较低的国家；为各个经济领域大规模成立新的私营公司创造条件，同时提升私人经营和私人所有权的社会地位和重要性；减少国家对经济的过度干预，在经济活动中国家应以间接调控的方式为主；私有化程序建立在透明和市场估计原则的基础上，获得资产的方式应公平合理，增加权力机构行为的公开性，分阶段减少国家对具体经济领域的所有权控制；国家的经营活动应主要集中在与国防保障、国家安全和发展基础设施有关的行业，在国有公司和私营公司同时运营的部门，应该保障它们具有平等的竞争条件。

《2020战略》在普京卸任总统之后被制定完成并公布，这本应是普京作为政府总理执行其作为总统时制定的经济大政方针，然而一场不期而至的国际金融危机打乱了俄罗斯经济发展的步伐，经济政策的重心转向应对危机，《2020战略》的贯彻实施被迫中断。

（二）反危机计划

俄罗斯在国际金融危机中遭受了沉重的打击，许多在经济稳定发展时期被忽视的问题在危机中凸显，比如国民经济增长对资源出口具有严重依赖性、非原料生产部门竞争力弱、金融体系尚不健全等。这些问题是俄罗斯经济在危机中表现出极度脆弱性的主要原因。

为了应对危机，俄罗斯政府于2009年6月19日和2009年12月30日先后推出了《2009年俄罗斯联邦反危机措施纲要》（以下简称《2009年反危机计划》）和《2010年俄罗斯联邦反危机行动的基本方针》（以下简称《2010年反危机计划》）。由于所处时期和经济恢复水平的不同，这两份文件的政策重点也有所不同，前者注重保障民生、稳定社会、刺激经济，后者的政策重点则更倾向于复苏经济，形成未来发展潜力。值得注意的是，在《2010年反危机计划》中已经开始使用"现代化"这一概念。

1.《2009年俄罗斯联邦反危机措施纲要》

为了尽快消除危机给俄罗斯带来的各种消极影响，俄政府制定了反危机工作的七个优先方向：全面履行国家对公民的社会义务，促进人力资本发展；进一步提高工业和技术的增长潜力；刺激内需，恢复经济增长；鼓励创新，调整经济结构；完善市场制度，消除企业经营壁垒，为经济崛起创造条件；加强金融体系建设，为国民经济发展提供有力支持；保持宏观经济稳定，增强投资者信心。

针对各个工作方向，《2009年反危机计划》还规定了以下具体措施。

第一，促进人力资本发展。在危机中，国家发展人力资本主要体现在保障民生和社会稳定上。国家从联邦预算支出中拨款24588亿卢布用于实施社会政策和发放养老金。该计划从养老金、养老保险、医疗卫生、就业、住房等方面着手支援和救助：参照通货膨胀率，将部分社会性开支和补助指数化；完善养老保险制度；采取综合措施培育健康的生活方式、加强药品保障等；将失业人员的最高补助提高50%，追加339.5亿卢布拨款，用于对失业人员实施社会救助；从联邦预算支出中拨款5010亿卢布用于住房保障建设；等等。

第二，提高工业和技术的增长潜力，支持实体经济。2009年国家对列入"国家经济"项目的拨款多达17435亿卢布，同比增长70.1%。希望通过国家的资金支持拉动企业尽快恢复正常经营运转，为实体经济注入活力。支持的对象主要为国家选取的重点行业，其中包括产业关联度高的行业（汽车制造业和住房建设建筑业）、关系民生和社会稳定的行业（如农业、渔业、林业和商业）、保障国防和国家安全的行业（如国防工业综合体）、基础性行业（如能源、交通运输业），拨款主要用于为企业贷款提供补贴。此外，国家还对经营效益较好，但因需求不足和贷款限制等陷入困境的295家联邦级大企业和1148家地区级骨干企业给予资金支持。对中小企业的支持力度也加大，2009年俄罗斯各级政府支持中小企业发展的总支出达到405亿卢布，是2008年的11倍。

第三，完善市场制度，消除企业经营壁垒。文件中指出，竞争机制是提高俄罗斯经济效率和竞争力的关键。为培育竞争机制需要进行以下制度改革：完善市场经济制度，取消不合理的经营壁垒；采取措施抑制关系民生的产品的价格上涨；加大反腐败力度，严禁官员从经营活动中收取贿赂；对有偿发放经营许可证和质量认证的机构的定价权进行监督；简化权力机关和地方自治机构的审批程序；减少国家对经营活动的干预；等等。

第四，加强金融体系建设。扩大资金来源和加强流动性是应对危机的首要措施。2009年支持银行体系的资金达4950亿卢布。其中,2800亿卢布用于增加银行的资本金,2150亿卢布从国民财富基金中划拨。其他措施还包括:为缓解银行贷款动力不足的问题,简化国家担保程序,增加担保金额;对问题银行进行整顿;等等。

第五,保持宏观经济的稳定。具体措施包括:提高预算支出效率;持续降低通货膨胀率;增加贷款,降低利率;等等。

从上述具体措施中不难看出,《2009年反危机计划》主要的政策目标在于保障民生、维护社会稳定,同时刺激经济,使经济尽快摆脱危机带来的不利影响,但列入发展方向中的"鼓励创新和调整经济结构"的措施较少、较空泛。

2.《2010年俄罗斯联邦反危机行动的基本方针》

《2010年反危机计划》提出了三大优先方向:一是维持社会稳定,对居民实施全面社会保障;二是支持经济复苏;三是启动"现代化"。

第一,维持社会稳定,对居民实施全面社会保障。提高居民养老保障水平,对没有工作能力的退休人员发放退休金社会补贴,补贴金额不能低于联邦主体规定的最低生活保障水平;根据《2010年及2011~2012年联邦预算法》,为了支持居民购买力,将对下一年的社会补贴以高于通胀10%的水平进行指数化。扩大就业,通过进修和培训提高劳动者素质。联邦预算拨款363亿卢布,用以对14.62万人进行超前职业培训,并支持8.53万名教育机构的毕业生进修,创建140万个工作岗位。

第二,支持经济复苏。具体措施如下。其一,扩大企业信贷规模,重组企业债务。根据大型和特大型企业所承担的经济功能,提供程度不等的支持;要求商业银行增加对企业的信贷额,保障企业财务状况稳定,培育企业长期竞争力;完善破产制度。其二,支持内需。汽车制造业和建筑业产业关联度强,对内需的拉动作用大,因此该计划以这两个行业为重点扶持对象,给予资金补贴。其三,扩大经济增长的基础,支持中小企业发展。对生产型和创新型的小企业给予更多支持;小企业通过俄罗斯发展银行可以获得不少于1000亿卢布的贷款,还可以通过保障基金机制获得不少于800亿卢布的资金。其四,重组"单一企业城镇"经济。联邦预算划拨100亿卢布的补贴和100亿卢布的地区贷款用于这些城市企业的重组,创建工作岗位,实现经济多元化。

第三,启动"现代化"。该计划指出,《2020战略》中规划的第一阶段(2009~2012年)是实现"社会创新型经济发展模式"的准备阶段,目标是为创新增长建立基础,而此前俄罗斯却在恢复经济中度过,因此,2010~2011年是完成这一准备阶段的关键时期。为此,政府要调整"现代化"的实施日程,要为经济体制从反危机状态向"经济现代化"过渡创造必要的条件,这些条件包括保持宏观经济稳定、完善经济制度、扩大经营积极性等。

俄政府在2009年底经济出现复苏迹象时推出该计划,可以说起着承上启下的作用,前两大优先方向仍然针对经济危机,而"经济现代化"的这一优先方向的提出则是为了培育创新主体,挖掘未来发展潜力,并使经济中的各项工作为逐渐过渡到《2020战略》的准备阶段服务。

(三)"经济现代化"方案

1. 梅德韦杰夫的"经济现代化"及举措

2008年爆发的国际金融危机重创了俄罗斯,充分暴露了能源出口导向型经济是俄罗斯的致命缺陷。这使梅德韦杰夫总统深刻体会到只有摆脱原料化的经济发展模式,才能承受外部风险,实现真正意义的发展。2009年5月,梅德韦杰夫签署总统令,成立经济现代化和技术发展委员会,并亲自挂帅。2009年6月18日,该委员会召开第一次会议,确定了"经济现代化"的五个优先方向,即节能、核技术、信息技术、空间技术和医疗器械及医药。2009年9月10日,梅德韦杰夫在其《前进,俄罗斯!》的文章中,对俄罗斯发展现状、面临的战略任务和未来发展方向阐述了自己的观点。他认为,俄罗斯应成为一个不是靠出售原料,而是靠智慧创造财富的国家。在该文中,梅德韦杰夫第一次正式提出未来俄罗斯的战略任务是实现"全面现代化",其中包括社会现代化、经济现代化和政治现代化。

梅德韦杰夫提出的"经济现代化"的举措包括:改善投资环境,对创新企业提供融资扶持;简化政府对投资项目的审批;对创新企业和高新技术项目给予税收优惠;调整预算政策,增加对基础科学、应用科学、高等教育和落实创新项目的拨款并将预算资金更多投放在推行"电子政府"、扩大互联网的普及等具体项目上；筹资 8000 亿卢布，用于支持涵盖五大优先方向的 38 个项目，其中包括建设斯科尔科沃创新中心；开展大规模私有化，吸引私人资本参与现代化，降低国有企业在竞争型行业中的占比；培育智力资本，加快进入 WTO 和世界经合组织，积极融入经济全球化和地区经济一体化进程；等等。

由此可以看出，梅德韦杰夫提出的"经济现代化"无论是"以人为本，强调人的智慧是经济发展的根本"这一基本理念，还是在一系列具体措施上，均未超出普京制定的《2020 战略》的范畴，其核心都是摆脱经济对能源的依赖，实现经济多样化，发展创新型经济。

2. 梅、普对"现代化"问题观点的异同

通过上文对《2020 战略》和"经济现代化"方案的阐述可以发现，普京和梅德韦杰夫在转变俄罗斯经济发展模式、实现"强国富民"的目标上是一致的，但在"现代化"战略的实现方式上存在一些差异。

第一，在"现代化"的含义上，梅德韦杰夫提出的"现代化"包含经济、社会、政治各方面的"全面现代化"，他还特别强调政治现代化的作用。在《前进，俄罗斯！》和 2009 年的国情咨文中，梅德韦杰夫都有明确表示，俄罗斯要在民主价值观和民主机制的基础上实现全面现代化。2011 年 4 月，他在接受采访时也谈到："我们应当准备变革，我们应当改变，我们应当使经济、社会生活和政治体制现代化。"[①] 而普京则主要强调经济现代化，很少提到政治现代化，《2020 战略》也是一份经济发展的战略文件，并不涉及政治内容。

第二，在"现代化"进程的推进速度上，梅德韦杰夫更主张加快推进，而普京则主张循序渐进地推进，反对跳跃式地实现经济现代化。2010 年 9 月，普京在参加"瓦尔代"国际讨论俱乐部会议时说："我们的任务是创造国家发展的稳定条件，并保证这种发展没有任何跳跃"，"我们需要能够确保向前发展的稳定和平静的环境。"[②]

---

① Интервью Дмитрия Медведева Центральному телевидению Китая, 12 апреля 2011 гoда, http://news.krimlin.ru/news/10911.

② Председатель Правительства РФ В. В. Путин встретился в Сочи с участниками Ⅶ заседания международного дискуссионного клуба 《Валдай》, 6 сетября 2010 гoда, http://premier.gov.ru/events/news/12039.

第三，在优先发展方向上，梅德韦杰夫提出了将节能、核技术、信息技术、空间技术和医疗器械及医药五大高科技领域作为优先发展方向，建立斯科尔科沃创新中心聚集智慧资源，培育创新主体，以此带动俄罗斯实现经济发展模式的转变，实现跨越式赶超。而普京在《2020战略》中虽然也提出发展高新技术，但同时还强调了巩固和增强俄罗斯在传统领域（能源、交通、农业、自然资源加工业）中的全球竞争优势，主张通过技术的进步改造传统产业，在实现工业化的基础上完成产业结构的优化升级，向创新型经济过渡。此外，《2020战略》将"人本"置于更重要的位置，将"四大民生工程"作为优先发展方向，突出民生保障的重要性，在发展人力资源的同时，使俄罗斯民众得以分享"现代化"成果。

第四，在实现"现代化"依靠的力量上，梅德韦杰夫主张积极利用外部力量，通过从国外引进先进技术和人才，加快推进"现代化"，而普京则更提倡依靠本国力量建设"现代化"，实现"强国富民"的目标。2010年7月，时任总统梅德韦杰夫在会见驻外使节时提出，应更有效地利用对外政策工具来解决国内问题，实现俄罗斯现代化目标。他明确表示，欧盟和美国是俄罗斯的主要伙伴，同时，为了保证俄罗斯东部地区的安全，将加强与中国、日本和印度以及其他亚太地区国家之间的战略合作伙伴关系。在2009年11月举行的第24次俄欧峰会期间，梅德韦杰夫提出与欧盟建立"现代化伙伴关系"的建议，2010年6月1日，俄欧"现代化伙伴关系"正式启动。此外，为消除长期以来美国对俄高技术出口的限制，梅德韦杰夫在发展与美国的关系上也表现得比较积极，而普京对美国的态度则与梅德韦杰夫有很大反差。2011年10月，在接受媒体采访时，普京曾批评"美国是美元垄断地位的寄生虫"。

四 普京第三任期经济发展战略

在普京第三任期时，俄罗斯的经济政策的整体方向仍主要遵循《2020战略》及总统竞选文章《关于我们的经济任务》中确定的经济方针。乌克兰危机后，为降低欧美制裁、经济危机给俄罗斯经济带来的负面影响，俄政府又相继出台了反制裁政策和反危机计划。从政策的具体内容看，反制裁和反危机政策是特定时期出台的短期政策，更具针对性和应急性，其政策方向和目标也未脱离长期发展战略的整体思想框架，这些政策的最终目标都是实现经济多元化，扩大非原料生产，使俄罗斯从原料出口型经济模式转向以高新技术、人力资本发展为基础的"社会创新型经济发展模式"。

在普京第三任期内，由于俄罗斯经济形势一直较为严峻，因此俄政府始终将保证宏观经济稳定作为经济工作的首要任务，坚持"通货膨胀目标制"和相对紧缩的财政货币政策，这一方面有利于在危机中保持社会安定，另一方面也为经济改革的推行营造了较为稳定的经济环境。

（一）新版《2020战略》

2008年11月，普京作为政府总理批准了《2020战略》，《2020战略》确立了俄罗斯要从能源出口型经济向"社会创新型经济发展模式"过渡的经济方针。2010年10月30日，普京在俄罗斯高等经济学院建议，以高等经济学院和国民经济学院为基础建立专家平台，并在政府专家的参与下，对2008年版《2020战略》进行修订。任命俄罗斯第一副总理舒瓦洛夫为总协调人，高等经济学院院长库兹明诺夫和国民经济学院院长马乌为总负责人，成立21个专家小组，根据俄罗斯当时的社会经济条件和国家及社会的实际需要制定新版战略。

新版《2020战略》在增长模式和社会政策方面有了新的变化。在增长模式方面，普京提出，俄罗斯已经不能再完全依靠能源和原材料出口来维持经济增长，不仅仅是因为国际能源价格波动会导致发展的不稳定，更重要的是会导致技术和制度的落后。俄罗斯应该制定战略实现年均不低于5%的、高于发达国家的增长速度，改变策略，让前一时期没有得到充分利用的竞争力要素发挥作用，主要是指高质量的人力资本和科技潜力作为推动经济增长的要素。新的促增长政策包括：建立全新的经济激励体系、降低通胀、吸引"长期"投资、提高经济的活力、促进私人投资、改善预算支出结构等。在社会政策方面，更加注重发挥人力资本的创新潜力，为人力资本质量的提高创造条件，建立更高的社会政策标准，培育中产阶级，提高受高等教育国民的比例，培育创新或潜在创新群体。工程师、教师、医生、学者和科学家等职业群体是国家各部门生产专业水平和服务质量的保证，为激发此类职业群体的创新潜力，新的社会政策侧重提高此类群体的福利待遇，为其从事创新活动创造良好条件。社会政策的重心从提高居民福利、消除贫困向提高人力资本质量、培育创新主体倾斜。

2012年，普京在竞选总统期间连续发表了7篇阐述其执政理念的纲领性文章，其中在《关于我们的经济任务》[①]一文中，对就任总统后未来经济发展进行了总体部署。主要包括以下五方面内容。第一，摆脱对外依赖。普京指出，俄罗斯经济对消费品、技术密集型工业品的进口及对原料产品的出口均具有很强的依赖性，他提出："我们需要新的经济，具有竞争力的工业和基础设施，发达的服务业和高效的农业，新经济应该以现代化技术为基础。"第二，制定国家工业政策，推动制造业发展。将生物制药、复合材料、航天航空、信息技术、纳米技术、原子能等行业作为制造业优先发展方向，保持俄罗斯在上述领域的技术优势。第三，促进创新发展。普京强调大学、科学院、国家科研中心对创新发展发挥了重要的作用，提高科学研发工作的商业化是实现创新发展的关键，在制造业领域应引进并快速掌握国外先进技术，逐步提高本地化率。第四，提高投资吸引力。改善营商环境，打击腐败，提高税收、海关等工作的透明度，加强社会监督。建立欧亚经济联盟，扩大市场容量。重视国内资本的运用，普京提出，居民资金几乎没有在市场中运作，应通过信托基金、退休基金等形式吸引民间资本，国家则以降低通货膨胀的方式来保证居民资金保值、增值。对待外资要保持相对谨慎的态度，普京提出，国际资本具有很强的流动性和不稳定性，尤其是在经济危机时期。第五，降低国有经济占比。普京承认，俄罗斯国有经济比例和国家对经济的干预力度很大，应缩小国家调控的规模，更多地利用市场手段。私有化不仅仅是为了出售国有资产获得预算收入，更重要的是有利于发挥竞争机制的作用，为私人投资创造条件。

普京第三次就任总统后，经济工作主要遵循以上两份纲领性文件中提到的主要方向和目标。随着经济形势的逐渐恶化，俄政府又相继出台了反制裁政策和反危机计划，对稳定社会经济局势发挥了重要作用，同时也为未来实现经济发展奠定了基础。

---

① Путин В., О наших экономических задачах, http://putin2012.ru/events.

（二）反制裁政策

从 2014 年 3 月起，欧美等西方国家对俄罗斯实行了多轮制裁，且制裁措施逐步升级，从冻结个人资产、禁止入境升级到动用金融手段，再到对能源、军事、金融等最关键领域实行制裁。金融制裁主要限制俄罗斯银行和企业在欧美资本市场上的融资，在增加俄罗斯企业融资难度的同时，使其国际融资成本也大大增加。能源和军事领域的制裁主要针对大型的能源和军工企业，禁止武器及相关材料对俄进出口，对重要的能源、军工企业实行融资限制和技术封锁。这些制裁措施使得俄罗斯金融、能源和军事领域中至关重要的行业及大型企业面临困境。

针对欧美等的制裁，俄罗斯政府也推出了相应的反制裁措施。

第一，禁止从实施制裁的国家进口农产品、原料及食品。2014 年 8 月 6 日，普京总统签署《关于采取特定经济措施以确保俄罗斯联邦安全》的总统令，[①] 宣布俄罗斯将在未来一年内禁止从美国、欧盟国家、加拿大、澳大利亚、挪威、乌克兰、阿尔巴尼亚、捷克、冰岛和列支敦士登公国进口农产品、原料及食品。政府采取措施一方面提高本国产品在国内市场上的占有率，另一方面增加对拉美、非洲和土耳其等国家和地区相关产品的进口，保证市场平衡，防止出现农产品及食品物价大幅上涨的情况。由于欧美对俄制裁至今尚未取消，俄罗斯此项禁止令也一再延期[②]，截至 2018 年 12 月 31 日，此项禁止令仍然生效。

第二，建立国家支付体系。2014 年 3 月 21 日，国际支付系统维萨和万事达响应美国对俄制裁，在没有通知的情况下，停止向受制裁的五家俄罗斯银行提供支付服务。尽管这项业务很快被恢复，但这给俄罗斯敲响了"警钟"，促使俄政府痛下决心建立本国独立支付体系，减少对美国支付系统的依赖。2014 年 4 月，俄罗斯国家杜马通过了建立国家支付

[①] Указ Президента Российской Федерации от 06.08.2014 г., № 560, О применении отдельных специальных экономических мер в целях обеспечения безопасности Российской Федерации, http：//kremlin.ru/acts/bank/38809.

[②] 普京总统于 2015 年 6 月 24 日、2016 年 6 月 29 日、2017 年 6 月 30 日颁布延期总统令，http：//gov.garant.ru/SESSION/PILOT/main.htm.

体系的法律修正案，根据文件规定，俄罗斯将建立完全由俄罗斯央行控股的国家支付结算和清算中心，负责处理俄罗斯境内所有银行卡的支付业务及线上支付交易，同时该中心也成为国际卡支付系统的中央处理中心。2015年4月1日，新创建的国家支付体系正式启用，目前，所有通过维萨和万事达交易的银行已全部过渡至国家支付体系，俄罗斯金融体系的安全性与稳定性得到大幅提升。

第三，实施进口替代战略。在西方国家制裁下，俄罗斯一些重要行业产品进口受阻，俄政府决定实施新一轮进口替代战略，先后出台了一系列政策性文件。在农业领域，2014年12月19日，俄政府对《农业发展及调节农产品、原料及食品市场（2013~2020）》国家纲要[①]进行修订，根据该纲要的预期目标，到2020年，粮食产品在本国市场的占有率将达到99.7%，糖类达到89.7%，土豆达到97.6%，肉类达到90.2%，奶制品达到80.6%。为保障上述目标的达成，提高本国农产品在国内市场的占有率，进而增强俄罗斯农产品在国际市场的竞争力，俄政府将增加预算资金6884亿卢布用于该纲要的实施。在工业领域，2014年4月15日，俄政府出台新版《发展工业和提高工业竞争力》国家纲要，[②]与2013年1月的版本相比，进口替代战略目标更加突出，根据该纲要实施的预期目标，到2020年，俄罗斯本国生产的轻工业产品国内市场占有率达到50.5%，机床制造产品国内市场占有率达到33%，采矿设备国内市场占有率达到40%，冶金设备国内市场占有率达到70%，起重运输设备国内市场占有率达到35%，油气设备国内市场占有率达到45%，儿童商品国内市场占有率达到36%，动力工程机械设备进口率不超过40%，复合材料进口率不超过10%，生物技术产品进口率不超过40%。危机中，卢布大幅贬值有利于进口替代战略的推行，尤其在农业及食品工业领域，进口替代战略取得了较为明显的收效，而在制造业领域，进口替代更多依赖技术的进步和工艺的改进，并非朝夕之功。

---

① О внесении изменений в государственную программу развития сельского хозяйства и регулирования рынков сельскохозяйственной продукции, сырья и продовольствия на 2013~2020 годы, http://government.ru/docs/16239/.

② Правительство РФ, Постановление от 15 апреля 2014 г., № 328, Об утверждении государственной программы Российской Федерации "Развитие промышленности и повышение ее конкурентоспособности", http://government.ru/media/files/1gqVAlrW8Nw.pdf.

第四,加快"向东看"战略步伐。乌克兰危机后,随着俄罗斯与西方国家关系的恶化,俄罗斯逐渐将对外经济联系的重心转向东方,加强与亚洲国家的合作,融入亚太经济圈,尤其重视加强与中国的合作。2014年后,中俄经贸合作在能源、金融、基础设施、电子商务等各个领域均取得突破性进展。俄罗斯还积极借助上海合作组织、金砖国家、亚洲相互协作与信任措施会议等多边平台,加强与亚太国家的合作。此外,为加强与亚太国家的经济联系,俄罗斯大力开发远东地区,加大对该地区政策倾斜力度,在远东地区建立"超前发展区",希望对远东地区的开发能够成为经济增长的突破口。

(三)反危机计划

乌克兰危机后,为了尽快消除危机对俄罗斯经济及社会领域的负面影响,俄罗斯政府及时制定并实施了反危机计划。

2015年1月27日,俄罗斯政府批准了《2015年俄罗斯联邦保障经济社会稳定发展的首要措施计划》,即"反危机计划"。该计划主要包括七个方面内容:第一,支持进口替代及非能源类商品(包括高新技术产品)的出口;第二,通过降低融资和行政成本促进中小企业发展;第三,为经济中关键领域的融资创造条件,包括完成国防采购;第四,对受通胀影响较大、生活困难的人群(退休人员、多子女家庭等)进行补偿;第五,提高就业,缓解劳动力市场紧张;第六,优化预算支出,降低或取消低效支出,集中资金重点支持优先发展领域;第七,提高银行系统的稳定性。针对以上7个重点方向,"反危机计划"列出了60项具体任务,划拨资金总额约2.3万亿卢布。主要包括:稳定经济的任务15项,划拨资金1.95万亿卢布,其中包括总额为3000亿卢布的国家保障计划,用以支持重点企业发展;支持进口替代及非能源类商品出口的任务5项,划拨资金40亿卢布;降低企业融资和行政成本的任务2项;支持中小企业的任务11项,划拨资金50亿卢布;支持行业发展的任务18项,其中支持农业发展的具体任务3项,划拨资金500亿卢布,支持建筑及住房公用事业的任务2项,支持工业及能源综合体发展的任务8项,划拨资金150亿卢布,支持交通业发展的任务3项,无资金拨付,主要以减税方式进行政策倾斜,如将国内航空及近郊铁路增值税从18%降至10%;

保障社会稳定的措施 8 项,其中 2 项任务针对降低失业率,划拨资金 822 亿卢布,3 项任务分别针对多子女家庭、残疾人和退休人员,拨付资金 1980 亿卢布,针对医疗卫生领域的措施 3 项,拨款 160 亿卢布;最后一项任务为对社会及经济形势进行跟踪。[①]

2016 年 3 月 1 日,俄罗斯政府又出台了《2016 年俄罗斯联邦政府保障经济社会稳定发展行动计划》。该计划分为两部分。第一部分为稳定社会经济局势的紧急措施,主要目标是保持稳定,涉及 48 项任务。主要内容如下。第一,社会保障及就业,下设具体任务 11 项,划拨资金 353 亿卢布。第二,支持关键经济领域的发展,下设 24 项任务,拨款总额为 5889.9 亿卢布。其中:拨款 1376.9 亿卢布用于支持汽车工业发展,拨款 14 亿卢布支持轻工业发展,拨款 100 亿卢布用于落实运输机械制造业发展规划,拨款 100 亿卢布用于落实农业机械制造业发展规划,从国民财富基金中拨款 398 亿卢布用于购买铁路机车,拨款 165 亿卢布用于住房贷款补贴,拨款 34 亿卢布用于住房公用事业现代化,拨款 4 亿卢布用于运输转运补贴,拨款 200 亿卢布用于工业发展基金资本化,拨款 22 亿卢布用于工业企业贷款补贴,拨款 2 亿卢布用于建立技术发展代理处,拨款 74 亿卢布支持航天事业,拨款 250 亿卢布用于支持教育事业,拨款 3100 亿卢布用于联邦主体预算对联邦预算的贷款,拨款 50 亿卢布用于国家纲要的制定和落实。第三,支持非能源类商品的出口,下设 6 项任务,拨付资金 81 亿卢布。第四,消除先导技术发展的限制,下设 3 项任务。第五,扶持中小企业发展,下设 4 项任务,拨付资金 335.3 亿卢布,其中联邦预算拨款为 155.3 亿卢布。第二部分为保障社会经济稳定发展的结构性改革,主要目标是可持续发展,涉及 72 项任务,主要采用立法及行政调节手段。主要内容包括:第一,为投资创造良好条件,下设任务 8 项;第二,降低成本,下设任务 16 项;第三,支持中小企业发展;下设任务 20 项;第四,对公民及社会制度发展的支持,下设任务 12 项;第五,平衡地区发展,下设任务 5 项;第六,经济中各行业的支持计划,

---

① Правительство России, Распоряжение от 27 января 2015 года №98-р., План первоочередный мероприятий по обеспечению устойчивого развития экономики и социальной стабильности в 2015 году, http://government.ru/docs/16639/.

下设任务 11 项。①

对比 2015 年与 2016 年的"反危机计划"，2015 年的"反危机计划"应急性更强，主要以划拨资金的形式，最直接有效地抑制经济下滑趋势，控制经济局势。而在 2016 年的"反危机计划"中，结构改革的主线贯穿始终。在第一部分内容中可以看出，保持稳定固然是当前要务，在保持稳定的经济措施中也突出了结构调整的方向，通过联邦预算及其他经费拨款等形式，加大对加工工业、农业机械、运输机械、非能源产品出口、先导技术发展、中小企业发展等领域的扶持力度。第二部分则将重点立足于长远，不再应急性地划拨资金，而是完善制度设计，通过立法及行政调节手段制定旨在促进未来经济可持续发展的结构改革措施，且涉及的任务更多、更详细。

（四）危机②后促进经济发展的措施

进入 2017 年，俄罗斯经济下行的趋势已基本得到遏制，然而危机过后，俄罗斯经济内生的结构性矛盾仍然长期存在，走出低速增长困局，实现经济中速发展成为俄罗斯政府下一步的经济目标。因此，在 2017 年俄罗斯政府制定的经济发展政策中已不再涉及临时性的反危机性质的措施，而是着眼于经济改革和经济增长。2017 年，俄罗斯政府抓紧制定《2017~2025 年俄罗斯联邦政府社会经济发展行动计划》，根据普京总统的要求，该计划应当确保俄罗斯经济增长速度在 2019~2020 年高于世界平均增速。在这一计划出台之前，俄罗斯政府在危机后促进经济发展的优先方向可以归结为以下五个方面。

第一，重点支持制造业发展。2017 年 1 月 20 日，俄罗斯政府出台了《2017 年俄罗斯联邦保障经济社会稳定发展措施清单》，③清单列明的所有措施都针对制造业发展。具体包括：建立工业发展基金，用于促进工

---

① Правительство России, План действий правительства российской федерации, направленных на обеспечение стабильного социально-экономического развития российской федерации в 2016 году, http://government.ru/news/22017/.

② 指的是 2014 年乌克兰危机后西方制裁导致俄经济危机。

③ Правительство России, Перечень мероприятий, направленных на обеспечение стабильного социально-экономического развития российской федерации в 2017 году, http://government.ru/media/files/zqtMRcmeLIih5MrLnirT8mlBo8vSQJGf.pdf.

业发展和进口替代，2017年该基金将对不少于50个项目进行资金支持；支持生产资料制造业，推动机械设备新产品顺利进入市场，提高企业生产能力和科技潜力；促进汽车制造业发展，对生产轮胎的企业给予补贴，为32家汽车制造企业和空气压缩机制造企业提供贷款补贴，对给购买小汽车的自然人提供贷款的信贷机构提供补贴，等等，通过推出"第一辆车""家庭汽车""俄罗斯牵引车""俄罗斯农场主"等计划，促进燃气机、城市公共交通设施、校车及救护车的销售，计划2017年销售总量达到90720台；支持交通工具制造业，为购买火车头、车厢的企业提供资金补偿；促进农业机械制造业实现现代化，为国家规划下"技术工艺现代化、创新发展"子纲要中的农业机械制造企业提供补贴；支持食品工业及加工业机械制造，对此类机械设备的生产企业提供总价值15%的补贴；延长对轻工业企业提供补贴的期限；等等。

第二，继续改善营商环境。近年来，俄罗斯在改善营商环境方面取得重大进展，2012年，在世界银行发布的《营商环境（2012）》中，俄罗斯在183个国家中排第120位。此后，俄罗斯大力改善营商环境，在2016年的全球营商环境排名中，俄罗斯排到第40位。危机过后，俄罗斯企业大多存在资金短缺的问题，应继续改善营商环境，降低行政门槛，吸引外资。普京总统在2016年12月1日发布的国情咨文中提出，应进一步完善监管制度，确保经济执法的合理性和有效性，提高政府管理部门执法的公开性，公布检查者、被检查者、检查频率等相关数据，杜绝刁难企业现象的发生。此外，普京在国情咨文中还强调，各级政府应承担起为企业服务的责任，包括为企业提供政策咨询、帮助企业合理使用各项基础设施等。[①]

第三，增加科研投入，促进技术进步。与发达国家相比，俄罗斯对科学、研发及技术的投入仍存在巨大差距，要促进科学技术的发展，提高产品的知识及技术含量，就应增加科研投入，并提高科研成果的市场化程度。在俄罗斯科学院及科研机构中建立竞争机制，对成果突出的科研人员给予更多资助，为有成果的研究项目提供长期拨款，支持年轻科

---

① Послание Президента Федеральному Собранию, http://www.kremlin.ru/events/president/news/53379.

学家建立实验室开展科研项目。科研成果市场化一直是俄罗斯的短板，针对这一问题，俄政府启动"国家技术倡议计划"，以需求为导向，加快推动科研成果市场化。

第四，扶持中小企业发展。许多发达国家的经验表明，在技术创新、高新技术产业发展方面，中小企业发挥着不可替代的作用，因此，扶植中小企业发展成为俄罗斯未来实现创新发展的重要手段之一。俄罗斯政府专门从联邦预算中拨款对中小企业给予补贴，为解决中小企业融资困难的问题，到2017年8月1日，国有大银行将为中小企业提供总规模为500亿卢布的优惠贷款，贷款额度为500万~1000万卢布，中型企业贷款利率为9.6%，小型企业贷款利率为10.6%，中小企业获得的优惠贷款只能用于投资[①]。此外，俄罗斯经济发展部为扶持各地区中小企业发展，还将信贷促进基金、小微贷款机构、企业家扶持中心、社会领域创新中心、鉴定、标准及测试中心、出口扶持中心、工业园区、技术园区等机构进行资源整合，建立扶持中小企业基础设施网，为中小企业提供更多服务。

第五，酝酿新一轮税制改革。2014年俄罗斯经济形势急剧恶化，为了保持宏观经济稳定，俄罗斯政府曾经宣布4年内不对现行税制进行调整，俄罗斯企业仍可获得相应的税收优惠。随着经济逐步企稳，俄政府正在酝酿新一轮税制改革，根据市场规则和新的经济形势对现行税制进行相应调整。普京总统在2016年的国情咨文中也指出，新一轮税制改革应以提高商业积极性、使企业更具竞争力为目标，对现行税制中的税收优惠进行调整，使其更具针对性，取消无效工具。

五 普京第四任期经济发展战略

普京第四任期俄罗斯经济政策整体方向主要遵循两个战略性文件：一个是普京第四任期上任时颁布的《关于2024年前俄罗斯联邦发展的国家目标和战略任务》的总统令，被称为"新五月命令"；另一个是普京

---

① Максим Орешкин, Разработана программа льготного кредитования малого и среднего бизнеса, http://economy.gov.ru/minec/about/structure/depmb/2017050606.

在 2020 年 7 月 21 日签署的《关于 2030 年前俄罗斯联邦国家发展目标》的总统令，被称为"七月政令"。这两个战略性文件都是俄罗斯基于当时国内外形势对经济发展提出的长期指导性文件，确定了未来俄罗斯经济发展的长期目标和任务。在此期间，俄政府配合积极谨慎的财政政策和适度宽松的货币政策，为经济发展创造有利条件。在财政政策方面，俄罗斯调整税制，拓宽财政收入的非油气来源；为支持国家经济复苏计划，允许暂时突破预算规则设置的上限；引入垂直化管理，提高支出效率；增加转移支付，减轻地区债务负担。在货币政策方面，俄罗斯央行在 2020 年内分别于 2 月 10 日、4 月 27 日、6 月 22 日和 7 月 27 日 4 次下调基准利率，使基准利率从 2020 年初的 6.25% 降低至 4.25%，为恢复经济创造良好条件。①

2022 年 2 月，乌克兰危机升级，西方国家对俄罗斯实行极限制裁政策，俄罗斯经济面临的国际形势更加恶劣，俄政府迅速出台了相应的反危机和反制裁措施，稳住了国内经济形势，但从长期看，西方制裁的负面效应将会持久深远，俄罗斯经济求生存无虞，但若要寻求突破、谋求发展却是困难重重。

（一）"新五月命令"

2018 年 3 月 1 日，普京发表了其第三个总统任期内最后一次国情咨文，②在咨文中普京强调"稳定是进一步发展的基础，却不能保证进一步发展"，他提出，"当前俄罗斯经济已经具备稳定性，而稳定的宏观经济将为突破性发展和长期增长创造新的机遇"。此次咨文中他多次强调"突破性发展"的紧迫性和重要性，为其第四任期经济战略奠定了主基调。

2018 年 5 月 7 日，普京在第四任期宣誓就职当天就签署了《关于 2024 年前俄罗斯联邦发展的国家目标和战略任务》③的总统令。该命令

---

① Банк России, http://www.cbr.ru/press/keypr/.
② Послание Президента Федеральному Собранию, http://www.kremlin.ru/events/president/news/56957.
③ Указ о национальных целях и стратегических задачах развития Российской Федерации на период до 2024 года, http://www.kremlin.ru/acts/news/57425.

是普京第四任期俄罗斯经济社会发展的总体构想,也是其第四任期的执政方针。该命令确定了未来6年经济社会发展的9大目标和13个优先领域,每个大的目标下还制定了具体目标。根据该命令,未来6年俄罗斯国家发展的9大目标包括以下几方面。

①确保俄罗斯人口可持续自然增长。

②预期寿命提高至78岁(2030年提高至80岁)。

③确保公民实际收入可持续增长,养老金增幅高于通胀水平。

④全国贫困人口减半。

⑤每年至少为500万个家庭改善住房条件。

⑥加快技术发展,将从事技术创新企业数量提高至其总数的一半。

⑦在经济和社会领域加快采用数字技术。

⑧使俄罗斯成为世界前五大经济体之一,确保俄罗斯经济增长率高于世界平均水平,确保宏观经济稳定,通货膨胀率不超过4%的水平。

⑨在实体经济部门,主要是在制造业和农工综合体中,建立高性能的出口导向部门,该部门以现代技术为基础,并拥有高素质人才。

"新五月命令"还确定了13个国家战略发展优先领域。这13个优先领域包括:人口、医疗保健、教育、文化、生态环保、科学、住房和城市环境、数字经济、劳动生产率和就业支持、中小企业、基础设施现代化及扩建的综合计划、安全和高质量的公路、国际合作与出口。该命令还提出要通过国家项目对上述13个优先领域的具体措施予以落实。

从"新五月命令"的目标和内容可以看出,该命令与2008年颁布的《2020战略》和2010年修订的新版《2020战略》一脉相承,继承了《2020战略》主要经济思想,是该战略的延伸和继承。《2020战略》由于受到国际金融危机影响并未落实,而"新五月命令"则展现了普京在其新的任期将继续履行对人民的承诺,完成之前未竟之事业。①

(二)"七月政令"

俄罗斯独立以来,先后发生了1998年金融危机、2009年金融危机、

---

① 程亦军:《普京新任期战略任务和国家目标述评》,《俄罗斯学刊》2018年第5期。

2014年经济危机和新冠疫情影响下的经济下滑，每次危机的发生都会打乱经济战略实施的步伐，政府为提振经济、支持民生出台的反危机政策也往往与经济长期发展规划存在矛盾之处。为了使反危机计划向长期发展规划顺利过渡，2020年的反危机计划中就将一些长期任务列入其中。2020年7月13日，普京在战略发展和国家项目委员会会议上表示，有必要现在就确定俄罗斯未来十年的经济发展目标，当前的困难不应改变经济发展的长期方针，国家项目的实施应列入政府反危机计划。

2020年7月21日，普京总统签署《关于2030年前俄罗斯联邦国家发展目标》的总统令，被称为"七月政令"。"七月政令"是俄罗斯结合经济发展现实对2018年颁布的"新五月命令"中国家发展目标的及时调整，该命令的颁布为未来十年俄罗斯经济发展指明了方向。"七月政令"不再沿用"世界经济前5强"作为国家经济发展的总体目标，数字化转型成为新版国家发展目标之一，将国家经济发展的具体目标数量从9个减少到5个，并将多个应于2024年完成的目标推迟至2030年。此外，新版国家目标更趋社会导向，更加重视医疗卫生、科技教育、生态环保和数字经济等领域。

"七月政令"针对当时经济面临的挑战，从现实出发，明确了未来十年俄罗斯经济的五大发展目标。第一，保持人口数量，维护人民健康和福祉。这一目标针对人口危机，旨在提高人力资本的数量，提高公民身体素质，将人口预期寿命提高至78岁。由于贫困是出生率低的重要原因之一，在这一目标之下还设置了减贫指标，即到2030年将贫困水平降至2017年的一半。第二，保障公民实现自我价值，为公民提供发展才能的机会。该目标旨在提高人力资本的质量，通过建立高效的教育体制，提高教育质量，挖掘、支持和发展儿童与青年的才能，为经济发展培养人才，使俄罗斯的科技研发水平跻身世界十大领先国家，通过提高技术水平，逐渐优化经济结构，转变经济发展模式。第三，提供舒适、安全的生活环境。这一目标的设置涵盖三方面内容：一是改善居民的居住条件，提高人民福祉；二是优化生态环境有利于提高人力资本的健康水平；三是通过住房、道路、城市环境改造等基础设施建设的投资拉动经济增长。第四，保障受尊重且高效的劳动，提高企业经营效率。这一目标明确了俄罗斯未来十年要达到的经济水平，即在保持宏观经济稳定的同时，确保GDP增速超过世界平均水平；确保居民收入和养老金的增速不低于通胀率；与2020年相比，固定资产投资实际增长不低于70%；非能源非原料产品出口实际增长不低于70%；包括个体工商户和自营职业者在内的中小企业的就业人数增加到2500万人。第五，数字化转型。后疫情时代，俄政府高度重视发展信息技术、数字经济，将数字化转型置于俄经济发展的重要位置，提出确保经济和社会领域的主要行业实现"数字成熟"、将具有社会重要意义的大众电子化服务的比例提高到95%、将可接入"互联网"（宽带）家庭的比例提高到97%、将信息技术领域的本国投资较2019年扩大三倍等指标。

"七月政令"的目标和内容兼具延续性与务实性。纵观普京执政二十年来经济政策，"人本"和"创新"的两大思想一直贯穿始终。普京在执政之初就确定了国家战略的社会取向。他认为，国家强大和经济快速增长的最终目标是让国民消除贫困，让人民分享经济增长的成果。普京执政前两任期，俄罗斯公民收入水平的增长速度始终高于经济增长速度。第二任期时，俄罗斯政府实施教育、住房、医疗、农业"四大民生工程"，解决民生领域突出的问题。《2020战略》中对人口、医疗、住房、教育及就业都制定了相关任务及目标。随着经济的恢复和人民生活质量的提高，对人力资本的支持逐渐从以解决民生问题为重心转向对提高人力资本的素质。2012年普京第三任期开启后，重新修订了《2020战略》，更加重视对科研和教育的投入。2018年普京开始第四个总统任期后，又颁布了《关于2024年前俄罗斯联邦发展的国家目标和战略任务》的总统令，提出以国家项目的方式落实经济发展目标，在当时设立的13个国家项目中，与人力资本相关的国家项目有7项：人口、医疗、住房、环境这四项仍是对人民健康和生活质量的支持项目；教育、科学、文化这三项则是对人力资本中智力的培养。新版国家目标中的前三大目标也仍旧延续"以人为本"这一根本思想，在提高人民健康状况、生活水平的基础上，加强对人力资本智力、才能和道德修养的培育。

在以往经济现代化战略、《2020战略》、"新五月命令"等国家发展战略中，改善经济结构、推动经济"创新"发展，是重要的核心思想之一。"七月政令"中确定的第四和第五个目标旨在解决"发展"问题。通过提高固定资产投资、支持中小企业发展，提高劳动生产率和企业经营效率；通过发展信息技术、数字经济和高新技术产业，提高产品的技术含量和国际竞争力，降低经济对能源和原材料出口的依赖性，逐渐优化经济结构。这两大目标可以被视为以往"创新"发展思想的延续。

在保持政策延续性的同时，新的国家发展目标更具务实性。首先，经济发展目标不再沿用"世界经济前5强"的表述。从2008年出台的《2020战略》开始，俄罗斯就将成为"世界经济前5强"作为经济发展目标之一。这是因为，2003~2008年俄罗斯经济增长的年均增速达到7%，2008年GDP居世界第8位，按照这一增速，到2020年俄罗斯成为世界经济前5强并非全无可能。但2008年后，俄罗斯经济发展形势急转直下，在国际经济局势和内部结构性矛盾的双重因素叠加之下，俄罗斯经济深陷危机和低增长困局。2019年俄罗斯GDP在世界经济中居第11位，与前5强的目标相去甚远。然而2012年的"五月命令"和2018年的"新五月命令"中仍一直将"世界经济前5强"作为经济发展目标，直至此次总统令的颁布，不再提及"世界经济前5强"，而是将经济发展水平指标的表述修改为"保持宏观经济稳定的同时，确保GDP增速超过世界平均水平"。其次，将达到"人均预期寿命提高至78岁"等指标的期限从2024年延长至2030年。最后，凸显数字化转型的重要性。新冠疫情暴发前，俄罗斯就已非常重视数字经济的发展，并将其作为经济发展的优先方向。疫情暴发后，居家隔离限制了实体经济的发展，更凸显了发展数字经济的优越性和紧迫性。

米舒斯京总理在2020年7月23日的政府工作报告中也着重强调数字化转型的重要性，他提出，数字化转型从根本上为社会与国家之间的互动提供了新的机会。疫情中，人们在居家隔离中通过互联网领取了病假补贴、儿童福利，通过在线平台召开网络研讨会，观看表演、电影，参观虚拟博物馆，学生进行远程学习，失业人员在"俄罗斯工作"门户网站上不仅可以申请失业救济金，还可以查询就业机会。俄罗斯还建立了信息中心，监控疫情感染和传播的情况。未来俄罗斯数字化转型主要从提高公共行政系统数字化服务水平入手，例如建立统一数字平台"社会库房"，人们可以通过这一数字平台领取社会福利，简化办理手续；建立统一的药物供应系统数据库；开展在线远程医疗服务、在线教育；等等。因此，数字化转型成为新的国家发展五大目标之一，占据前所未有的重要地位。以上几个指标的变化，都是俄罗斯从当前经济现实出发对国家未来发展目标做出的务实调整。

此外，"七月政令"还责成政府于 2020 年 10 月 30 日之前提出落实《关于 2024 年前俄罗斯联邦发展的国家目标和战略任务》的总统令的建议，制定实现 2024 年前和 2030 年前国家发展目标的统一计划，并对相关国家项目和国家专项规划进行相应调整。政府文件出台后，"2024 年发展目标"被完全纳入"2030 年发展目标"。

（三）反危机和反制裁政策

乌克兰危机升级后，西方国家对俄罗斯采取了全面性、体系化、极端的经济制裁，对俄罗斯对外贸易、金融、能源、科技、军工、信息、交通等领域进行全方位打击，欲使俄罗斯孤立于国际经济体系之外。为应对制裁带来的负面效应，俄罗斯政府在做好早期准备的前提下，迅速出台了反危机政策，对经济和社会的稳定起到了关键性作用。在保障经济稳定的同时，俄政府还积极出台反制裁政策，对西方国家予以有力回击。

1. 西方对俄罗斯实行极限制裁

从制裁措施看，美国对俄罗斯的制裁最为坚决，措施也最为严厉；欧盟国家由于与俄罗斯经济联系紧密，一定程度上限制了其对俄的制裁，同时制裁也是把"双刃剑"，在打击俄罗斯经济的同时，对欧盟国家经济也造成了严重的负面影响。除此之外，美国还采取多边协调的方式，联合澳大利亚、加拿大、日本、韩国、新加坡等盟友共同实行制裁措施，试图借此将俄罗斯隔绝于国际经济体系之外，彻底孤立俄罗斯。

乌克兰危机升级后西方国家对俄罗斯制裁的主要特点包括以下五方面。

第一，制裁极限化、体系化、全面化。西方国家推动国家行为体、国际组织、媒体、黑客组织、民间力量、企业各方对俄发起全面围堵。采用军事援助、经济制裁、金融制裁、科技制裁、交通封堵、认知战等措施对俄罗斯进行极限施压。直接被制裁对象包括俄金融机构、大型企业、政府精英及亲属等，并通过"次级制裁"威胁和"认知战"引发的

"逢俄必反"效应传导至几乎所有涉俄事项,文化、科学、艺术、教育等均被间接制裁。

第二,金融制裁强度前所未有。一是冻结俄央行外汇储备。冻结俄央行外汇储备中的美元、欧元、日元、英镑等资产,共计3000多亿美元。二是封堵俄央行黄金储备变现。把与俄罗斯央行相关的黄金交易均纳入制裁范围。伦敦金银市场协会甚至取消俄罗斯多家贵金属精炼厂的会员资格,使其无法进行黄金交易。三是将俄罗斯7家主要银行剔除出SWIFT系统。四是切断俄与全球金融市场的联系,股市汇市债市全面阻断。五是冻结或没收俄实体或个人资产。六是限制俄虚拟货币交易。全球最大加密货币交易平台之一的coinbase已冻结俄用户钱包。

第三,实施全方位的科技制裁。一是高科技产品贸易封堵。美国切断半导体、电信设备、电脑、激光、加密安全设备和传感器等多达50%的对俄高科技出口[1];欧盟禁止向俄供应、转让或出口特定的炼油产品和技术;英国对俄高科技和战略产业实施惩罚性贸易和出口管制限制;日本禁止向俄罗斯出口半导体、通信设备等31种产品和26种软件及技术,并禁止出口炼油设备及相关技术。[2] 二是将俄最具实力的国防、航空航天、造船、油气、电子行业相关企业和科研机构全部列入实体制裁名单。三是以美国为首的西方国家科技巨头宣布退出俄罗斯市场或停止提供产品或服务,如苹果、戴尔、英特尔、爱立信、甲骨文、微软等。四是停止与俄罗斯开展科技合作,停止俄罗斯学者在西方发表论文,撤销研究资助,取消参加学术会议资格。五是知识产权、专利制裁。美国专利商标局、欧洲专利局宣布终止与俄罗斯知识产权机构及欧亚专利组织开展合作。

第四,封锁航空海运铁路的交通制裁。西方国家对俄罗斯民航飞机关闭领空,要求各飞机租赁公司在2022年3月28日前终止与俄罗斯飞机的租赁合同,涉及515架俄直接从国外租赁的飞机,约占俄民航运营飞机总量的53%。空客和波音公司也停止向俄罗斯航空公司出售飞机零部件以及提供相关服务。国际船级社协会注销俄罗斯船级社的会员资格。

---

[1] The White House,https://www.whitehouse.gov/briefing-room/.
[2] The Diplomatic Service of the European Union,https://www.eeas.europa.eu.

根据规定，船舶必须持有效的入级证书才能投保、合法载货和出入世界各地的港口。

第五，实行能源硬脱钩。美国和英国宣布停止进口俄原油及石油产品，欧盟委员会计划到2022年底将欧盟对俄天然气的需求减少2/3。① 以德国为例，其从俄进口的天然气、煤炭和原油分别占德国进口总额的55%、50%和35%，特别是天然气完全依靠管道输入，短期内大幅增加从美、卡塔尔或其他国家进口液化气的难度很大，一方面，德没有自己的液化气码头，液化气运输船舶也不足，液化气码头建设需要一年以上，而液化气运输船建造则至少需4年时间，另一方面，美液化天然气出口码头满负荷运转，大幅增加欧洲方向的转运难度较大。尽管如此，欧洲对俄能源脱钩的决心未变，2022年12月5日，欧盟对俄罗斯海运石油出口实行"限价令"，按照价格上限，如果俄罗斯石油售价超过每桶60美元，则欧盟将禁止为俄罗斯石油运输提供保险、金融等相关服务。② 此后，七国集团和澳大利亚也宣布与欧盟实施同样的限价政策。

2. 俄罗斯应对制裁的早期准备

2014年乌克兰危机后，美西方国家已经对俄罗斯实施了2000多项制裁，乌克兰危机升级前，俄罗斯已经对西方制裁有所准备。

第一，建立本国的支付系统和金融信息传输系统。2014年乌克兰危机后俄罗斯下定决心建立本国的支付体系（Mir支付系统）和金融信息传输系统（SPFS）。2014年5月普京签署立法启用Mir支付系统，2015年该系统已经基本建立，并在俄推广Mir卡，目前俄罗斯主要银行均已使用Mir支付系统。俄本国金融信息传输系统也于2018年建立，截至2022年底已有约400家银行接入该系统，哈、吉、塔、亚美尼亚等国的一些银行也陆续接入该系统。

第二，提高国内资金储备。乌克兰危机升级前俄罗斯的国际储备达到历史最高点6432亿美元，同时俄罗斯大量购入黄金，黄金价值1396亿美元，相当于国际储备的1/5，2018~2021年（2020年除外）三年财政平均预算盈余为275亿美元。

---

① The Diplomatic Service of the European Union，https：//www.eeas.europa.eu.
② The Diplomatic Service of the European Union，https：//www.eeas.europa.eu.

第三,坚决推行"去美元化"。首先,实行国际储备"去美元化",大量抛售美债,提高人民币和日元占比,截至俄乌冲突前,俄国际储备的结构为:欧元2077.5亿美元,占32.3%,黄金1395.7亿美元,占21.7%,美元1055亿美元,占16.4%,人民币842.5亿美元,占13.1%,英镑418亿美元,占6.5%,其余币种64.32亿美元,占比为10%。2021年2月,俄罗斯将人民币纳入国家财富基金,截至乌克兰危机升级前,人民币占比达到30%。其次,在与中国、印度、土耳其等主要贸易伙伴交易时推行本币结算与货币互换。最后,在欧亚经济联盟和国家推动卢布结算,到2023年底欧亚经济联盟内部卢布和本币结算的比例超过75%。

第四,整顿银行体系。俄罗斯原有银行系统中中小银行较多,抗风险能力差,2014年后俄政府加紧对银行进行合规性审查,通过吊销营业许可证及缩小经营范围的方式取缔了一些问题银行,俄银行数量从2014年1月的859家减少到2021年1月的405家,银行系统的稳定性和抗风险能力有所提高。

第五,实行进口替代政策。2014年以来俄政府先后实施了近2000项进口替代项目,增强经济对制裁的适用性,促进内循环情况下经济的正常运转。多年来,进口替代政策在农业、化工业、国防工业、制造业等领域已经取得了较好效果。

第六,与中国签署金融及能源协议增加胜算。2022年2月,普京访华与中国签订15项合作协议,主要涉及金融和能源领域。在金融合作方面,俄罗斯提出扩大本币结算,加强两国金融支付系统对接;在能源领域,与中国签订1亿吨石油、480亿立方米天然气及增建一条从蒙古国通往中国的天然气管道等协议。这都为俄罗斯增加了与西方博弈的筹码。

3. 反危机政策

尽管俄政府对此次制裁早有准备,但制裁措施的严厉与制裁的波及效应显然超出俄罗斯的预料。为稳定金融体系及对西方制裁下的国民和企业提供支持,俄政府和俄罗斯央行第一时间出台了一系列反危机政策,对经济和社会的稳定起到了关键性作用。

(1)稳定金融体系,注入流动性

2022年2月24日,俄罗斯刚对乌采取特别军事行动后,俄政府立即停止通过交易所和场外市场卖空；2月28日，俄罗斯央行将关键利率上调至20%，弥补卢布贬值和通货膨胀对居民储蓄的损失，并有助于维持金融和价格稳定；宣布对外汇收入的80%实行强制结汇；3月1日，普京签署《关于保障金融稳定补充临时措施》的总统令，宣布实行暂时的资本限制措施，暂停对国外债权人的外币支付，限制1万美元以上外汇现金出境；3月2日，俄罗斯央行下调信贷机构存款准备金率，注入流动性；取消黄金购买20%的增值税；3月4日，将购买外币的交易佣金从30%降低至12%；3月6日，为降低受制裁相关信贷机构的风险，宣布减少信贷机构财务报表公开披露；3月9日，出台《外汇现金业务的临时程序》（以下简称《临时程序》，有效期至9月9日），规定居民和法人只有在出国前可获得最高价值5000美元的美元、日元、英镑和欧元，外币账户客户最多可提取1万美元等值外币现金，其余资金按交易日汇率支付卢布；3月9日，宣布取消美元交易佣金；3月12日，《临时程序》补充了不再开立外币账户及将资金转为电子钱包余额的规定；3月27日，俄居民企业或个体工商户（自然人、金融机构等除外）依照特定种类合同向非居民企业或个人履行预付款支付义务时，支付额度不得超过单笔合同金额的30%。预付款支付限额则按照银行执行付款委托书当日俄罗斯央行公布的官方外汇汇率来计算。将卢布与黄金暂时锚定，宣布从3月28日至6月底前，个人可以在俄罗斯央行以5000卢布/克购买黄金。①

随着经济形势的逐步稳定，俄罗斯央行逐步下调关键利率，4月8日下调3个百分点至17%；4月29日，再次下调3个百分点至14%。对个人跨境转账业务和现金业务的限制也逐步放宽。4月1日，俄罗斯央行宣布未来六个月内每月向本人或他人境外账户转账限额提高至不超过1万美元或等值其他货币；未开户企业跨境转账限额每月不超过5000美元或等值其他货币；暂停不友好国家法人实体及未在俄工作个人从俄银行账户（包括经纪账户）跨境转账。4月8日，宣布2022年3月9日前开设外币账户或存款且未设置外汇现金取用额度的公民，4月11日起可提取美元和欧元现金。4月18日起俄银行可向公民出售外汇，但仅限于

---

① Банк России, https://cbr.ru/.

银行自 4 月 9 日后取得的外汇。4 月 21 日，俄罗斯央行将通过快速支付系统进行个人间转账免手续费政策延期至 2024 年 7 月 1 日。俄公民每月可免费通过快速支付系统转账 10 万卢布（约合 1250 美元），大额转账时银行佣金不得超过 0.5%，佣金最高额度为 1500 卢布（约合 19 美元）。①

（2）应对支付限制

俄罗斯 7 家重要银行被剔除出 SWIFT 系统及 VISA 和 MasterCard 停止在俄罗斯运营后，业已建立的 Mir 支付系统和 SPFS 金融信息传输系统能够保证俄罗斯国内资金结算顺利进行。俄罗斯央行宣布已有的 VISA 和 MasterCard 在俄罗斯国内仍能使用，直至到期，之后使用 Mir 卡进行线下支付，还可以使用 Mir Pay 进行手机支付。4 月 21 日，俄罗斯央行行长纳比乌琳娜表示，将继续扩大 Mir 卡境外使用范围。在国内推广"快速支付系统"（俄罗斯央行开发的新型支付服务），拨款 5 亿卢布（约合 455 万美元）将"支持中小企业使用该系统"的项目延期半年，退还 2022 年上半年企业使用该系统的手续费。②

（3）支持企业，降低制裁对经济的负面影响

一是支持农业。3 月 2 日，提供农业低息贷款、鼓励春播，拨款 50 亿卢布。3 月 4 日，米舒斯京签署《关于农业优惠贷款偿付延期》的政府令。2022 年 3 月 1 日至 5 月 31 日期间到期的投资贷款，偿付最长可延期六个月；2022 年到期的短期贷款，偿付可再延期一年。优惠贷款利率保持不变，年利率最高 5%。3 月 9 日，在原有基础上，额外拨款 250 亿卢布，为农业短期贷款提供补贴；拨款 25 亿卢布，补偿面包等烘焙产品成本上涨。

二是发放优惠贷款，放宽贷款偿还期限。3 月 4 日，俄罗斯国家杜马通过第一套商业支持计划，其中包括：划拨 5000 亿卢布对中小企业实行优惠贷款计划；从国家财富基金中拨款 1 万亿美元用于购买受制裁企业的债券；取消对企业行为的部分限制；优化医疗保健部门采购程序；规定还款宽限期内，贷款人可暂停履行贷款协议项下的义务；俄政府划拨 62 亿卢布对员工数保持在 90% 以上的企业启动优惠商业贷款"工资基

---

① Банк России, https://cbr.ru/.
② Банк России, https://cbr.ru/.

金3.0计划",保障企业工资的发放。3月17日,米舒斯京签署政府令,对受制裁影响的俄骨干企业提供优惠贷款。农业企业贷款上限为50亿卢布,年化利率10%,为期不超过12个月;工业和贸易企业可获得一年期、年化利率11%的优惠贷款,每家企业贷款上限为100亿卢布,企业集团上限为300亿卢布。此外,额外拨款140亿卢布(约合1.3亿美元)用于补贴中小企业贷款利率,划拨约400亿卢布(约合3.8亿美元)保就业。3月26日,普京签署总统令,对2022年2月27日前发放的贷款制定如下规则。大型企业可于合同期内(不晚于6月1日)向放贷单位申请以特殊程序计算并支付卢布贷款利息。在3个月过渡期内可使用特殊公式对本金计付息,贷款利率首月、次月和第三个月依次不超过12.5%、13.5%和16.5%。借贷人可于提出申请至2022年7月1日间选择过渡期起始日期。俄政府将在2022年10月1日至12月31日对放贷单位予以补偿。俄公民此前签订的浮动利率按揭合同同样适用上述规定,个人合同有效期内的利率参考当日基准利率(9.5%)。3月30日,俄政府将"优惠贷款"国家计划的年利率上限设为12%,并提高借贷额度(不同地区额度不同)。4月7日,宣布额外拨款超1500亿卢布(约合18.2亿美元)用于补贴优惠贷款计划。[①]

三是减轻企业负担。3月9日,米舒斯京在政府工作会议中提出,研究对资本弱化企业采取固定汇率,保障有关企业贷款成本不因外汇升值而增加;部分企业可根据实际收入支付每月预付款;计算企业财产税时,建议按2022年初水平计算地价。3月10日,俄政府批准决议,提出受制裁的工业企业可延迟履行部分补贴义务,这有助于企业减轻负担。3月17日,米舒斯京签署政府令,支持因不友好国家制裁陷入困境的出口企业,简化企业在"国际合作与出口"国家专项规划内出口补贴申请手续,2022年3月31日前签订的补贴协议将延长2年;降低企业行政壁垒举措,暂停提高森林使用费及计划内检查延期一年,将森林开发领域优先投资项目的实施期限延长1.5年,将工业发展基金发放的优惠贷款期限延长至五年,优先支持木制品进口替代项目。3月22日,米舒斯京又宣布了新一轮经济支持措施:将中小企业投资最低准入门槛10亿卢布

---

① Правительство России, http://government.ru/.

（约合960.9万美元）降至1亿卢布（约合96.1万美元）；扩大国家补贴的工业园区和工业技术园区清单，推动之前需进口的原材料快速实现本地化生产。3月26日，普京签署减轻中小企业行政负担的法令，规定中小企业未对居民健康和环境造成危害的违法行为优先适用警告而非罚款；对社会性非商业机构和中小企业的处罚额度减至个体企业同类违法行为处罚额度；免除针对同一违法行为对法人及其负责人的双重处罚；一次检查中如发现多项违法行为，不得累积处罚额度，仅可做出一项处罚。3月30日，支持企业参与政府采购，没有国库支持的项目预付款提升至50%，有国库支持的项目预付款提升至50%~90%。4月30日，俄政府批准可延期一年缴纳保险费的行业清单，涉及70多个行业。①

四是调整税制，实施税收优惠。3月2日，政府提出修订税法，赋予政府及时调整税收政策权力。3月22日，俄罗斯国家杜马通过一揽子税法修正案，主要内容包括：将计算财产税税基的地籍价保持在2022年1月1日的水平；对2021~2022年银行存款和账户余额利息免征个人所得税；首次注册为个体经营者的自然人转换为简易征税制和专利征税制的，自注册之日起两年内免税；将外国组织向俄税务机关提交截至2021年底参与方信息的期限从2022年3月28日延至2022年12月31日；将关联方交易的认定门槛从6000万卢布（约合58.2万美元）提高至1.2亿卢布（约合116.4万美元）；五年内酒店业免征增值税；自2022年起，信息技术行业企业所得税从3%降至0%；自2022年起，将适用交通税乘法系数的车辆价格门槛上调至超1000万卢布（约合9.7万美元）；对所有未进入破产程序或重组清算程序的企业实行增值税加速退税。3月26日，普京签署提供税收优惠的法令：对IT行业和部分旅游设施的服务免征增值税，政策有效期5年；相关机构有权在本年内根据实际利润按月预缴所得税；2023年可使用截至2022年1月1日的地籍价作为法人和个人财产税及土地税计算基数；为俄离岸公司提供税收优惠，简化对外国企业在俄特别行政区注册的要求。2036年前，在俄特别行政区注册的国际控股公司仅需缴纳收款的5%和付款的10%作为利润税。4月1日，米舒斯京签署政府令，规定俄本国农机、道路建筑和市政机械及拖车生产

---

① Правительство России, http://government.ru/.

企业2022年第一至第三季度的报废税统一延至2022年12月缴纳。4月18日,米舒斯京签署政府令,规定工业企业生产自用液态钢和年产量低于30万吨的特种钢(合金元素含量最低20%)可免缴消费税。5月1日,俄总统普京签署《关于俄经济特区进口欧亚经济联盟货物延期缴纳增值税的议定书》。俄各类经济特区从欧亚经济联盟成员国进口货物延期180天缴纳增值税。

五是鼓励高科技和信息技术行业发展。为高科技行业提供补贴及利率不超过3%的优惠贷款、三年内免缴所得税和免受监管检查、员工27岁前延期征兵等。3月12日,俄取消制裁未能履行国家、州及市政合同下承包商的罚款。3月26日,普京签署法令,2022~2024年免征IT企业所得税。4月8日,俄政府为中小企业购买本国软件提供50%的费用补贴,2022年联邦预算将为此投入20亿卢布(约合2500万美元)。4月30日,俄政府批准简化外国IT专家在经认可组织工作的就业程序,吸引国外高科技人才。[①]

六是支持交通运输业发展。2022年4月11日,俄政府宣布2022年将拨款3110亿卢布(约合41.5亿美元)支持航空运输业。4月15日,普京签署制裁期间支持俄运输业发展的法令:为俄运输市场提供充足的集装箱,取消对通过铁路临时入境外国集装箱仅可单次用于国内运输的限制;授权俄政府制定海河船舶租赁合同执行细节,防止俄租赁公司船只在国外被扣押;临时取消多边汽车检查站对运输食品和必需品货车的载重量和尺寸检查。4月21日,俄总理米舒斯京表示,俄政府将拨款1000亿卢布(约合13.5亿美元)补贴境内航线。

(4)禁止部分商品出口,保障国内市场供应

3月4日,鉴于外国物流商停止运输俄化肥,无法保障产品的交付,工业和贸易部建议暂停化肥出口。3月5日,工业和贸易部发布公告称,俄部分零售商已开始对食品等"具有重要社会意义"的商品进行限购,打击以囤积居奇、买空卖空、操纵物价等手段牟取暴利的行为。3月10日,俄政府确定2022年底前禁止出口商品名单,涉及200多种俄罗斯从国外进口的产品;对不友好国家和地区暂时限制出口部分木材。俄海关

---

① Правительство России,http://government.ru/.

委员会决定至 8 月 31 日前禁止出口糖类产品，并禁止向欧亚经济联盟国家出口谷物。①

（5）减轻地方债务负担

3 月 2 日，普京签署总统令，要求颁布新法，便于紧急情况下联邦和地方政府灵活安排预算。3 月 24 日，政府制定的稳经济措施中包括减轻地方债务负担、降低州区还债成本的相关措施。3 月 26 日，普京签署法令，将各联邦主体及市政担保债务列入相应级别的国家和市政债务。5 月 1 日，普京签署制裁背景下支持地方的法令，从联邦预算中分配新贷款，重组旧贷款。②

（6）实行保障经济和社会稳定

3 月 15 日，俄总理米舒斯京批准成立"提升经济稳定性委员会主席团"，由米舒斯京亲自挂帅，俄政府副总理、工业和贸易部、经济发展部、农业部、财政部、交通运输部等部长参与。3 月 16 日，普京签署《保障俄经济社会稳定和保护公民措施》的总统令，指示各地向生活困难群体提供一次性补贴；确保必要社会基础设施不间断运行，监测食品、药品和医疗器械零售价并保障平稳供应；支持就业，向个体经营者提供补贴；向部分社会组织提供帮助。3 月 17 日，普京总统指示扩大征收 10%增值税的儿童商品清单，通过财政资金加大本国儿童产品采购力度。3 月 22 日，米舒斯京签署政府令，规定 4 月 1 日起上调俄社会养老金指数至平均 11059 卢布，同比增长 8.6%，高于 2021 年俄通胀指数（8.2%）。政府将拨款 337 亿卢布，支付 400 万公民社会养老金。3 月 24 日，俄政府宣布稳经济措施，具体包括：向 25 岁以下青年企业家提供 10 万~50 万卢布（约合 969~4847 美元）的创业补助，北极地区最高可获 100 万卢布（约合 9694 美元）；列入政府部门登记的 IT 企业，三年内暂停检查；减轻地方债务负担，降低州区还债成本；修订《城市规划法》，简化建筑审批程序，提升住宅楼建筑合同预付款金额；额外拨款 20 亿卢布（约合 1938 万美元），补贴农产品铁路运输，保障谷物、油料、蔬菜、水产、肥料运输；修改公共采购法，国企与中小企业协议付款时间缩短

---

① Правительство России, http://government.ru/.
② Президент России, http://www.kremlin.ru/.

一半，最多为 7 天；拨款 75 亿卢布补贴青少年参加夏令营，父母使用"世界"标志银行卡购买夏令营服务可获 50% 退款，最高退款 2 万卢布（约合 194 美元）。3 月 26 日，普京签署制裁背景下药品和医疗器械流通监管法令，医疗器械制造商和进口商应在暂停或停止在俄业务前 6 个月通报俄主管政府部门，未通报不得暂停或停止在俄业务。政府有权制定向俄、外国公民及无国籍人士提供医疗服务，以及向公民免费提供国家医疗保障的规定；在药品短缺的情况下简化外国药品进入俄市场的程序（使用带有俄语标签的外国包装）。4 月 10 日，俄政府储备基金增加 2734 亿卢布（约合 36.5 亿美元），用于在制裁条件下稳定经济。

4. 反制裁政策

除实行反危机政策稳定社会和经济之外，俄罗斯政府还主动出击，对西方国家实行了一系列反制裁措施。2022 年 3 月 7 日，俄罗斯政府公布不友好国家和地区名单，包括美国、欧盟、英国、乌克兰、日本等 48 个国家和地区①，开始对这些国家实行反制裁政策。具体措施如下。

第一，金融反制裁措施。一是允许俄罗斯企业用卢布偿还所欠外债。由于制裁之初，卢布贬值趋势明显，用卢布偿还债务对制裁国将造成严重损失。二是实施天然气"卢布结算令"。2022 年 3 月 31 日，普京签署《关于外国买家履行对俄天然气供应商义务的特殊程序》的总统令，规定从 4 月 1 日起，俄罗斯向不友好国家出口天然气使用卢布结算。俄罗斯天然气工业银行作为卢布结算授权银行，买家须在该行开设特殊卢布账户和特殊外汇账户，将外币转到特殊结算账户后银行会将其在莫斯科交易所兑换成卢布。若不友好国家不支付卢布，则现有合同终止。俄政府外国投资委员会发放不使用卢布结算许可证的情况除外。总统令自 4 月 1 日起生效。三是限制资金流向不友好国家和地区，禁止外国投资者出售证券，禁止其从俄金融体系中转移资金。四是通过欧亚经济联盟发

---

① 这 48 个国家和地区包括：欧盟 27 国、英国（包括英皇家属地泽西岛、英海外领地安圭拉、英属维尔京群岛、直布罗陀）、冰岛、瑞士、挪威、摩纳哥、列支敦士登、密克罗尼西亚、阿尔巴尼亚、安道尔、澳大利亚、新西兰、圣马力诺、北马其顿、乌克兰、黑山、美国、加拿大、新加坡、韩国、日本、中国台湾，Распоряжение Правительства Российской Федерации от 05.03.2022 No 430-р., http://base.garant.ru/403615676/。

声，宣布与中国建立新的国际货币体系，宣布与印度的原油交易用卢布和卢比结算，等等。五是将卢布与黄金暂时锚定，宣布从3月28日至6月底前，个人可以在俄罗斯央行以5000卢布/克购买黄金。六是要求不友好国家租赁公司用卢布结算。4月13日，米舒斯京签署政府令，规定如不友好国家租赁公司在俄注册分支机构，则俄租赁企业需使用卢布结算，参照履行义务之日俄罗斯央行官方汇率，将相当于外币价值的卢布汇入该公司在俄银行账户。如与不友好国家有关联的外国公司通过在未对俄制裁国家注册的分支机构与俄企业开展合作，则俄租赁企业可选择使用该公司注册国货币或卢布支付。七是禁止在外国股市发行俄公司的股票存托凭证，要求现有存托凭证退市。4月16日，普京签署法令，规定俄公司须在法令公布后五个工作日内采取"必要且充分"的措施，终止存托凭证流通协议，并向俄罗斯央行提交相关证明文件。该法律生效后，存托凭证持有人将自动获得相应俄发行人的股份。同时，俄政府将有权应发行公司要求或在发行公司不参与的情况下，做出允许此前已发行的存托凭证继续在外国股市流通的例外决定。八是禁止俄信贷机构应不友好国家政府机构（包括司法机构）请求，向其提供银行客户、客户代表、受益人信息及交易信息。

第二，贸易反制裁措施。其一，2022年3月10日，俄政府宣布在2022年底前暂停技术产品、电信设备、医疗设备、车辆、农业机械、电气设备等产品的出口。其二，停止钾肥出口。俄罗斯是全球第二大钾肥生产国，占全球供应量的20%，停止钾肥出口将导致供应紧张，价格快速上涨。其三，5月3日，普京签署《针对不友好国家实行经济反制裁措施》的总统令，对于适用俄罗斯法律的俄联邦政府部门、地方政府、地区自治组织、相关机构、自然人，对其控制的法人实体、自然人和机构适用特别经济措施：禁止其与受到对等反制裁国家的自然人、法人开展交易或履行债务义务，以及出于支持上述人员或实体等目的出口原材料及产品。其四，实行"平行进口"商品合法化。制裁之初，俄罗斯取消向不友好国家和地区支付专利费，解禁最大盗版网站，允许免费试用西方盗版资源。3月30日，普京签署法令，规定2025年1月1日起禁止国家机构在关键基础设施中使用外国软件。5月6日，为稳定物价，俄罗斯工业和贸易部宣布，即日起启动"平行进口"机制，"平行进口"

的产品需是在进口来源地合法流通的产品,工业和贸易部还将50多种商品列入"平行进口"清单,以便在不友好国家和地区企业撤出俄罗斯市场后,保护俄罗斯国内消费者利益。该清单包含植物、药物、肥皂、武器等产品。在技术产品方面,包括西门子、松下、苹果、英特尔、三星等品牌产品。6月28日,普京总统正式签署《"平行进口"商品合法化法案》,根据该法案,俄政府有权确定不适用于专属权保护规定的商品,保护未经权利人许可的进口商品的俄罗斯公司免于承担可能的民事、行政及刑事责任。

第三,航天反制裁措施。俄罗斯国家航天集团停止向英国一网公司提供发射服务,停止向美提供RD-180火箭发动机,停止国际空间站德俄联合科学实验,暂停与欧洲航天机构在法属圭亚那航天中心的发射合作。

第四,交通反制裁措施。对等实施禁飞,对加拿大和欧洲多国在内的总计36个国家航空公司运营的航班实施禁飞。扣押租赁飞机并维持部分运营,批准《外部制裁下保障交通系统和支持商业法律修订案》,为俄公司租赁的外国飞机提供重新登记,颁发俄国内适航证书,意在保证从外国租赁的飞机可以在俄国内航线和少数国家航线上继续飞行。4月1日,普京签署《关于向外国债权人履行航空财务义务》的总统令,规定俄罗斯企业可暂时使用与外币债务等值卢布向在俄银行开设账户的不友好国家个人和公司转账,用于支付购买和租赁飞机、辅助动力装置及航空发动机的费用,金额按支付当日央行汇率计算。俄政府有权确定履行外国债权人义务的其他程序。5月1日,普京签署法令,禁止外国投资者通过公私合作协议形式(PPP)参与常规交通运输。

第五,信息反制裁措施。俄罗斯监管机构限制俄境内访问部分外国媒体机构网站,限制对Twitter的访问并封锁Facebook和Instagram。俄总检察长办公室要求俄联邦通信、信息技术和大众传媒监督局将Mega定性为极端组织,由俄联邦侦查委员会对其进行刑事立案,等等。

第六,对停止在俄经营的外国企业实行国有化。美英出台能源禁令后,俄对59家停止在俄经营的外国企业实行国有化,其中包括苹果、微软、大众、宜家、IBM、壳牌、麦当劳、保时捷、丰田、H&M等大型跨国企业,并且该名单处于"开放状态",还会有在俄外国企业被加入名单。

第七，能源反制裁措施。除天然气"卢布结算令"之外，针对西方国家的能源"限价令"，普京总统当月签署总统令，要求禁止向合同中直接或间接设置价格上限机制的外国法人及个人供应俄罗斯石油和石油产品，该总统令自2023年2月1日起生效。根据该法令，俄罗斯能源部及财政部快速达成协议，在2023年3月1日前批准俄罗斯出口石油价格监测程序。出口俄罗斯石油和石油产品的法人及个人有义务在整个供应链中监控是否存在限价行为，如有发现须在规定期限内通报俄罗斯海关和能源部。如经俄罗斯海关查实，将暂时叫停出口，直至涉事方予以纠正。

六 俄罗斯经济发展战略演变的特点及启示

（一）经济发展战略逐渐体系化

普京执政二十余年来，俄罗斯经济发展战略逐渐体系化，形成长期、中期、短期发展战略相结合、总体经济发展战略与部门发展战略相结合、战略规划与实施纲要相结合的政策体系（见图6-1）。俄罗斯政府经济政策主要分为"战略规划"和"国家纲要"两大类："战略规划"为国家经济战略的计划；"国家纲要"则是为落实"战略规划"的目标和任务所实行的具体措施和办法。

第一类"战略规划"主要是指俄罗斯政府对经济发展的计划，这类文件规定经济发展的目标、任务及执行阶段及重点方向。从时间期限看，俄罗斯政府制定的战略规划包括长期、中期和短期发展规划。长期发展规划的时间跨度一般为10~15年，具体又分为三种：一是国家长期规划，是俄罗斯政府以10~15年为期对未来经济发展的主要方向及主要任务进行的总体部署，如《2020年前俄罗斯社会经济长期发展战略》；二是部门长期规划，是根据经济发展总体规划结合部门发展实际，制定的某个领域或部门的长期发展规划，如最新的部门长期规划为2020年1月22日出台的《2030年前俄罗斯联邦电子工业发展战略》、2019年12月17日出台的《2025年前俄罗斯联邦汽车工业发展战略》、2019年10月

29日出台的《2035年前俄罗斯联邦造船工业发展战略》等；三是跨部门长期规划，有些领域的发展规划往往不局限于某一行业和部门，需要制定规划，促进相关部门协同发展，如《2025年前俄罗斯联邦空间发展战略》《2030年前俄罗斯联邦中小企业发展战略》等。中期发展规划以3年为期，对中期内的经济及社会发展主要任务和重点方向进行规划。短期行动计划一般是对当年经济中的重点工作制定的具体行动计划，如《2009年反危机计划》《2010年反危机计划》《2015年俄罗斯联邦保障经济社会稳定发展的首要措施计划》等。

第二类"国家纲要"是指在经济发展的总体规划中，在体现国家关键职能、涉及经济社会优先发展方向、保障国家安全的领域所制定的具体措施，主要的目的是落实战略规划。国家纲要的实施主要依靠联邦预算，因此政府会根据国家纲要的落实情况制定下个年度的预算草案，一些国家纲要还下设子纲要和联邦专项纲要。截至2020年，国家纲要清单中包含46个国家纲要，其中43个纲要已经政府批准实施，另外3个正在制定中。这些纲要主要分为五大方向：一是高质量生活；二是创新发展与经济现代化；三是保障国家安全；四是平衡地区发展；五是国家行政效率。[①] 2018年普京第四任期后，俄罗斯政府根据普京总统"新五月命令"中的优先发展领域，制定了13个国家项目，每个国家项目下又设有若干联邦项目。[②] 国家项目也是为落实战略规划所制定的具体措施，其功能与国家纲要相似。

[①] Портал Госпрограмм РФ, https://programs.gov.ru/Portal/government_program.

[②] 这13个国家项目为：卫生保健，预算经费17259亿卢布，下设8个联邦项目；生态环保，预算经费40410亿卢布，下设11个联邦项目；科学，预算经费6359亿卢布，下设4个联邦项目；人口，预算经费31052亿卢布，下设5个联邦项目；住房和城市环境，预算经费10662亿卢布，下设4个联邦项目；数字经济，预算经费18377亿卢布，下设6个联邦项目；劳动生产率和就业支持，预算经费521亿卢布，下设3个联邦项目；中小企业，预算经费4851亿卢布，下设5个联邦项目；国际合作与出口，预算经费9568亿卢布，下设5个联邦项目；安全和高质量的公路，预算经费47797亿卢布，下设4个联邦项目；文化，预算经费1135亿卢布，下设3个联邦项目；教育，预算经费7845亿卢布，下设10个联邦项目；基础设施现代化及扩建的综合计划，预算经费30288亿卢布，下设11个联邦项目。参见 Будущее России, Национальные проекты, https://futurerussia.gov.ru/。

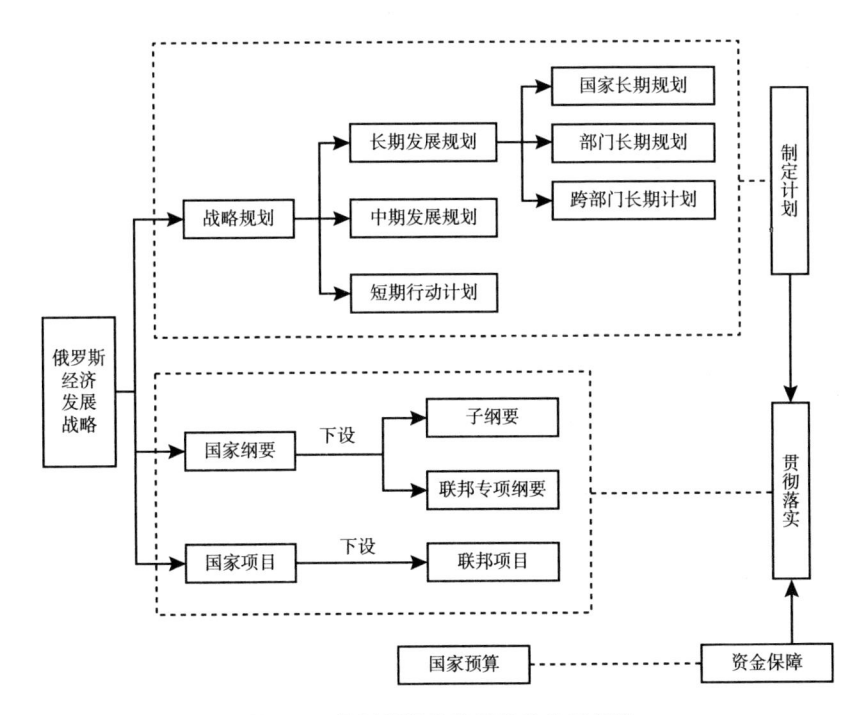

图 6-1 俄罗斯经济发展战略体系示意

(二) 主要思想贯穿始终

纵观普京执政二十余年来俄罗斯经济发展战略，第一任期的主要任务是明确经济发展目标，完善制度环境，为经济发展扫清障碍；第二任期的主要任务是加强国家对战略资源的掌控，抓住能源价格上涨的良好时机促进经济快速增长，解决民生问题；梅德韦杰夫执政时期经济发展的主要任务是反危机、转变能源出口导向型经济发展模式和实现经济现代化；第三任期的主要任务为反危机、反制裁，调整经济结构，实现创新发展；第四任期前期的主要任务是实现突破性发展，乌克兰危机升级后则主要是降低西方极限制裁影响，寻求突破西方制裁的发展之路。总而言之，经济战略主要沿着"建制度→促增长→调结构→保稳定→寻突破"轨迹演变，然而，在所有经济发展战略中，"强国"、"富民"和"创新"三大思想主线始终贯穿其中。

最早提出"强国富民"思想主要是为了解决俄罗斯的生存问题。普京执政之前，俄罗斯面临着一系列政治、经济及社会矛盾，普京认为俄罗斯的价值观和世界观有着深刻的历史传统，国家一直在社会发展中起着极其重要的作用，俄罗斯人民习惯于服从强大政权的领导，习惯于得到国家和社会的帮助，习惯于强大的国家政权成为改革的倡导者、推动者。普京认为，要改变20世纪90年代四分五裂的无政府状态，必须加强国家的权力，形成统一的国民经济空间。"强国"思想在普京第一任期一方面起到了凝聚社会共识、团结各界力量的作用，另一方面加强了国家的垂直管理，明确国家的经济职能也是恢复经济发展的必要条件。在普京执政的第二任期，"强国"思想在经济战略中体现在以下两方面：一方面，促进经济快速增长，提高俄罗斯经济实力和在国际市场上的竞争力，使俄罗斯重返世界经济强国行列；另一方面，加强国家对重要战略资源的控制权和支配权，加强国家对经济的宏观调控能力，将国家经济命脉牢牢掌握在政府手中。这两方面的思想确立后影响深远，在此后的经济战略中一直被沿用。《2020战略》设定了俄罗斯经济发展的宏伟目标：俄罗斯达到21世纪世界强国的社会经济发展水平，在全球经济竞争中占有一席之地，保证国家安全和人民权利的实现，2015~2020年俄罗斯GDP成为世界经济前5强，俄罗斯成为世界经济的中心，包括成为世界金融中心。梅德韦杰夫执政时期及普京的第三和第四任期，俄罗斯经历了三次经济危机（2009年金融危机、2015年经济危机、2020年新冠疫情导致的经济危机）、一次国内政治危机（2011~2012年莫斯科大规模抗议活动）、俄格战争和对乌克兰的"特别军事行动"，以及乌克兰危机之后西方国家对其实行的长期经济制裁。面对这些危机和困难，普京在2012年和2018年总统竞选纲领及历年的国情咨文中多次提及"强国"思想，并用这一思想激励和团结俄罗斯民众建设伟大的国家，恢复俄罗斯的大国地位。

普京一直注重社会民生问题的解决，在执政之初就确定了国家战略的社会取向。普京认为，国家强大和经济快速增长的最终目标是让国民消除贫困，过上富足的生活，让人民分享经济增长的成果。在普京执政的二十余年中，历年的国情咨文及一些公开场合的讲话中都会提到民生问题。在普京的前两个任期中，俄罗斯公民收入水平的增长速度始终高于经济增长速度。在其第二任期，俄罗斯政府实施教育、住房、医疗、农业"四大民生工程",解决民生领域的突出问题。《2020战略》中对人口、医疗、教育、住房及就业都制定了相关任务及目标。人口政策方面,降低劳动年龄人口因外部原因造成的高死亡率,提倡健康生活;巩固家庭制度,健全多子女家庭的扶持体系,提高对孕产期间妇女的医疗救助质量;完善学前教育设施;等等。医疗卫生方面,提出保障医疗救助的全面覆盖、提高医疗服务效率;医疗服务的种类、规模和质量应与居民的医疗需求和医疗科学最新成果相结合;积极发展医药行业;实施《健康国家纲要(2009~2012)》,将医疗卫生领域的国家预算支出从占GDP的3.6%提高到5.2%~5.5%。教育方面,教育是经济增长和社会发展的基础,获得高质量的教育是公民最重要的生活价值。积极推行教育体制改革,采用项目管理、竞争选拔等方式扶持有才能的教育工作者;增加高等院校的科研资金;提高教育工作者劳动报酬;完善专业人才培训及再培训体系;建立多个国际水平的科研教育中心。住房政策方面,保障所有公民都能获得住房,并针对不同群体采用不同住房政策;广泛推行住房建设金融贷款机制。到2020年人均住房面积达到28~35平方米。在普京总统第四任期,2018年5月普京发布总统令确定2024年前俄罗斯政府的主要工作方向,确定了12个优先方向,以国家项目为抓手重点落实,其中人口、医疗、教育和住房领域均被列入国家项目。

"创新"思想主要解决俄罗斯的发展问题。尽管2008年出台的《2020战略》提出了俄罗斯要从能源导向型经济向创新型经济过渡的目标,但在此之前,普京执政的前两个任期也已意识到单纯依赖能源拉动经济增长并非长久发展之计。早在"格列夫计划"中就提出,应实施结构政策,纠正经济的结构性失衡,2003~2007年经济的重要任务之一是向连续不断的创新进程过渡。《2003~2005年俄罗斯联邦社会经济发展中期规划》提出,俄罗斯经济应实现结构多元化,并实施科技领域和激励创新积极性方面的相关政策。例如建立创新活动的基础设施(工程技术中心、创业孵化器、科技园、创新科技中心等)、培养创新领域的人才、建立经济特区发展高科技产品等。2003~2008年,尽管经济取得了较快的增长速度,但普京和俄罗斯政府一直认为能源导向型经济发展模式存在隐忧。《2020战略》充分体现了当时俄罗斯政府改革经济结构、转变经济发展方式、向创新型经济过渡的决心,整个战略围绕"创新"思想制定。该战略提出俄罗斯应发展科学技术，建立国家创新体系，扶持创新企业，提高研发部门效率，发展创新基础设施，有效融入全球创新体系；发展航空工业、发动机制造、航天业、造船业、无线电电子工业、核能工业综合体。在对外经济政策方面，该战略提出创造条件实现俄罗斯在高技术产业、知识服务和深加工产品方面在国际分工中的专业化；实现出口产品和出口地域的多元化，建立各领域进入世界附加值产业链的专有技术中心；共同发展欧亚经济一体化。在普京开启第三任期前的竞选纲领《关于我们的经济任务》①中，实现创新发展也是俄罗斯当时经济发展任务的重要方面。普京提出，俄罗斯经济对能源和原材料的依赖性决定了其在国际经济体系中的地位。为了改变俄罗斯原料供应者的角色，要大力发展以现代化技术为基础的创新型经济，建立符合国际标准的、有竞争力的新型工业体系，发展现代化的农业和服务业，吸引充足的资本和人力资源。为了发展创新型经济，应以竞争促创新，俄罗斯入世后，行业竞争加剧，俄罗斯应发挥自身科技优势，以创新科技抢占全球市场；鼓励创新领域的投资，政府借助税收、关税等政策杠杆，引导私营企业投资创新；发展创新产业链，研发完整的产业链，只有占据产业链上游，才能充分享受到知识产权带来的利益成果；加强对高校和科研机构的财政扶持，发展斯科尔科沃创新产业园。普京第四任期的"突破性发展"仍然紧紧围绕"创新"的主题。在普京第三任期中，俄罗斯经济在内部结构性矛盾和外部国际油价下跌、西方经济制裁等多重因素的影响下陷入低速增长。为尽快摆脱这一经济困局，普京在"新五月命令"②中多次提到实现"突破性发展"，而"创新"仍是实现"突破"的必要条件。

综上所述，普京执政以来，"强国"、"富民"和"创新"一直是贯穿其政策始终的三大主线，并且这三条主线并不孤立，而是相辅相成、相互促进的。"强国"是实现"富民"和"创新"的保障，"创新"是实现"强国""富民"的手段，而"富民"又是实现"创新"和"强国"的前提和基础。

---

① Путин В., О наших экономических задачах, http://putin2012.ru/events.
② Президент подписал Указ О национальных целях и стратегических задачах развития Российской Федерации на период до 2024 года, http://www.kremlin.ru/events/president/news/57425.

（三）秉持务实主义

普京执政期间，俄罗斯政府的经济战略对各派经济理论和经济思想兼收并蓄，始终以俄罗斯当时社会经济发展现状为现实坐标，以解决问题为目的，对待同一经济问题在不同时期的做法也有所差别，适时根据实际情况和现实需要对经济政策进行调整，秉持务实主义，这也是普京执政二十余年来治国理念和经济战略的一大鲜明特点。

首先，关于如何看待市场与政府在经济中的作用问题，普京执政各时期政府的做法就存在一些变化。在普京执政第一任期，为了使刚确立的市场经济制度不可逆转，经济政策强调发挥市场对经济调节的主导作用，鼓励竞争，降低政府在经济中的作用，但强调政府应在保持市场秩序、为市场经济有效运转创造条件等方面有所作为。"政府在经济中的作用应是保护经营自由，减少行政命令式的管理，保证经营主体能够自由地生产、交易和投资。"① 第二任期中，国家在打击寡头过程中逐渐加强对经济和重要战略资源的掌控，并强调"政府至少在15年至20年中还会在经济发展中发挥重要的作用"。政府还对关键领域大型国有企业进行重组，组建联合飞机制造集团公司、航空发动机制造集团公司、联合船舶制造集团公司、重组俄罗斯国防出口公司及一些大型核电企业等，以增强俄罗斯国有企业在国际市场上的竞争力。梅德韦杰夫执政时期和普京第三任期，俄罗斯政府在反危机、反制裁和确保经济稳定中发挥了不可替代的作用。在普京第四任期，俄罗斯政府更是在经济发展的13个关键领域设立国家项目，希望扭转不利的经济形势，通过政府对相关行业的支持，尽快实现经济结构的调整和经济增长方式的转变，从而实现经济发展。然而，政府也强调了竞争的重要性，在《2020战略》中明确了国家、私营企业和社会之间的关系，即要达到发展的目的，需要构建国家、私营企业和社会之间相互作用的机制。国家应为企业自由经营和竞争创造条件，发展企业的自我调节机制；降低经济的行政壁垒；减少国家对经济的过度干预，在经济活动中以间接调控为主导；逐渐减少国家

---

① Послание Федеральному Собранию Российской Федерации, 8 июля 2000 г., http://www.kremlin.ru/events/president/transcripts/21480.

借助透明和有效的私有化程序参与对经济竞争部门的所有制的管理；支持宏观经济的稳定和对主要经济指标变动的预见性，不断降低通货膨胀率；发展旨在降低经营和投资风险的公私合作；支持企业参与社会领域和人力资本发展的主动性；保护俄罗斯企业的海外利益；在国家权力机关对经济进行调控时，扩大企业团体参与决策。可以说，尽管在普京第二任期之后，国家在宏观调控和关系国家经济命脉、经济安全等领域的影响力和控制力有所增强，但在一些竞争领域，俄政府也在尽量减少干预，鼓励竞争，发挥市场机制对经济的调节作用。

其次，关于社会民生问题。自普京执政以来，俄罗斯政府一直重视社会民生问题，但是各时期民生问题的侧重点有所不同。在普京执政初期，由于经济经历了近十年的转型性经济衰退，1/3 的国民在贫困中挣扎，因此该时期解决民生问题的首要任务是提高居民收入，减少贫困；在普京第二任期，经济连续几年保持增长，居民收入得到一定程度的提高，在此基础上实施"四大民生工程"，致力于提高关系居民生活质量的住房、医疗及教育服务的可及性；而在普京第三任期，国家经济面临结构性矛盾，要实现创新型经济发展，需要的是高质量的人力资本，因此，社会民生问题的重心转向教育、科学、文化领域，着眼于为未来经济的长远发展培养优秀人才。

第七章 俄罗斯产业政策演变

长期以来，产业结构尤其是工业结构原料化问题一直是阻碍俄罗斯经济可持续发展的症结，因此考察俄罗斯产业结构变化和产业政策演变具有重要意义。本章系统梳理普京执政以来产业政策演变的特点、各时期俄罗斯产业政策的主要内容及实施效果。

一 产业政策的含义及作用

产业政策是一个国家的中央或地区政府为了其全局和长远利益而主动干预产业活动的各种政策的总和。

产业政策一词最早出现的标志是1970年日本通产省代表在OECD大会上所作的题为《日本的产业政策》的演讲。此后，产业政策的研究不断扩展，并逐步在各国政界和学术界受到关注。日本通产省经济研究所原所长小宫隆太郎认为，产业政策的核心内容是针对资源配置方面出现的"市场失败"而进行的政策性干预。日本的《经济词典》中对产业政策的定义是："产业政策是指与产业结构有关的产业结构政策和与产业内部竞争组织有关的产业组织政策。前者以产业结构变化为目的，后者以实现公平竞争为目的。"[1]《现代日本经济事典》对产业政策做了比较全面的概括，认为"产业政策是指国家或政府为了实现某种经济和社会目的，以全产业为直接对象，通过对全产业的保护、扶植、调整和完善，积极或消极参与某个产业或企业的生产、经营、交易活动，以及直接或间接干预商品、服务、金融等的市场形成和市场机制的政策的总称"[2]。

产业政策是人们对产业客观实际的一种主观认识，其作用可能是积极的，也可能是消极的。产业政策的积极作用主要体现在以下几个方面。

---

[1] 〔日〕荒宪治郎、〔日〕内田忠夫、〔日〕福冈正夫编《经济词典》，讲坛社学术文库，1980。
[2] 中日经济专家合作编辑《现代日本经济事典》，中国社会科学出版社，1982。

第一，弥补市场失灵的缺陷，完善市场机制。各国产业政策最普遍的作用就是弥补市场失灵的缺陷，这是产业政策形成的逻辑起点，并且在产业组织问题上，能够通过旨在鼓励有效竞争、反垄断、发展规模经济、完善市场秩序等政策的制定与实施，以适度竞争的市场结构优化市场机制。第二，实现超常规发展，缩短赶超时间。这是产业政策形成的另一逻辑起点，政府通过产业政策有效地促进本国产业参与国际分工，从而充分利用后发优势，实现超常规发展，缩短赶超时间。第三，促进产业结构合理化和高级化，实现产业资源的优化配置。产业政策作为政府行为，可以根据科学的预见实现事前调节，避免不必要的资源闲置和浪费。政府用"看得见的手"有效地支持未来主导产业和支柱产业的成长壮大，可以有秩序、低成本地实现衰退产业的撤退和调整，从而加速产业结构的合理化和高级化，实现产业资源的优化配置。第四，增强产业的国际竞争力。产业的国际竞争力是建立在本国资源的国际比较优势、骨干企业的生产力水平、技术创新能力和国际市场的开拓能力基础之上的。产业政策对提升企业创新能力和开拓国际市场等都有重要作用。第五，在经济全球化过程中趋利避害，保障国家的经济安全。这是产业政策最近十几年间表现出来的全新功能。正如东南亚金融危机所昭示的那样，经济全球化极有可能给没有任何防备的发展中国家造成深重的灾难。因此，各国政府应以产业政策为武器，尽可能趋利避害，确保本国经济安全。

西方学者通常将产业政策、财政政策和货币政策并称为三大经济政策。这虽然大致反映了三种经济政策具有同等地位的事实，但并没有厘清它们之间的相互关系。日本学者提出，产业政策与财政政策、货币政策不是并列关系，不应当将它们相提并论。因为三者不遵循统一的分类标准，其着眼点也有所不同。第一，从政策的基本目标看，产业政策着眼于经济发展，从属并服务于国民经济的整体战略；而财政政策和货币政策则把经济稳定和总量平衡放在首位。第二，从层次上看，产业政策侧重于调整经济结构，通过对稀缺资源的指导和干预，求得结构的优化和升级，而且财政政策和货币政策主要关心经济总量，减少经济波动。第三，从时限上看，产业政策是一种中长期政策，是动态的、阶段性的政策；而相机抉择的财政政策、货币政策则是时限较短的政策。第四，从对国民经济活动的作用上看，产业政策是一种供给管理政策，通过选择主导产业，大力发展支柱产业，带动其他产业的全面协调发展，力求以最少的资源投入在政策的有效时限内得到最大的产出，而财政政策、货币政策则是一种需求管理的政策，通过调整政府的支出和税率的高低，控制货币和信贷总量，调节社会总需求，使之与总供给保持基本平衡。事实上，产业政策在多数情况下都需要财政政策和货币政策的配合才能付诸实施，也就是说，财政政策和货币政策经常充当实现产业政策目标的基本工具，它们之间是相互交叉的。

二 俄罗斯产业政策的主要内容

（一）2004~2008年产业政策的主要内容

在普京第二任期，俄政府有意识地进行产业结构调整，希望产业结构从"适应性调整"向"战略性调整"转变，实现经济结构多元化，适应新时期经济发展的新要求，不断缩小与世界发达国家的差距，提高俄罗斯经济的竞争力，实现从资源型经济向发展型经济过渡，提高经济发展的质量。2004~2008年产业政策主要通过对重要行业制定中长期发展规划推进，这里重点介绍能源、冶金、化工、机器制造、森林工业等领域的产业政策。

1. 能源政策

2003年俄政府颁布《2020年前俄罗斯能源战略》，[1] 对石油、天然气、煤炭和电力等能源工业发展进行了总体规划。

（1）石油工业政策

石油工业的总体战略目标是：有效满足国内外对石油和石油制品的需求；保证国家预算收入的稳定提高；保障俄罗斯在国际上的政治利益；满足俄罗斯经济相关部门（如制造业、服务业和运输业）对石油和石油制品的需求。为实现上述目标，石油工业面临的主要任务包括：合理利

---

[1] Энергетическая стратегия России на период до 2020 года, http://www.government.gov.ru.

用已探明石油储量,保障石油开采工业资源储量的扩大再生产;降低能耗,尽量减少在石油勘探、开采、运输和加工等环节上的经济损耗;提高石油深加工能力;建立和发展新的大型石油开采基地,尤其是在俄东部地区、北极和远东大陆架地区;加强石油综合体的运输基础设施建设,提高石油和石油制品的出口效益,实现石油出口和内销在地区、管线方面的多元化;扩大俄石油公司参与国际市场竞争的范围。

石油开采工业的战略任务包括:保证必要的储备结构和合理的地区分布;保证石油开采量的稳定增长;尽可能保持现有开采水平;考虑子孙后代的利益。具体政策如下。第一,继续挖掘现有油田的开采潜力。俄罗斯主要石油产地在西西伯利亚地区、伏尔加河沿岸地区和北高加索等地。2020年前,西西伯利亚油气区仍是俄石油主产地,该地区大部分油田储量丰富,开发程度高。第二,加大开发新油田的力度。新油田主要位于东西伯利亚和萨哈共和国、沿海大陆架、巴伦支海地区和位于俄罗斯境内的里海地区。东西伯利亚和远东地区的石油开采量的增长对俄罗斯社会经济发展和俄在亚太地区的利益都具有重要的战略意义。应尽快解决矿产资源许可证制度不健全、油气管道布局不合理等问题,保证新油田开采量的扩大。陆上石油储量接近枯竭,沿海大陆架开发潜力巨大、前景乐观,主要包括北冰洋西部的施托克曼、鲁萨诺夫、萨哈林东北大陆架等地区。第三,采用先进的技术和方法,提高石油开采效率。主要依靠开采部门的科技进步、改进钻探方法和加深开采深度。具体政策包括:鼓励发明和采用新技术、新设备,提高难采油田的开采效率,特别是提高低渗油、透水区的剩余石油、高黏度石油和气田中石油的开采效率;研制适用于北极、远东和南部海域大陆架地区的成套钻探和开采设备;改进技术、设备以适应恶劣的气候条件;改进现有方法并采用新方法以提高油层渗油度;使用计算机对油田开采周期进行设计,以及在复杂地质条件下,利用计算机对油井间的导脉做出地质模型;综合利用物理学、热力学、流体力学、机械等方面的知识,制造出多功能设备,运用于石油开采工业。

石油加工工业的发展目标为:提高石油制品的产量,提高动力燃油质量,突破将重油作为热电厂备用燃料的技术难题,无条件满足国防部门对石油制品的需要。《2020年前俄罗斯能源战略》还提出了石油加工工业发展的具体数量指标。相关产业政策如下。第一，对现有石油加工企业进行现代化改造。俄石油加工企业现有工艺和技术落后、设备老化严重，这就要求对现有技术设备进行大规模的现代化改造。加快石油深加工成套设备的制造；改进工艺，如采用石油催化重整工艺、加氢精制工艺、烃化工艺、氢化脱蜡工艺、脱芳工艺和高辛烷值含氧添加剂生产工艺；扩大高标号油、高效添加剂和各种用途的润滑油的产量。第二，提高石油制品的产品质量和环保要求。石油加工工业为石化工业提供原料保障（包括直馏汽油、化学原料汽油、芳烃、炭黑原料等）。因此，石油加工企业产品的质量直接关系到石化工业产品质量。俄罗斯石油制品环保标准严重超标，因此俄政府提出，提高石油制品的产品质量和环保要求，并将产品质量标准、环保标准以及达到标准的时间表以立法的形式确定下来。此外，政府还确定了燃油使用及汽车发动机燃油技术标准，控制和减少对高排放汽车的需求；利用消费税分级税率促进清洁汽油和柴油的生产。2004年，卢卡伊尔公司在彼尔姆首次建立了石油深加工综合体，进行欧4标准柴油的生产，到2009年，预计该公司50%以上的产品为欧4标准。[①] 第三，进行石油深加工，提高经济效益。石油深加工能够优化石油制品的加工结构。提高价格高的轻质石油制品的产量，降低价格低的重油的产量，能大大提高每吨石油产出的石油制品的价值，保证利润率的提高。石油深加工可为俄罗斯每年省出3000万吨石油，如果石油开采量不减，可增加石油出口量。这对国家和石油公司都有利：公司获得了国际国内市场差价，国家由于国内增值税转变为出口关税而获得利益。经计算，当国际原油价格为每桶10.6~47.6美元时，石油公司取得的经济利益为每吨38.5~125.9美元，国家的经济利益为0~71.5美元。未来10~15年石油价格如不跌破40美元/桶，那么俄罗斯通过增加的石油出口量每年可获得250亿美元的收益。俄政府在2006年制定的《石油加工工业发展投资纲要草案》中（以下简称《草案》）提出，到2018年轻质石油制品（汽油、煤油、柴油）的产量比现有规模扩大20%~25%，达到美国的深加工程度，轻质石油制品出口在石油出口中的

---

① В. Алекперов, Нефтегазовая отрасль и развитие российской экономики, -М.: Экономика, 2005, С230.

占比达到75%。① 第四，建立新的石油加工企业，优化地理分布。《2020年前俄罗斯能源战略》提出在石油制品消费集中的地区建立新的中型石油加工企业，在边远的北部和东部地区建立正规的且设备齐全的小型企业。《草案》将老厂改造和新厂建立分为两个阶段。2008~2018（2020）年为第一阶段，计划建立15家生产能力为年产300万~500万吨的中型石油加工企业，将平均运输距离从2000千米缩短到1200千米，在建立新企业的同时对22家老企业进行改造，并关闭3家地理分布过度集中的企业。② 2015~2025年为第二阶段，③ 计划新建25~35家中型企业，使石油制品产量达到年产2.6亿~3亿吨。到2025年，将运输距离缩短为500~700千米。该阶段结束时，俄罗斯将拥有65~70家石油加工企业，虽然仍尚未达到西方国家的标准（即每100万平方千米建1家企业），但不合理的地理分布已经得到了很大程度的改善，大大节约了运费。④ 第五，强调国家与石油企业的协调合作。在石油部门的发展过程中，俄政府强调国家与企业的协调合作，认为只有在国家和企业合作得到发展的前提下，国家才能对石油加工企业的地理分布进行有效的调控。否则，如任凭企业自然分布，竞争中的各企业为了建立各自的势力范围，又会造成将3~4家企业密集分布在同一地区的状况。国家通过长期贷款的调控杠杆控制新建企业的规模，促使石油公司将新建规模限制在年产300万~500万吨，还会采取措施关闭一些亏损企业。

---

① А. Калинин, Экономические проблемы нефтепереработки, Экономист, 2006 г., № 5.
② 《草案》还对第一阶段所需投资规模进行了估算，每家老企业改造平均需要5.5亿美元，每家新企业建立需要15亿美元。因此，改造22家老企业并新建15家新企业共需投资346亿美元，大约每年35亿美元。为了平均分配投资，需将改组和新建工作分散开，改组一家企业需要3年，建设新企业需要7年。《草案》设计了两种分配方案。第一种方案为：22家老企业分为7轮进行改组，每年开始一轮，第一轮从2008年开始，改组4家，其他6轮每轮改组3家，这样才能组织新企业的建设。新企业建设分为5轮，每轮3家。第二种方案为：改组和新建的投资可逐年增加。改组的投资结构大体为：第1轮—20%，第2轮—30%，第3轮—50%；新建的投资结构为：第1轮—7%，第2轮—7%，第3轮13%，第4轮—13%，第5轮—22%，第6轮—22%，第7轮16%。两种方案下，改组工作都要于2008~2014年开始，于2010~2016年结束；新建工作于2008~2012年开始，于2014~2018年结束。
③ 两个阶段在时间上有所重叠，这与石油加工企业的建设期和投资规模有关，建立1家新厂的平均建设期为7年，而现有投资规模不能保证所有新厂都能立刻得到投资，因此分批进行建设。
④ А. Калинин, Экономические проблемы нефтепереработки, Экономист, 2006 г., № 5.

(2) 天然气工业政策

俄政府在《2020年前俄罗斯能源战略》中制定了天然气工业发展的战略目标和天然气开采的数量指标。总体战略目标是：持续稳定地满足国内外对天然气的需求；发展国家"统一天然气供应体系"，并将其扩展到俄罗斯东部，加强各地区一体化；完善天然气部门的组织结构，建立自由的天然气市场；保证国家财政收入的稳定，刺激相关部门（如冶金、机器制造业等）产品需求的增长；保障俄罗斯在欧洲和邻近国家以及在亚太地区的政治利益。具体政策措施如下。第一，在天然气开采领域，在继续对传统天然气产地西西伯利亚地区进行开发的同时，在东西伯利亚、远东地区、欧洲北部（包括北海大陆架）和亚马尔半岛建立天然气开采基地；在对大型气田进行开采的同时，也开发一些小型气田，如在乌拉尔联邦区、伏尔加河流域和西北联邦区的小型气田区内，每年可开采80亿~100亿立方米的天然气；建立适应恶劣地理、地质和气候条件的开采基础设施。第二，在天然气加工领域，实现天然气从作为燃料向作为生产原料使用的过渡，以保证天然气加工工业和天然气化学工业中高附加值产品产量的增加；对现有天然气加工厂进行技术改造，提高对天然气有效成分的利用，提高企业的经济效益和生态安全；贯彻碳氢资源深加工政策，将天然气制品的产量提高至目前的2倍。第三，在天然气运输基础设施建设方面，大力发展东西伯利亚和远东地区的天然气运输系统，并与"统一天然气供应体系"相连接，以保证满足消费者需求和过境运输。

(3) 煤炭工业政策

煤炭工业发展的战略目标为：保证满足经济发展和居民生活所需的高质量固体燃料及加工产品；提高煤炭工业的竞争力；采用先进的科学技术和清洁环保的生产工艺，实现煤炭工业的稳定、安全发展。煤炭工业的政策如下。第一，在煤炭开采领域，开发西伯利亚和远东及俄罗斯欧洲部分的主要煤炭产地和采煤区，扩大对具有良好地质条件的矿区的开发；加大勘探力度；增加露天开采的比重，从2000年的64%增加到2020年的75%~80%。第二，在煤炭加工领域，加快设备的更新换代，发展技术租赁；在增加焦煤加工深度的基础上提高煤炭产品质量，采用深加工工艺，提高煤炭作为燃料的竞争力。第三，在运输基础设施方面，提高铁路运输效率；解决向乌拉尔和中心区的热电站及波罗的海和黑海港口运送煤炭的地区间的交通运输问题，主要是将西向铁路的输送能力增加到7000万吨/年；增加港口的吞吐能力，培育出口潜力，主要是对东方港、瓦尼诺港、乌斯季卢卡港和摩尔曼斯克深水港进行改造，并恢复高密度煤悬浮体的管道运输。

（4）电力工业政策

电力部门发展的优先方向是：保障电力投资的增加，大规模引进新的电力设施，替换老化设备，并对现有热电站进行技术重组；改变电力需求结构，提高电力的生产、输送和使用效率，使生产能够抵补需求增量的70%~75%；保证用户与电网的可联结性；实现余热供暖，节约能耗；取消对居民用电和其他用电的交叉补贴；开发使用替代能源增加电力生产，产量从2007年的5亿千瓦增加到2020年的100亿~200亿千瓦，再到2030年的500亿~650亿千瓦（占电力生产总量的2%~3%）；完成俄罗斯国内电力市场的建设。国家制定政策确定了电力部门的发电结构和地域布局。2020年前电力工业的基础仍是热电站，其在发电结构中的比重仍将保持在60%~70%；俄罗斯的欧洲部分，对以天然气为燃料的热电站进行技术重组，并大力发展核电站；西伯利亚地区，发展以煤炭为燃料的火力发电站和水力发电站；远东地区，发展水电站，在城市中发展以天然气为燃料的热电站，在个别地区发展核电站和核供热供电中心。

（5）能源行业可持续发展政策

能源政策中还涉及技术创新、节能、能源消费结构调整及生态保护的相关可持续发展政策。

①能源创新政策。《2020年前俄罗斯能源战略》确定了2020年前能源部门技术创新政策的优先发展方向：发展科技潜力，包括基础研究和开发应用，完善实验基地和科技信息系统的现代化改造；为发展更新生产工艺、节能降耗和提高产品质量提供技术支持；加强技术创新活动各个环节之间的协调，提高科学成果转化率；保护能源科技成果的知识产权；通过国际合作，借鉴和利用国内外最先进的科研成果；发挥科技人员和科学基地的研发潜力，实现科研与教育的结合。能源部门科研的重点是开发可再生能源并掌握相关技术，包括：将热核能用于和平目的；

发展氢能源；发展核能源快速反应堆；开发潮力发电站和海洋能源；保证太阳能转化器有效功率的提高；用化学的方法获得电源；将高温超导方面的研究成果应用于电流限制和电能储存方面，可在能源系统发生故障时提高能源供应的可靠性和连续性。国家在能源部门技术创新方面进行管理和支持的政策重点是：对能源工业中的科技创新和关键性工艺的预期效果进行评估，预测世界发展趋势，对有发展潜力的技术和工艺给予经济支持；制定能源部门技术创新专项规划；建立国家检验和监督体系，对科技成果的转化进行监督，完善能源工业在科学教育和工艺生产方面的基础设施建设；国家利用各级预算资金和非预算资金资助能源部门的基础科学研究，探寻保障能源需求的新的有效途径；促进环保型燃料动力资源的开采、生产、加工、运输及其综合利用工艺的研制和开发，包括新能源和碳氢原料的利用工艺；建立健全能源部门技术创新的法律法规基础，加强对知识密集型项目的联合投资，吸引外资进入国内技术创新领域。

②节能政策。俄罗斯经济发展的主要特点之一就是高能耗。造成高能耗的原因包括自然条件恶劣、生产设备落后、能源价格过低等，最主要还是由于工业结构不合理，能耗高的部门在工业中的占比也高。因此，应提高能源使用效率，制定并实施一系列完整配套的、旨在提高能源使用效率的法律、行政和经济措施。具体措施应包括：依照《技术管理法》修改现行有关能耗的规范、规则和细则，强化对节能的要求；完善能源使用的考核和监督，制定能源使用标准和能耗限制标准，制定通用耗能设备的强制性限制的技术标准，使此类设备与能耗规范指标相一致；培养居民的节能意识，进行节能培训，推广节能技术和方法，开展节能经验交流会和研讨会，建立相关规范文件和公开数据库，依靠媒体宣传节能；合理提高国内能源价格，提价幅度要符合经济规律并为消费者所接受；逐步取消混乱的多头价格补贴，首先将取消对电价的补贴；继续推进公共住宅领域的改革；国家建立稳定的制度吸引能源消费者对节能技术和设备的投资，给予适当的优惠条件来降低投资风险和经济风险；支持节能专用技术和设备的生产和贸易。

③能源消费结构调整政策。经济转型以来，煤炭和石油在俄罗斯能源消费结构中的地位下降，天然气和电力的地位上升，造成天然气消费

比重过大，并且将天然气作为发电和供热的燃料的消费超过天然气总消费量的60%。为调整能源消费结构，俄罗斯政府制定的政策包括：第一，降低天然气在能源总消费中的比例，使该比例从2002年的50%降至2020年的45%~46%，同时将核电和水电的比例从10.8%增加到12%，将煤的消费比例从19%增加到20%；第二，综合利用天然气和伴生气，扩大天然气的非燃料用途；第三，扩大可再生能源的使用；第四，加大动力燃油的消费，使其增速比能源需求的增速快20%，以此来普及机动车，同时扩大动力燃油替代品（液化气、压缩天然气、氢）的使用。

④生态保护政策。能源工业本身是主要的环境污染源之一，因此能源工业要面临比其他工业部门更多的生态难题。生态问题主要集中在能源的开采和生产领域，如石油工业排放物的回收利用工作进展缓慢、生产工艺环保指标过低等。此外，俄罗斯还必须履行保护生态环境的国际义务。按照《京都议定书》的规定，俄罗斯应承担在2008年至2012年将造成温室效应的气体排放量保持在1990年水平上的义务，而据预测，到2020年俄罗斯也无法达到该义务水平。因此，俄政府制定了能源生态政策，力图解决上述问题，实现能源工业的生态可持续发展。俄罗斯能源生态政策的目标是最大限度地限制能源工业对环境的污染，并逐步接近欧洲同类企业的环保标准。能源生态政策要解决的几个基本问题是：开发环保的、节约资源和能源的、少排放和无排放的工艺，保证能源的合理生产和利用，降低有害物质的排放量（包括可引起温室效应的气体），减少工业废弃物和其他有害物质的堆积；继续推进专项环保措施的实施，建设和改造环保项目，其中包括对有害废气的提取和无害化处理，净化废水，加快对项目建设和生产过程中受污染土地耕作进度的恢复，将工业废弃物作为二次原料加以利用；以经济手段鼓励合理使用伴生石油气；改进煤炭的清洁燃烧工艺，并以此作为满足电厂和其他工业企业增加对煤的需求的条件；提高煤炭质量，扩大对甲烷气的利用率；提高符合欧洲标准的高质量环保动力燃油的产量，完善石油制品标准，改进污染物排放指标；制定将水力发电站对生态环境负面影响最小化的计划；组织制定环保工艺和机械设备的技术标准；组织对专业环保人员的培训。上述环保政策相应的配套措施和实施机制是：对生态保护原则做出详尽的法律规定，建立配套的、符合生态要求的法律法规体系；以经济手段

鼓励企业采用高效环保的生产方式和生产工艺，建立国家对违反者的补偿性罚款制度，该制度将由立法确定下来，具有经济支付性质，其中包括对预防性保险基金的支付；建立统一的生态环境监测情报系统；在能源工业投资项目实施过程中，强调国家对企业的环保要求遵守情况进行严格监督，进一步完善国家环保监察制度。

（6）配套措施

第一，完善法律法规及监督机制。俄政府在改善石油开采工业制度环境方面的配套措施有：完善矿产开采制度，提高企业的投资积极性；通过许可协议的方式，限定不同开采区段的最高和最低开采量；提高许可证发放的要求和条件，国家对石油开采进行有效监督；实行灵活的税收制度，实行激励石油开采投资的专门税收政策。俄政府还制定了《电力法》，规定了电力部门改革的原则：电力输送、分配和调度完全由国家调节，通过特别许可证实施；在电力生产和服务领域要打破垄断，发展竞争；保证所有电力生产者和消费者平等使用市场基础设施的权利；实行统一的安全、技术标准和规范；在进行结构重组时，须保证投资者、贷款者和股东的利益。建立和完善国家对能源市场的监督机制，具体措施包括：完善能源市场反垄断监督机制；保证对能源市场各类交易活动的有效监督，及对卖方商业行为的监督；预防和监督经营单位恶意利用其在市场的主导地位赢利；建立能源市场统一的监控体系。

第二，制定相关扶持政策，给予税收优惠。为加大新油田开发力度，俄政府采取措施引进外资和先进技术，并对大陆架油气资源开采提供税收优惠。扶持天然气工业发展：完善矿产使用税收制度，为开发新气区和气区的后期开采创造有利条件；国家支持互利的长期天然气进口合同，节约本国资源，提高向独联体和其他国家出口的可靠性；提高国家对天然气工业的管理效率，最大限度地实现国家调控措施的规则化；在所有生产者和消费者一律平等的基础上，建立和发展天然气市场。为煤炭工业发展创造条件：为满足低收入家庭对煤炭的需求，实施相应的社会扶持措施；国家反垄断部门采取措施防止无根据地抬高煤炭价格，加强国家对"煤炭企业-发电站"垄断的监督；国家对亏损严重的井工矿和露天矿的关闭工作进行资助，为煤炭工业企业发展生产和改善财务状况的贷款实行利息补贴；国家为采用清洁环保工艺和煤炭化学工业的生产提供国家支持。

第三，加强市场建设。改革自然垄断部门，建立国有资产管理体系，完善能源部门的组织结构和公司关系。推行电力部门改革，把联邦电力市场改造成真正存在竞争的电力批发市场，并建立电力零售市场。天然气部门结构改革要提高"天然气工业公司"资本运作和经营活动的透明度，提高公司治理效益，发展内贸体系，逐步实现向天然气市场自由化的转折。

第四，能源供应政策。最大限度地降低能源提价对消费者造成的消极影响，保证居民人均收入的增长比居民能源支出增长快一倍，以此作为对居民能源支出的补偿；使住房公用事业、各级预算关系和消除交叉补贴的改革相一致；建立负责制，确保对居民日常生活保障设施和战略设施供应必要数量的能源；建立国家对贫困阶层居民专项社会保障制度；实现国家预算社会项目支出制度的合理化；依靠预算拨款，建立基本数量的能源储备，保障重要社会部门和战略部门的能源供应。

第五，相关社会保障政策。能源部门的社会保障政策主要针对能源产地的社会基础设施、能源工业职工的生活保障水平等社会问题。主要措施包括：为能源企业职工提供安全的劳动条件，降低工伤率；在以能源工业为基础建立的城市中，实行生产多元化，制定并实施保障失业人员再就业的社会措施，为企业的青年职工建立兼职制度；为能源工业企业中的退休职工和因企业倒闭而失业的职工到其他地区生活和再就业提供便利条件；制定配套措施，为在新居住地购买住房的人员提供补偿和必要的优惠；制定专门的优秀职工休养-康复计划；制定和实施全面的继续教育，提高各级专业人员的技术水平，完善干部再培训制度；对于能源开采呈下降趋势的地区，如该地区缺乏实施社会政策的资金和能力，国家应给予相应的政策支持。

2. 机器制造业发展政策

2005年11月，俄罗斯联邦工业和能源部制定了《2005~2006年机器制造业发展主要方向的明确计划措施》（以下简称《措施》），确定了2005~2006年机器制造业发展的方向。主要措施包括：在创新的基础上对现有企业进行现代化改造，并建立新的高效的企业，包括有外资参与的企业；采用先进技术，优化产品的维修和保养服务；发展有助于提高劳动生产率、节能降耗的机器和设备的生产；制定技术规范和其他规范性文件，以接近国际先进的技术标准；拓展国内市场；在使用国产技术设备的基础上进行自然垄断行业的技术重组；保证国家对机器设备出口的支持；加快机器制造业的结构重组，建立在市场狭窄的情况下也能高效发展的集团公司；为机器制造业吸引专家和人才创造条件。

在提高机器制造业的竞争力和投资吸引力方面，俄罗斯联邦工业和能源部制定了《机器制造业科研和设计工作及新技术采用》的联邦专项纲要；制定了《以高新技术和具有竞争力的产品保证联邦铁路运输的中长期跨部门合作规划》，俄罗斯联邦工业和能源部、"俄罗斯铁路"公司和主要机车车辆制造企业签订了三方协议，以此作为对研发新技术长期合同的附加保障；俄罗斯交通部和"俄罗斯铁路"公司联合制定发展本国机车和车厢制造的优先发展方向，并商议国家参与该部门的程度和方式；俄罗斯联邦工业和能源部、联邦工业代办处和天然气工业公司签订《关于在研制和生产现代化的符合国际标准的国产机器设备方面相互配合》的协议，但统一电力公司以现有组织形式即将完结为由拒绝在协议上签字；计划按照2002年12月27日第184号《关于技术调控》的联邦法律，着手制定10项机器制造业的技术规范，包括《关于机器和设备的安全使用和合理利用》《关于机器和设备的安全性》《关于低压设备的安全性》《关于设备在0.07兆帕以上超压和115摄氏度热水中工作的安全性》《关于起重运输设备及其使用过程的安全性》《关于升降机的安全性》《关于车辆使用的安全性》《关于安全使用车辆的要求》《关于汽油、柴油和其他油料的要求》《关于拖拉机及农用、林用机械的安全性》；采取环保节能措施，合理使用车辆，减少汽车尾气对环境的污染，使用可回收资源，通过资源的回收利用和减少资源和能源的消耗量来降低生产成本；分析自然垄断部门价格水平对机器制造业的影响，并实施相应对策。在发展国内市场、支持出口方面，国家对本国无法生产的机器和配件的进口给予关税优惠，对国内有同类产品的机器和设备的进口以提高进口关税的方法加以调控。在发展人力资本方面，政府正着手制定《2010年前机器制造业人力资本发展规划》。

当时，俄政府还针对机床制造、电子工业和运输工具制造业等部门的发展制定了专门政策。

（1）机床制造

2007年7月20日的政府工作会议上，俄罗斯联邦工业和能源部受命制定《2011年前机床工业发展措施计划》。7月底，由政府、主管部门、银行和租赁公司、机床机械联合会、大型生产企业和机床消费部门的人员组成了工作小组，共22人。[①] 工作小组讨论决定：进行"机床进口"公司的改组，更换领导层，改选总裁并重新任命总经理；制定俄罗斯机床制造企业最具竞争力产品名录，方便消费者购买；组织实施重点创新项目，进行批量自动化生产民用机器产品的国产万能自动装置的开发和研制，预计2007~2009年项目投资额为4600亿卢布，其中2300亿卢布为国家预算拨款。[②]

工作组还确定了2011年前机床制造业的优先发展方向[③]。第一，刺激本国机床制造企业的投资积极性。具体措施包括：将企业固定资产的折旧基金提高到30%；对购买本国机器产品的企业给予贴息贷款优惠；为机器制造业的技术重组建立技术设备租赁体系。第二，发掘本国企业的出口潜力。主要措施有：修订本国机床制造业生产所需设备和配件进口的关税税率；鼓励企业参加国际国内的展览会和交易会；确定国家支持的机床制造业技术和技能清单。第三，刺激企业的创新活动。具体措施为：建立国家工程中心；制定《2007~2012年俄罗斯国家技术基础》联邦专项纲要；研发并组织具有竞争力的新型产品的生产。第四，建立机床制造业的人员培训体系。具体措施为：制定中、高级机床制造人才培养的职业标准；在职业标准基础上制定教育标准、制定培养计划和职业教育规划、制定再培训规划；等等。俄罗斯联邦工业和能源部副部长曼图罗夫还提出，建立国家对机床制造业的高效的调控机制，由俄罗斯机床工业公司、国家工程中心和机床机械联合会共同执行国家对该部门的调控。

（2）电子工业

普京第二任期，俄罗斯制定的与电子工业发展有关的战略文件包括

---

① Д. Мантуров, Тезисы доклада на заседании Правительственной комиссии по развитию промышленности, транспорта и технологий, 17 декабря 2007, Государственная промышленная политика в станкостроении, http://www.minprom.gov.ru/activity/machine/appearance.

② Д. Мантуров, Перспектива развития станкостроения, Экономист, 2008 г., №3.

③ Д. Мантуров, О ходе реализации решений Правительства Российской Федерации по развитию станкостроения, http://www.minprom.gov.ru/activity/machine/appearance.

《2025年前俄罗斯电子工业发展战略》、《2008~2015年俄罗斯电子元件基础和无线电工业发展》联邦专项纲要、《国防工业综合体发展》联邦专项纲要、《全球导航系统》联邦专项纲要、《2007~2011年俄罗斯电子元件基础发展》子纲要等，对电子工业的科研工作、建设项目和电子工业企业重组的任务做出具体要求。本书在对上述战略文件进行梳理的基础上，从科技、投资、进出口和人才培养几方面对俄罗斯电子工业发展战略进行分析和阐述。

在科技方面，2007年出台的《2007~2011年俄罗斯电子元件基础发展》子纲要中包含了实行科研和实验设计的108项国家合同，总额达22亿卢布。在《国防工业综合体发展》联邦专项纲要框架下，电子工业部门进行了58次科研和实验设计的竞标，实现了100多项新技术的创新并签订了国家合同。在《全球导航系统》联邦专项纲要框架下，联邦预算资金对科研和实验设计的拨款为2.87亿卢布，预算外资金为7120万卢布，该纲要还取得了1.4亿卢布的国家投资进行生产的结构改组和技术重组。

在投资领域，电子工业的技术基础非常落后，1999~2008年固定资产更新率不超过1.5%~2%（发达国家的固定资产更新率一般为25%~30%），建筑设施等固定资产磨损率约为50%，机器设备的磨损率高达85%。实施投资战略的目标是进行电子工业的技术重组，实现生产技术基础的现代化，缩小同发达国家的技术差距。除国家拨款外，投资的主要资金来源有企业自有资本、利润、折旧、财产变卖资金、借贷资金和投资者的投资。2007年，国家预算资金和企业自有资本的投资比例为50∶50，而发达工业国家私人资本投资一般占70%。2007年，上述战略文件下，国家的投资总额达到20亿卢布，依靠这些资金，电子工业中29家企业开始进行技术重组，26家企业计划进行新建项目，4家企业开始建立设计中心。2008年，国家将投资30亿卢布，进行90项建设项目，其中30项为新建项目，建立6个设计中心，并计划由"俄罗斯电子"公司建立设计、编目和遮光板制作的跨部门系统中心。[①]

在进出口方面，电子工业的进出口战略的政策重点是加大对出口产

---

① A. Суворов, Радиоэлектронный комплекс в 2007 г. и задачи на 2008 г., Экономист, 2008 г., №5.

品质量和竞争力的管理力度，使出口产品符合国际标准，并取得相关认证；对电子产品的国际市场进行市场调研，为企业提供正确的出口政策导向；发展市场基础设施，组织代表团出国考察；加强广告宣传、展览会、交易会等措施的执行。

在人才培养方面，电子工业中人才流失现象严重，尤其缺少青年专家，人才高龄化的主要原因是该部门青年专家工资水平较其他部门低。2008年电子工业工人平均年龄为47.5岁。30岁以下的年轻工人仅占19.7%，而50岁以上的比例却高达52.9%，其中27.4%为退休工人。具有副博士学历的人才中50岁以下的占17.7%，博士中50岁以下的仅占4.0%，而57.6%的副博士和83.0%的博士已经退休。因此，实施电子工业人才战略的首要任务是采取措施使人才"年轻化"，首先通过在高等和中等专业学校中招聘毕业生的方式选拔人才，并提高青年专家和工人的工资和待遇，以便留住人才。

（3）运输工具制造业

2007年4月，俄罗斯联邦工业和能源部制定了《2007~2010年及2015年前俄罗斯运输制造业发展战略》[①]，该战略是在2004年俄罗斯交通部制定的《2020年前俄罗斯交通运输战略》、《2002~2010年俄罗斯交通系统现代化》联邦专项纲要和《2007~2010年俄罗斯国家技术基础》联邦专项纲要的基础上制定的。该战略分析了运输制造业当前的发展状况和部门中存在的主要问题，按照惯性方案和比较乐观方案两种情况对部门未来发展进行了预测，并制定了部门发展的主要任务和相关措施。

该战略指出，运输制造业发展的政策重点主要有以下五个方面。第一，发展运输制造业的国内市场。考虑到运输制造业产品研发和制造期长，无论是对生产者还是消费者来说，签订长期供货合同都是最优选择。在签订长期（5~7年）合同的情况下，企业才有可能扩大生产能力，降低风险，这有利于推动国内市场发展。第二，为本国运输制造业产品出口创造条件。国家以联邦预算弥补企业贷款利息和提供国家担保的方式，支持运输制造业产品的出口。第三，提高本国产品的质量和竞争力。运

---

① Минпроэнерго，Стратегия развития транспортного машиност-роения Российской Федерации в 2007-2010 годах и на период до 2015 года，http：//www.minprom.gov.ru/activity/machine/strateg/2.

输制造业产品的质量受到供货部门①零件和配件质量的限制，而这些供货部门的产品质量需要在国家的倡导下进行大规模高投入的科研和实验设计工作方能提高。此外，为保护国内市场，还将对在俄罗斯有同类产品生产的机器设备的进口关税进行修订。第四，刺激运输制造业的投资。运输制造业生产的增长需要对科研、固定资产和人才培训等方面进行大量投资。投资可能来自俄罗斯企业，也可能来自外国企业。因此，考虑到运输制造业对国家具有战略意义，对于外国资本的加入要以相应的投资协议加以限制。第五，完善人才政策，吸引部门发展所需的技术熟练工人和专家。

3. 化学和石化工业

俄罗斯化学和石化工业生产结构是 20 世纪 80 年代形成的，生产设备也大多是苏联时期遗留下来的，产出的产品不能满足当时国内外市场的需求。发达工业国家通过长期的结构改革和技术创新，控制着主要专用高新技术材料的生产，将大吨位产品的生产转移到原料和劳动力都比较廉价的地区。这就导致很多发展中国家从俄罗斯化工产品的消费者转而成为俄罗斯的竞争者，甚至挤占俄国内市场，成为产品的生产者。此外，俄罗斯化学和石化工业固定资产老化现象严重，生产设备负荷已经达到极限，主要产品生产设备的负荷大都超过 80%，技术设备、主要运输工具和其他机器的有形和无形磨损率很高。2006 年，化学和石化工业的固定资产磨损率为 46.2%，设备磨损率为 48.1%，有些设备的磨损率超过 80%，甚至达到 100%。在美国，化工企业设备使用期限一般为 6 年，而俄罗斯很多设备的使用年限已超过 20 年。生产工艺方面，现有的工艺水平对俄罗斯化工企业而言，生产半成品比生产制成品更能盈利，严重限制了产业结构的高级化。

为解决上述问题，2008 年 3 月俄罗斯联邦工业和能源部受政府委托制定了《2015 年前俄罗斯化学和石化工业发展战略》。该战略规定了部门未来发展方向，分别对惰性发展模式和创新型发展模式下化学和石化工业的未来发展进行了预测，指出在创新型发展模式下政策措施的主要目标、任务和实施阶段，还制定了实现目标的主要措施和手段，并为战

---

① 供货部门包括电力、电气工程技术、精密金属制品、合金制品等部门。

略的有效实施提供了资金和制度保障。

该战略实施的目标是：提高俄罗斯化学和石化工业的竞争力，使产品的产量、质量、品种符合国内外市场的需求。战略实施分为两个阶段。2007~2010年为第一阶段，该阶段主要致力于企业现有生产设备的重组和改造，引进部分新的生产能力，并提高现有生产能力的使用效率，保持本国企业在国内外市场上的地位。2011~2015年为第二阶段，集中力量引进新的生产能力，在提高产品加工度和附加值的基础上，提高化学和石化工业在国内外市场上的竞争力。战略实施的主要任务是：进行生产设备的现代化改造；挖掘和发展化工产品的出口潜力和国内市场；建立一体化的组织结构；提高研发效率和企业创新积极性；提供稳定的原料和动力保障；发展交通物流基础设施。

具体措施包括以下六个方面。第一，进行生产设备的现代化改造。为了使企业获得生产设备现代化改造的资金，国家将通过税收刺激投资，并根据投资基金的运作方式，在竞标的基础上对大型项目进行拨款；将设备的变更记入石化企业设计、新建和使用规则中，达到将建设和改造的费用降低到世界平均水平的目标；国家以法律和税收为调控手段，激励企业采用节约资源和能源的技术工艺；对化工机器制造业进口国内没有的先进设备给予临时的关税优惠；国家制定一整套措施，促进化工机器制造业的发展。第二，发展出口潜力和国内市场。降低出口关税税率；完善增值税的行政监管制度；鼓励本国企业出口，并反对国内市场上外国产品的不正当竞争；对购买肥料和农药的农业生产者给予补贴；保持国内外化学品生产和流通的技术法规的一致性；采用技术调控的措施；鼓励企业通过展览会、交易会拓展出口。第三，发展一体化的组织结构。发展水平一体化，扩大生产规模和销售范围；发展垂直一体化，涵盖从原料开采到制成品生产的所有技术环节，提高高加工度产品的比例；建立工程中心和权限中心；制定化学和石化企业与其产品消费部门的跨部门合作规划。第四，提高研发效率和企业创新积极性。国家通过制定联邦专项规划、主管机关专项规划、科研工作纲要对研发工作进行规划；制定成套创新方案，保证从科研到投产整个周期中创新活动的实施；通过建立经济特区、技术园区，并利用税收刺激企业创新积极性的提高；规定纳米技术企业的活动要按照2007年7月19日第139号联邦法律执行。第五，建立稳定的原料和动力保障。国家制定一系列措施，提高石油加工深度，有效利用伴生石油气，扩大原料基础；采取措施使自然垄断部门产品收费合理化。第六，发展交通物流基础设施。制定《2020年前俄罗斯交通运输战略》；运送危险化学品的运输工具必须符合国际标准和国内要求，保证运输安全，这需要增加专用运输工具（如油罐、集装箱等）的产量；对从事运送危险化学品的企业实行许可证制度；对危险化学品的运送提供保险服务；计划在波罗的海和黑海上建立化学品运输的专用港口。

4. 冶金工业

冶金工业是俄罗斯工业的基础性行业。2005年，冶金工业产值占俄罗斯GDP的5.0%，占工业产值的17.3%，冶金工业出口占总出口额的14.2%。冶金工业占国家纳税额的9.0%。作为消费部门，冶金工业使用了整个工业中32%的电力、25%的天然气、10%的石油和石油制品，冶金工业运输载重量占铁路运输载重量的20%。冶金工业中同样存在一些严重的问题。第一，生产设备严重老化，2006年黑色和有色冶金工业的固定资产磨损率分别为48%和42%，生产设备、天然气和净水系统都亟须进行现代化改造。[①] 第二，生产资源消耗高。俄罗斯冶金工业产品中材料消耗比其他国家高7%~10%，能源消耗高15%~25%，劳动力消耗高100%~150%。第三，原料基础不具有投资吸引力。俄罗斯黑色和有色金属矿产资源丰富，但质量较差，难以分选。第四，有害物质排放超标。冶金部门是俄罗斯第二大环境污染部门。工业废气排放占俄罗斯总排放量的35%，污水排放占17%。此外，还有劳动生产率低、企业创新积极性不高、技术熟练的人员不足等问题难以解决。

2005年1月，俄政府出台了《关于各产业部门发展战略的草案》，责成俄罗斯联邦工业和能源部制定各产业部门发展的专门战略。2007年5月，俄罗斯联邦工业和能源部制定了《2015年前俄罗斯冶金工业发展战略》（以下简称《战略》）。该战略总结了2000年以来俄罗斯冶金工业发展中取得的成果并对2015年前的发展趋势进行了预测，确定了未来

---

① Андрей Дейнеко, Доклад на конференции "Российский рынок металлов", Тенденции в российской промышленности и стратегия развития металлургии, http://www.minprom.gov.ru/activity/metal/appearance.

冶金工业发展的目标、方向，制定了创新型经济发展模式下促进冶金部门发展的政策措施，并建立了战略实施的资金和制度保障机制。

冶金工业发展的战略目标为：为俄罗斯发展创新型经济创造有利条件，保证经济效益、生态安全、资源储备和俄罗斯产品竞争力的提高，在向独联体国家和国际市场提供冶金产品时最大限度地保证俄罗斯的国家利益和地区利益。该战略实施分为三个阶段：2007~2008年为第一阶段，该阶段冶金工业的发展主要依靠更有效地使用已有生产能力；2009~2010年为第二个阶段，该阶段将引进新的生产设备，加快技术重组和更新产品规格，加快技术重组需要改善投资环境、继续进行结构改革、降低固定资产磨损率和提高技术水平；2011~2015年为第三阶段，该阶段主要致力于提高俄罗斯冶金产品的竞争力。

冶金工业优先发展方向包括：满足国内市场对冶金产品的需求，尤其是新工业区、重要投资项目和国家优先发展项目对冶金产品的需求；协调各采矿企业对能源、管道运输、铁路网分布的规划和各工业部门及俄罗斯各地区发展规划；巩固俄罗斯出口商在国际冶金产品市场和独联体市场上的地位；提高冶金产品的竞争力，扩大高附加值产品的生产，实行节能降耗政策；降低俄罗斯冶金工业对进口产品和原料的依赖；减少冶金部门生产对环境的破坏。

（二）2009~2020年产业政策的主要内容

为改变俄罗斯工业内部结构不均衡、机器制造业发展严重滞后的现状，俄罗斯政府制定了一系列战略规划和政策措施，以促进工业尤其是制造业的发展，其中在2008年11月7日政府批准的《2020年前俄罗斯社会经济发展构想》和2011年12月8日政府批准的《2020年前俄罗斯创新发展战略》中，都对工业发展有相关表述。然而，这两个规划都是俄罗斯经济发展的宏观规划，并没有对工业及其子部门进行具体的规划和设计。

2013年1月，俄联邦政府批准了《发展工业和提高工业竞争力》国家纲要[1]（以下简称《纲要》），旨在激发工业领域发展潜能、提高工业企业

---

[1] Министерство промышленности и торговли Российской Федерации, Развитие промышленности и повышение ее конку-рентоспособности, http://minpromtorg.gov.ru/.

在国内外市场上的竞争力。《纲要》是在俄罗斯政府总理 2010 年 11 月 30 日 ВП-П13-8165 号文件的授权下制定的。这份国家纲要是俄罗斯政府专门针对工业发展而制定的、系统的、长期的政策,是研究俄罗斯再工业化政策的主要参考文件。俄罗斯政府还先后制定了《航空工业发展》《电子和无线电工业发展》《医药和医疗产业发展》《造船业发展》《军工综合体发展》等国家纲要。这些国家纲要是分别对航空、电子和无线电、医药和医疗、造船、军工这五个俄罗斯工业中的重点及优势领域进行规划的战略文件,明确了这些行业的发展目标,设定了长期及短期发展任务,并划拨预算基金落实纲要中的各项措施,对推动这五大领域未来发展起到重要作用。

1. 主要政策

《发展工业和提高工业竞争力》根据不同市场类型制定了不同的优先发展方向。针对新兴市场(目前尚不存在或规模并不大,但从长期看属于未来新兴工业,比如新材料行业)的优先发展方向是:复合材料、稀有金属和稀土金属。针对传统消费领域工业部门,其优先发展方向是:汽车工业、轻工业、民族工艺。针对生产投资品的传统工业部门,优先发展方向是:冶金、重型机械制造、运输工具制造、电机制造、车床制造、森林工业、农机制造、食品工业、专业化生产部门的机械制造、化学综合体。在技术标准方面的优先发展方向是:根据 WTO 贸易技术壁垒的标准,建立本国标准化体系;在关税同盟和独联体范围内制定并实施统一的跨国标准;使国家标准与国际标准相衔接;制定创新领域及优先发展领域的标准;在制定国家标准的过程中吸引商业团体参与;提高俄罗斯国家标准的技术要求。

《纲要》的目标是在俄罗斯建立有竞争力的、稳定的、结构平衡的工业,与世界技术领域接轨,研发世界领先的工业技术和工艺,在此基础上保证工业有效发展,形成创新产品的新市场,保证国家的国防能力。

《纲要》根据不同优先发展领域制定了不同的任务。

建立新兴行业和新兴市场方面,要完成两项重要任务:一项是针对新兴产业,建立领先的创新基础设施;另一项是消除壁垒,为进入创新产品市场创造平等条件。对于发展国内消费领域工业部门,需要完成的任务包括:刺激预算外投资;逐步削减国家直接拨款;采取措施刺激消费。对于生产投资品的工业部门，需要完成的任务主要为：对相关工业部门进行技术更新；激励新技术和新材料的生产和研发；保证俄罗斯企业以平等的条件参与国内及国际市场的竞争；鼓励高附加值产品出口；培育竞争机制，逐步削减国家在企业中的资本份额；协调工业部门技术发展规划与能源消费部门技术产品需求趋势。发展国防工业综合体需要完成的任务是：为保证新型武器和新型军事装备的研发和生产，提高军工综合体生产潜力的利用率。在技术标准的制定方面，需要完成的任务为：在俄罗斯建立有效的技术调控体系；完善国家标准化系统，使俄罗斯国家标准与国际标准接轨；为保证人民生活水平和经济竞争力的提高，实行统一的度量单位；不允许俄罗斯在技术上落后于世界公认的精确水平；维护俄罗斯在度量领域的主权。

《纲要》实施的期限为2012~2020年，分为两个阶段：第一阶段为2012~2015年；第二阶段为2015~2020年（子纲要7的实施阶段与其他子纲要不同，2012~2016年为第一阶段，2017~2020年为第二阶段）。《纲要》下设17个子纲要，前16个子纲要针对专门的工业领域，为相关行业及领域制定了相应的政策措施，最后1个子纲要则是为了保证国家纲要顺利贯彻执行而制定的。具体子纲要包括：子纲要1汽车工业、子纲要2农用机械和食品加工机械制造业、子纲要3专业生产部门的机械制造业、子纲要4轻工业及民族手工艺品制造业、子纲要5国防工业综合体、子纲要6运输工具制造业、子纲要7车床及工具制造业、子纲要8重型机械制造业、子纲要9动力工程和电机工程机械制造业、子纲要10冶金业、子纲要11森林工业综合体、子纲要12技术标准、子纲要13化学工业综合体、子纲要14复合材料及制品生产、子纲要15稀有金属和稀土金属工业、子纲要16完善煤矿工人的生活保障体系、子纲要17保障本国家纲要的实施。

2. 措施和手段

第一，建立工业发展基金，为工业发展提供资金支持。制造业大多为资本密集型产业，企业固定资产更新需要大量资金，因此资金短缺一直是困扰制造业发展的难题。2014年，俄罗斯工业和贸易部对之前的俄罗斯技术发展基金进行了改革，并在此基础上建立了工业发展基金。该基金为工业项目提供优惠的融资条件，帮助工业企业解决技术设备更新、大型机器设备租赁及大型工业项目实施过程中遇到的棘手的资金问题。工业发展基金的建立对推动俄罗斯工业现代化、建立新的产业组织及实施进口替代政策起到了重要作用。

工业发展基金为工业企业提供长期优惠贷款。在执行过程中贯彻"四不"原则：一是该基金支持的重点方向为工业发展、机床、组件、军民两用技术、租赁、药品商标、劳动生产率、数字工业，以促进产业结构升级为目标，矿产资源开采业、电力、燃气和蒸汽及空调的供应业、给排水、废品收集及加工利用、清污等行业不在支持范围之内；二是该资金旨在实现工业现代化，促进制造业长远发展，因此基金不允许用于厂房建设及大修、购买不动产、军用产品生产、偿还贷款及贷款利息、也不能用于补充流动资产；三是该基金资助的对象为具有发展潜力的企业，而不是拯救陷入困境的企业；四是该基金不追求高盈利，因此不参股企业，也不向受资助企业收取利益分成和佣金，但贷款抵押品要可靠，以保证当项目出现问题时能够收回资金。截至2019年2月22日，工业发展基金已向375个工业项目提供了854亿卢布的贷款支持。从行业分布看，机器制造业项目最多，共135个项目，获得的贷款资金占总额的30.6%；化工业44个项目，贷款规模占10.9%；生物制药业项目48个，贷款规模占9.7%；冶金业44个项目，贷款规模占8.8%；电气设备制造业22个项目，贷款规模占6.1%；林业20个项目，贷款规模占4.8%；电子行业18个项目，贷款规模占4.5%；轻工业18个项目，贷款规模占4.1%；建筑材料13个项目，贷款规模占2.9%；新材料10个项目，贷款规模占2.8%；家具制造2个项目，贷款规模占0.2%；生物技术1个项目，贷款规模占0.014%。从资金用途看，大部分工业企业获得贷款用于购置机器设备，占贷款总额的77%，12%的资金用于支付第三方服务（包括工程承包、新产品生产等），7%的资金用于购买生产所需材料及组件，4%的资金用于支付工资。[1]

根据《俄罗斯联邦工业政策法》，为吸引对工业部门的投资，支持大型工业项目的实施，工业发展基金还积极推行"特别投资合同"政

---

[1] Фонд Развития Промышленности, Возможности финансирования и поддержки проектов, http://frprf.ru/download/prezentatsiya-fonda-na-russkom-yazyke.pdf.

策。"特别投资合同"由投资者与国家签订,明确规定了合同双方的义务,项目发起人(即投资者)有义务在规定期限内组织工业品生产,俄罗斯联邦(或联邦主体)有义务保证税收及监管条件的稳定,并提供相关支持。"特别投资合同"要求最低投资额为7.5亿卢布,投资者在建立现代化工厂或对企业进行现代化改造时,新购置设备的比例不超过25%,项目应使用最佳可用技术,生产出的产品要经俄罗斯工业和贸易部确定在俄罗斯无同类产品。"特别投资合同"有效期为项目盈利之后5~10年。国家支持项目的具体措施包括税收优惠、政府采购、租用联邦主体土地的特殊优惠等,具体支持力度取决于项目参数。① 截至2013年,已签订34项"特别投资合同",其中,医药行业7项,汽车制造业7项,化工业5项,机器制造业5项,机床制造5项,农机及特殊机器制造2项,冶金(材料)业2项,航空工业1项。吸引投资4383亿卢布,减税5200亿卢布,创造17669个工作岗位。②

工业发展基金还为工业项目贷款及债券提供利息补贴,要求项目总价为1.5亿~75亿卢布,贷款期限不超过3年,贷款额不超过项目总价的80%。具体办法为:如贷款或债券为卢布,当利率高于基准指标,按基准指标的70%发放补贴,当利率低于基准指标,按利率的70%发放;如贷款或债券为外币,当利率高于4%,按4%的90%发放补贴,当利率低于4%,按利率的90%发放。2017年,工业发展基金为107个工业项目发放了45.47亿卢布利息补贴,2018年上半年,为90个工业项目发放利息补贴15.93亿卢布,其中,化工业获得利息补贴最多,林业次之,此后依次为冶金业、生物技术、重型机械制造、运输工具制造、汽车制造、能源机械制造、车床制造、农机制造等。

第二,发放各类补贴,扶持制造业发展。多年来,能源行业一直是俄罗斯经济的支柱产业,而制造业的发展则一直滞后于能源及原材料行业。俄罗斯政府为扶持制造业发展,通过对不同行业发放不同类型工业补贴的方式,给予制造业更多政策倾斜,鼓励制造业企业投资,

---

① Фонд Развития Промышленности, http://frprf.ru/gospodderzhka/o-spetsialnykh-investitsionnykh-kontraktakh-dlya-otdelnykh-otrasley-promyshlennosti/#s28.

② Фонд Развития Промышленности, Возможности финансирования и поддержки проектов, http://frprf.ru/download/prezentatsiya-fonda-na-russkom-yazyke.pdf.

促进制造业发展。汽车制造企业获得补贴的范围包括：其一，汽车制造企业创新项目投资的贷款利息；其二，将远东联邦区生产的汽车运往俄罗斯国内其他地区所产生的运输费用；其三，因处理车辆（底盘）报废所产生废弃物的支出；其四，补偿俄罗斯信贷机构2013~2014年因发放个人购车贷款而造成的收入损失；其五，轮式车辆制造企业在维持就业岗位方面的支出；其六，生产符合欧Ⅳ和欧Ⅴ排放标准的车辆尾气排放及完成质保义务等方面产生的费用；其七，汽车行业中能源密集型企业使用能源的部分成本；其八，轮式车辆制造企业用于采购、生产线模具更新、生产设备现代化所需贷款的利息；其九，轮式车辆制造企业建立及组织生产远程和自主操控交通工具的支出。运输工具制造企业获得补贴的对象为：俄罗斯租赁企业因在收购大轴重创新型货车时提供折扣而造成的收益损失；运输工具制造企业2008~2011年从俄罗斯信贷机构、俄罗斯开发与对外经济银行（外经银行）以及国际金融组织获得的用于技术改造的贷款利息。农业机械和食品加工机械制造业获得补贴的范围包括：自行式及牵引式设备制造企业在维持就业方面的支出、在能源密集型生产中的能源支出和生产及保养所需费用。

第三，鼓励工业品出口，推行进口替代政策。2014年乌克兰危机后，西方国家对俄罗斯金融、能源及军事三大重要领域实施制裁，此后随着国际能源价格的大幅下跌，俄罗斯经济结构能源化的弊病凸显。在2015年的反危机政策中，俄政府推出进口替代政策，对农业、食品工业、医药业、生物技术、机械制造业、石油化工业、轻工业、信息工业、航空航天工业、国防工业、原子能产业等20多个行业实施进口替代，力图通过进口替代减少机器设备进口、增加非能源产品出口，降低俄罗斯经济的对外依赖程度。

为鼓励工业品出口，俄罗斯政府推出一系列政策措施。其一，为高科技产品出口提供资金支持。对俄罗斯开发与对外经济银行和俄罗斯进出口银行因向俄罗斯高科技产品的外国买家提供优惠贷款而产生的部分费用提供补贴；补偿军工产品出口企业在俄罗斯信贷机构和外经银行贷款的部分利息；出台一项新的补贴机制，用于补偿出口企业在海外市场获得相关认证的费用。其二，举办并参与博览会。组织举办国际工业博览会来展示俄罗斯工业发展成果，将产品推广到国外市场；组织并参与世界博览会EXPO-2020（阿联酋，迪拜）。其三，开展多边工业合作。参与欧洲尖端科技领域"尤里卡"计划框架内的国际创新活动，与金砖国家及各种多边国际组织进行先进工业技术的交流。其四，加强与独联体国家高新技术领域的合作。积极将俄罗斯产品供应与采购、联合项目、成立合资企业等问题纳入独联体合作框架；协助开展独联体国家的商业访问活动，组织俄罗斯工业产品成果展；在独联体框架内制定并跟踪监测俄罗斯竞争力产品清单，并每年更新；为独联体框架内高效的工业合作创造条件。其五，与中东和非洲国家在高新技术领域的合作。参与俄罗斯与中东和非洲国家政府间经贸合作委员会的工作；组织工业企业代表赴中东和非洲国家进行商务访问；在中东和非洲国家推广俄罗斯产品和服务；吸引中东和非洲国家投资俄罗斯工业，并在俄境内建立合资公司；其六，在欧洲国家持续对俄实施制裁的情况下，加强与欧洲国家的双边合作。通过召开工业部门间工作组会议、与欧洲国家先进领域代表进行交流、组织工业企业代表出访、吸引外国企业定期参加俄罗斯国际创新工业展和圣彼得堡经济论坛等方式，促进国家优先领域发展。其七，加强与亚洲和美洲国家的高新技术领域合作。参与俄罗斯与亚洲和美洲国家政府间经贸合作委员会的工作；组织工业部门代表赴亚洲和美洲国家进行商务访问；在亚洲和美洲国家推广俄罗斯的产品和服务；吸引亚洲和美洲国家对俄罗斯工业部门的投资和技术转让，并在俄罗斯境内建立合资公司。

3. 简要评述

第一，逐步削减国家预算。《纲要》中多次提到要逐步削减国家对工业的预算拨款。在国家划拨的联邦预算资金中，2012年为555亿卢布，2013年为525亿卢布，2014年为384亿卢布，2015年为308亿卢布，呈逐年下降趋势；2016年进入《纲要》执行的第二阶段后，预算拨款更是大幅下降，2016年划拨预算资金175亿卢布，2017年115亿卢布，2018年115亿卢布，2019年115亿卢布，2020年116亿卢布。

国家预算对企业的投资应该起到抛砖引玉的作用。从预算拨款的金额可以看出，预算拨款在《纲要》执行的第一阶段对企业起到重要的支持作用。由于俄罗斯制造业企业利润率低，企业缺乏资金进行固定资产的更新和现代化改造,因此,在第一阶段,国家预算对重点行业和领域进行大规模投资,从根本上改变工业企业固定资产老化、工艺落后的现状。而在《纲要》执行的第二阶段,根据《纲要》的预期效果,相关行业和领域的企业已经连续几年获得预算投资,企业利润率逐步提高,可以获得更多流动资金用于投资。此外,企业产品更具竞争力,这也能提高企业获得融资的可能性。因此,2016年之后,国家预算投资主要起辅助作用,带动私营企业自主投资或吸引投资资金,私人资金的引进更有利于提高企业的生产积极性和创新积极性。

第二,重点扶持汽车工业。汽车工业具有劳动生产率高、需求收入弹性系数高、产业的向前和向后关联性强等特点,汽车工业的快速发展对经济增长、技术进步和产业升级都将起到重要作用。根据发达国家工业化的经验,美国、德国、日本等发达国家都曾经历过以汽车工业作为主导产业的时期。俄罗斯政府在《纲要》中也将汽车工业列为重点扶持领域,这在对子纲要的预算拨款的数额中也可体现。在17个子纲要中,12个子纲要获得了联邦预算拨款:汽车工业获得联邦预算资金747亿卢布,专业生产部门的机械制造业获得3.5亿卢布,轻工业及民族手工艺品制造业获得30.75亿卢布,国防工业综合体获得402.87亿卢布,运输工具制造业获得106.87亿卢布,车床及工具制造业获得108.75亿卢布,森工综合体获得15.87亿卢布,技术标准获得了143.81亿卢布,复合材料及制品生产业获得137.79亿卢布,稀有金属和稀土金属工业获得80.67亿卢布,用于完善煤矿工人的生活保障体系的预算资金为10亿卢布,还有142.15亿卢布用于保证纲要顺利执行。在所有的子纲要中,汽车工业所获得的联邦预算资金大大超过其他子纲要。

三 俄罗斯产业政策的演变特点

(一) 转型时期及普京第一任期产业政策特点

1. 产业政策的实施措施并不明确

经济转型时期,虽然国家工业委员会出台了《1995~1997年俄罗斯联邦工业政策的主要方向》《1996~1999年俄罗斯联邦工业政策的主要方向》等产业政策文件，但由于这些文件仅列出了产业政策的主要方向，并没有相应具体的执行措施，因此，并没有具体实施。当时俄罗斯奉行自由主义经济政策，主张应该由市场调节资源配置而不进行任何干预，认为产业政策对一些产业进行扶持，破坏了市场经济的基础，不主张以产业政策指导产业发展。为保障社会对公共产品的需求，俄罗斯采取编制联邦专项纲要的做法，由政府划拨预算资金，通过联邦专项纲要的实施推动特定产业及部门的发展。因此，转型时期政府没有出台明确的产业政策，但联邦专项纲要带有产业政策工具的性质。

2. 政策的制定和实施始终处于被动应对状态

1993年12月，俄罗斯政府出台第一份联邦专项纲要《燃料与能源发展纲要》，此后由于联邦专项纲要通过预算拨款的方式进行投资活动，为获得预算拨款，各个部门都争取被纳入联邦专项纲要的资格，1993~1995年，联邦专项纲要数量快速增长，几乎覆盖了经济活动的各个方面。1995年6月，针对联邦专项纲要数量过多，导致政府财政负担过重，政府才开始制定相关法律法规，明确联邦专项纲要制定和实施的原则、标准和程序。

根据《联邦专项纲要制定和实施办法》，联邦专项纲要制定和实施的原则为：第一，联邦专项纲要的制定和实施办法由联邦政府确定；第二，纲要的制定应解决社会经济、国防、科技及环保等领域中的重大问题；第三，合理利用人力、物力、财力资源；第四，应制定相应的配套措施，保障国家经济安全；第五，联邦中央和地方政府应相互协调合作，保证纲要执行进度。制定联邦专项纲要的标准是：第一，以市场机制不能实现的投资项目；第二，为推动科技发展，制定刺激科技发展的专项纲要；第三，为协调在技术上高度关联行业，制定跨行业发展的专项纲要。联邦纲要制定的程序是：第一，主管部门起草纲要构想草案，提交政府会议审议；第二，政府会议审批纲要构想草案并通过；第三，主管部门制定纲要实施的细则草案，并与各有关部门进行商讨后，提交政府审批；第四，政府审议纲要实施细则草案，并提出修改意见；第五，主管部门根据政府意见对纲要实施细则进行补充、修改；第六，政府批准实施。

由此可见，政府缺乏制定和实施市场经济机制下产业政策的经验，政策的制定和实施始终处于被动应对状态，发生问题，再去解决问题，而不是在政策制定之前进行规划和评估。

3. 政策效果差，形同虚设

政策在执行过程中出现了一系列问题，导致产业政策实施的效果很差，基本形同虚设。

第一，联邦专项纲要数量太多，资金分散，一些纲要拨款不足。尽管1995年后政府颁布了联邦专项纲要制定和实施的原则、标准及程序，但联邦专项纲要的数量仍然不断增加，1993~1999年由于宏观经济形势不断恶化，财政预算入不敷出，很多纲要在执行中都没有获得足够的预算拨款。直至2000年，联邦预算对纲要的拨款额能达到规划水平的95%。2000年，俄罗斯政府实施的联邦专项纲要和子纲要共170项，其中3项完全没有获得预算拨款，51项拨款额度不足；2001年共有162项纲要和子纲要，其中3项完全没有获得预算拨款，9项拨款额度低于计划额度的40%。[①]

第二，一些部门为了争取联邦专项纲要的预算资金，甚至制定了拨款额度很低的纲要。例如，2000年的《基础产业和基础设施》联邦专项纲要下设有33个子纲要，其中7个子纲要的预算拨款额不到1000卢布；2001年《竞争力和创新活动》联邦专项纲要下设有36个子纲要，其中5个子纲要的预算拨款额也非常少。

第三，由于政府没有出台产业政策的整体思路，联邦专项纲要仅仅成为个别行业及企业获得融资的渠道，不能起到调整产业结构的作用。产业政策的作用是调整产业结构，通过政策的执行实现产业的合理化和高度化，但联邦专项纲要是由各个行业主管部门根据本部门利益起草，由政府审批，没有兼顾产业结构的平衡发展，更不可能考虑整体产业的高度化问题。

第四，政策执行透明度低。被列入联邦专项纲要的行业或企业相当于得到了国家的预算拨款及相关的税收优惠、出口配额等政策倾斜。由于政策执行透明度低，一些企业为获得资金和政策支持，向负责相关事务的政府官员行贿，或通过各种非法手段进行"暗箱操作"，滋生了腐败。

---

① Ю. Симачев, А. Соколов, М. Горст, Федеральные целевые программы как инструмент реализации промышленной политики, http：//www.icss.ac.ru.

（二）普京第二任期产业政策特点

20 世纪 90 年代末，制定相关产业政策的问题被重新提起，并在政府、智库和企业界中展开了多次探讨。普京第二任期后，俄政府对明确产业政策具有基本共识，此时能源和原材料行业在经济中的作用逐渐加强，政府逐渐意识到结构失衡的弊端，同时也加强了国家对战略行业的控制。此时政府制定中长期产业政策，明确产业政策的目标、任务、并制定相关配套措施使产业政策得以顺利实施。2003 年俄罗斯国务委员会主席团成立专门小组，出台了国家产业政策的基础性文件。2004 年俄政府出台《2008 年前俄罗斯联邦政府活动基本方针》，在该文件中提出国家应对相关产业的发展实行刺激性措施，并提出实施国家项目的倡议。[1]

普京第二任期产业政策主要具有以下几个特点。

1. 产业政策的目标逐渐明确

2004~2008 年，国际油价逐渐走高，俄能源行业快速发展，政府已开始意识到产业结构失衡的问题。俄政府认为，尽管俄罗斯具有较强的能源优势，但为使经济保持长期可持续发展，需要将俄罗斯的资源潜力、科技潜力与资本相结合，从而使竞争优势转化为实际竞争力。提高工业部门特别是高新技术产业对经济增长的贡献率，将经济增长模式从资源耗费型转变成资源节约型。提高新技术、新工艺、新产品的应用。改变国际分工中充当原材料产地的边缘地位，提高俄罗斯经济的综合竞争力。

2. 着手制定各产业的中长期发展规划

2005 年 1 月，俄政府出台了《关于各产业部门发展战略的草案》，责成俄罗斯联邦工业和能源部制定各产业部门发展的专门战略。此后，俄政府相继制定了《2015 年前俄罗斯冶金工业发展战略》《2015 年前俄罗斯化学和石化工业发展战略》《2005~2006 年机器制造业发展主要方向的明确计划措施》《2020 年前俄罗斯森林工业发展战略》《2006~2008 年俄罗斯轻工业发展措施计划》《2020 年前俄罗斯船舶制造工业发展战略》《2007~2010 年及 2015 年前俄罗斯交通机械制造业发展战略》

---

[1] 李中海主编《普京八年：俄罗斯复兴之路（2000~2008）》（经济卷），经济管理出版社，2008，第 317 页。

《2015年前俄罗斯航空工业发展战略》《2020年前俄罗斯能源战略》《2002～2010年及2015年前俄罗斯民用航空技术发展专项纲要》等。这些中长期发展规划总结了此前各产业发展面临的主要问题及制约因素,明确了中长期产业发展的任务和目标,规定了产业政策实施的阶段及不同阶段应取得的预期效果。

3. 为落实产业政策制定相关配套措施

在政府制定的各类产业发展规划中,不再只是划拨资金,还制定了技术保障、法律保障、税收优惠、信贷支持等相关配套措施。比如,在《2020年前俄罗斯能源战略》中,政府为推动石油加工企业的现代化改造,利用关税调节的手段,对先进的石油加工设备的进口征收零关税。为加强对天然气工业发展的管理,完善矿产使用税收制度,为开发新气区和气区的后期开采创造有利条件;国家支持互利的长期天然气进口合同,节约本国资源,提高向独联体和其他国家出口的可靠性;提高国家对天然气工业的管理效率,实现国家调控措施最大限度的规则化;在所有生产者和消费者一律平等的基础上,建立和发展天然气市场。为加强能源市场建设出台一系列措施:采用价格、税收和关税等综合配套的调控方法;建立能源交易的文明规则和文明制度;建立和完善国家对能源市场的监督机制。《2015年前俄罗斯冶金工业发展战略》明确规定了各个阶段配套资金的规模:第一阶段投资3880亿卢布,其中黑色冶金业为1250亿卢布/年,有色冶金业为690亿卢布/年;第二阶段投资4000亿卢布,其中黑色冶金业为1280亿卢布/年,有色冶金业为720亿卢布/年;第三阶段投资1.035万亿卢布,其中黑色冶金业为1300亿卢布/年,有色冶金业为770亿卢布/年。在《2015年前俄罗斯化学和石化工业发展战略》中,为提高研发效率和企业创新积极性,国家通过制定联邦专项规划、主管机关专项规划、科研工作纲要对研发工作进行规划;制定成套创新方案,保证从科研到投产整个周期中创新活动的实施;建立经济特区、技术园区,并利用税收刺激企业创新积极性的提高。在《2006～2008年俄罗斯轻工业发展措施计划》中,为保障轻工业生产所需的原料基础,对原料的进出口实行关税调节。降低或免除轻工企业购买原料的进口关税。此外,为避免轻工企业利用优惠购买原料再转卖,促使企业将原料用于本国生产,需要建立国家管理和调控体系,管理原料和半成品贸易；在降低或免除原料进口关税的同时，提高原料的出口关税。

4. 注重各主管部门之间的协调合作

为落实《2015年前俄罗斯化学和石化工业发展战略》，保障化工产品的安全运输，与交通部协调合作，制定《2020年前俄罗斯交通运输战略》，规定运送危险化学品的运输工具必须符合国际标准和国内要求；增加专用运输工具，如油罐、集装箱等的产量；对从事运送危险化学品的企业实行许可证制度；对危险化学品的运送进行保险；计划在波罗的海和黑海上建立化学品运输的专用港口。为执行《2006~2008年俄罗斯轻工业发展措施计划》，俄罗斯农业部制定并经政府通过了3项部门专项纲要，[①] 对保证轻工业原料基础具有积极的意义，其中：《2008~2010年俄罗斯预防及治疗牛蝇病的紧急措施》和《2008~2010年俄罗斯稀有毛皮兽类养殖业发展》两项纲要，有利于轻工业获得质量良好的皮革和毛皮原料；《2008~2010年俄罗斯亚麻综合体发展》专项纲要提出，建立强大的亚麻综合体，进行亚麻深加工。由于轻工业领域非法流通商品所占比重大，价格低廉，本国轻工企业亏损严重，投资不足，无法进行技术更新，进而导致产品竞争力低下，形成恶性循环。除了对进出口进行调控之外，更迫切的是整顿国内市场秩序，防止非法商品的生产和流通。2005年，俄罗斯联邦工业和能源部受政府委托成立跨部门工作组，开展肃清境内商品的非法生产、销售和走私。2006年，俄罗斯关境内抵制商品非法流通的工作积极开展起来。《2006~2008年轻工业发展措施计划》中提出采用技术工具，即制定轻工业产品安全的技术规范的办法规制国内市场。为此，俄政府制定了《关于纺织材料、针织品和缝纫制品及其生产过程安全性的要求》《关于鞋、皮革服饰用品和毛皮制品及其生产过程安全性的要求》《关于人造革及其生产过程安全性的要求》《关于非食品类商品商标的要求》四

---

① А. Дейнеко, Тезисы доклада директора Департамента промышленности Андрея Дейнеко на конгрессе кожевенно-обувного бизнеса, О перспективах развития кожевенно-обувной отрасти, http：//www.minprom.gov.ru/appearance.

项技术规范。① 经过3年的实践，证明该措施切实有效，2007年非法生产和交易的商品下降到50%。此外，俄政府还制定并通过了《关于少年儿童使用产品安全性技术规范》。②

（三）梅德韦杰夫执政时期及普京第三、四任期产业政策特点

1. 产业政策的思路更加清晰

2008年国际金融危机之后，世界主要发达国家都对本国制造业发展进行了反思，并做出了相应的战略调整。2008年普京在卸任总统之前公布了《2020年前俄罗斯社会经济长期发展战略》，提出俄罗斯要从能源出口型经济发展模式向"社会创新型经济发展模式"过渡。在2008年国际金融危机中，俄罗斯经济能源原材料化的结构弊病更加凸显。梅德韦杰夫作为总统又提出了"经济现代化"战略。"创新型经济"和"经济现代化"这两个经济发展战略一脉相承，其核心思想就是调整产业结构，大力发展人力资本，发展创新型经济，这两大经济发展战略明确了产业政策的方向。此后，俄罗斯产业政策的思路更加清晰，就是在巩固传统优势的基础上，重振制造业，推行再工业化，在此基础上发展创新型经济，提高俄罗斯在国内外市场的竞争力。

2. 制定工业整体发展战略

普京第二任期内，俄罗斯产业政策基本依靠推行各个产业中长期发展规划落实。梅德韦杰夫执政时期，在宏观层面，"经济现代化"战略将节能、核技术、信息技术、空间技术和医疗器械及医药这五个领域确定为工业重点发展领域，政策重点全面向高新技术倾斜，并筹资8000亿卢布，用于支持涵盖五大优先方向的38个项目，其中包括建设斯科尔科沃创新中心、培育智力资本、建立斯科尔科沃硅谷中心等。在中观层面，普京第二任期时制定的各行业中长期发展规划仍在继续实行。然而，俄

---

① Минпроэнерго, План мероприятий по развитию легкой промышленности на 2006~2008 годы, http://www.minprom.gov.ru/activity/light/strateg/1.

② В. Христенко, Тезисы доклада Министра промышленности и торговли Российской Федерации Виктора Христенко на заседании Президиума Госсовета, 24 июня 2008 г., О мерах по развитию легкой промышленности, http://www.minprom.gov.ru/appearance.

政府一直没有出台专门针对工业整体发展的战略规划。多年发展经验表明，俄罗斯应当制定国家工业政策，形成系统的工业发展战略及相应的实施手段，在俄罗斯，没有国家的参与，工业领域重大的基础设施、投资和创新任务很难完成，在国内和国际市场上的竞争力水平也很难有所提高。2013年1月，俄政府批准了《发展工业和提高工业竞争力》国家纲要，[①]旨在激发工业领域发展潜能、提高工业企业在国内外市场上的竞争力。这份国家纲要是俄罗斯政府专门针对工业发展而制定的、系统的、重点明确的产业政策，也成为研究普京第三、第四任期俄罗斯产业政策的主要参考文件。[②]

3. 落实产业政策的手段更加多元化

俄政府落实产业政策的手段不仅为划拨预算资金以保障重点项目的执行，还建立了工业发展基金，为重要工业项目提供长期优惠贷款；签订"特别投资合同"吸引投资；为工业项目的贷款和债券发放利息补贴；为优先发展方向的项目提供税收优惠；打击盗版；出台各类关税及非关税措施限制机器设备进口，并鼓励本国机器设备产品出口；等等。落实产业政策的手段更加多元化。

四 俄罗斯产业政策的实施效果

2008年国际金融危机后，俄罗斯工业快速增长的趋势受到遏制，工业中一些问题逐渐凸显，突出表现在：固定资产老化、财务状况恶化、技术密集型产业发展滞后、企业缺乏创新积极性、产品竞争力不强等。这些问题都将会在长期内阻碍俄罗斯工业发展，也充分说明俄罗斯产业政策并未取得预期效果。

（一）固定资产老化

俄罗斯工业部门固定资产老化现象严重。2015年工业企业建筑平均

[①] Министерство промышленности и торговли Российской Федерации, Развитие промышленности и повышение ее конкурентоспособности, http://minpromtorg.gov.ru/.

[②] 郭晓琼：《俄罗斯再工业化问题探析》，《俄罗斯东欧中亚研究》2016年第1期。

使用年限为24年，使用30~50年的建筑所占比例最大，达到30%；工业设施平均使用年限为21年，使用20年以上的设施占比达到50%；机器和设备的平均使用年限为12年，使用15年以上的机器设备占比达到27%；交通工具的平均使用年限为9年，使用10年以上的交通工具比例达到35%（见表7-1）。2015年，俄罗斯工业中矿产资源开采业的固定资产磨损程度高达52.8%，完全磨损的占19.9%；加工工业固定资产磨损程度为45.9%，完全磨损的占15.0%；水、电、气的生产与调配业固定资产磨损程度为39.2%，完全磨损的占11.8%。①

固定资产磨损程度高而更新率低导致生产设备工艺落后、劳动生产率低。目前俄罗斯的机器制造业基本根据本国旧工艺制造，大部分属于第三代和第四代工艺，与之相比，世界机器制造业从20世纪80年代就开始推广第五代工艺方式。此外，固定资产老化还导致高投入低产出的粗放生产模式难以改变，具体表现在材料消耗高、能源消耗高、劳动力消耗高等方面。

同时，也应看到，尽管目前俄罗斯工业企业固定资产老化现象仍很严重，然如与以往年份数据进行比较，2013年时已出现更新加快的趋势，2005~2013年，矿产资源开采业的固定资产更新率从11.9%提高到14.1%，加工工业从12.6%提高到14.2%，水、电、气的生产与调配业从8.8%提高到11.4%。可以说，俄政府扶持工业发展的政策取得了一定的收效，但固定资产的现代化改造有赖于投资的增加，2014年之后，在西方制裁、油价下跌等因素的影响下，俄罗斯经济深陷困境，卢布贬值期间，俄央行又曾多次提高利率拯救卢布，这一措施的直接恶果是企业融资困难，固定资产投资下降，在工业化和现代化在资金紧张的情况下难以推进。2015年俄罗斯工业各部门固定资产更新率又有所下降，矿产资源开采业为12.6%，加工工业为11.4%，水、电、气的生产与调配业为8.1%。加工工业和水、电、气的生产与调配业的固定资产更新率甚至低于2005年的水平。②

---

① Федеральная служба государственной статистики, Промышленность России (2016), C121-122.

② Федеральная служба государственной статистики, Промышленность России (2016), C119.

表 7-1　2010~2015 年工业固定资产使用年限结构（占受访企业的比例,%）

	2010 年	2011 年	2012 年	2013 年	2014 年	2015 年
建筑						
5 年及以下	5	4	5	5	6	7
5~10 年	5	5	6	6	6	8
10~15 年	6	6	5	6	6	6
15~20 年	9	9	9	8	9	8
20~30 年	25	23	21	22	24	22
30~50 年	33	37	35	34	29	30
50 年以上	5	4	5	5	6	6
平均使用年限（年）	26	26	25	25	25	24
设施						
5 年及以下	7	7	9	8	9	8
5~10 年	7	8	7	8	10	11
10~15 年	8	7	7	7	8	7
15~20 年	12	13	13	11	13	10
20~30 年	24	28	26	27	22	25
30~50 年	25	21	22	23	21	22
50 年以上	2	2	2	2	1	3
平均使用年限（年）	21	21	21	21	19	21
机器和设备						
5 年及以下	15	14	15	15	15	15
5~10 年	22	24	25	24	27	28
10~15 年	26	26	22	24	21	24
15~20 年	14	13	14	16	16	15
20~30 年	14	15	16	13	13	10
30 年以上	5	4	4	4	3	2
平均使用年限（年）	14	13	13	13	12	12
交通工具						
5 年及以下	19	20	21	22	26	22
5~10 年	32	30	30	32	30	32
10~15 年	20	22	23	21	18	19
15~20 年	13	12	12	11	11	10
20 年以上	5	6	4	4	5	6
平均使用年限（年）	9	10	9	9	9	9

资料来源：Федеральная служба государственной статистики, Промышленность России (2016), C127。

（二）财务状况恶化

近年来，俄罗斯工业企业财务状况恶化，具体表现在企业利润率降低和亏损企业增加两方面。俄罗斯企业的投资主要仍依赖自有资金，因此，企业利润率低是导致投资不足的直接原因，而造成企业利润率下降的主要原因则是需求下降带来销售收入的减少。从表7-2中可以看出，2010~2015年，整体上工业利润率呈现下降趋势，矿产资源开采业从31.9%下降至24.9%，加工工业从14.8%下降至11.9%，水、电、气的生产与调配业从7.1%下降至5.0%。其中，利润率降幅较大的行业为焦炭和石油制品生产业（从25.5%下降至7.1%）、橡胶和塑料制品生产业（19.2%下降至7.3）与机器和设备制造业（从19.1%下降至7.5%）（见表7-2）。

在利润率下降的同时，亏损企业也逐渐增多。2010~2015年，矿产资源开采业中亏损企业从567家增加到793家，亏损企业占比从38.3%提高到44.9%，亏损金额从671亿卢布增长到4056亿卢布；加工工业中亏损企业从4384家增加到4719家，亏损企业占比从29.5%提高到30.6%，亏损金额从3064亿卢布增长到11222亿卢布。其中：焦炭和石油制品生产业亏损企业从29家增加到49家，亏损企业占比从26.1%提高到35.8%，亏损金额从109亿卢布增长到1447亿卢布；机器和设备的生产业亏损企业从434家增加到496家，亏损企业占比从28.6%提高到30.7%，亏损金额从211亿卢布增长到522亿卢布。①

表7-2 2010~2015年工业企业产品销售利润率

单位：%

	2010年	2011年	2012年	2013年	2014年	2015年
矿产资源开采业	31.9	31.4	28.0	22.1	19.2	24.9
加工工业	14.8	13.2	10.7	8.8	9.9	11.9
其中：食品工业（包括饮料和烟草）	10.8	7.8	9.4	8.6	9.1	9.9

---

① Федеральная служба государственной статистики，Промышленность России（2016），C233.

续表

	2010 年	2011 年	2012 年	2013 年	2014 年	2015 年
纺织和缝纫工业	5.4	6.3	6.2	7.7	8.9	12.8
皮革及制品的生产和制鞋业	6.6	8.6	9.1	6.9	4.6	8.1
木材加工和木制品生产业	3.0	3.7	0.7	8.0	12.2	12.2
造纸和印刷业	11.3	11.5	10.1	8.5	10.2	17.6
焦炭和石油制品生产业	25.5	21.9	12.8	9.3	8.3	7.1
化学工业	25.7	22.4	12.9	9.3	21	31.4
橡胶和塑料制品生产业	19.2	24.1	21.2	15.6	6.2	7.3
其他非金属矿石加工业	6.7	6.7	7.6	7.1	8.2	7.5
冶金和金属制品生产业	8.1	10.8	11.3	8.7	16.4	21.7
机器和设备制造业	19.1	14.2	11.3	9.9	6.2	7.5
电子设备和光电仪器生产业	6.9	6.6	7.0	7.1	9.9	10.6
运输工具和设备生产业	9.1	9.1	8.3	8.1	4.3	4.9
水、电、气的生产与调配业	7.1	6.4	3.9	4.4	3.7	5.0

资料来源：Федеральная служба государственной статистики，Промышленность России (2016)，C237。

（三）技术密集型产业发展滞后

19世纪80年代以来，美国的经济效率、劳动生产率和技术创新一直处于世界领先地位，是世界制造业的领导者。根据美国加工工业内部结构的变化，工业化大致分为以下四个阶段。工业化早期（1884~1920年），以蒸汽机和电力为动力，美国建成了运输网络，在劳动密集型产业发展的基础上，资本密集型产业得以发展，烟草、食品、造纸、冶金等行业发展速度最快。工业化中期（1920~1950年），以内燃机为动力，汽车、电气设备与化工业发展迅速。工业化后期（1950~1990年），橡胶、塑料工业和化工业增长快速，而轻工业部门、食品工业、冶金工业等部门增长放缓。后工业阶段（1990年以后），以机器设备、电子产品和运输设备为主导产业通过技术创新和全球化的商业模式成为世界技术的领导者。伴随着新技术革命的浪潮，航空航天、计算机、自动化设备等技术密集型产业逐步在工业中占据首位。从美国的工业化进程看，经历了劳动密集型制造业，到资本密集型制造业，再到技术密集型产业转变的发展历程。

对比俄罗斯工业发展状况，属于劳动密集型产业的食品工业，纺织、缝纫、皮革、制鞋业，木材加工、木制品生产、造纸、印刷业等行业的占比为23.1%，与世界主要发达国家和中国相比，比例略高。焦炭和石油制品生产业、其他非金属矿石加工业与冶金和金属制品生产业属于资本密集型产业，其中，焦炭和石油制品生产业在俄罗斯加工工业中所占比例最大，达到21.3%，远远超过其他四个国家（见表7-3），资本密集型产业在加工工业中占41.4%，与之相比，美国为27.8%，德国为21.9%，日本为22.4%，中国为29.1%。可以说，俄罗斯资本密集型产业在加工工业中占据主导地位。而产品技术含量较高的化工、橡胶、塑料制品生产业与机器和设备生产业在加工工业中的比重仅为30.0%，与之相比，美国为48.8%，德国为56.6%，日本为56.8%，中国为47.0%，俄罗斯技术密集型产业的比例与其他四个国家尚存在较大差距。对比上文美国工业化的历程，目前俄罗斯资本密集型产业仍占据主导地位，与20世纪50~60年代的美国发展水平相当，其工业化水平与世界主要发达国家相比落后了大约60年。

表7-3 加工工业结构的国际比较

单位：%

国家	年份	食品工业	纺织、缝纫、皮革、制鞋业	木材加工、木制品生产、造纸、印刷业	焦炭和石油制品生产业	化工、橡胶、塑料制品生产业	其他非金属矿石加工业	冶金和金属制品生产业	机器和设备生产业
俄罗斯	2015	17.7	1.0	4.4	21.3	10.5	3.8	16.3	19.5
美国	2010	13.2	0.8	5.9	13.6	20.3	2.2	12.0	28.5
德国	2012	10.4	1.2	4.6	6.6	13.8	2.4	12.9	42.8
日本	2012	12.2	1.4	5.4	6.3	14.6	2.3	13.8	42.2
中国	2011	10.5	7.7	3.4	5.1	14.1	5.3	18.7	32.9

资料来源：Федеральная служба государственной статистики, Промышленность России (2016), C326。

(四) 缺乏创新积极性

企业是参与市场经营活动和创新活动的主体，因此，企业缺乏创新积极性是阻碍工业发展的关键因素。2008年国际金融危机之后，大多数企业疲于应对金融危机带来的不利影响，创新积极性有所下降，工业企业用于技术研发的支出在产值中的占比低于2%。[①] 2010年后，随着宏观经济形势趋好和经济现代化战略的实施，俄罗斯工业企业创新积极性略有提高，进行技术创新的企业数量和产品数量均有所增加。2005~2013年，矿产资源开采业中技术创新企业的占比从5.6%增长至6.4%，创新产品产值占比从2.7%增长至6.0%；加工工业中技术创新企业占比从10.9%提高到11.9%，创新产品产值占比从7.0%增长至11.6%（见表7-4）。2014~2015年受经济危机影响，上述两个指标又有所回落。2016年，矿产资源开采业中技术创新企业的占比仅为5.5%，创新产品产值占比仅为4.0%；加工工业中技术创新企业占比为11.8%，创新产品产值占比为10.9%。

从企业创新支出占产值的比例看，工业企业创新支出在产值中的比例低于俄罗斯经济整体水平，与2009年相比，2016年全俄企业创新支出在产值中的比例增长至2.5%，矿产资源开采业中创新支出占产值的比例却下降为1.3%，加工工业维持不变，仍为2.0%，水、电、气的生产与调配业为1.5%（见表7-5）。美国企业一般将10%左右的销售收入用于产品研发和创新，与之相比，俄罗斯企业无论是在创新投入还是在创新积极性方面都存在巨大差距。

相对于自主研发、自主创新和挖掘企业自身的科研技术潜力而言，俄罗斯企业更乐于进口外国先进的工艺设备，以便能更快速地实现生产设备的现代化。这主要是因为：企业对研发工作的客观需求与科研和实验设计机构的研发方向严重脱节；技术市场的创新基础设施（如中介、信息、法律、金融及其他服务）不发达；知识产权和创新产品技术认证的保护及转让的法律问题并未完全解决。这些因素都会阻碍企业创新积极性的提高。此外，对于大企业而言，由于大型企业多为俄罗斯特权精

---

① Федеральная служба государственной статистики, http://www.gks.ru/wps/wcm/connect/rosstat_main/rosstat/ru/statistics/science_and_innovations/science/#.

英把持,他们满足于既得利益,不关心企业的长远发展,因此创新动力不足;对于中小企业而言,又存在着市场准入、行政壁垒和资金约束等诸多障碍,更多表现为创新能力不足。

表7-4 2005~2016年俄罗斯工业企业中创新企业及创新产品占比

单位:%

	2005年	2010年	2011年	2012年	2013年	2014年	2015年	2016年
进行技术创新企业占受访企业总数比例									
矿产资源开采业	5.6	6.6	6.8	7.0	6.4	6.5	5.8	5.5
加工工业	10.9	11.3	11.6	12.0	11.9	12.2	12.1	11.8
水、电、气的生产与调配业	4.2	4.3	4.7	4.9	4.7	4.5	4.3	4.1
创新产品产值占工业总产值的比例									
矿产资源开采业	2.7	2.7	6.7	6.5	6.0	7.2	3.7	4.0
加工工业	7.0	6.7	6.8	9.6	11.6	9.9	10.6	10.9
水、电、气的生产与调配业	0.1	0.7	0.6	0.4	0.8	0.6	0.8	2.3

资料来源:Федеральная служба государственной статистики, http://www.gks.ru/wps/wcm/connect/ rosstat_ main/rosstat/ru/statistics/science_ and_ innovations/science/#。

表7-5 2009~2016年俄罗斯企业创新支出在产值中的比例

单位:%

	2009年	2010年	2011年	2012年	2013年	2014年	2015年	2016年
整个经济	1.9	1.6	2.2	2.5	2.9	2.9	2.6	2.5
矿产资源开采业	2.0	1.0	0.9	1.1	1.1	1.4	1.3	1.3
加工工业	2.0	1.8	1.9	2.1	2.7	2.4	2.1	2.0
水、电、气的生产与调配业	1.1	1.0	0.8	1.8	1.8	1.8	1.2	1.5

资料来源:Федеральная служба государственной статистики, http://www.gks.ru/wps/wcm/connect/rosstat _ main/rosstat/ru/statistics/science_ and_ innovations/ science/#。

(五)工业制成品国际竞争力不强

一国的出口商品结构是该国经济发展水平、产业结构、资源禀赋和贸易政策的一种综合反映。表7-6将俄罗斯出口商品结构与美国、德国、日本三国进行比较。2017年，美国对外贸易中机械和运输设备、化学品两大类商品占比最高，分别为34.1%和13.4%，武器和弹药、艺术品和古董、医用电子诊断设备、炸药和烟火制品、医用仪器及器械是美国国际市场份额最大的五种商品。机械和运输设备、化学品两大类商品在德国对外贸易中同样占有最高比重，分别为48.4%和15.3%，德国具有一些很强的优势产业，如塑料单丝、印刷和装订机械及其零件、传动轴、客运汽车、飞机和相关设备、航天飞机等产品在国际市场占有率超过20%。日本的出口商品结构中，机械和运输设备这一类商品更是占到58.8%的高比例，其次是以材料分类的制成品和化学品这两类商品，占比分别为11.3%和10.2%（见表7-6）。可以说，美国、德国和日本三国中，具有国际竞争力的行业大多属于中等和高等技术水平。而分析俄罗斯出口商品结构，化学品、以材料分类的制成品、机械和运输设备、杂项制品等工业制成品在总出口额中的比例加总仅为26.4%，属于中等和高等技术水平的化学品、机械和运输设备两类商品占比只有10.7%，而编码为0~4的原材料和初级产品的出口占比则高达58.2%，这充分说明俄罗斯工业制成品的国际竞争力不强，在全球国际分工中仍处于低端价值链。

表7-6　2017年出口商品结构的国际比较

单位：%

国际贸易标准分类编码	商品类别	俄罗斯	美国	德国	日本
	所有商品	100	100	100	100
0+1	食品,动物+饮料烟草	4.8	7.2	5.4	0.8
2+4	原材料+动物及植物油等	5.1	5.1	1.7	1.5
3	矿物燃料、润滑油及相关产品	48.3	9	1.8	1.6
5	化学品	5.2	13.4	15.3	10.2
6	以材料分类的制成品	14.4	9	11.9	11.3
7	机械和运输设备	5.5	34.1	48.4	58.8
8	杂项制品	1.3	10.3	10.8	8
9	非国际贸易标准分类产品	15.4	11.9	4.6	7.8

资料来源：The International Trade Statistics Yearbook 2017, https://comtrade.un.org/pb/downloads/2017/VolI2017.pdf。

第八章　俄罗斯对外经济政策演变

普京执政以来，俄罗斯对外政策主要以2014年乌克兰危机为重要转折点。2014年之前俄罗斯主动融入世界经济体系，积极加入世界贸易组织，2014年之后，在乌克兰危机的影响下，俄罗斯与西方国家关系迅速恶化，在此背景下，俄罗斯加快实行"向东看"战略，逐渐将对外经济联系的重心转向东方，一方面加强欧亚经济联盟建设，另一方面加强与亚洲国家的合作，融入亚太经济圈，尤其重视加强与中国的合作。为加强与亚太国家的经济联系，俄罗斯大力开发远东地区，加大对该地区的政策倾斜力度，在远东地区建立"超前发展区"，希望远东地区的开发能够成为其经济增长的突破口。

一　俄罗斯对外经济合作现状

（一）对外贸易规模

2000~2008年，俄罗斯对外贸易保持连年增长，2000年对外贸易总额为1369.73亿美元，其中出口额为1030.93亿美元，进口额为338.8亿美元，2008年俄罗斯对外贸易总额达到7349亿美元，是2000年外贸额的5.4倍。2008年后，受各种因素影响，俄罗斯对外贸易额出现较大幅度的波动，2018年俄罗斯外贸总额为6927.72亿美元，其中出口额4439.15亿美元，进口额2488.57亿美元，实现贸易顺差1950.58亿美元，2018年俄罗斯对外贸易总额仍未恢复到2008年的水平，此后的2019年和2020年外贸规模又出现下降（见表8-1），2020年俄罗斯对外贸易总额仅为5730.15亿美元。

表 8-1 2000~2020 年俄罗斯对外贸易发展状况

单位：亿美元

	2000年	2005年	2010年	2015年	2016年	2017年	2018年	2019年	2020年
对外贸易总额	1369.73	3401.81	6259.8	5344.4	4732.03	5914.86	6927.72	6735.98	5730.15
出口额	1030.93	2414.73	3970.68	3414.19	2817.09	3531.02	4439.15	4197.21	3333.75
进口额	338.8	987.08	2289.12	1930.21	1914.94	2383.84	2488.57	2538.77	2396.4

资料来源：Федеральная служба государственной статистики，Российский статистический ежегодник 2021г.，С592。

随着俄罗斯外贸规模的扩大，俄罗斯在全球贸易中的地位也有所上升。如表 8-2、8-3 所示，2000 年俄罗斯出口额在世界出口总额中占 1.6%，2008 年该比例最高，达到 2.9%，2018 年为 2.4%。2000~2018 年，2000 年俄罗斯进口额在世界进口总额中仅占 0.5%，2008 年该比例达到历史峰值（1.7%）之后开始下降，2018 年为 1.2%。从趋势看，2000~2018 年，世界主要发达国家在世界对外贸易中的比例基本呈下降趋势，2000 年美国出口额和进口额在世界出口额和进口额中的比例分别为 12.3%和 19.3%，到 2018 年分别下降至 8.9%和 13.5%，德国分别从 8.6%和 7.6%下降至 8.3%和 6.6%，日本分别从 7.5%和 5.8%下降至 3.9%和 3.9%。而发展中国家和新兴经济体在世界贸易中的比例呈上升趋势，2000 年中国出口额和进口额在世界出口额和进口额中的比例分别为 3.9%和 3.4%，到 2017 年分别上升至 13.3%和 10.5%，印度分别从 2000 年的 0.7%和 0.8%提高至 2018 年的 1.7%和 2.6%，巴西分别从 0.9%和 0.9%提高至 1.3%和 1.0%。俄罗斯对外贸易发展趋势基本符合发展中国家和新兴经济体的发展趋势。

表 8-2 2000~2018 年世界主要国家出口额占世界出口总额的比重

单位：%

国家	2000年	2005年	2010年	2016年	2017年	2018年
俄罗斯	1.6	2.3	2.6	1.8	2.1	2.4
美国	12.3	8.8	8.5	9.3	9.0	8.9
德国	8.6	9.5	8.3	8.5	8.5	8.3

续表

国家	2000 年	2005 年	2010 年	2016 年	2017 年	2018 年
法国	4.7	4.3	3.4	3.2	3.1	3.1
荷兰	3.4	3.4	3.3	3.0	3.1	3.1
意大利	3.8	3.6	3.0	3.0	3.0	2.8
加拿大	4.3	3.5	2.6	2.5	2.5	2.4
日本	7.5	5.8	5.1	4.1	4.1	3.9
韩国	2.7	2.7	3.1	3.2	3.4	3.3
中国	3.9	7.4	10.4	13.7	13.3	—
印度	0.7	1.0	1.5	1.7	1.8	1.7
巴西	0.9	1.1	1.3	1.2	1.3	1.3
南非	—	—	0.5	0.5	0.5	0.5

资料来源：Федеральная служба государственной статистики，Российский статистический ежегодник 2019 г.，С693。

表 8-3　2000~2018 年世界主要国家进口额占世界进口总额的比重

单位：%

国家	2000 年	2005 年	2010 年	2016 年	2017 年	2018 年
俄罗斯	0.5	0.9	1.5	1.2	1.3	1.2
美国	19.3	16.4	13.0	14.2	13.8	13.5
德国	7.6	7.4	7.0	6.7	6.6	6.6
法国	4.8	4.6	4.0	3.6	3.6	3.5
荷兰	3.0	2.9	2.9	2.6	2.7	2.7
意大利	3.6	3.6	3.2	2.6	2.6	2.5
加拿大	3.7	3.1	2.6	2.5	2.4	2.4
日本	5.8	4.9	4.6	3.8	3.8	3.9
韩国	2.5	2.5	2.8	2.6	2.7	2.6
中国	3.4	6.2	9.2	10.1	10.5	—
印度	0.8	1.4	2.3	2.3	2.6	2.6
巴西	0.9	0.7	1.3	0.9	0.9	1.0
南非	—	—	0.5	0.5	0.5	0.5

资料来源：Федеральная служба государственной статистики，Российский статистический ежегодник 2019 г.，С693。

(二) 主要贸易伙伴

从区域组织看，经合组织是俄罗斯最大的贸易伙伴，2018年俄罗斯对其的进口额、出口额在俄罗斯对外贸易总额中的比例分别为52.9%和57.5%；其次为欧盟28国、亚太经合组织、东盟10+6，俄罗斯与这三个区域组织的进、出口额比例均达到了两位数。2018年俄罗斯对欧盟28国的进口额、出口额在俄罗斯对外贸易总额中的比例分别为37.5%和45.5%，俄罗斯对亚太经合组织的进口额、出口额在俄罗斯对外贸易总额中的比例分别为40.9%和25.9%，俄罗斯对东盟10+6的进口额、出口额在俄罗斯对外贸易总额中的比例分别为34.7%和23.0%。此外，俄罗斯与中东欧自由贸易区、中东15国、北美自由贸易区、石油输出国组织、拉美一体化协会及南方共同市场等区域组织也积极开展了对外贸易合作（见表8-4、8-5）。

表8-4 2018年俄罗斯对主要区域组织出口状况

国家和地区	金额（百万美元）	占比（%）
总计	449693	100.0
经合组织	258499	57.5
欧盟28国	204582	45.5
亚太经合组织	116524	25.9
东盟10+6	103559	23.0
中东欧自由贸易区	36202	8.1
中东15国	30341	6.8
北美自由贸易区	15183	3.4
石油输出国组织	11783	2.6
拉美一体化协会	6585	1.5
南方共同市场	5877	1.3

资料来源：《2018年俄罗斯货物贸易及中俄双边贸易概况》，商务部官网，https://countryreport.mofcom.gov.cn/record/view110209.asp? news_ id=63202。

表 8-5　2018 年俄罗斯对主要区域组织进口状况

国家和地区	金额(百万美元)	占比(%)
总计	237424	100.0
经合组织	125583	52.9
亚太经合组织	97058	40.9
欧盟 28 国	89075	37.5
东盟 10+6	82410	34.7
中东欧自由贸易区	16575	7.0
北美自由贸易区	14382	6.1
拉美一体化协会	7996	3.4
南方共同市场	6695	2.8
中东 15 国	6073	2.6
石油输出国组织	2428	1.0

资料来源:《2018 年俄罗斯货物贸易及中俄双边贸易概况》,商务部官网,https://countryreport.mofcom.gov.cn/record/view110209.asp?news_id=63202。

从国别看,中国是俄罗斯最大的贸易伙伴,不仅是俄罗斯最大的货物出口市场,还是其主要货物进口来源国。2018 年,俄罗斯对华出口额和俄罗斯自华进口额在俄罗斯出口额和进口额中的比例分别为 12.5% 和 22.0%;继中国之后,俄罗斯主要货物出口市场分别为荷兰、德国、白俄罗斯、土耳其、韩国、意大利、波兰、哈萨克斯坦、美国、日本、芬兰、英国、乌克兰和比利时;继中国之后,俄罗斯主要进口来源国为德国、美国、白俄罗斯、意大利、法国、日本、韩国、乌克兰、哈萨克斯坦、波兰、土耳其、英国、捷克和荷兰(见表 8-6、8-7)。

表 8-6　2018 年俄罗斯对主要贸易伙伴出口状况

国家和地区	金额(百万美元)	占比(%)
总计	449693	100.0
中国	56076	12.5
荷兰	43516	9.7
德国	34097	7.6
白俄罗斯	21545	4.8

续表

国家和地区	金额(百万美元)	占比(%)
土耳其	21445	4.8
韩国	17870	4.0
意大利	16392	3.7
波兰	16291	3.6
哈萨克斯坦	12710	2.8
美国	12533	2.8
日本	12486	2.8
芬兰	11382	2.5
英国	9704	2.2
乌克兰	9523	2.1
比利时	9210	2.1

资料来源:《2018年俄罗斯货物贸易及中俄双边贸易概况》,商务部官网,https://countryreport.mofcom.gov.cn/record/view110209.asp?news_id=63202。

表8-7 2018年俄罗斯对主要贸易伙伴进口状况

国家和地区	金额(百万美元)	占比(%)
总计	237424	100.0
中国	52203	22.0
德国	25505	10.7
美国	12530	5.3
白俄罗斯	11654	4.9
意大利	10572	4.5
法国	9576	4.0
日本	8818	3.7
韩国	6972	2.9
乌克兰	5458	2.3
哈萨克斯坦	5214	2.2
波兰	5138	2.2
土耳其	4205	1.8
英国	4041	1.7
捷克	3775	1.6
荷兰	3692	1.6

资料来源:《2018年俄罗斯货物贸易及中俄双边贸易概况》,商务部官网,https://countryreport.mofcom.gov.cn/record/view110209.asp?news_id=63202。

(三) 贸易结构

如表 8-8 所示，从出口结构看，矿产品是俄罗斯出口的第一大类商品，2000 年矿产品出口额在俄罗斯出口总额中占 53.8%，2000~2010 年，随着国际能源价格的走高，矿产品出口比例逐渐升高，到 2010 年达到 68.5%，接近 70% 的水平，此后年份该比例略有下降，2019 年为 63.3%，2020 年为 51.3%；第二大类出口商品为金属、宝石及制品，2000 年此类产品出口占比为 21.7%，到 2020 年下降至 19.3%；木材、纸浆和纸制品出口比例从 2000 年的 4.3% 下降至 2020 年的 3.7%；如将这三类产品占比相加，则 2000 年原材料和初级产品出口占比为 79.8%，2020 年为 74.3%，接近出口总额的 80%。由此可见，俄罗斯出口商品结构最大的特点就是出口商品初级化。

从进口结构看，机器、设备及运输工具是俄罗斯进口第一大类商品，2000 年此类产品进口额占俄罗斯进口总额的比例为 31.4%，到 2020 年增加到 47.7%，这充分说明俄罗斯机器制造业生产设备工艺落后、劳动生产率低，机器设备严重依赖进口；食品和农业原料（纺织品除外）的比例从 2000 年的 21.8% 降至 2020 年的 12.8%，在一定程度上反映了普京在第三任期实行进口替代政策在食品工业取得了较好的效果。

表 8-8　2000~2020 年俄罗斯对外贸易商品结构

单位：%

类别	出口占比					进口占比				
	2000 年	2010 年	2016 年	2019 年	2020 年	2000 年	2010 年	2016 年	2019 年	2020 年
食品和农业原料（纺织品除外）	1.6	2.2	6.0	5.9	8.8	21.8	15.9	13.7	12.3	12.8
矿产品	53.8	68.5	59.2	63.3	51.3	6.3	2.3	1.8	2.1	1.9
化工产品、橡胶	7.2	6.2	7.3	6.4	7.1	18	16.1	18.5	19.6	18.3
皮革原料、毛皮及其原料	0.3	0.1	0.1	0.0	0.0	0.4	0.5	0.4	0.5	0.4
木材、纸浆和纸制品	4.3	2.4	3.4	3.0	3.7	3.8	2.6	1.9	1.5	1.5

续表

类别	出口占比					进口占比				
	2000年	2010年	2016年	2019年	2020年	2000年	2010年	2016年	2019年	2020年
纺织品和鞋	0.8	0.2	0.3	0.3	0.4	5.9	6.2	6.0	6.2	6.3
金属、宝石及制品	21.7	12.7	13.1	12.5	19.3	8.3	7.3	6.5	7.7	7.2
机器、设备及运输工具	8.8	5.4	8.6	6.6	7.5	31.4	44.4	47.2	46.2	47.7
其他商品	1.5	—	2.0	2.0	1.9	4.1	—	4.0	3.9	3.9

资料来源：Федеральная служба государственной статистики, Российский статистический ежегодник 2021 г., С596-597。

二 融入世界经济体系（2000~2014年）

在经济全球化背景下，融入世界经济体系的过程对于俄罗斯而言，既是机遇，又是挑战。从机遇的角度看，全球化通过分工、贸易、投资、要素流动和跨国公司的经济活动，实现国际分工与协作，逐步实现相互融合。俄罗斯在融入全球化过程中，生产标准、经济规则和法律体系逐步与国际接轨，有利于市场经济体制进一步完善。经济全球化使资本、劳动力、技术等生产要素在全球范围内实现合理配置，有利于俄罗斯引进先进的技术设备、优秀的人才，学习先进的管理经验。然而，经济全球化也为俄罗斯经济发展带来巨大挑战。在经济转型过程中，俄罗斯实体经济遭到严重破坏，过早开放市场导致俄罗斯国内市场被外国商品挤占，严重挤压了民族工业的生存空间。在此过程中，国际能源价格的上涨突出了俄罗斯的能源优势，在经济下滑、国家负债累累的窘况下，能源出口使俄罗斯换取了大量外汇用于偿还外债，提高了国民福利，能源工业在经济中的地位不断巩固，但也为长远经济发展埋下了隐患。

普京执政后，明确表示要加快融入世界经济的步伐，在2002年的国情咨文中，他提出："已经不存在是否要融入世界经济，是否与国际接轨的问题，俄罗斯已经是世界经济体系的一部分。"[1] 在2003年的国

---

[1] Послание Федеральному Собранию Российской Федерации, 18 апреля 2002 г., http://www.kremlin.ru/events/president/transcripts/21567.

情咨文中，普京又强调："当今世界任何国家，无论大小贫富，都不可能在与世隔绝的情况下顺利发展。恰恰相反，成功总是伴随着那些有意识地、和谐地、快速地融入世界经济体系的国家。"① 正如他所强调，2014年乌克兰危机发生之前，俄罗斯在融入世界经济体系过程中进行了一系列积极尝试。

第一，俄罗斯主导独联体次区域一体化进程。一是建立俄白联盟。2000年1月，俄白联盟正式建立，此后俄白两国又签署了一系列条约：2000年11月，签署《关于联盟国家统一货币和统一发行中心协议》；2001年1月，签署《关于联盟国家彻底实现统一和建立统一的关税和非关税调节制度协议》；2002年4月，签署《关于在价格政策方面创造平等条件协议》；2006年，签订《关于保障白俄罗斯和俄罗斯公民在俄白联盟国家境内享有平等的自由迁移、社会保障、医疗和纳税权利的协议》。二是建立俄白哈乌统一经济空间。2003年9月19日，俄罗斯、白俄罗斯、哈萨克斯坦和乌克兰四国签署建立统一经济空间的协议，并于2004年4月生效。但由于各方在经济一体化方向、进程及一些落实措施上存有较大分歧，该组织框架下的一体化进程受阻。三是建立欧亚经济共同体。2000年10月，俄罗斯、白俄罗斯、哈萨克斯坦、吉尔吉斯斯坦和塔吉克斯坦五国总统签订《成立欧亚经济共同体条约》；2006年2月，乌兹别克斯坦加入欧亚经济共同体；2007年成立欧亚发展银行；2008年10月，乌兹别克斯坦申请退出欧亚经济共同体。随着欧亚经济联盟的成立，欧亚经济共同体从2015年1月1日起撤销。四是建立欧亚经济联盟，主导欧亚地区一体化进程。2007年10月6日，在欧亚经济共同体框架下，俄、白、哈三国签署了《关于建立统一关境和建立关税同盟的协定》②；2009年11月，俄、白、哈三国签署了《海关法》③，从2010年1月1日起，俄白哈关税同盟正式成立；2011年7月，三国取消了相互间的海关，关境的取消使得建立关税同盟取得实质性进展；2011年10月，关税同盟决定开启吉尔吉斯斯坦

---

① Послание Федеральному Собранию Российской Федерации, 16 мая 2003 г., http://www.kremlin.ru/events/president/transcripts/21998.
② Договор о создании единой таможенной территории и Таможенного союза от 6 октября 2007 года, http://www.tsouz.ru/Docs/IntAgrmnts/Pages/D_sozdETTiformTS.aspx.
③ Договор о Таможенном кодексе Таможенного союза от 27 ноября 2009 года, http://www.tsouz.ru/Docs/Pages/mgs4proekt.aspx.

加入关税同盟的谈判；2011年11月18日，白俄罗斯、哈萨克斯坦和俄罗斯三国元首发表宣言，即于2012年1月1日起，建立统一经济空间①；2015年1月1日欧亚经济联盟正式启动。

第二，俄罗斯加强与国际金融组织的合作。1999年国际货币基金组织曾经停止对俄罗斯贷款，并提出提高对俄罗斯贷款的门槛。巴黎俱乐部也暂停了对俄合作。普京执政后，变被动为主动，积极改善与国际货币基金组织和世界银行的关系。2000年俄罗斯与国际货币基金组织商定不再将对俄贷款与债务重组挂钩，此后国际货币基金组织恢复了对俄罗斯的金融支持，并积极协调俄罗斯与巴黎俱乐部进行债务重组。2001年俄罗斯与巴黎俱乐部就债务重组达成一致，并从巴黎俱乐部获得新的贷款。2002年后，随着经济形势的改善，俄罗斯提前偿还了国际货币基金组织、世界银行和巴黎俱乐部的债务，并积极参与对这些国际金融组织成员方的援助、捐款及债务减免项目，逐渐从债务国转变为债权国。

第三，积极参与多边合作。俄罗斯积极参与上海合作组织框架下的区域经济合作。2001年上海合作组织成立，经济合作是上海合作组织的重要方向，俄罗斯积极参与"上海合作组织"区域经济合作，希望在该组织中发挥更大作用，并利用该组织加强与中国和中亚国家的经济合作，恢复与中亚国家的传统经济联系。②俄罗斯还积极加强与亚太经合组织的合作，希望通过加强与亚太国家的经济联系带动其在亚洲部分的地区经济发展，并提升其在亚太地区的地位。

第四，加入世界贸易组织。20世纪90年代，俄罗斯已经完成了外贸制度审议和关税减让的谈判，普京执政后，俄罗斯全面展开了加入世界贸易组织的谈判，逐步与各方就商品和服务市场准入、农业补贴及知识产权等方面达成共识。2011年12月16日，在瑞士日内瓦举行的世界贸易组织第八届部长级会议通过了《关于俄罗斯加入世界贸易组织的决定》，30天以后俄罗斯正式成为世贸组织成员。至此，俄罗斯结束了长达18年的入世长跑。根据入世协议，俄罗斯总体关税水平将从10%降至7.8%。其中，农产品总体关税水平从13.2%降至10.8%，工

---

① Евразийская экономическая интеграция: цифры и факты, Евразийская экономическая комиссия, 2013 г.

② 张宁：《上海合作组织的经济职能》，吉林文史出版社，2006，第116页。

业制成品关税水平从9.5%降至7.3%。对于俄罗斯而言,加入世贸组织有利有弊,但整体上利大于弊。入世之后必须接受国际贸易普遍规则,履行入世承诺,降低关税,开放市场,改善国内投资环境,将对俄罗斯市场经济体制的改革起到促进作用。此外,还有利于加强与世贸组织成员国的双边和多边合作。从长远看,入世是俄罗斯融入世界经济体系,并寻求自我发展的必然选择。

三 应对西方制裁(2014~2020年)

(一)西方对俄罗斯的制裁措施

从2014年3月起,西方国家对俄罗斯实行了多轮制裁措施,且制裁逐步升级,已涉及人员、金融、能源、军事等多个领域。

1. 人员制裁

2014年3月17日,在乌克兰克里米亚自治区公投结果决定加入俄罗斯联邦后,欧盟和美国开始实行人员制裁措施。2014年3月17日,美国决定对俄罗斯实施人员制裁措施,开始对4名乌克兰官员和7名俄罗斯官员实行冻结财产、禁止入境的制裁。其中,根据美国白宫网站公布的人员名单,4名乌克兰官员[①]为:

①谢尔盖·阿克西诺夫(Sergey Aksyonov);

②弗拉基米尔·康斯坦丁诺夫(Vladimir Konstantinov);

③维克多·梅德韦丘克(Viktor Medvedchuk);

④乌克兰前总统维克多·亚努科维奇(Viktor Yanukovych)。

7名俄罗斯官员[②]为:

①俄罗斯总统助理弗拉季斯拉夫·苏尔科夫(Vladislav Surkov);

②俄罗斯总统顾问谢尔盖·格拉济耶夫(Sergey Glazyev);

③俄罗斯国家杜马副主席列昂尼德·斯勒茨基(Leonid Slutsky);

---

① FACT SHEET: Ukraine-Related Sanctions, http://www.whitehouse.gov/the-press-office/2014/03/17/fact-sheet-ukraine-related-sanctions.

② FACT SHEET: Ukraine-Related Sanctions, http://www.whitehouse.gov/the-press-office/2014/03/17/fact-sheet-ukraine-related-sanctions.

④俄罗斯议会成员安德烈·克里恰斯（Andrei Klishas）；

⑤俄罗斯联邦委员会负责人瓦莲蒂娜·马特维延科（Valentina Matviyenko）；

⑥俄罗斯副总理德米特里·罗戈津（Dmitry Rogozin）；

⑦俄罗斯国家杜马副主席叶琳娜·米祖丽娜（Yelena Mizulina）。

3月20日，美国在制裁名单中增加16名俄罗斯官员和3名"圈内人"。其中，16名俄罗斯官员[①]为：

①俄罗斯联邦委员会安全和国防委员会主席维克多·阿列克谢耶维奇·奥泽罗夫（Viktor Alekseevich Ozerov）；

②俄罗斯联邦委员会国际事务委员会第一副主席弗拉基米尔·米哈伊尔洛维奇·扎巴罗夫（Vladimir Michailovich Dzhabarov）；

③俄罗斯联邦委员会副主席叶甫根尼·维克多维奇·普什敏（Evgeni Viktorovich Bushmin）；

④俄罗斯联邦委员会联邦事务、地缘政治及北方联邦委员会成员尼古拉·伊万诺维奇·雷日科夫（Nikolai Ivanovich Ryzhkov）；

⑤俄罗斯国家杜马副主席谢尔盖·弗拉基米罗维奇·切列兹亚克（Sergei Vladimirovich Zheleznyak）；

⑥俄罗斯国家杜马委员会成员、国家杜马住房政策及住房公用事业委员会成员谢尔盖·米哈伊洛维奇·米罗诺夫（Sergei Mikhailovich Mironov）；

⑦俄罗斯联邦委员会文化、科学和信息委员会成员亚历山大·波洛索维奇·托托诺夫（Aleksandr Borisovich Totoonov）；

⑧俄罗斯议会事务委员会第一副主席奥列格·叶甫根涅维奇·潘捷列夫（Oleg Evgenevich Panteleev）；

⑨俄罗斯国家安全委员会成员谢尔盖·叶甫根涅维奇·纳雷什金（Sergey Yevgenyevich Naryshkin）；

⑩普京的亲密盟友，联邦药品管理局主任维克多·彼得洛维奇·伊万诺夫（Victor Petrovich Ivanov）；

[①] "Treasury Sanctions Russian Officials, Members of the Russian Leadership's Inner Circle, and an Entity for Involvement in the Situation in Ukraine," http://www.treasury.gov/press-center/press-releases/Pages/jl23331.aspx.

⑪俄罗斯军事情报局领导、总参谋部副参谋长伊戈尔·德米特里耶维奇·苏尔干（Igor Dmitrievich Sergun）；

⑫俄罗斯联邦总统执行办公室总参谋长谢尔盖·伊万诺夫（Sergei Ivanov）；

⑬俄罗斯联邦总统执行办公室第一副总参谋长阿列克谢·格罗莫夫（Alexei Gromov）；

⑭俄罗斯总统助理安德烈·亚历山德罗维奇·福尔申科（Andrei Alexandrovich Fursenko）；

⑮普京亲信俄罗斯铁路公司首席执行官弗拉基米尔·伊万诺维奇·亚库宁（Vladimir Ivanovich Yakunin）；

⑯俄罗斯总统行政主管弗拉基米尔·伊戈列维奇·科金（Vladimir Igorevich Kozhin）。

3 名"圈内人"①为：

①Gunvor 公司创始人根纳迪·尼古拉耶维奇·季姆申科（Gennady Nikolayevich Timchenko）；

②索契冬奥会建筑商阿尔卡迪·罗滕贝格和鲍里斯·罗滕贝格（Arkady Rotenberg, Boris Rotenberg）；

③俄罗斯银行最大股东尤里·瓦连季诺维奇·科瓦利丘克（Yuri Valentinovich Kovalchuk）。

4 月 11 日，美国在制裁名单中增加美国国防部指定的 7 名乌克兰分裂主义领导人②，名单为：

①乌克兰安全局彼得·济马（Pyotr Zima）；

②塞外斯托波尔工商行政管理局协调委员会主席阿列克谢·米哈伊诺维奇·沙利（Aleksei Mikhailovich Chaliy）；

③克里米亚副总理鲁斯塔姆·伊尔米洛维奇·杰米尔卡利耶夫（Rustam Ilmirovich Temirgaliev）；

---

① "Treasury Sanctions Russian Officials, Members of the Russian Leadership's Inner Circle, and an Entity for Involvement in the Situation in Ukraine," http://www.treasury.gov/press-center/press-releases/Pages/jl23331.aspx.

② "Treasury Designates Seven Individuals and One Entity Contributing to the Situation in Ukraine," http://www.treasury.gov/press-center/press-releases/Pages/jl2355.aspx.

④克里米亚议长顾问尤里·肯纳迪耶维奇·热列布佐夫（Yuriy Gennadyevich Zherebtsov）；

⑤克里米亚选举委员会主席米哈伊尔·格里高列维奇·马力沙耶夫（Mikhail Grigorevich Malyshev）；

⑥塞瓦斯托波尔选举委员会主席瓦列里·基里尔洛维奇·梅德韦杰夫（Valery Kirillovich Medvedev）；

⑦乌克兰议会前副议长谢尔盖·帕夫洛维奇·特谢科夫（Sergey Pavlovich Tsekov）。

4月28日，美国在制裁名单中再增加7名俄罗斯官员①，名单为：

①俄罗斯安全委员会委员奥列格·叶甫根涅维奇·别拉文谢夫（Oleg Evgenyevich Belavencev）；

②国家公司发展部执行官、俄罗斯石油董事会成员谢尔盖·切梅佐夫（Sergei Chemezov）；

③俄罗斯副总理德米特里·科扎克（Dmitry Kozak）；

④俄罗斯联邦保卫局主任叶甫根尼·阿列克谢耶维奇·穆洛夫（Evgeniy Alekseyevich Murov）；

⑤俄罗斯国家杜马国际事务委员会主席阿列克谢·康斯坦丁诺维奇·普什科夫（Aleksei Konstantinovich Pushkov）；

⑥俄罗斯石油公司董事会主席伊戈尔·谢钦（Igor Sechin）；

⑦总统行政办公厅第一副主任维切斯拉夫·瓦罗金（Vyacheslav Volodin）。

6月20日，美国制裁名单中又增加7名乌克兰分裂主义分子②：

①维亚切斯拉夫·博诺马利诺夫（Vyacheslav Ponomaryov）；

②丹尼斯·普希林（Denis Pushilin）；

③安德烈·普尔金（Andrey Purgin）；

④伊戈尔·基尔金（Igor Girkin）；

⑤瓦列里·博洛托夫（Valery Bolotov）；

---

① "Announcement of Additional Treasury Sanctions on Russian Government Officials and Entities," http://www.treasury.gov/press-center/press-releases/Pages/jl2369.aspx.

② "Treasury Sanctions Additional Individuals for Threatening the Territorial Integrity of Ukraine," http://www.treasury.gov/press-center/press-releases/Pages/jl2438.aspx.

⑥谢尔盖·梅尼亚伊洛（Sergei Menyailo）；

⑦瓦列里·卡乌洛夫（Valery Kaurov）。

7月16日，美国在制裁名单中增加4名俄罗斯官员①：

①俄联邦安全局第五局局长谢尔盖·别谢斯塔（Sergey Besesda）；

②俄罗斯政府克里米亚事务部部长奥列格·萨维利耶夫（Oleg Savelyev）；

③俄罗斯国家杜马副主席谢尔盖·涅维洛夫（Sergei Neverov）；

④俄罗斯总统助理伊戈尔·谢戈廖夫（Igor Shchegolev）。

欧盟也于3月17日开始对俄实施制裁。该日，欧盟一致同意冻结21名俄罗斯与乌克兰官员的个人财产，并禁止向其发放旅游签证。② 此后，欧盟制裁人员名单陆续增加，截至2014年9月12日，受欧盟制裁的人员达到119人。③

2. 金融制裁

2014年3月20日，美国开始对俄罗斯银行实施金融制裁，冻结其在美国的资产，禁止美国个人与机构与该银行进行交易。④ 4月28日，美国将17家相关企业列入制裁名单，对其实行冻结资产，并禁止美国个人和公司与上述公司进行交易。⑤ 这17家企业为：

①资本投资银行（InvestCapitalBank），该银行由罗滕贝格兄弟控股；

②SMP银行（SMP Bank）该银行由罗滕贝格兄弟控股；

③天然气管道建设集团［Stroygazmontazh（SGM Group）］，该公司由阿尔卡迪·罗滕贝格控股；

④伏尔加集团（Volga Group），该公司由根纳迪·季姆申科控股；

⑤石油运输公司（Transoil），该公司为伏尔加集团下属子公司，专

---

① "Announcement of Treasury Sanctions on Entities within the Financial Services and Energy Sectors of Russia, Against Arms or Related Materiel Entities, and those Undermining Ukraine's Sovereignty," http://www.treasury.gov/press-center/press-releases/Pages/jl2572.aspx.

② "Council Conclusions on Ukraine of 17 March," http://www.consilium.europa.eu/uedocs/cms_data/docs/pressdata/EN/foraff/141601.pdf.

③ http://europa.eu/newsroom/highlights/special-coverage/eu_sanctions/index_en.htm.

④ "FACT SHEET: Ukraine-Related Sanctions," http://www.whitehouse.gov/the-press-office/2014/03/17/fact-sheet-ukraine-related-sanctions.

⑤ "Announcement of Additional Treasury Sanctions on Russian Government Officials and Entities," http://www.treasury.gov/press-center/press-releases/Pages/jl2369.aspx.

门从事石油及石油产品的运输,由根纳迪·季姆申科控股;

⑥阿堪尼卡有限责任公司（Aquanika Russkoye Vremya LLC）,该公司主要生产矿泉水和软饮料,是伏尔加集团的下属子公司,由根纳迪·季姆申科控股;

⑦萨哈林运输公司（Sakhatrans LLC）,该公司为伏尔加集团下属子公司,从事远东地区煤炭、铁等矿藏的出口运输,由根纳迪·季姆申科控股;

⑧航空集团公司（Avia Group LLC）,该公司参与莫斯科谢列梅捷沃国际机场的地面基础设施的维护和服务,包括飞机的维修、航班的编组和支持等服务,隶属伏尔加集团,由根纳迪·季姆申科控股;

⑨航空集团北方公司（Avia Group Nord LLC）,该公司负责圣彼得堡普尔科沃国际机场的航空管理及服务工作,该公司隶属伏尔加集团,由根纳迪·季姆申科控股;

⑩天然气建设运输控股公司（Stroytransgaz Holding）,该公司隶属伏尔加集团,由根纳迪·季姆申科控股;

⑪天然气建设运输集团（Stroytransgaz Group）,该公司是一家建筑集团公司,属于伏尔加集团,由根纳迪·季姆申科控股;

⑫天然气建设运输开放式股份公司（Stroytransgaz OJSC）,该公司是一家电力建筑公司,该公司隶属天然气建设运输集团、伏尔加集团,由根纳迪·季姆申科控股;

⑬M 天然气建设运输有限责任公司（Stroytransgaz-M LLC）,该公司是一家工业建筑公司,从事石油、天然气、石化及其他土木建筑工程。该公司隶属天然气建设运输集团、伏尔加集团,由根纳迪·季姆申科控股;

⑭天然气建设运输有限责任公司（Stroytransgaz LLC）,该公司专门从事基础设施建设,隶属天然气建设运输集团、伏尔加集团,由根纳迪·季姆申科控股;

⑮阿伯罗斯投资公司（Investment Company Abros LLC）隶属俄罗斯银行,由尤里·科瓦利丘克控股;

⑯泽斯特封闭式股份有限公司（CJSC Zest）,由俄罗斯银行控股;

⑰索宾银行（JSB Sobinbank）,由俄罗斯银行控股。

7月16日，美国宣布制裁升级，禁止美国人为俄罗斯两家银行（俄罗斯天然气工业银行和俄罗斯对外经济银行）和两家能源公司（俄罗斯石油公司和诺瓦泰克公司）提供新的融资，限制其进入美国资本市场。①

7月29日，美国宣布制裁俄罗斯外贸银行、莫斯科银行、俄罗斯农业银行，这3家国有银行被禁止从美国金融市场获得期限超过90天的融资。

9月11日，美国制裁再次升级，把俄罗斯最大银行——俄罗斯储蓄银行列入制裁名单，并扩大对俄其他主要银行的制裁范围。禁止美国公民和公司交易俄罗斯6家银行发行的期限超过30天的债券，对俄罗斯的融资限制进一步收紧。这6家银行为：俄罗斯储蓄银行、莫斯科银行、俄罗斯天然气工业银行、俄罗斯农业银行、俄罗斯对外经济银行和俄罗斯外贸银行。

2014年5月12日，欧盟宣布冻结黑海石油天然气公司（Chernomorneftegaz）和费奥多西亚公司（Feodosia）的资产。7月29日，欧盟禁止俄罗斯国有金融机构进入欧盟金融市场。此外，被冻结资产的俄罗斯企业增加至23家。9月11日，欧盟制裁升级，禁止公民和公司向5家俄罗斯国有银行提供贷款，并禁止交易5家国有银行、3家俄罗斯防务公司和3家俄罗斯能源公司发行的期限超过30天的债券、股权及类似金融工具；禁止对上述金融工具的发行提供相关服务。②

3. 对俄罗斯能源领域的制裁

2014年7月16日，美国禁止对2家能源公司（俄罗斯石油公司和俄罗斯第二大天然气供应商诺瓦泰克公司）提供新的融资。③ 9月12日，美国禁止向5家俄罗斯能源公司（俄罗斯天然气工业股份公司、俄罗斯天然气工业石油公司、俄罗斯卢克石油公司、俄罗斯苏尔古特石油天然气股份公司、俄罗斯石油公司）出口货物、技术、提供服务（不含金融

---

① "Announcement of Treasury Sanctions on Entities within the Financial Services and Energy Sectors of Russia, Against Arms or Related Materiel Entities, and those Undermining Ukraine's Sovereignty," http://www.treasury.gov/press-center/press-releases/Pages/jl2572.aspx.
② "Reinforced Restrictive Measures Against Russia," http://eeas.europa.eu/top_stories/2014/120914_restrictive_measures_against_russia_en.htm.
③ "Announcement of Treasury Sanctions on Entities within the Financial Services and Energy Sectors of Russia, Against Arms or Related Materiel Entities, and those Undermining Ukraine's Sovereignty," http://www.treasury.gov/press-center/press-releases/Pages/jl2572.aspx.

服务），以支持或参与俄罗斯深水石油开发、北极石油勘探、俄罗斯页岩油勘探工作，并禁止与2家能源公司（俄罗斯天然气工业石油公司和俄罗斯石油运输公司）进行交易、为其提供期限超过90天的融资。①

7月30日，欧盟宣布，对俄出口与能源相关的技术和设备须欧盟成员国主管部门进行事先审批；停止对深水石油开发、北极石油勘探、俄罗斯页岩油项目发放出口许可证。② 9月11日，欧盟宣布，将可能不再对深水石油开发、北极石油勘探、俄罗斯页岩油项目提供有关钻探、试井、测井等服务。③

4. 对俄罗斯军工领域的制裁

2014年7月16日，美国将俄罗斯8家军工企业列入制裁名单。这8家企业为：④

①阿尔玛兹-安泰（Almaz-Antey）；

②巴扎特联邦国家统一研究制造公司（Federal State Unitary Enterprise State Research and Production Enterprise Bazalt）；

③索兹维兹得股份公司（JSC Concern Sozvezdie）；

④机械制造科学与生产协会（JSC MIC NPO Mashinostroyenia）；

⑤卡拉什尼科夫康采恩（Kalashnikov Concern）；

⑥仪器设计局（KBP Instrument Design Bureau）；

⑦无线电电子技术公司（Radio-Electronic Technologies）；

⑧乌拉尔车厢厂（Uralvagonzavod）。

7月29日，由于俄罗斯联合造船公司为俄罗斯海军设计和建造舰

---

① "Announcement of Expanded Treasury Sanctions within the Russian Financial Services, Energy and Defense or Related Materiel Sectors," http://www.treasury.gov/press-center/press-releases/Pages/jl2629.aspx.

② "EU Restrictive Measures in View of the Situation in Eastern Ukraine and the Illegal Annexation of Crimea," http://eeas.europa.eu/delegations/ukraine/press _ corner/all _ news/news/2014/2014_ 07_ 30_ 02_ en.htm.

③ "Reinforced Restrictive Measures Against Russia," http://eeas.europa.eu/top _ stories/2014/120914_ restrictive _ measures_ against_ russia_ en.htm.

④ "Announcement of Treasury Sanctions on Entities within the Financial Services and Energy Sectors of Russia, Against Arms or Related Materiel Entities, and those Undermining Ukraine's Sovereignty," http://www.treasury.gov/press-center/press-releases/Pages/jl2572.aspx.

艇，美国宣布将其列入制裁名单。①

9月12日，美国又在制裁名单中加入5家经营武器及相关物资的防务公司：

① 多尔戈普鲁德研究制造公司（OAO "Dolgoprudny Research Production Enterprise"）；
② 梅吉星机械制造厂（Mytishchinski Mashinostroitelny Zavod OAO）；
③ 加里宁机械制造厂股份公司（Kalinin Machine Plant JSC）；
④ "阿尔玛兹-安泰"前端系统设计局（Almaz-Antey GSKB）；
⑤ 仪器科学研究所股份公司（JSC NIIP）。

同时由于俄罗斯技术公司与国防和物资部门相关，美国对其实行制裁，禁止美国人与该公司进行交易、为其提供期限超过30天的新融资，禁止为该公司控股50%以上的子公司进行融资。②

7月30日，欧盟宣布，禁止欧盟共同军事清单上所有武器及相关材料的对俄进出口；禁止军民两用产品和军事用途技术的对俄出口。③ 9月11日，欧盟禁止对9家合资的防务公司进行军民两用产品的对俄出口。④ 2014年欧盟、美国对俄罗斯制裁措施如表8-9所示。

表8-9　2014年欧美对俄罗斯制裁措施一览

时间	欧盟		时间	美国	
	对象	措施		对象	措施
3月17日	人员	冻结21人在欧盟的财产，禁止向其发放旅游签证	3月17日	人员	对4名乌克兰官员和7名俄罗斯官员实行冻结财产和禁止发放签证的制裁

---

① "Announcement of Additional Treasury Sanctions on Russian Financial Institutions and on a Defense Technology Entity," http://www.treasury.gov/press-center/press-releases/Pages/jl2590.aspx.
② "Announcement of Expanded Treasury Sanctions within the Russian Financial Services, Energy and Defense or Related Materiel Sectors," http://www.treasury.gov/press-center/press-releases/Pages/jl2629.aspx.
③ "EU Restrictive Measures in View of the Situation in Eastern Ukraine and the Illegal Annexation of Crimea," http://eeas.europa.eu/delegations/ukraine/press_corner/all_news/news/2014/2014_07_30_02_en.htm.
④ "Reinforced Restrictive Measures Against Russia," http://eeas.europa.eu/top_stories/2014/120914_restrictive_measures_against_russia_en.htm.

续表

时间	欧盟		时间	美国	
	对象	措施		对象	措施
3月21日	人员	在制裁名单中增加12人,受欧盟制裁的人员增加至33人	3月20日	人员	在制裁名单中增加16名俄罗斯官员和3名"圈内人"
				金融	将俄罗斯银行列入制裁名单,冻结其在美国的资产,禁止美国个人与机构与该银行进行交易
—	—	—	4月11日	人员	在制裁名单中增加7人
				能源	将黑海石油天然气公司列入制裁名单,冻结其在美国的资产,禁止美国个人和机构与该银行进行交易
4月28日	人员	在制裁名单中增加15人,受欧盟制裁的人员增加至48人	4月28日	人员	在制裁名单中增加7名俄罗斯官员
				金融	将17家相关企业列入制裁名单,对其实行冻结资产,并禁止美国个人和公司与上述公司进行交易
5月12日	人员	在制裁名单中增加13人,受欧盟制裁的人员增加至61人	6月20日	人员	在制裁名单中增加7人
	金融	冻结黑海石油天然气公司和费奥多西亚公司两家企业的资产			
7月11日	人员	在制裁名单中增加11人,受欧盟制裁的人员增加至72人	7月16日	人员	在制裁名单中增加4名俄罗斯官员
				金融	禁止美国人为俄罗斯两家银行和两家能源公司提供新的融资,限制其进入美国资本市场
				能源	美国禁止对2家能源公司提供新的融资
				军工	美国将俄罗斯8家军工企业列入制裁名单

续表

时间	欧盟		时间	美国	
	对象	措施		对象	措施
7月30日	人员	在制裁名单中增加23人,受欧盟制裁的人员增加至95人	7月29日	金融	3家俄罗斯国有银行被禁止从美国金融市场获得期限超过90天的融资
	金融	禁止俄罗斯国有金融机构进入欧盟金融市场。被冻结资产的俄罗斯企业增加至23家			
	能源	对俄出口与能源相关的技术和设备须欧盟成员国主管部门进行事先审批;停止对深水石油开发、北极石油勘探、俄罗斯页岩油项目发放出口许可证		军工	由于俄罗斯联合造船公司为俄罗斯海军设计和建造舰艇,美国宣布将其列入制裁名单
	军工	禁止欧盟共同军事清单上所有武器及相关材料的对俄进出口;禁止军民两用产品和军事用途技术的对俄出口			
9月12日	人员	在制裁名单中增加24人,受欧盟制裁的人员增加至119人	9月11日	金融	将俄罗斯储蓄银行列入制裁名单,禁止美国公民和公司对俄罗斯6家银行发行的期限超过30天的债券进行交易
9月11日	金融	禁止公民和公司向5家俄罗斯国有银行提供贷款,并禁止交易5家国有银行、3家俄罗斯防务公司和3家俄罗斯能源公司发行的期限超过30天的债券、股权及类似金融工具;禁止对上述金融工具的发行提供相关服务	9月12日	能源	美国禁止向5家俄罗斯能源公司出口货物、技术、提供服务(不含金融服务),以支持或参与俄罗斯深水石油开发、北极石油勘探、俄罗斯页岩油勘探工作,并禁止与两家能源公司进行交易,为其提供期限超过90天的融资

续表

时间	欧盟		时间	美国	
	对象	措施		对象	措施
9月11日	能源	将可能不再对深水石油开发、北极石油勘探、俄罗斯页岩油项目提供有关钻探、试井、测井等服务	9月12日	军工	美国又在制裁名单中加入5家经营武器及相关物资的防务公司;由于俄罗斯技术公司与国防和物资部门相关,美国对其实行制裁,禁止美国人与该公司进行交易、为其提供期限超过30天的新融资,禁止为该公司控股50%以上的子公司进行融资
	军工	欧盟禁止对9家合资的防务公司进行军民两用产品的对俄出口			

资料来源:根据欧盟网站和美国白宫网站相关资料整理。

(二)制裁对俄罗斯经济的影响

从人员制裁的角度看,西方国家对"破坏乌克兰主权负有责任"的人员制裁名单逐步增加,旨在对与普京关系密切的政治和商业盟友予以打击,希望通过制裁引起俄罗斯精英内部的分歧与矛盾,直接的经济影响并不大。

从贸易的角度看,西方制裁的影响也非常有限。根据俄罗斯海关总署的数据,2014年1~10月,欧盟、美国、日本和乌克兰与俄罗斯的贸易总额为4004亿美元,与2013年同期相比,仅下降了5.3%。这四个国家和地区与俄罗斯贸易额总和占俄罗斯对外贸易总额的比重从2013年1~10月的61.5%下降至60.3%。与2013年同期相比,2014年1~10月,俄美贸易额还出现了11.1%的增长,俄美贸易占俄罗斯对外贸易总额的比重也从3.3%增长至3.8%。

从金融的角度看,西方制裁对俄罗斯经济的影响最为直接和有效。第一,金融制裁最直接的影响是企业融资成本上升。欧美对俄罗斯实行金融制裁主要是限制俄罗斯企业在欧盟和美国资本市场上的长期融资,从而达到打击俄罗斯经济的目的。欧美实行制裁以来,俄罗斯企业发行的欧元债券跌幅高达70%,俄罗斯的国际融资成本上升。第二,投资环境恶化，资金外逃。西方的金融制裁还会带来市场预期的下降、投资环境的恶化，从而导致大量资金外逃。根据俄罗斯央行数据，2014年上半年俄罗斯资金外逃数额已近750亿美元，是2013年同期的2.2倍，且超过2013年全年资金外逃规模（2013年资金外逃规模为627亿美元）。第三，卢布贬值，通胀压力加大。油价下跌、西方制裁、资本外流和经济增长率下降造成卢布大幅贬值。2013年底，卢布已经开始缓慢贬值。马航事件之后，欧盟和美国相继出台了更加严厉的制裁措施，卢布再现下行趋势。2014年8月，卢布兑美元月平均汇率环比下跌4.07%，9月下跌4.65%。2014年10月，国际油价持续大幅下跌，继续推动卢布加速贬值，2014年10月卢布兑美元月平均汇率环比下跌7.09%，11月下跌11.12%。卢布贬值增加了通胀压力，根据俄央行9月26日出台的《2015~2017年俄罗斯货币信贷政策主要方向》，要在2016年将通货膨胀率降低到4%。因此，为降低通胀，2014年央行曾先后五次加息，基准利率已从5.5%上调至10.5%。2014年12月15日，卢布暴跌13%，美元兑卢布汇率跌破1∶64。央行紧急加息650个基点，将基准利率从10.5%大幅提高到17%，这一幅度超过此前5次加息的总和，但卢布贬值仍在继续。16日，卢布汇率再创新低，盘中一度跌破80大关。此后，俄政府采取了非正式的资本管制措施，对稳定汇率起到了重要作用。截至2015年1月4日，美元兑卢布汇率回升至1∶58。在央行不断加息下，紧缩的货币政策导致总需求的进一步下降，不利于刺激经济。第四，俄罗斯国际储备规模缩减，风险加大。自西方国家实施制裁以来，国际储备中有相当一部分资金用于弥补在欧美国家融资企业的资金缺口而有所消耗。根据俄罗斯央行数据，俄罗斯国际储备规模从2014年3月1日的4933亿美元缩减为9月1日的4652亿美元。此外，俄罗斯还有以超额石油收入积累起来的储备基金和国家财富基金。2014年9月俄罗斯财政部出台《2015~2017年俄罗斯预算政策主要方向》，允许政府动用储备基金，向受制裁影响的企业提供资金支持，但值得注意的是，外汇储备和储备基金一旦进入国内流通领域，会产生货币乘数，进一步推高通胀。因此，从规模上看，国际储备的缩减尚不足为惧，但从结构上看，由于外汇储备中有大量美元和欧元债券，风险加大。乌克兰危机后，俄罗斯央行曾积极改善国际储备结构，增持黄金，以降低美元和欧元所带来的风险。2014年1~9月，俄罗斯黄金储备规模不断扩大，已从399亿美元增加到459亿美元。但此后，由于卢布一路贬值，为防止外汇储备因干预汇市而耗尽，央行被迫在黄金价格走低的情况下出售黄金。除此之外，一些俄罗斯企业更愿意增持港元和人民币，以规避西方制裁带来的风险。俄罗斯第二大移动通信运营商 Megafon 公司已将40%的现金兑换成港元。根据莫斯科交易所的数据，截至2014年9月，人民币兑卢布的交易量已达到311亿卢布，而2013年同期仅为24亿卢布，同比增长了近12倍。俄罗斯镍生产商诺里尔斯克镍业和俄罗斯第二大天然气供应商诺瓦泰克公司也将持有的一部分外汇从美元兑换为其他币种。

从能源的角度看，能源出口在俄罗斯经济中的地位举足轻重，对俄罗斯而言，量和价的下跌都会造成出口收入的减少，从而使俄罗斯经济形势恶化。欧盟是俄罗斯能源的主要进口国，俄罗斯对欧盟的能源出口量占俄罗斯能源出口量的60%以上，占欧盟能源进口量的23%~30%，俄罗斯能源出口量的下降将会对欧盟造成严重影响。欧美不会通过减少能源贸易对俄形成致命打击，天然气出口反而"掣肘"欧盟制裁俄罗斯的力度。因此，欧美只能以限制资金和新技术的获取为手段，以期对俄能源行业的发展造成长远影响。目前，俄罗斯一些传统油田已出现易采资源枯竭、产量下降的趋势，资金和新技术的投入对维持产量而言至关重要，以俄罗斯现有钻探等技术水平，会造成传统油田资源的浪费，还会拖延北极地区新开发油田、页岩油等项目的进度。但不幸的是，从2014年10月起，国际能源价格一路下跌，俄罗斯经济与油价高度相关，油价的大幅下跌对俄罗斯经济打击沉重。

从军工制裁的角度看，欧美对军工行业的制裁主要是禁止武器及相关产品的进出口、限制军工企业融资和限制相关军事技术出口。对俄罗斯而言，禁止军工产品的进出口的影响无足轻重，但此次受制裁的军工企业大多为军事工业的研发部门，欧美对这些企业实行融资限制的目的就是延缓俄军事工业技术进步的进程，同时禁止军民两用产品和军事用途技术的对俄出口，相当于在军工行业对俄罗斯实行了技术封锁，负面影响将会长期存在。

综上所述，西方国家的制裁确实对俄罗斯经济造成了一定程度的打击，并且制裁的效果仍在不断发酵，从长期看对俄罗斯经济还会产生更多负面效果。但也应注意,从2012年起俄罗斯经济下行的趋势已经开始,这更多是由其经济结构等自身原因造成的,制裁只起到了推波助澜的作用,不能将俄罗斯当前的经济停滞完全归咎于西方制裁。

除此之外,俄罗斯并非一直被动应对西方制裁,而是主动出击,出台了一系列反制裁措施。具体措施内容已在本书第六章中进行了具体阐述。

四 欧亚区域经济一体化

苏联解体后,俄罗斯为了维持其原有的政治和经济影响力,倡导并组建了独立国家联合体。但转型初期,俄罗斯本国经济长期陷入危机,难以自拔,在内外交困的条件下,俄罗斯不具备拉动独联体地区共同发展的实力,独联体国家对俄罗斯的离心力增强,实质性的区域一体化一直难以取得进展。然而,俄罗斯主导独联体地区的意愿并不因此而减弱,在俄罗斯的推动下,独联体框架内先后成立了俄白联盟、集体安全条约组织、欧亚经济共同体、关税同盟等次区域一体化组织。进入21世纪,随着俄罗斯经济实力和综合国力的逐年提高,恢复其在独联体地区的主导权和控制权成为俄罗斯极力追求的目标。普京执政以来,着力对独联体框架内各种机制进行重新整合,以这些次区域一体化组织为工具,分阶段、分领域地推进欧亚区域一体化进程,最终实现使俄罗斯成为"欧亚强国"的梦想。

(一)欧亚区域经济一体化进程

1. 经济一体化组织的类型

根据经济一体化理论,按照经济一体化程度的不同,一体化进程将会经历从低到高六个发展阶段:优惠贸易安排、自由贸易区、关税同盟、共同市场、经济联盟、完全经济一体化。

优惠贸易安排是经济一体化较低级和松散的一种形式,是指在实行优惠贸易安排的成员国间,通过协议或其他形式,对全部商品或部分商品规定特别的优惠关税,以此来促进成员国间贸易的增长。1932年英国与其成员国建立的大英帝国特惠制,第二次世界大战后建立的"东南亚国家联盟"属于此类一体化组织。

自由贸易区是指成员国之间取消商品贸易的关税壁垒,大幅削减乃至完全拆除非关税壁垒,使商品在区域内完全自由流动,但各成员国仍保持各自的关税结构,按照各自的标准对非成员国征收关税。这一类型的一体化组织形态松散,其基本特点是用关税措施突出了成员国与非成员国的差别待遇,但由于自由贸易区对非成员国并不规定共同关税,区域外国家的商品就会绕过区域内的高关税成员国,流入低关税成员国,然后利用区域内无关税的规则,将商品转口到区域内的高关税国家,这样高关税就失去了作用。因此,实践中通常采用"原产地原则"来区分来自成员国与非成员国的商品。1960年成立的欧洲自由贸易联盟、1994年建立的北美自由贸易区、2010年建立的中国-东盟自由贸易区都属于这一类型的一体化组织。

关税同盟是指成员国之间完全取消关税和其他壁垒,实现内部的自由贸易,并对外统一关税,即对非成员国的商品进口建立统一的关税制度。成员国结盟的目的在于使商品在统一关境内的市场上处于有利地位,排除非成员国商品的竞争,一体化组织此时开始带有超国家的性质。由于设立了对外的共同关税,产品流通无须再附加原产地证明。世界上最早的关税同盟是比利时、卢森堡和荷兰组成的关税同盟。

共同市场是指除了在成员国内完全废除关税和数量限制,并建立对非成员国的共同关税之外,还要取消对生产要素的各种限制,允许资本、劳动等要素在成员国之间自由流动。为实现要素的自由流动,各成员国要实行统一的技术标准、统一的间接税制度,并协调各成员国同一产品的税率,协调金融市场管理的法规,等等。共同市场要求成员国让渡多方面的权利,包括进口关税的制定权,非关税壁垒,特别是技术标准的制定权,国内间接税的调整权,资本流动的干预权,等等。1993年开始运转的欧洲统一大市场属于这一类型的一体化组织。

经济联盟是指各成员国之间不但商品与生产要素可以完全自由流动,建立对外统一关税,而且要求成员国制定并执行共同的经济政策,逐步消除各国在政策方面的差异,使一体化程度从商品交换,扩展到生产、分配乃至整个国家经济,形成庞大的经济实体。各成员国进一步让渡使用宏观经济政策干预本国经济运行的权利。目前的欧盟属于经济联盟。

完全经济一体化不仅包括经济联盟的全部特点,而且各成员国还统一所有重大的经济政策,如财政政策、货币政策、社会福利政策、农业政策,并由其相应的机构(如统一的中央银行)执行统一的对外经济政策。完全经济一体化是区域经济一体化的最高形式,相当于具备了完全的经济国家的地位,拥有的超国家权威机构,实际上支配着各成员国的对外经济主权。

2. "欧亚联盟"设想的提出

"欧亚联盟"的设想最早由纳扎尔巴耶夫于1994年访俄期间,在莫斯科大学演讲时提出。他认为,应首先由俄罗斯、哈萨克斯坦、白俄罗斯、吉尔吉斯斯坦和塔吉克斯坦加入欧亚联盟,然后吸收亚美尼亚和乌兹别克斯坦加入。此后,由于俄罗斯外交政策几经变化与调整,先后建立了俄白联盟、俄白哈乌(乌克兰)统一经济空间、欧亚经济共同体等一体化组织,但欧亚一体化一直未能取得实质性进展。2011年10月3日,普京在俄罗斯《消息报》上发表了一篇名为《欧亚新的一体化方案:未来诞生于今天》[①]的署名文章,引起国际社会的广泛关注。他在该文中提出,在目前已经建立的俄、白、哈关税同盟和2012年1月1日启动的统一经济空间的基础上组建欧亚经济联盟,然后建立起集政治、经济、军事、文化于一体的超国家联合体——欧亚联盟。普京在文章中对欧亚一体化的性质进行了详细的阐释,并勾画了欧亚一体化的未来前景。

第一,欧亚联盟不是要恢复苏联,也不同于独联体。普京曾在不同场合多次强调,欧亚联盟不是要恢复苏联,普京明确表示:"将欧亚联盟与独联体相提并论是错误的。这两个组织在后苏联空间各有各的地位和作用。"

第二,欧亚联盟要成为当代多极世界中的一极,成为连接欧洲与亚太地区的桥梁和纽带。在文章中,普京提出:"我们提出强大的超国家联合体模式,它能够成为当代世界多极中的一极,发挥欧洲与亚太地区有效'纽带'的作用。这意味着,必须在关税同盟和统一经济空间的基础上过渡到更密切地协调经济和货币政策,建立名副其实的经济联盟。""与欧盟、美国、中国、亚太经合组织等关键国家和地区组织一起保证全球稳定发展。"

第三,欧亚联盟在关税同盟和统一经济空间的基础上建立,应成为

[①] Путин В., Новый интеграционный проект для Евразии——будущее, которое рождается сегодня, Известия, 5 октября, 2011.

推动一体化进程的核心。普京在文章中写道："成立关税同盟和统一经济空间为将来形成欧亚经济联盟奠定基础。同时由于吉尔吉斯斯坦和塔吉克斯坦将真正参与工作，关税联盟和欧亚经济共同体的成员将逐渐增加。我们不会就此停止，我们给自己提出雄心勃勃的任务：向下一个更高水平的一体化迈进，走向欧亚联盟。"

第四，欧亚联盟是一个开放性的组织。普京指出："我们欢迎其他伙伴加入，首先欢迎独联体国家加入。同时我们不打算督促谁或动员谁加入。这应当是一个国家根据本国的长期利益而做出的主权决定。这里还想涉及一个很重要的话题。一些邻国表示不愿意参加后苏联空间的一体化项目是因为这似乎有悖于他们选择的欧洲道路。我认为，这种分歧是不真实的。我们不想与谁断绝往来，不准备反对谁。欧亚联盟将建立在全面一体化之上，它将是大欧洲的不可分割的一部分，而将大欧洲团结在一起的是自由、民主和市场规则这些统一价值观。"此外，为打消成员国对俄的担心，普京提出，欧亚联盟建设要坚持平等、主权和自愿的原则。白俄罗斯总统卢卡申科赞成普京的尊重主权和平等的原则，认为"只有平等才能奠定新联盟的基础"，欧亚联盟的"基石是我们这些国家的主权"。哈萨克斯坦前总统纳扎尔巴耶夫更强调一体化必须坚持自愿原则，务必坚持自然演进的道路，任何人为加速和鞭打某些国家的做法都是不可接受的；欧亚联盟应该是在平等、互不干涉内部事务、尊重主权和国界不可侵犯的原则基础上实现国家的联合；欧亚联盟超国家机构应当在"共识"的基础上顾及每个成员国的利益；必须在广泛的社会支持的基础上建立欧亚联盟。①

第五，欧亚联盟的建立借鉴欧盟的发展经验。普京认为："从欧洲煤钢共同体到名副其实的欧洲联盟，这条路欧洲人走了40年。而关税同盟和统一经济空间的建立要快得多，因为借鉴了欧盟的经验和其他地区组织的经验，我们看到了它们的利弊。在这方面，我们有明显的优势，可以避免犯错误。"此后，俄罗斯公布的欧亚联盟发展的"路线图"也是在借鉴欧盟发展经验的基础上提出的。

普京这一署名文章发表后不久，哈萨克斯坦前总统纳扎尔巴耶夫和白俄罗斯总统卢卡申科都对该文做出了回应。纳扎尔巴耶夫是欧亚联盟

---

① 李新：《普京欧亚联盟设想：背景、目标及其可能性》，《现代国际关系》2011年第11期。

构想的最早提出者，他表示，那些认为欧亚经济联盟的成立是苏联还魂的看法"是我们的反对派或者是敌人制造出来的恐怖幻觉，他们不希望看到在这片土地上有一体化"。2011年11月20日，纳扎尔巴耶夫在接受俄新社采访时表示："2005年，我与时任俄总统普京在索契提出打造关税同盟。建立欧盟花费了40年，而我们仅用了5年。我们致力于此，通过和批准了大量法律文献。如今正在向一体化的第二阶段过渡，即统一经济区。我们通过了17份协议。这些文件的履行将为缔造欧亚经济联盟创造条件。我们只剩下出台法律协调宏观经济指标——国家债务规模、通胀水平、失业率等，制定统一的基础设施服务费率。这个过程将于2015年完成，届时我们将着手建立欧亚经济联盟。俄、白、哈三国有能力并有政治意志打造这个我们十分需要的联盟。"卢卡申科也表示，他历来认为苏联的解体是20世纪最深刻最惨痛的错误，建立一体化联盟是有利于世界稳定的正确的一步，"对白俄罗斯来说，与最亲近的邻居实现深入和富有成果的一体化，以前是、现在是、将来也是唯一的发展道路"。① 在欧亚经济联盟成立前夕，纳扎尔巴耶夫再次强调："社会上流传欧亚经济联盟的建立预示主权的丢失、又重回苏联的流言，这是毫无根据的。我们早已脱离那个时代，不可能再走回头路。"

3. 欧亚区域经济一体化路线图

根据上文对经济一体化类型的描述，回顾苏联解体以来的发展历程，并结合普京对欧亚联盟未来的描画，欧亚区域经济一体化的路线图是：自由贸易区—关税同盟—统一经济空间—欧亚经济联盟—欧亚联盟。

第一步，自由贸易区。1993年9月24日，在莫斯科举行的第十三次独联体国家元首和政府首脑理事会上，各国首脑草签了《经济联盟条约》，决定参照欧洲一体化的模式分阶段推进独联体一体化。1994年4月15日，独联体国家在莫斯科举行第十五次国家元首和政府首脑理事会，各国首脑签署了《关于建立自由贸易区的协议》，拟取消关税，并逐步向关税同盟过渡，但此后包括俄罗斯在内的许多独联体国家并没有批准这一协定。

---

① 李新：《普京欧亚联盟设想：背景、目标及其可能性》，《现代国际关系》2011年第11期。

第二步，关税同盟。在独联体一体化举步维艰的同时，独联体内部次区域一体化开始发展起来。1995年1月6日，俄罗斯与白俄罗斯就签署了关税联盟协议①；1995年1月20日，哈萨克斯坦加入该联盟；1996年3月29日，吉尔吉斯斯坦加入；1999年2月，塔吉克斯坦加入，成为五国关税联盟。2000年10月10日，俄罗斯、白俄罗斯、哈萨克斯坦、吉尔吉斯斯坦和塔吉克斯坦五国总统在阿斯塔纳签署了《成立欧亚经济共同体声明》，将关税联盟改组为欧亚经济共同体。摩尔多瓦、乌克兰和亚美尼亚成为该组织的观察员国。2006年2月，乌兹别克斯坦正式加入欧亚经济共同体，2008年10月，乌申请退出该组织。欧亚经济共同体作为欧亚联盟建立的基础，随着欧亚经济联盟的成立，于2015年1月1日起被撤销。

近年来，随着俄罗斯经济的快速发展，国力日渐强盛，俄罗斯加快推进欧亚一体化进程。在欧亚经济共同体框架内，由俄、白、哈三个条件成熟的国家率先建立关税同盟。2007年10月6日，在欧亚经济共同体框架下，俄、白、哈三国签署了《关于建立统一关境和建立关税同盟的协定》②。2008年，美国次贷危机引发了全球性经济危机，全球经济发展遭遇重创，这刺激了各国寻找新的模式以降低经济风险，保障国家经济稳定发展。

2011年，欧洲国家又深陷主权债务危机，在此背景下，西方国家经济复苏乏力，无暇顾及独联体地区。因此，经济危机成为俄罗斯推进地区一体化进程中难得的机遇，独联体国家对俄罗斯的向心力也有所增强。2009年，关税同盟最高机构确定了在关税同盟的发展阶段，及在其基础上建立统一经济空间的日期。2009年11月，俄、白、哈三国签署了《海关法》，③从2010年1月1日起，俄白哈关税同盟正式成立。2011年7月，三国取消了相互间的海关，关境的取消使得成立关税同盟取得实质性进展。2011年10月，关税同盟决定开始吉尔吉斯斯坦加入关税同盟的谈判。

第三步，统一经济空间。统一经济空间是指在关税同盟的基础上，实现商品、资本和劳动力等生产要素在成员国间的自由流动，形成统一的市场。

---

① Соглашение о Таможенном союзе между Российской Федерацией и Республикой Беларуси от 6 января 1995 года, http://www.tsouz.ru/Docs/IntAgrmnts/Dogovor_ 06011995.aspx.

② Договор о создании единой таможенной территории и Таможенного союза от 6 октября 2007 года, http://www.tsouz.ru/Docs/IntAgrmnts/Pages/D_ sozdETTiformTS.aspx.

③ Договор о Таможенном кодексе Таможенного союза от 27 ноября 2009 года, http://www.tsouz.ru/Docs/Pages/mgs4proekt.aspx.

2011年11月18日,白俄罗斯、哈萨克斯坦和俄罗斯三国元首发表宣言,2012年1月1日起,建立统一经济空间。2011年12月19日,欧亚经济委员会最高理事会发布第9号决议,从2012年1月1日起建立统一经济空间的国际协定生效,与此相关的关于平衡宏观经济、预算和竞争的政策,关于劳动力市场、资本、商品及劳务的结构改革,关于在能源、交通和通信领域实行统一规则等国际协定也相应开始实施,并以此作为2015年1月1日建立欧亚经济联盟的基础。[①] 2012年1月1日起,俄、白、哈三国统一经济空间正式启动,并成立了负责一体化进程的超国家机构——欧亚经济委员会,总部设在莫斯科,该委员会替代原有的关税同盟委员会,作为欧亚一体化的最高协调机关,全面负责关税同盟和统一经济空间的工作。然而在从2012年1月1日统一经济空间启动到2015年1月1日过渡到欧亚经济联盟的三年的时间里,生产要素在区域内并没有实现完全的自由流动,因此,统一经济空间处于关税同盟到共同市场之间的过渡阶段。

第四步,欧亚经济联盟。2012年5月,在欧亚经济共同体国家元首峰会中,欧亚经济共同体国家元首商议,计划将于2015年1月1日前签署成立欧亚经济联盟的协定。2014年5月29日,由俄罗斯、哈萨克斯坦、白俄罗斯三国国家元首组成的欧亚经济委员会最高理事会会议在阿斯塔纳举行,三国元首共同签署了《欧亚经济联盟条约》,欧亚经济联盟于2015年1月1日正式启动。2015年1月亚美尼亚加入欧亚经济联盟,吉尔吉斯斯坦于2015年8月正式加入。现阶段欧亚经济联盟主要包括俄罗斯、哈萨克斯坦、白俄罗斯、亚美尼亚、吉尔吉斯斯坦五个成员国。

4. 欧亚区域经济一体化特点

从独联体一体化到欧亚区域经济一体化,一直是以欧盟的发展经验作为模板,但欧亚区域经济一体化进程与欧盟和世界上其他区域一体化组织不同,有着自身的特点。

首先,欧盟成员国大多经济规模相当,经济结构互补,这样有利于关税同盟经济效应得到最大限度的发挥。而欧亚经济联盟是由俄罗斯一个大国和哈萨克斯坦、白俄罗斯、亚美尼亚、吉尔吉斯斯坦四个小国组

---

① Евразийская экономическая интеграция: цифры и факты, Евразийская экономическая комиссия, 2013 г.

成，无论是从经济规模、自然资源、生产潜力，还是从工业发展水平、科技潜力等方面看，这四个小国都与俄罗斯存在巨大差距，俄罗斯在欧亚一体化进程中居于绝对的主导地位。

其次，欧盟一体化从贸易领域开始，逐步推进到经济、货币领域的一体化，并在此基础上才发展到政治、外交和军事一体化。但由俄罗斯主导的欧亚区域经济一体化从一开始就不仅仅是出于经济利益，而更多是在于其地缘政治意义。因此，不能把欧亚区域经济一体化看成简单的经济一体化进程，而是包含了经济、政治、外交、军事一体化等多方面内容。

再次，独联体一体化多年来难以取得进展的重要原因在于，苏联解体后，成员国经过多年的发展，在社会发展水平、宗教文化、政治理念、价值观等方面的差异逐渐加大，成员国对发展道路的选择、一体化目标等重要问题的看法也并不一致。而与独联体一体化不同的是，目前的欧亚区域经济一体化是在俄白联盟、欧亚经济共同体、俄白哈关税同盟等次区域一体化组织的基础上发展而来的，尽管各国也都有各自的利益考量，但与独联体相比，欧亚经济联盟各成员国之间的向心力更强。

最后，欧盟一体化发展到现在的经济联盟的阶段经历了40多年，而从建立俄白哈关税同盟开始至今不到20年，统一经济空间只经历了3年的时间，并未实现生产要素在区域内自由流动，就急于建立起欧亚经济联盟。从取消关境推动贸易额增长到成员国间经济的融合并非朝夕之功，欧亚经济联盟成员国之间经济总量差距巨大、贸易互补程度低，尚不具备推动一体化不断深化的"先天条件"，更需要成员国在多年的一体化实践中不断寻找契合点。此外，还要考虑各成员国之间的利益分歧，还要涉及各成员国对一体化组织的主权让渡等各种复杂的问题，这些都需要成员国在一段相当长的时间里不断磨合，单纯依靠行政手段推动一体化进程显然是急于求成、不切实际的。

（二）欧亚经济联盟国家发展现状

1. 欧亚经济联盟资源优势

欧亚经济联盟的资源潜力是指联盟成员国自然资源、劳动力资源、生产能力及科技潜力等方面的综合潜力，是欧亚经济联盟成员国经济发展及与他国开展经济合作的现实基础，合理利用联盟内资源潜力是促进联盟成员国经济发展、推动一体化程度不断加深及提高欧亚经济联盟在世界经济体系中地位和影响力的先决条件。

(1) 自然资源

从领土面积看，欧亚经济联盟总领土面积超过2000万平方公里，占世界陆地面积的15%（见图8-1）。俄罗斯的国土面积为1710.15万平方公里，[1] 是世界上领土面积最大的国家。俄罗斯横跨欧亚大陆，东西最长9000公里，南北最宽4000公里，领土包括欧洲的东半部和亚洲的西部。俄罗斯国界线长60933公里，其中，海岸线长达38808公里，濒临大西洋、北冰洋、太平洋的12个海；陆界长达14509公里，与14个国家接壤。哈萨克斯坦国土面积为272.49万平方公里，居世界第9位，是世界上最大的内陆国。东西宽约3000公里，南北长约1700公里。白俄罗斯领土面积为20.76万平方公里，居世界第84位，欧洲第13位，东西长650公里，南北宽560公里，边境线全长2969公里。亚美尼亚国土面积为2.98万平方公里。吉尔吉斯斯坦国土面积为19.99万平方公里。[2]

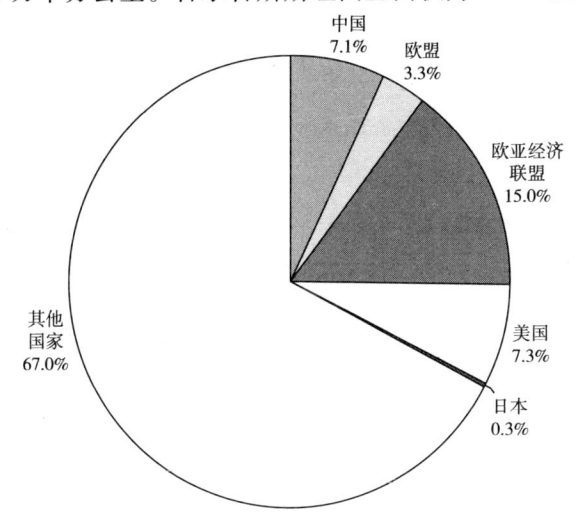

图8-1 欧亚经济联盟等经济体领土面积在世界陆地面积中的占比

资料来源：Евразийский экономический союз, http://eaeunion.org/#about。

---

[1] 克里米亚并入俄罗斯前，俄罗斯官方公布的国土面积为1707.54万平方公里，克里米亚面积为2.6081万平方公里。

[2] Евразийский экономический союз, http://eaeunion.org/#about。

从自然资源看，欧亚经济联盟自然资源丰富，尤其是俄罗斯和哈萨克斯坦拥有相当丰富的油气资源和矿产资源。

俄罗斯自然资源种类多，储量大，自给程度高。主要矿产资源有煤、铁、泥炭、石油、天然气、铜、锰、铅、锌等。自然资源储量居世界前列的有：天然气已探明蕴藏量为48万亿立方米，占世界探明储量的21%，居世界第一位；石油探明储量252亿吨，占世界探明储量的5%；煤蕴藏量1570亿吨，居世界第二位；铁矿石蕴藏量650亿吨，居世界第一位，约占40%；铝蕴藏量4亿吨，居世界第二位；铀蕴藏量占世界探明储量的14%；黄金储量1.42万吨，居世界第四至第五位；磷灰石占世界探明储量的65%；镍蕴藏量1740万吨，占世界探明储量的30%；锡占世界探明储量的30%。非金属矿藏也极为丰富，石棉、石墨、云母、菱镁矿、刚玉、冰洲石、宝石、金刚石的储量及产量都较大，钾盐储量与加拿大并列世界首位。此外，俄罗斯的森林资源和水资源也相当丰富。森林覆盖面积8.67亿公顷，占国土面积的51%，居世界第一位，木材蓄积量820亿立方米。境内有300余万条大小河流，280余万个湖泊；贝加尔湖是世界上蓄水量最大的淡水湖。[①]

哈萨克斯坦的固体矿产资源尤其丰富，境内有90多种矿藏，1200多种矿物原料，已探明的黑色、有色、稀有和贵重金属矿产地超过500处。一些矿藏的储量在全球储量中的比例很高。钨的储量约为200万吨，居世界首位，占全球储量的50%。铬矿储量约为4亿吨，居世界第二位，占全球储量的23%。铀的储量约为150万吨，居世界第二位，占全球储量的25%。哈萨克斯坦的油气资源也很丰富，已探明石油储量居世界第七位。根据哈萨克斯坦储量委员会公布的数据，目前哈萨克斯坦石油可采储量约为40亿吨，天然气可采储量为3万亿立方米。[②]

白俄罗斯自然资源的特点是非金属矿藏丰富，黑色金属和有色金属矿藏缺乏，石油和天然气能源矿藏少。白俄罗斯境内有30多种矿产分布

---

① Министерство природных ресурсов и экологии Российской Федерации, О Состоянии и использовании минерально-сырьевых ресурсов РФ, http://www.mnr.gov.ru/docs/gosudarstvennye_doklady/.

② 《对外投资合作国别（地区）指南：哈萨克斯坦》，商务部官网，http://opendata.mofcom.gov.cn/front/data/detail?id=C5E1C2CA614F1C512980B497A98BE71C。

在4000多个矿区，钾盐储量居世界第三位，可供开采100多年。盐岩储量超过220亿吨，居独联体首位，其他主要矿产有花岗石、白云石、石灰石、泥灰和白垩、亚黏土等。饮用矿泉和医疗矿泉资源丰富。①

亚美尼亚缺乏能源燃料矿藏，石油和天然气均靠进口。但该国水利资源较为丰富，金属和非金属矿藏也较为丰富。亚美尼亚富有的金属矿藏包括铁、铜、钼、铅、锌、金、银、铝等。非金属矿藏丰富多样，主要包括火山岩、珍珠岩、玄武岩、花岗岩、黑曜石等，其中珍珠岩探明储量为1.5亿立方米。②

吉尔吉斯斯坦自称拥有化学元素周期表中的所有元素，但目前得到工业开发的仅为其中的一部分，许多资源的储量和分布情况有待进一步探明，以确定开发前景。据吉尔吉斯斯坦国家地质与矿产署2013年统计，已探明储量的优势矿产有黄金、钨、锡、汞、锑、铁。黄金总储量为2149吨，探明储量为565.8吨，年均开采量为18~22吨，居世界第22位。汞储量为4万吨，居世界第三位。③

（2）劳动力资源

根据欧亚经济联盟官方统计，2019年欧亚经济联盟总人口数为1.843亿，占世界人口总数的2.4%。经济自立人口为9430万人，占世界经济自立人口的2.8%。④

20世纪90年代之后，俄罗斯、哈萨克斯坦、白俄罗斯三国由于各种原因，人口数量一直呈下降趋势，但近年来，由于各国实行了鼓励生育、提高居民健康意识等适宜的人口政策，人口下降趋势相继得到遏制。进入21世纪以来，哈萨克斯坦和吉尔吉斯斯坦两国的人口数量呈现稳定增长态势，俄罗斯人口下降的趋势也在2011年扭转，白俄罗斯和亚美尼亚两国人口数量相对稳定（见表8-10）。

---

① 《对外投资合作国别（地区）指南：白俄罗斯》，商务部官网，http://opendata.mofcom.gov.cn/front/data/detail?id=C5E1C2CA614F1C512980B497A98BE71C。
② 《对外投资合作国别（地区）指南：亚美尼亚》，商务部官网，http://opendata.mofcom.gov.cn/front/data/detail?id=C5E1C2CA614F1C512980B497A98BE71C。
③ 《对外投资合作国别（地区）指南：吉尔吉斯斯坦》，商务部官网，http://www.mofcom.gov.cn/dl/gbdqzn/upload/jierjisi.pdf。
④ Евразийский экономический союз，http://www.eaeunion.org/#about-info.

表 8-10　2010~2017 年欧亚经济联盟成员国人口数量

单位：百万人

国家	2010 年	2011 年	2012 年	2013 年	2014 年	2015 年	2016 年	2017 年
俄罗斯	142.8	143.0	143.2	143.5	146.1	146.4	146.7	146.8
哈萨克斯坦	16.3	16.6	16.8	17.0	17.3	17.5	17.8	18.0
白俄罗斯	9.5	9.5	9.5	9.5	9.5	9.5	9.5	9.5
亚美尼亚	3.0	3.0	3.0	3.0	3.0	3.0	3.0	3.0
吉尔吉斯斯坦	5.4	5.5	5.6	5.7	5.8	6.0	6.1	6.2

资料来源：Федеральная служба государственной статистики, Россия и страны мира, 2018 г., https://www.gks.ru/folder/210/document/13241。

人口的年龄分布决定着劳动力资源的现有数量及未来储备。从目前联盟成员国各年龄段人口比例可以看出，俄罗斯和白俄罗斯已经出现了严重的人口老龄化问题，20 世纪 90 年代以来的人口负增长明显加快了老龄化进程。如表 8-11 所示，俄罗斯和白俄罗斯两国的老年人数超过了少年儿童的人数，两国 1~14 岁的少年儿童数量仅分别占总人口数的 17.4% 和 16.81%，而 60 岁及以上老人的比例则分别为 20.76% 和 21.49%。30~59 岁的壮年和中年人在俄罗斯和白俄罗斯人口数量中的比例最高，分别达到 43.85% 和 43.99%。这就意味着，若干年之后，当目前的 30~59 岁的壮年和中年人陆续进入退休年龄，老年人口数量不断增长，将造成沉重的社会负担；而目前的青少年成长为适龄劳动力，青少年人口数量少将会导致未来俄、白两国劳动力储备不足，劳动力市场中的供求矛盾日益尖锐。

与之相比，哈萨克斯坦和吉尔吉斯斯坦的情况则完全相反。1~14 岁的少年儿童数量在总人口数中的比例最高，分别达到 28.14% 和 32.3%；60 岁及以上的老年人比例最低，分别为 11.31% 和 7.54%；30~59 岁的壮年和中年人在哈萨克斯坦人口总数中的比例为 38.58%，在吉尔吉斯斯坦人口总数中的比例为 42.43%。也就是说，若干年之后，当目前 30~59 岁的人群陆续退休之后，不断增加的青少年将成长为适龄劳动力，不断补充哈萨克斯坦和吉尔吉斯斯坦两国国内劳动力市场的供给。欧亚经济联盟成立之后，会逐步实现劳动力在联盟内的自由流动。因此，哈萨克斯坦和吉尔吉斯斯坦的剩余劳动力可以作为俄罗斯和白俄罗斯劳动力市场的有效补充，缓解这两个国家劳动力不足的状况。不过值得注意的是，俄、白两国中最紧缺的是技术熟练人才，而在哈萨克斯坦和吉尔吉斯斯坦两国难以就业的往往是受教育程度较低的劳动力，因此，欧亚经济联盟内部能否在劳动力市场中形成互补，还取决于各国的移民及就业政策。

表8-11 欧亚经济联盟成员国各年龄段人口比例

单位：%

国家	1~14岁	15~29岁	30~44岁	45~59岁	60岁及以上
俄罗斯	17.4	17.98	23.23	20.62	20.76
哈萨克斯坦	28.14	21.97	21.69	16.89	11.31
白俄罗斯	16.81	17.7	22.51	21.48	21.49
亚美尼亚	20.15	21.06	22.4	18.97	17.42
吉尔吉斯斯坦	32.3	25.95	28.32	14.11	7.54

注：俄罗斯、哈萨克斯坦为2017年数据，白俄罗斯、亚美尼亚和吉尔吉斯斯坦为2018年数据。

资料来源：Федеральная служба государственной статистики, Россия и страны мира, 2018г., https://www.gks.ru/folder/210/document/13241。

（3）生产资源

欧亚经济联盟国家拥有丰富的能源矿藏，能源类产品的产量在世界上居于领先地位。2018年，欧亚经济联盟的天然气产量达到7817亿立方米，居世界天然气产量之首，占全球产量的20.2%。石油产量达到6.478亿吨，占全球石油总产量的14.5%。电能产量达到12848亿千瓦小时，占全球电能产量的4.8%。[①]

欧亚经济联盟国家中各种黑色和有色金属产量丰富，因此冶金工业在世界上居领先地位。2018年，欧亚经济联盟工业生产同比增长3.1%，钢产量为7480万吨，占世界总产量的3.7%，铁的产量为5500万吨，占世界总产量的4.4%。此外，欧亚经济联盟钾肥产量很高，2018年达到1590万吨，占世界产量的26.3%。[②]

欧亚经济联盟中，俄罗斯拥有世界上最广袤的国土面积，但耕地面积仅为123万平方公里，占国土面积的7%，在全球耕地面积排名中居第

---

① Евразийский экономический союз, http://www.eaeunion.org/#about-info.
② Евразийский экономический союз, http://www.eaeunion.org/#about-info.

四位，排在美国、印度和中国之后。2018年，欧亚经济联盟农业产值为1099亿美元，占世界农业总产值的5.5%。① 粮食、向日葵、甜菜、马铃薯、小麦等农作物和肉、奶等畜牧业产品在世界产量中居前列。2018年，欧亚经济联盟粮食产量为1.419亿吨，占世界粮食总产量的5.3%。牛奶产量为4590万吨，占世界总产量的6.9%。②

欧亚经济联盟国家交通运输体系较为发达，运输方式多样，分为铁路运输、公路运输、河运、海运、空运和管道运输，铁路运输是主要的运输方式。根据欧亚经济联盟2018年统计资料，欧亚联盟国家拥有的铁路总长度为10.93万公里，占世界铁路总长的8.4%。公路总长为173.57万公里，占世界公路总长的2.6%。③

2. 欧亚经济联盟社会经济发展现状

2010~2019年欧亚经济联盟主要社会经济发展指标基本保持了增长的态势，但增长速度较慢。2010年，欧亚经济联盟GDP为17283亿美元，到2019年增长至19656亿美元，增长了13.7%，2014~2015年俄罗斯经济陷入危机，受俄经济影响，2015年欧亚经济联盟GDP总额下降1.6%，2016年以美元计价的GDP总额也出现下降。工业产值与国内生产总值变动趋势相同，2010~2019年，工业产值增长了12.0%，也出现增速放缓的趋势。农业产值受气候条件等因素的影响，增长率波动较大，2010~2019年，欧亚经济联盟的农业产值略有提高，从1071亿美元增长至1200亿美元。2010~2019年，欧亚经济联盟的固定资产投资从3531亿美元下降至3478亿美元。2014年欧亚经济联盟的固定资产投资开始出现负增长，下降幅度为2.2%，④ 2015年和2016年继续保持了这一趋势，分别下降8.7%和0.6%。2010~2019年零售贸易流转额先降低后提高，2015年和2016年分别下降9.1%和4.2%，2017~2019年分别增长1.5%、3.2%和2.0%。与2010年7.3%的增长率相比，增速明显放缓。同时，失业率也逐渐下降，到2019年，欧亚经济联盟的失业率已下降至4.8%（见表8-12）。

---

① Евразийский экономический союз, http://www.eaeunion.org/#about-info.
② Евразийский экономический союз, http://www.eaeunion.org/#about-info.
③ Евразийский экономический союз, http://www.eaeunion.org/#about-info.
④ Евразийский экономический союз, Аналитический обзор, 6 февраля 2015 г.

表 8-12　2010~2019 年欧亚经济联盟主要社会经济发展指标

指标		2010 年	2015 年	2016 年	2017 年	2018 年	2019 年
国内生产总值	总额（亿美元）	17283	16267	14819	18153	19330	19656
	增长率（%）	4.8	-1.6	0.2	2.1	2.7	1.6
工业产值	总额（亿美元）	10854	9276	8900	11379	12540	12161
	增长率（%）	7.7	-0.2	1.5	4.1	3.7	2.4
农业产值	总额（亿美元）	1071	1074	996	1144	1127	1200
	增长率（%）	-9.8	2.2	4.5	2.9	-0.1	3.4
固定资产投资	总额（亿美元）	3531	2765	2553	3155	3321	3478
	增长率（%）	6	-8.7	-0.6	4.9	6.6	2.5
零售贸易流转额	总额（亿美元）	5873	5122	4720	5669	5645	5801
	增长率（%）	7.3	-9.1	-4.2	1.5	3.2	2.0
失业率（%）		7.1	5.7	5.7	5.4	5.0	4.8

资料来源：Евразийская экономическая комиссия, Евразийский экономический союз в цифрах 2020, Государства - члены Таможенного союза и Единого экономического пространства в цифрах 2005-2012, http://eec.eaeunion.org/ru/act/integr_i_makroec/dep_stat/econstat/Pages/statpub.aspx。

3. 欧亚经济联盟在世界经济中的地位

欧亚经济联盟成员国国土面积总和占全球陆地面积的 15%，拥有全世界不可比拟的自然资源优势，但在 GDP、工业增加值、贸易额、研发支出等经济发展指标上，却远远落后于美国、日本等发达国家。这一巨大反差充分说明，欧亚经济联盟国家对自然资源、生产资源的使用不尽如人意，欧亚区域经济一体化的可能性和潜力尚未得到充分发挥。

（1）国内生产总值（GDP）

1990~2012 年这 22 年间，国际经济形势发生了深刻变化，美国、日本等发达国家在世界经济中的地位出现不同程度的下降，美国 GDP 在全球经济中的占比从 1990 年的 26.87% 下降至 2012 年的 22.35%，欧盟 GDP 在全球经济中的占比从 32.96% 下降至 22.92%，日本从 13.95% 下降至 8.20%（见表 8-13）。与之相比，中国、印度、巴西等新兴市场国家以及亚太地区一些发展中国家的经济都取得了长足的发展，在国际经济舞台上扮演着日益重要的角色。1990~2012 年，中国 GDP 在全球经济中的占比从 1990 年的 1.60% 提高至 2012 年的 11.32%，东亚和太平洋地区国家 GDP 的占比从 1990 年的 21.10% 增长至 2012 年的 27.78%。再来看欧亚经济联盟国家，在这 22 年中经历了苏联解体、经济转型、经济危机和恢复性增长，到 2010 年，这四个国家 GDP 之和在全球经济中的占比才刚刚恢复到苏联解体前的水平（见表 8-13），也就是说，在长达 22 年的时间里，欧亚经济联盟国家在世界经济中的地位基本仍停留在原地。

表 8-13　1990~2012 年世界主要国家（地区）GDP 在全球经济中的比例

单位：%

	1990 年	1995 年	2000 年	2005 年	2006 年	2007 年	2008 年	2009 年	2010 年	2011 年	2012 年
欧亚经济联盟	2.53	1.43	0.89	1.84	2.21	2.57	3.00	2.37	2.69	3.02	3.15
美国	26.87	25.35	31.30	28.25	27.61	25.62	23.75	24.56	23.26	21.81	22.35
中国	1.60	2.41	3.65	4.87	5.41	6.18	7.30	8.50	9.22	10.28	11.32
欧盟	32.96	30.56	25.93	29.89	29.43	30.23	29.65	27.96	25.40	24.83	22.92
日本	13.95	17.65	14.39	9.86	8.68	7.71	7.82	8.58	8.55	8.28	8.20
东亚和太平洋地区国家	21.10	26.90	24.57	21.58	21.15	21.02	22.13	24.01	25.43	26.51	27.78

* 包括俄罗斯、哈萨克斯坦、白俄罗斯、亚美尼亚和吉尔吉斯斯坦五国 GDP 的总和。将五国 GDP 加总，仅为进行各年份之间的比较。

资料来源：CEIC 全球经济数据库。

（2）工业增加值

俄白哈关税同盟（欧亚经济联盟）在全球工业增加值中的比例略高于其在全球 GDP 中的比例。2011 年该指标为 3.48%（见图 8-2）。然而，在欧亚经济联盟成员国的工业生产中，能源和原材料的初加工生产占有相当大的比重，真正反映一国工业化水平、拉动国家经济发展的制造业并不发达，2012 年，统一经济空间（欧亚经济联盟）在全球制造业增加值中的占比仅为 2.7%（见图 8-3）。

（3）贸易额

从贸易指标看，欧亚经济联盟国家贸易额在全球商品出口额中占 3% 左右，在全球商品进口额中占比不到 2%。2005~2017 年，日本进出口贸易额在全球商品贸易中的比重下降，但仍高于欧亚经济联盟（见表 8-14）。

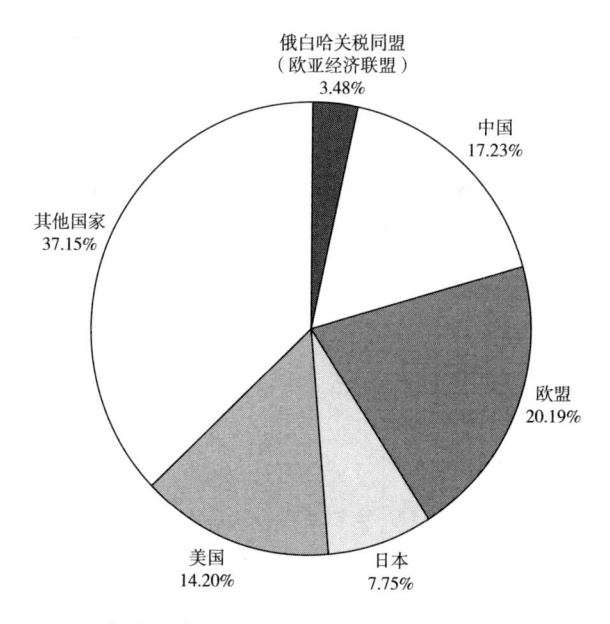

第八章　俄罗斯对外经济政策演变　317

图 8-2　2011 年世界主要国家（组织）在全球工业增加值中的比例

资料来源：CEIC 全球经济数据库。

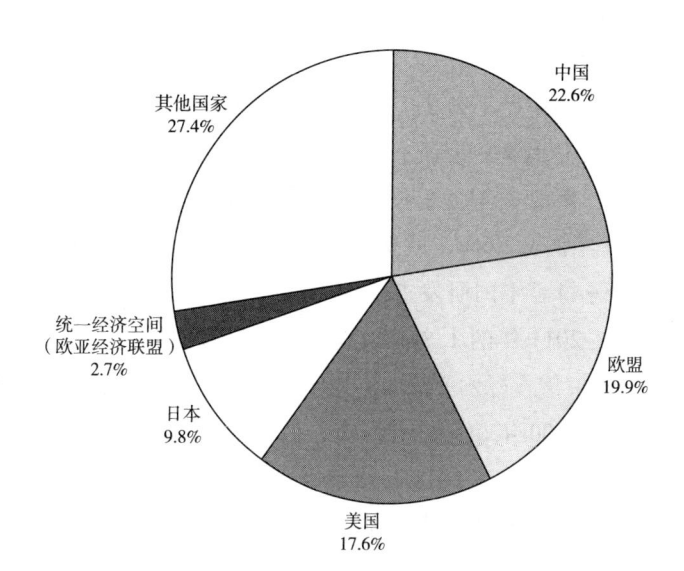

- 俄白哈关税同盟（欧亚经济联盟）3.48%
- 中国 17.23%
- 欧盟 20.19%
- 日本 7.75%
- 美国 14.20%
- 其他国家 37.15%

图 8-3　2012 年世界主要国家（组织）在全球制造业增加值中的比例

资料来源：Александр Готовский, Промышленная политика в евразийской интеграции, Евразийская экономическая интеграция, 2015 г., №1。

- 中国 22.6%
- 欧盟 19.9%
- 美国 17.6%
- 日本 9.8%
- 统一经济空间（欧亚经济联盟）2.7%
- 其他国家 27.4%

表 8-14　2005~2017 年世界主要国家（组织）在全球商品贸易中的比例

单位：%

	出口占比					进口占比				
	2005 年	2010 年	2015 年	2016 年	2017 年	2005 年	2010 年	2015 年	2016 年	2017 年
欧亚经济联盟	2.82	3.22	2.62	2.22	2.62	1.34	1.94	1.55	1.65	1.75
其中：俄罗斯	2.3	2.6	2.1	1.8	2.1	0.9	1.5	1.1	1.2	1.3
哈萨克斯坦	0.3	0.4	0.3	0.2	0.3	0.2	0.2	0.2	0.2	0.2
白俄罗斯	0.2	0.2	0.2	0.2	0.2	0.2	0.2	0.2	0.2	0.2
亚美尼亚	0.01	0.01	0.01	0.01	0.01	0.02	0.02	0.02	0.02	0.02
吉尔吉斯斯坦	0.01	0.01	0.01	0.01	0.01	0.02	0.02	0.03	0.03	0.03
美国	8.8	8.5	9.3	9.3	9.1	16.4	13.0	14.2	14.2	13.9
欧盟	38.3	33.5	31.7	32.8	33	37.7	35	29.5	30.5	30.5
中国	7.4	10.4	14.1	13.7	13.4	6.2	9.2	10.3	10.1	10.6
日本	5.7	5.1	3.9	4.1	4.1	4.9	4.6	4.0	3.8	3.9

资料来源：Федеральная служба государственной статистики, Россия и страны мира, 2018 г., https://www.gks.ru/folder/210/document/13241。

（4）研发支出

从研发支出占 GDP 比例这一指标看，美国、欧盟和日本等发达国家（组织）这一指标达到 2% 以上，并且 2000~2011 年，仍有不同程度的增长，美国从 2000 年的 2.71% 增长至 2011 年的 2.77%，日本从 2000 年的 3% 增长至 2010 年的 3.26%，欧盟从 2000 年的 1.81% 增长至 2011 年的 2.05%（见图 8-4）。中国研发支出占 GDP 的比例增长最快，从 2000 年的 0.90% 增长至 2011 年的 1.84%，但仍未达到发达国家的水平。而欧亚经济联盟成员国中该指标水平较低，2011 年俄罗斯研发支出占 GDP 的比例为 1.16%，与 2000 年相比略有提高，白俄罗斯、哈萨克斯坦和亚美尼亚三国该指标均不足 1%。2011 年哈萨克斯坦研发支出占 GDP 的比例仅为 0.16%，与 2000 年相比还出现了下降（2000 年为 0.18%）。

（三）欧亚区域经济一体化成效

根据关税同盟理论，关税同盟缔结后，由于同盟成员国之间减免或取消关税，对外实行统一关税，将会产生同盟成员国之间贸易额增长的

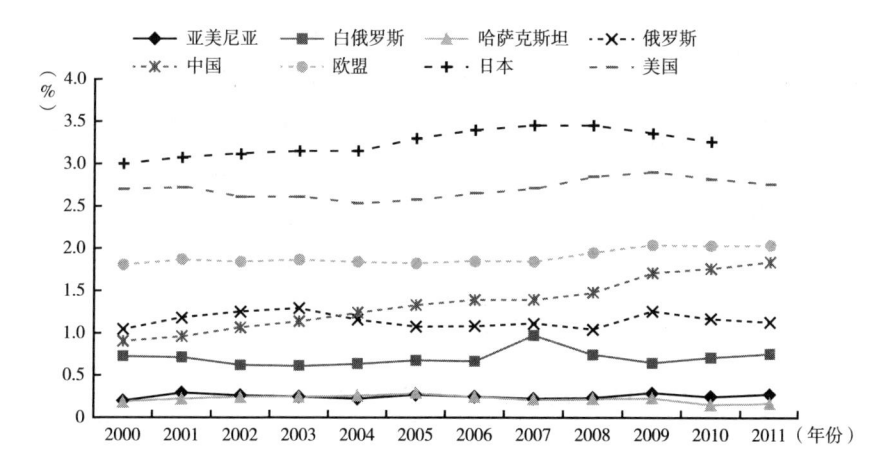

图 8-4　2000~2011 年世界主要国家（组织）研发支出占 GDP 的比例

资料来源：Александр Готовский, Промышленная политика в евразийской интеграции, Евразийская экономическая интеграция, 2015 г., №1。

经济效应，[①] 但这种经济效应能否得到充分发挥还取决于成员国的经济发展水平、经济结构和贸易结构，如成员国经济发展水平相近且经济结构和贸易结构互补，则关税同盟建立后会产生更大的经济效应，欧共体就是一个充分发挥关税同盟经济效应的成功案例。而在欧亚经济联盟中，各成员国的经济总量存在极大差距；俄罗斯与哈萨克斯坦两国贸易结构高度相似，尽管白俄罗斯的贸易结构与俄、哈两国具有一定互补性，但总体而言，三国间贸易的竞争性大于互补性，因此，关税同盟所产生的经济效应相对有限，经济一体化的成效也并不显著。

1. 经济总量

根据欧亚经济委员会统计数据，2013 年，俄罗斯国内生产总值折合 20979 亿美元，哈萨克斯坦国内生产总值折合 2319 亿美元，白俄罗斯国内生产总值折合 710 亿美元（见表 8-15）。俄罗斯的经济总量是哈萨克斯坦的 9 倍，白俄罗斯的 29.5 倍。2015 年，亚美尼亚和吉尔吉斯斯坦相继加入欧亚经济联盟。根据世界银行数据，2012 年亚美尼亚的国内生产总值为 99.5 亿美元，[②] 而当年俄罗斯国内生产总值为 20025 亿美元，约

---

① 根据关税同盟理论，关税同盟的经济效应包括静态效应和动态效应。
② CEIC 全球经济数据库。

为亚美尼亚的201倍。该年,吉尔吉斯斯坦的国内生产总值为64.7亿美元。从人均国内生产总值看,2013年,俄罗斯人均国内生产总值为14618.9美元,哈萨克斯坦人均国内生产总值为13611.5美元。该年白俄罗斯人均国内生产总值为7498.6美元。2012年,亚美尼亚人均国内生产总值为3351.4亿美元,[①] 吉尔吉斯斯坦人均国内生产总值为1154.7亿美元。由此可见,欧亚经济联盟的五个成员国经济总量和人均国内生产总值均存在巨大差距。

表8-15 2008~2013年俄、白、哈三国国内生产总值和人均国内生产总值

	2008年	2009年	2010年	2011年	2012年	2013年
国内生产总值(亿美元)						
关税同盟(统一经济空间)	18575	13893	17283	21538	22694	24008
俄罗斯	16637	12250	15253	19069	20025	20979
哈萨克斯坦	1334	1153	1481	1881	2035	2319
白俄罗斯	604	490	549	588	6334	710
人均国内生产总值(美元)						
关税同盟(统一经济空间)	11053.7	8250.8	10247.2	12744.7	13392.2	14121.4
俄罗斯	11655.4	8579.1	10677.8	13338.5	13983.9	14618.9
哈萨克斯坦	8513.5	7165.1	9071.0	11358.0	12120.5	13611.5
白俄罗斯	6337.5	5157.3	5788.9	6207.0	6695.1	7498.6

资料来源:Евразийская экономическая комиссия, Валовой внутренний продукт государств-членов таможенного союза и единого кономического пространства 2008-2013 годы, http://eec.eaeunion.org/ru/act/integr_ i_ makroec/dep_ stat/econstat/Pages/statpub.aspx。

2. 贸易结构

对比欧亚经济联盟成员国贸易结构,从表8-16中可以看出俄罗斯与哈萨克斯坦两国贸易结构高度相似。在出口商品结构中,矿产品为俄、哈两国第一大出口商品,该类商品在两国出口总额中的比例分别为70.3%和75.0%,金属、宝石及制品为两国第二大出口产品,此类产品在两国出口总额中的比重分别为11.1%和13.1%。如再加上食品和农业原料出口所占的比重,在两国出口商品中,初级产品出口占比高达

---

① CEIC全球经济数据库。

83.7%和91.5%,而制成品的出口比重仅为16.3%和8.5%,技术密集型和高附加值的机器、设备等产品的出口比重仅为4.5%和1.4%。在两国进口商品结构中,机器、设备及运输工具则为第一大进口产品,该类商品在两国进口总额中所占比重分别达到48.0%和40.4%,如再加上化工产品和其他制成品,工业制成品的进口比重则达到76.9%和65.5%。也就是说,俄罗斯和哈萨克斯坦两国出口以能源、原材料等初级产品为主,出口的主要对象国是欧亚经济联盟以外的国家,而进口以机器、设备等制成品为主,进口的主要对象国也是欧亚经济联盟之外的国家。因此,俄、哈两国在贸易上的竞争性大于互补性。

表8-16 2012年欧亚经济联盟成员国贸易结构对比

单位:%

类别	国家	矿产品占比	金属、宝石及制品占比	食品和农业原料占比	化工产品占比	机器、设备及运输工具占比	其他制成品占比
出口商品结构	俄罗斯	70.3	11.1	2.3	6.0	4.5	5.8
	哈萨克斯坦	75.0	13.1	3.4	4.2	1.4	2.9
	白俄罗斯	35.5	6.0	9.5	21.0	19.7	8.3
	亚美尼亚	50.7		26.1		23.2	
	吉尔吉斯斯坦	30.0		29.7		40.3	
进口商品结构	俄罗斯	2.1	7.1	13.9	14.9	48.0	14.0
	哈萨克斯坦	12.7	12.3	9.5	12.9	40.4	12.2
	白俄罗斯	41.7	10.0	7.0	11.1	23.1	6.5
	亚美尼亚	23.9		20.2		55.9	
	吉尔吉斯斯坦	22.9		16.0		61.1	

资料来源:俄罗斯联邦海关总署,http://www.customs.ru;哈萨克斯坦财政部海关管制委员会,http://www.customs.kz;白俄罗斯国家海关委员会,http://gtk.gov.by/ru/stats;亚美尼亚和吉尔吉斯斯坦数据来源于CEIC全球经济数据库。

与俄、哈两国相比,白俄罗斯的贸易结构相对合理。矿产品尽管是白俄罗斯的第一大出口产品,但也是该国第一大进口产品,此外,该国工业制成品出口比重为49.0%,具有技术密集型和高附加值特点的机器、设备及运输工具的出口比重为19.7%,远高于俄、哈两国。俄罗斯是白俄罗斯的主要能源、原材料供应国和第一大贸易伙伴。与哈萨克斯坦相比，白俄罗斯与俄罗斯的贸易依存度和互补性都要高得多。

对于新加入欧亚经济联盟的亚美尼亚和吉尔吉斯斯坦两个国家而言，也同样是出口以原材料等初级产品为主，进口以机器设备等工业制成品为主的贸易结构。相对而言，吉尔吉斯斯坦的出口商品结构相对合理，工业制成品出口比重达到40.3%。

3. 与非成员国间贸易

（1）贸易额

关税同盟成立之后，关税同盟国家与非成员国的贸易额经历了先增长后下降的过程。2010年，关税同盟与非成员国贸易总额为6863亿美元，到2012年该指标增长至9346亿美元（见表8-17），增幅为36.2%，略低于关税同盟内贸易增长44%的水平。2013年之后，统一经济空间与非成员国间贸易出现下降，2014年，贸易总额为8685亿美元，同比下降了6.9%，其中，俄罗斯与非成员国贸易额占85.6%，哈萨克斯坦与非成员国贸易额占8.6%，白俄罗斯与非关税同盟贸易额5.8%。①

表8-17　2010~2014年关税同盟（统一经济空间）与非成员国贸易变化情况

单位：亿美元

指标	2010年	2011年	2012年	2013年	2014年
贸易总额	6863	9072	9346	9329	8685
出口额	4372	5814	5937	5877	5565
进口额	2491	3258	3409	3452	3120

资料来源：2010~2013年数据来源于 Евразийская экономическая комиссия, Статистический ежегодник, Государства-членытаможенного союза и единого экономического пространства в цифрах；2014年数据来源于 Евразийский экономический союз, Об итогах внешней торговли товарами таможенного союза и единого экономического пространства за январь-декабрь 2014 года。

（2）商品结构

关税同盟（统一经济空间）与非成员国贸易的商品结构主要表现为以下三个特点。第一，关税同盟（统一经济空间）与非成员国的进出口

---

① Евразийский экономический союз, Об итогах внешней торговли товарами таможенного союза и единого экономического пространства за январь-декабрь 2014 года.

商品结构和俄罗斯对外贸易结构高度相似。这主要是由于在关税同盟（统一经济空间）与非成员国贸易中，俄罗斯与非同盟成员国的贸易占绝大多数，因此，俄罗斯对外贸易结构的变化对关税同盟（统一经济空间）贸易结构的变化起决定性作用。第二，贸易结构低度化趋势加强。2010年，在出口商品中，作为初级产品的矿产品、食品和农业原料的比重高达72.7%（见表8-18），而作为工业制成品的金属、宝石及制品，化工产品，机器、设备及运输工具的出口比重仅为18.6%。此后，初级产品出口占比仍在继续增长，到2014年，初级产品出口占比已达到76.8%，而工业制成品出口的比重下降为15.5%。第三，工业制成品的逆差巨大。金属、宝石及制品，化工产品，机器、设备及运输工具等工业制成品在关税同盟（统一经济空间）与非成员国贸易中既有出口，也有进口，但进口远大于出口，形成巨大的贸易逆差，工业制成品在进口中所占比重也大大高于其在出口中的比重。这充分说明，这些工业制成品缺乏竞争力，内部市场被大量进口商品挤占。

表8-18 2010~2014年关税同盟（统一经济空间）与非成员国进出口商品结构

类别	分类	2010年	2011年	2012年	2013年	2014年
出口商品结构	矿产品	70.4	72.9	72.8	74.2	73.3
	金属、宝石及制品	10.6	8.9	8.2	7.4	7.7
	化工产品	5.2	5.7	5.7	4.8	5.0
	食品和农业原料	2.3	2.3	3.1	2.9	3.5
	机器、设备及运输工具	2.8	2.4	2.4	2.6	2.8
	其他制成品	8.7	7.8	7.8	8.1	7.7
进口商品结构	机器、设备及运输工具	46.3	46.0	48.2	46.9	45.5
	化工产品	16.3	15.3	15.5	16.0	16.4
	食品和农业原料	15.1	13.5	12.8	13.2	13.5
	金属、宝石及制品	7.3	7.2	7.1	7.1	6.6
	纺织品和鞋	5.7	5.2	5.2	5.6	5.8
	其他制成品	9.3	12.8	11.2	11.2	12.2

资料来源：2010~2013年数据来源于Евразийская экономическая комиссия, Статистический ежегодник, Государства-членытаможенного союза и единого экономического пространства в цифрах; 2014年数据来源于Евразийский экономический союз, Об итогах внешней торговли товарами таможенного союза и единого экономического пространства за январь-декабрь 2014 года.

（3）国别结构

2013年，中国是统一经济空间第一大贸易伙伴，贸易额达到1149亿美元，在统一经济空间对非成员国贸易总额中占12.3%。其次为荷兰和德国，贸易额分别为900亿美元和826亿美元，在统一经济空间对非成员国贸易总额中分别占9.7%和8.9%。第四和第五大贸易伙伴为意大利和乌克兰，贸易额为734亿美元和501亿美元，在统一经济空间对非成员国贸易总额中所占的比例分别为7.9%和5.4%。从出口看，荷兰、意大利和中国为统一经济空间前三大出口市场，对这三个国家的出口额分别为833亿美元、567亿美元和505亿美元。从进口看，中国、德国和乌克兰为统一经济空间的前三大进口来源国，2013年从这三个国家的进口额分别为644亿美元、434亿美元和201亿美元（见图8-5）。

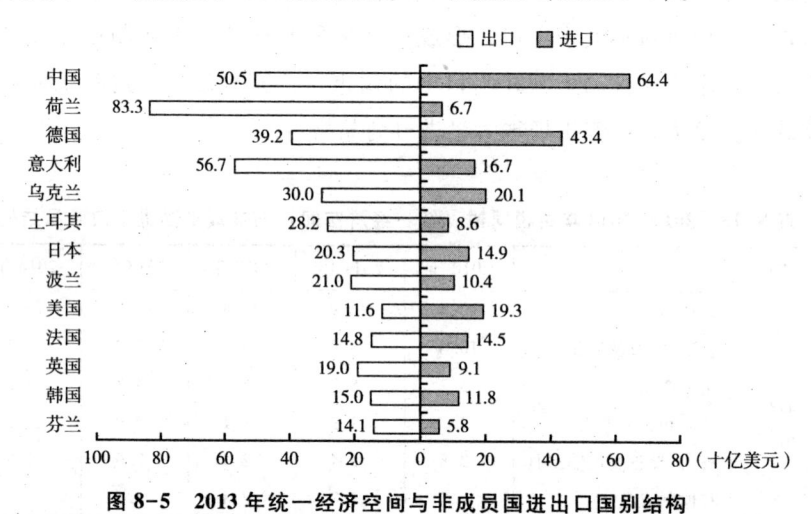

国家	出口	进口
中国	50.5	64.4
荷兰	83.3	6.7
德国	39.2	43.4
意大利	56.7	16.7
乌克兰	30.0	20.1
土耳其	28.2	8.6
日本	20.3	14.9
波兰	21.0	10.4
美国	11.6	19.3
法国	14.8	14.5
英国	19.0	9.1
韩国	15.0	11.8
芬兰	14.1	5.8

图8-5　2013年统一经济空间与非成员国进出口国别结构

资料来源：Евразийская экономическая комиссия, Статистический ежегодник. Государства-члены таможенного союза и единого экономического пространства в цифрах.

4. 成员国相互间贸易

在关税同盟取消对内关税后的一两年间，成员国间贸易呈快速增长态势。如表8-19所示，2010年，关税同盟内贸易总额为471亿美元，到2012年已增长至678亿美元，① 增幅达到44%。但2013年后，关税同

---

① Евразийская экономическая комиссия, Статистический ежегодник, Государства -члены таможож енного союза и единого экономического прост-ранства в цифрах.

盟（统一经济空间）成员国间贸易额开始出现下降，2014年下降至574亿美元，同比下降11%。[①] 将关税同盟成员国间贸易和关税同盟与非成员国间贸易发展状况进行对比，可以发现，二者都经历了先增长后下降的过程，二者都受国际经济形势的变化、乌克兰危机、欧美制裁、国际能源价格变化等多重因素的影响，但经济一体化对关税同盟成员国间贸易的促进作用尚未显现。

从表8-19中还可看出，在成员国间双边贸易中，俄罗斯与白俄罗斯的贸易联系最紧密，俄白贸易在联盟内贸易额中所占比重最大，约占60%，俄哈贸易占38.4%，而白俄罗斯与哈萨克斯坦之间的贸易联系最少，贸易规模也最小，白哈贸易在联盟内贸易额中所占的比重不足2%。此外，自关税同盟取消关税以来，俄白贸易在同盟内贸易中的比例呈增长态势，而俄哈贸易呈下降趋势。这主要是由于俄白贸易结构互补性较强，关税及非关税壁垒的取消和要素成本在同盟内的自由流动对俄白贸易额的增加起到了很好的刺激作用。而俄哈贸易结构趋同，关税同盟和统一经济空间成立后的一系列一体化措施对俄哈贸易的刺激作用不强。

表8-19　2010~2014年关税同盟（统一经济空间）贸易变化情况

	2010年	2011年	2012年	2013年	2014年
贸易额（亿美元）					
关税同盟（统一经济空间）	471	631	678	645	574
白俄罗斯-哈萨克斯坦	8	8	9	9	9
俄罗斯-哈萨克斯坦	181	223	230	239	189
俄罗斯-白俄罗斯	282	400	439	397	376
占比（%）					
关税同盟（统一经济空间）	100	100	100	100	100
白俄罗斯-哈萨克斯坦	1.7	1.3	1.3	1.4	1.6
俄罗斯-哈萨克斯坦	38.4	35.3	33.9	37.1	32.9
俄罗斯-白俄罗斯	59.9	63.4	64.7	61.6	65.5

资料来源：2010~2013年数据来源于 Евразийская экономическая комиссия, Статистический ежегодник, Государства-членытаможенного союза и единого экономического пространства в цифрах；2014年数据来源于 Об итогах взаимной торговлитоварами Таможенного союза и Единогоэкономического пространства январь-декабрь 2014 года。

---

① Евразийский экономический союз，Аналитический обзор 6 февраля 2015 г.

从俄、白、哈三国的双边贸易来看，就俄罗斯而言，2014年俄罗斯对哈、白两国的出口额均有下降，与2011年相比，俄罗斯对哈萨克斯坦出口额下降了10.4%，对白俄罗斯出口额下降了12.5%（见表8-20）。俄罗斯对白俄罗斯出口额下降是因为在其对白俄罗斯的出口商品中能源类产品占有相当大的比重，国际能源价格的下降直接导致俄对白出口收入缩水。2014年俄罗斯从哈、白两国的进口也出现下降，与2013年的水平相比，俄从哈进口额降幅为11.9%，俄从白进口额则下降了8.9%，[①]而与2011年相比，俄从哈进口额降幅高达29.6%，但俄从白进口额略有增长（见表8-20）。就哈萨克斯坦而言，哈对俄、白两国的出口明显下降，与2013年相比，哈萨克斯坦对俄罗斯出口额下降了11.9%，对白俄罗斯出口额下降了49.9%，[②]与2011年的水平相比，哈对俄出口额下降了28.6%，对白出口额下降了65.7%。哈萨克斯坦从俄罗斯进口也同样出现下降，2014年，哈从俄进口同比下降23.6%，与2011年的水平相比，下降了9.3%。就白俄罗斯而言，与2013年相比，2014年白俄罗斯对俄罗斯出口下降8.9%，但与2011年的水平相比则增长了12.1%，白俄罗斯从俄罗斯进口为下降趋势。白俄罗斯对哈萨克斯坦的进、出口额则快速增长，与2011年的水平相比，白对哈的进、出口额分别增长了120.9%和39.0%。

一体化不断深入的一个重要指标是一体化组织成员国内部相互贸易在其贸易总额中占有较高比重，这说明成员国间贸易联系密切，经济的互补性和相互间融合度和依赖度也较高。如欧盟成员国相互贸易在其贸易总额中的比重超过60%，北美自由贸易区该比重超过50%。对比统一经济空间，可以发现，统一经济空间成员国间相互贸易额大大低于与非成员国的贸易额。2013年，在当时三个成员国中，俄罗斯与成员国的贸易在其对外贸易总额中的占比最低，仅为7.5%，哈萨克斯坦略高，为18.4%，白俄罗斯与成员国贸易在其对外贸易总额中的比重最高，占50.7%。而统一经济空间成员国间相互贸易在其贸易总额中仅占12.1%（见图8-6），由此可

[①] Евразийская экономическая комиссия, Объемы импортных поставок Российской Федерации из государств - членов ТС и ЕЭП за 2014 год.

[②] Евразийская экономическая комиссия, Объемы экспортных поставок Республики Казахстан в государства - члены ТС и ЕЭП за 2014 год.

第八章 俄罗斯对外经济政策演变

表 8-20 2011 年与 2014 年关税同盟（统一经济空间）成员国间双边贸易变化情况

国别	2011 年					2014 年			
		贸易额（百万美元）		国别贸易额（百万美元）			贸易额（百万美元）		国别贸易额（百万美元）	比 2011 年增长（%）
俄罗斯	出口额	40814.7	哈	15332	出口额	36017.1	哈	13730.3	-10.4
			白	25482.7			白	22286.8	-12.5
	进口额	21868.5	哈	7359.5	进口额	20524.4	哈	5178.1	-29.6
			白	14508.9			白	15346.3	5.8
	贸易总额	62683.2	哈	22691.5	贸易总额	56541.5	哈	18908.4	-16.7
			白	39991.6			白	37633.1	-5.9
哈萨克斯坦	出口额	7341.3	俄	7256.2	出口额	5207.3	俄	5178.1	-28.6
			白	85.1			白	29.2	-65.7
	进口额	15714.0	俄	15139.9	进口额	14457.9	俄	13730.3	-9.3
			白	574.1			白	727.6	31.4
	贸易总额	23055.3	俄	22396.1	贸易总额	19665.2	俄	18908.4	-15.6
			白	659.2			白	756.8	14.8
白俄罗斯	出口额	14316.5	俄	13685.3	出口额	16223.9	俄	15346.3	12.1
			哈	631.2			哈	877.6	39.0
	进口额	25608.3	俄	25475.3	进口额	22580.6	俄	22286.8	-12.5
			哈	133.0			哈	293.8	120.9
	贸易总额	39924.8	俄	39160.6	贸易总额	38804.5	俄	37633.1	-3.9
			哈	764.2			哈	1171.4	53.3

资料来源：Евразийский экономический союз。

以看出，统一经济空间成员国间贸易联系和经济互补性并不强，区域经济一体化程度也不深。

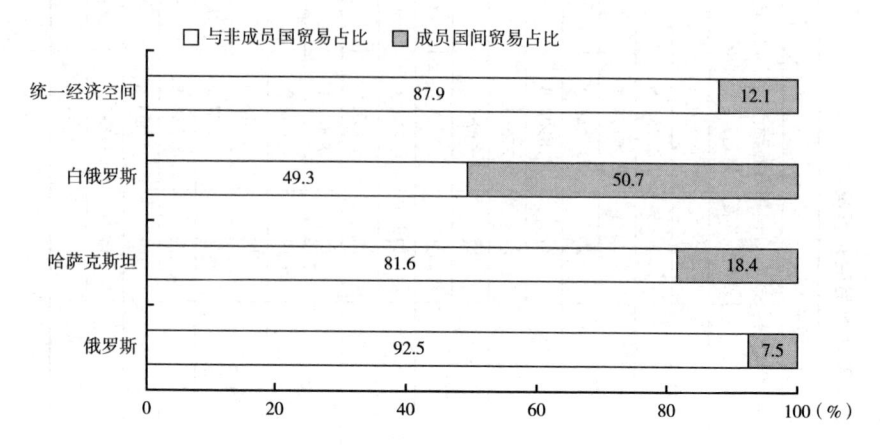

	与非成员国贸易占比	成员国间贸易占比
统一经济空间	87.9	12.1
白俄罗斯	49.3	50.7
哈萨克斯坦	81.6	18.4
俄罗斯	92.5	7.5

图 8-6　2013 年白俄罗斯、哈萨克斯坦、俄罗斯和统一经济空间
成员国间贸易及与非成员国贸易占比

资料来源：Евразийская экономическая комиссия, Статистический ежегодник, Государства-членытаможенного союза и единого экономического пространства в цифрах.

5. 欧亚区域一体化的经济效应

美国经济学家雅各布·维纳（Jacob Viner）1950 年的著作《关税同盟问题》是经济一体化理论的开创性著作。在该书中，维纳提出，完全形态的关税同盟应具备三个条件：一是完全取消各参加国之间的关税；二是对来自成员国之外的进口设置统一关税；三是通过协商的方式在成员国之间分配关税收入。因此，关税同盟具有内外相互矛盾的两种职能，即对成员国内部是贸易自由化措施，对成员国以外则是差别待遇。关税同盟理论则主要研究关税同盟后关税体制变更的经济效应，而这种经济效应包括静态效应和动态效应。

（1）静态效应

雅各布·维纳在《关税同盟问题》一书中提出，关税同盟的经济效应在于贸易创造（Trade Creation）和贸易转移（Trade Diversion）所取得的实际效果。也就是说，关税同盟建立后，因为在成员国间实现自由贸易的同时，也对非成员国实施差别待遇的贸易保护，而这种自由贸易和贸易保护的结合就会产生贸易创造和贸易转移两种效应。

贸易创造效应是指在关税同盟内部实行自由贸易之后，由于成员国之间取消了关税，原本某成员国国内生产成本较高的商品被生产成本较低的其他成员国的商品代替，这样，该国可以不生产该商品转而向其他生产成本低的成员国进口，成员国之间的相互贸易增加，新的贸易被"创造"出来。此外，生产成本较高的成员国可以将资源转向生产其他成本较低的商品，这样资源配置更加优化，从而增加了净福利。在产生贸易创造效应的基础上，如进口国某商品价格比原来下降了，且该商品需求价格弹性大于1，则该国对该商品需求数量的增加幅度要大于该商品价格下降的幅度，使该商品的进口额增加，从而形成贸易扩大效应。

在俄、白、哈三国的关税同盟中，俄、哈两国贸易结构高度相似，出口商品以能源类商品为主，彼此甚至会形成竞争关系，进口商品都以机器、设备及制成品为主，一般会从关税同盟之外的国家进口。因此，俄哈两国间很难产生贸易创造效应。而白俄罗斯与俄、哈两国贸易结构具有一定程度的互补性，表8-20的数据很好地印证了白俄罗斯与俄、哈两国的贸易创造效应。在所有的同盟内的双边贸易指标中，只有白俄罗斯的出口额呈增长态势，与2011年相比，2014年白俄罗斯出口增长了13.3%，其中对俄罗斯出口增长了12.1%，对哈萨克斯坦的出口增长了39.0%。然而，这种贸易创造效应主要体现在农产品领域，而非工业制成品领域，关税同盟建立后，俄罗斯从白俄罗斯进口的农产品增加，但农产品需求价格弹性较小，贸易扩大效应并不明显。因此，可以说俄、白、哈三国间贸易创造效应难以充分发挥的主要原因是无法在工业制成品领域形成互补性。

贸易转移效应是指关税同盟形成后，在取消成员国关税的同时对外实行统一关税，这样成员国之间的关税优惠使得某成员国对某商品的需求从非成员国转向生产成本相对高的成员国。这样，降低了资源的有效配置，造成了利益损失，进而减少了净福利。维纳用贸易创造效应和贸易转移效应两个概念来说明关税同盟在促进自由贸易的同时，又违背了自由贸易，是对内自由贸易与对外贸易保护的统一体。

在俄、白、哈关税同盟中，从三国进口商品结构中可以看出机器、设备及工业制成品在进口总额中占有相当大的比例，并且这三国进口机器、设备和工业制成品的对象国一般为关税同盟之外的国家。此外，机器、设备、仪器等产品的技术密集型产品的进口往往伴随着对先进技术和管理方法的引进,这种贸易保护反而不利于向同盟外国家学习最先进的技术。在哈萨克斯坦,这种贸易转移效应较为明显。由于对外关税的提高导致进口成本增加,哈萨克斯坦原本从中国进口的某些商品会转向从俄罗斯进口,这使得俄罗斯缺乏竞争力的制造业在"关税保护伞"下得以扩大对哈萨克斯坦的出口,这实际上是哈萨克斯坦对俄罗斯的一种福利转移。2010年,哈从中国的进口额首次低于从俄罗斯的进口额。到2013年,哈对俄的进口额为179.7亿美元,对中国的进口额为83.6亿美元,① 差距逐渐拉大。而就俄罗斯和白俄罗斯而言,则没有出现这种贸易转移效应,因为关税同盟的统一进口税率以俄罗斯的进口税率为基础制定,白俄罗斯原有税率与俄罗斯较为接近,两国对外进口税率变化不大,并不影响俄、白两国与同盟外国家的进口贸易。

综合贸易创造与贸易转移两种效应,可以说,对俄罗斯和白俄罗斯而言,贸易创造效应比较明显,而对哈萨克斯坦而言,则是贸易转移效应相对明显。

(2) 动态效应

1961年,巴拉萨(Balassa)最先对关税同盟的动态效应进行研究,指出关税同盟的动态效应主要表现在实现规模经济、强化竞争和刺激投资这三个方面。

规模经济是指关税同盟成立后,扩大了成员国的内部市场,对于一些成本递减的行业,由于市场的扩大,出口随之增加,单位生产成本降低,专业化程度提高,从而实现规模经济。俄、白、哈关税同盟建立后,三国经济总量达到苏联80%以上,GDP超过2万亿美元,成员国拥有广阔的内部市场,有利于三国企业实现规模经济。然而规模经济的实现还需看市场饱和程度,从上文关于贸易结构的分析可以看出,三国的能源、原材料市场主要在关税同盟之外,同盟内部的市场已趋于饱和,因此同盟建立后规模效应的发挥比较有限。

强化竞争是指关税同盟内部开展自由贸易,成员国之间进行自由竞争,有利于更有效地配置资源,推动技术进步,提高专业化程度和生产

---

① 哈萨克斯坦统计局官网,http://www.stat.kz/digital/vnesh_torg/Pages/default.aspx。

效率，从而提高福利水平。对于俄、白、哈三国而言，技术密集型产业并不是三国的强项，通过竞争促进技术进步的效应并不显著，反而是在初级产品领域，三国之间甚至会出现恶性竞争。

刺激投资主要是指刺激外国直接投资，即在关税同盟外，非成员国往往会增加对成员国的直接投资来保持在该国的市场占有率，从而达到绕过关税壁垒的目的。从俄白哈关税同盟的这一动态效应看，效果也不显著。首先，对于俄、白两国而言，由于关税水平变动不大，因此非成员国增加对两国直接投资的动力不强；其次，对于哈萨克斯坦来说，由于关税水平提高幅度较大，非成员国有可能通过增加直接投资来保持在哈国的市场占有率。但哈国最大的进口国是俄罗斯，以2012年为例，哈萨克斯坦从俄罗斯的进口在哈萨克斯坦进口总额中的占比为38.4%，其次是中国、乌克兰和德国，占比分别为16.8%、6.6%和5.1%，[1] 因此，这三个国家最有可能增加对哈萨克斯坦的直接投资；最后，考虑到俄、白、哈三国的投资环境和经济结构尚有待优化，因此，关税同盟所带来的刺激投资的动态效应在短期内也不可能太大。

综上所述，欧亚区域经济一体化的成效并不显著，其主要原因是欧亚经济联盟是由俄罗斯一个大国和白俄罗斯、哈萨克斯坦、亚美尼亚及吉尔吉斯斯坦四个小国组成，成员国在经济总量上存在巨大差距，在经济结构和贸易结构方面缺乏互补性，因此，尽管在俄罗斯的主导和推动下，一体化的进程一度快速推进，但区域经济一体化理应带来的经济效应尚未得到充分发挥。

（四）欧亚经济联盟零关税政策对俄罗斯贸易的影响评估

欧亚经济联盟以欧盟为样板，致力于在成员国间实现商品、服务、劳动力和资本的自由流动，并在某些经济领域进行政策协调。经过多年发展，欧亚经济联盟已经建立了较为完备的组织机构，制定了统一的对外关税，实现了大部分商品的自由流动，形成了共同的劳动力市场。研究欧亚经济联盟的贸易效果对政策的制定具有一定的参考价值，对俄白哈吉亚五国经济的发展也有重要的意义。

---

[1] 哈萨克斯坦统计局官网，http://www.stat.kz/digital/vnesh_torg/Pages/default.aspx。

1. 政策背景与机制假说

俄罗斯、白俄罗斯、哈萨克斯坦、吉尔吉斯斯坦与亚美尼亚在历史上形成了紧密的经济联系。尽管如此,多年来五国在彼此贸易往来中仍壁垒丛生,摩擦不断,甚至影响了正常的经贸活动。欧亚经济联盟的建立将消除关税壁垒并降低非关税壁垒,加强彼此间合作。同时,统一的对外关税将在一定程度上抑制来自非成员国的货物进口,从而加强成员国之间的贸易往来。俄白哈关税同盟(欧亚经济联盟)成立至今,引起不少学者的关注,且学者们对同盟发展秉持不同的观点。部分学者对于关税同盟的前景持悲观态度。王树春、万青松认为欧亚联盟的建立是苏联国家发展一体化的客观需要,建立欧亚经济联盟已经满足了一些条件,但仍然面临着一些不利因素的制约,按计划成功构建欧亚经济联盟的可能性较小[1];А.Т.卡布耶夫认为欧亚经济联盟受乌克兰危机以及俄罗斯局势影响,前景难以预测,在这样的背景下,欧亚经济联盟成员国哈萨克斯坦、白俄罗斯、亚美尼亚、吉尔吉斯斯坦将会寻找新的合作机会和新的合作伙伴,等待欧亚经济联盟的可能是像独联体或者欧亚经济共同体那样的命运。[2]

另有一部分学者认为关税同盟对成员国的影响是积极的。王海滨对俄、白、哈三国的经贸往来进行相关的数据分析,认为欧亚经济一体化能够推动成员国的发展,有利于增强成员国的经济实力,能够为成员国带来巨大的好处[3];亚历山大·利布曼对欧亚经济一体化持积极态度,认为通过欧亚经济联盟中各项经贸合作的开展和各项工作的落实,可以看出要实现的欧亚一体化并不是一种形式主义,欧亚经济一体化已经成为各个国家的一种诉求,成员国希望通过欧亚经济一体化来保证国家经济和经贸合作的良好发展[4];Е.维诺库罗夫指出,虽然现阶段欧亚经济联盟的发展速度有所放缓,但取得的成就不可轻视,如欧亚经济联盟的各项机制建设已经完成,

---

[1] 王树春、万青松:《试论欧亚联盟的未来前景》,《俄罗斯研究》2012年第2期。
[2] А.Т.卡布耶夫、农雪梅:《欧亚经济联盟:理想与现实》,《欧亚经济》2015年第3期。
[3] 王海滨:《论欧亚经济联盟的发展前景》,《国际论坛》2015年第5期。
[4] 亚历山大·利布曼、杨茗:《乌克兰危机、俄经济危机和欧亚经济联盟》,《俄罗斯研究》2015年第3期。

形成了统一的商品和劳动力市场,未来欧亚经济联盟还将取消单一市场的各种豁免权和采取协调一致的宏观经济政策。①

根据美国经济学家维纳提出的理论,关税同盟的贸易转移效应将有利于扩大成员国间的贸易规模。② 区域内贸易规模的扩大,统一市场的形成将为各国经济发展提供新契机。尤其在能源供应、农产品生产、机械制造等领域,成员国将扩大合作规模,满足共同市场的需求。关税同盟的贸易创造效应将促进各国经济的发展。吸引外资,抑制进口,实现进口替代并扶持民族工业发展一直是成员国政府对外经济活动中一项重要的政策,关税同盟的建立将有利于实现这一目标。对内取消关税并对外设置统一的第三国关税将促使非成员国为了避开关税壁垒而将生产线转移到关税同盟成员国,在当地直接进行生产和销售,从而促进外资流入。关税同盟的关税体系也体现了这一宗旨,在其对第三国关税中,成品进口关税大大高于半成品和零部件进口关税,这将有利于外资企业到成员国进行投资,从事生产加工,客观上达到扩大吸引外资的目的。

此外,关税同盟(欧亚经济联盟)之间存在密切的经济联系,一方面,苏联时期形成的统一劳动分工体系以及运输、能源等统一基础设施,使成员国在经济领域存在天然的历史联系;另一方面,成员国地理位置相邻及互补性的存在,强化了经济合作。在联盟框架内,统一商品、服务、资本和劳动力自由流动空间的建立,使每一成员国都能更加稳定地从其他成员国获取所需原料及产品,获得比自身更大的市场,使各种生产要素得到更合理配置,进一步降低合作成本,从而促进成员国更紧密的合作,并刺激各国经济的增长,提升成员国之间的双边贸易。

基于上述分析,可以提出假说:俄白哈关税同盟(欧亚经济联盟)实施的关税政策对俄罗斯贸易具有正向影响。

2. 研究设计与数据说明

(1) 数据说明

1991年12月8日,苏联的俄罗斯、白俄罗斯、乌克兰三个加盟

---

① E. 维诺库罗夫、封帅:《欧亚经济联盟:发展现状与初步成果》,《俄罗斯研究》2018年第6期。

② Viner, J., "The Customs Union Issue," *International Affairs*, 1951, 3 (3), p.93.

共和国共同签署了《关于建立独立国家联合体的协定》，并表示赞同其他苏联加盟共和国加入该组织；同年12月21日，苏联（除波罗的海三个加盟共和国和格鲁吉亚外）的11个加盟共和国通过了《阿拉木图宣言》，宣布独联体成立，同时苏联停止存在。因此本书所指的独联体国家包括俄罗斯、白俄罗斯、哈萨克斯坦、亚美尼亚、吉尔吉斯斯坦、乌克兰、乌兹别克斯坦、土克曼斯坦、塔吉克斯坦、摩尔多瓦、阿塞拜疆共11个国家。

本书使用的数据来自俄罗斯联邦国家统计局2004~2019年的进出口贸易额调查，排除俄乌冲突导致的一系列影响，覆盖除俄罗斯外的10个独联体国家。根据联盟成立后关税政策的发生时间，结合国泰安数据库（CSMAR）与万德数据库（Wind）数据，在剔除关键变量缺失的样本后，保留了独联体国家15年的样本，共139个观测值。

（2）变量定义及描述性统计（见表8-21、表8-22）

被解释变量：样本国与俄罗斯的双边贸易额（ln$trade$）。数据来源于俄罗斯联邦国家统计局统计的俄罗斯与样本国的进口额与出口额，进行加总后取对数。

关注变量：关税政策实施的交互项（$EAEU$）。若在关税政策发生后且该国是关税同盟（欧亚经济联盟）的成员国，则将其加入联盟当年及以后年份设置为1，否则为0。

根据已有理论和文献做法，本书还控制了如下变量：独联体各国国内生产总值（lngdp），考虑到国家的GDP会对一国的对外贸易量有一定影响；俄罗斯与样本国的汇率（ln$exchange$），考虑到汇率与进出口具有密切联系；独联体各国人口数（ln$population$），考虑到人口基数会影响贸易总数，一国人口数量决定了该国经济与市场规模的大小；独联体各国国民净人均收入（ln$income$），考虑到收入会影响消费总额进而影响贸易总额。

由表8-22可知，被解释变量俄罗斯与独联体其他国家双边贸易额取对数后的均值为23.61，最小值为20.95，最大值为26.25，标准差为1.373。在控制变量中，独联体国家国内生产总值取对数后的均值为23.81，最小值为21.45，最大值为26.19，标准差为1.280；俄罗斯与其他独联体国家的汇率取对数后的均值为3.569，最小值为0.785，最大值为4.965，标准差为0.913；独联体国家人口数取对数后的均值为15.98，最小值为14.80，最大值为17.63，标准差为0.782；独联体国家人均收入取对数后的均值为7.655，最小值为5.485，最大值为9.159，标准差为0.838。

表8-21 变量定义

变量类型	变量名称	变量符号	变量说明
被解释变量	双边贸易额	lntrade	俄罗斯与样本国的进口额加出口额取对数
解释变量	交互项	EAEU	若该国是同盟的成员国且关税政策已实施,则将其加入联盟当年及后续年份设置为1,否则为0
控制变量	国内生产总值	lngdp	样本国国内生产总值取对数
	汇率	lnexchange	俄罗斯与样本国汇率取对数
	人口数	lnpopulation	样本国总人口数取对数
	人均收入	lnincome	样本国国民净人均月收入取对数

表8-22 样本主要变量描述性统计

变量	样本量	平均值	中位数	标准差	最小值	最大值
双边贸易额	139	23.61	23.17	1.373	20.95	26.25
交互项	139	0.216	0	0.413	0	1
国内生产总值	139	23.81	23.77	1.280	21.45	26.19
汇率	139	3.569	3.583	0.913	0.785	4.965
人口数	139	15.98	15.99	0.782	14.80	17.63
人均收入	139	7.655	7.881	0.838	5.485	9.159

(3) 模型设定

2009年11月27日，俄罗斯、白俄罗斯、哈萨克斯坦三国元首签署了《关税同盟海关法典》，标志着"俄白哈关税同盟"正式成立，约定自2010年1月1日起，三国将对外实行统一税率，并致力于实现对内取消关税、商品自由流通、对外设置统一关税的区域经济一体化，因此本书将哈萨克斯坦、白俄罗斯与俄罗斯相互之间实行关税政策的时点以俄白哈关税同盟约定对外实行统一税率的日期为准，定为2010年。"欧亚经济联盟"成立于2015年1月1日，其前身为"俄白哈关税同盟"，旨在消除同盟内关税和非关税壁垒，实现货物、服务、资本和劳动力的自由流动，除俄白哈三国外，2015年1月亚美尼亚加入欧亚经济联盟，吉尔吉斯斯坦于2015年8月正式加入，因此本书将亚美尼亚与吉尔吉斯斯坦与俄罗斯之间实施关税政策的时点定为2015年，以加入欧亚经济联盟的时点作为关税政策的实施时间。

为了估计关税同盟（欧亚经济联盟）的关税政策对俄罗斯贸易的影响，最直接的方法是比较各成员国加入关税同盟（欧亚经济联盟）前后与俄罗斯双边贸易的差异，但这一差异除了受到联盟关税政策的影响以外，还可能受到一些随时间变化的总体因素影响。为了剔除其他因素的影响且考虑到不同成员国的加入时间不同，本书采用多期双重差分（DID）的方法来检验除俄罗斯外其他国家加入关税同盟（欧亚经济联盟）后实施的关税政策对该国与俄罗斯贸易的影响，模型设定如下：

$$y_{i,t} = \alpha + \beta \cdot EAEU_{i,t} + \gamma \cdot X_{i,t} + u_i + v_t + \varepsilon_{i,t}$$

其中，下标 i 代表国家，t 代表时间。$y_{i,t}$ 是国家 i 在第 t 期的被解释变量——与俄罗斯的双边贸易额。其中，$EAEU$ 是本书的关注变量，若在关税政策发生后且该国是关税同盟（欧亚经济联盟）的成员国，则 $EAEU_{i,t}=1$，否则 $EAEU_{i,t}=0$。对成员国资格的界定主要是依据该国是否加入关税同盟（欧亚经济联盟），由于在加入联盟之后商品、服务、资本和劳动力在联盟国境内自由流通，因此成员国的样本在后续年份也被视为处理组，即国家一旦变为联盟的成员国，则后续年份 $EAEU_{i,t}=1$。$X_{i,t}$ 表示其他随时间变动且影响俄罗斯与其他国家双边贸易额的控制变量，u_i 和 v_t 分别代表国家个体固定效应和年份固定效应。系数 β 表示关税同盟（欧亚经济联盟）关税政策对俄罗斯与其他国家贸易的影响，为本书关注的核心参数。

3. 实证结果分析

（1）基准回归分析

表8-23中显示了关税同盟（欧亚经济联盟）的关税政策对俄罗斯贸易的双重差分估计结果。由表8-23可知，模型1仅将虚拟变量作为解

释变量以进行回归，回归系数为 0.504，且该系数在 1%置信水平下显著。其原因可能包括三个方面：第一，时间趋势效应，无论是实验组国家还是对照组国家，其双边贸易额均具有逐年提升的变化趋势；第二，选择性偏差，即所选择的国家本身就具有较高的双边贸易额；第三，关税同盟政策提升了成员国双边贸易额。模型 2 在模型 1 的基础上加入了固定效应，回归系数为 0.200，且该系数在 5%置信水平下显著。模型 3 在模型 2 的基础上加入了控制变量，无论是否加入控制变量，双重差分项的估计系数均为正值，且通过显著性检验。在加入控制变量的条件下，同盟关税政策使成员国与俄罗斯的双边贸易额增长 19.7%，且该系数在 5%置信水平下显著。说明在关税政策的帮助下，俄罗斯与关税同盟（欧亚经济联盟）的其余成员国双边贸易额呈现较为显著的增长，符合假设预期。

表 8-23　关税政策对俄罗斯双边贸易额的影响

变量	模型 1 ln*trade*	模型 2 ln*trade*	模型 3 ln*trade*
EAEU	0.504***	0.200**	0.197**
	（0.107）	（0.0781）	（0.0781）
ln*gdp*	—	—	-0.138
			（0.343）
ln*exchange*	—	—	0.229***
			（0.0714）
ln*population*	—	—	0.333
			（0.449）
ln*income*	—	—	-0.128
			（0.322）
固定效应	no	yes	yes
Observations	139	139	139
R-squared	0.904	0.976	0.978

注：*、**、*** 分别表示在 10%、5%、1%的置信水平下显著，余同。

表 8-24 中显示了关税同盟（欧亚经济联盟）的关税政策分别对俄罗斯进口贸易与出口贸易的影响。从表 8-24 中可得知，关税政策对俄罗斯出口贸易额影响较小，交互项系数为 0.0614 且不显著，而对进口贸易

额影响较大，交互项系数为 0.643，且该系数在 1% 置信水平下显著，意味着实施关税政策使俄罗斯进口贸易额提高 64.3%。

表 8-24 关税政策对俄罗斯进口与出口贸易的影响

变量	进口贸易额	出口贸易额
EAEU	0.643***	0.0614
	(0.139)	(0.0855)
lngdp	-2.798***	0.433
	(0.610)	(0.376)
lnexchange	0.220*	0.209***
	(0.127)	(0.0782)
lnpopulation	0.00541	0.141
	(0.799)	(0.492)
lnincome	2.486***	-0.573
	(0.572)	(0.352)
Observations	139	139
R-squared	0.956	0.972

这也许是因为在欧亚经济联盟成立前的几年中，成员国间的出口贸易规模逐渐扩大，其中俄罗斯的出口规模是成员国间出口贸易中最大的。联盟成立后的几年中，成员国间的贸易关系并没有发生显著变化，俄罗斯仍在联盟的出口贸易中占据着主要地位，因此联盟成立后的关税政策对俄罗斯出口贸易额并无显著影响。

而哈萨克斯坦、白俄罗斯、吉尔吉斯斯坦及亚美尼亚凭借本国的资源禀赋及劳动力禀赋等条件，能够为俄罗斯提供部分商品，与俄罗斯存在较大的贸易潜力，因此关税政策的实施显著影响了俄罗斯与成员国之间的进口贸易额，进而影响俄罗斯与成员国的双边贸易额。

（2）平行趋势检验

双重差分法的使用需要满足平行趋势假定，即未受到关税政策影响时，独联体中加入同盟的国家和未加入同盟的国家与俄罗斯的双边贸易额具有相同的变化趋势。因此，本书需检验平行趋势假定。

关税政策的平行趋势检验回归结果如图 8-7 所示。其中，2010 年代表俄罗斯、哈萨克斯坦和白俄罗斯国家加入同盟实行关税政策的年份。

实施关税政策之前，独联体中加入同盟的国家与未加入同盟的国家不存在显著差异，满足双重差分模型的平行趋势假设。加入同盟之后，样本国双边贸易额较非样本国增长更加显著，符合本书预期。

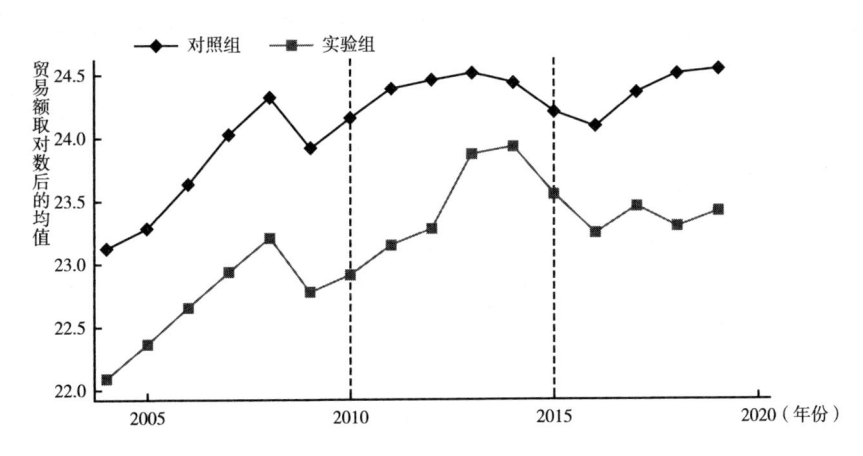

图 8-7　关税政策平行趋势检验：图示法

需要补充说明的是，2015年欧亚经济联盟成立，吉尔吉斯斯坦和亚美尼亚加入联盟，但俄罗斯双边贸易额却出现了大幅下滑，这主要是因为欧亚经济联盟开始运转之时，正值世界经济增速放缓、石油和天然气价格大幅下降，以及西方国家因乌克兰问题对俄制裁，这些因素沉重打击了俄罗斯经济，继而对联盟造成严重的负面影响。据统计，2014年俄罗斯GDP年仅增长0.6%，2015年第一季度下降2%，通货膨胀率达16%，俄罗斯经济已由停滞变成了萎缩。西方国家制裁使俄罗斯在2014年蒙受250亿欧元损失，2015年达到750亿欧元。俄罗斯经济受到沉重打击，而这削弱了俄罗斯对联盟其他国家的投资和援助能力，同时也使俄罗斯当年的双边贸易额大幅下降，而欧亚经济联盟关税政策的实施能够降低俄罗斯对成员国的双边贸易额下降幅度。

（3）安慰剂检验

安慰剂检验通常有构造虚拟的处理组和虚拟的政策时间两种思路。本书采用两种方法进行安慰剂检验。首先，构造虚拟的处理组，本书将原样本的处理组和对照组互换，对随机匹配处理组和试点政策实施时间进行 DID 估计，回归结果如表 8-25 的第（1）列所示，试点政策的回归系数不显著，说明关税同盟（欧亚经济联盟）的关税政策对非样本国并没有产生显著影响。其次，构造虚拟的政策时间，本书保留全部对照组样本作为处理组，将试点的设立时间虚拟提前两年，以进行 DID 估计。回归结果如表 8-25 的第（2）列所示，关键解释变量（EAEU）的回归系数仍不显著，说明虚拟政策时间对俄罗斯与其他国家贸易没有影响，证明本书结论具有稳健性。

表 8-25 安慰剂检验

变量	（1）虚拟处理组 双边贸易额	（2）虚拟政策时间 双边贸易额
EAEU	-0.150	0.126
	(0.0983)	(0.0990)
lngdp	-0.0816	-0.122
	(0.348)	(0.355)
ln$exchange$	0.222***	0.196**
	(0.0728)	(0.0772)
ln$population$	0.290	0.258
	(0.460)	(0.460)
ln$income$	-0.123	-0.115
	(0.336)	(0.345)
Observations	139	139
R-squared	0.977	0.977

4. 机制分析

国际直接投资（FDI）指外国投资人对一国市场进行的直接投资，旨在通过对外国企业或经济主体进行投资来获得其控制权，是现代资本国际化的重要形式。投资人通过对外国进行投资可以为其创造有别于母国的全新市场和发展空间，从而获得更多利益。一国通过获得外国直接投资可以直接提高一国生产力以及市场、经济发展水平，从而间接性提高其国际贸易水平。基于前文的分析，本部分将对关税同盟（欧亚经济联盟）的关税政策对俄罗斯贸易的影响机制进行实证检验。

在基准回归的基础上，本书加入虚拟变量（EAEU）和国际直接投资（FDI）的交乘项 $EAEUfdi_{i,t}$：

$$y_{i,t} = \alpha + \theta \cdot EAEUfdi_{i,t} + \gamma \cdot X_{i,t} + u_i + v_t + \varepsilon_{i,t}$$

表 8-26 中的回归结果显示，国际直接投资对俄罗斯的双边贸易额存在显著的正向影响，交乘项的系数在 1% 置信水平下显著，且关键变量 EAEUfdi 系数为 0.0374，说明对俄罗斯直接投资的增长有助于其双边贸易额的增长，对俄罗斯直接投资每增加 1 个百分点，则双边贸易额将增加 3.74 个百分点。此外还可以发现，直接投资对进口的推动作用大于对出口的推动作用。

表 8-26 机制分析结果

变量	双边贸易额	出口贸易额	进口贸易额
EAEUfdi	0.0374***	0.0330***	0.0483***
	(0.00810)	(0.00763)	(0.0122)
lngdp	−0.530	−0.489	−0.492
	(0.361)	(0.340)	(0.543)
lnexchange	0.184*	0.237***	0.00450
	(0.0931)	(0.0877)	(0.140)
lnpopulation	1.651***	1.573***	1.676***
	(0.419)	(0.394)	(0.629)
lnincome	1.409***	1.393***	1.418**
	(0.388)	(0.366)	(0.584)
Observations	135	135	135
R-squared	0.756	0.766	0.649

对俄罗斯的直接投资与其出口贸易存在非常显著的正相关，交乘项的系数在 1% 置信水平下显著，从 EAEUfdi 的系数为 0.0330 可以看出，对俄罗斯直接投资的增长有助于其出口贸易额的增长。对俄罗斯直接投资每增加 1 个百分点，则出口贸易额将增加 3.3 个百分点。直接投资对俄罗斯出口有正向的促进作用，这种促进作用或源于外资企业的大量出口，外资公司内部贸易也直接增加了俄罗斯的出口总量，导致外资企业出口额占出口总额的比重在上升，同时也拉动了出口

总额。

对俄罗斯的直接投资与其进口贸易也存在较为显著的正相关,交乘项的系数在1%置信水平下显著,从 $EAEUfdi$ 的系数为0.0483可以说明,对俄罗斯直接投资的增长有助于其进口贸易额的增长。对俄罗斯直接投资每增加1个百分点,则进口贸易额将增加4.83个百分点。通常跨国公司进行直接投资之后,往往伴随着机器设备、原材料和零部件的进口,从而推动着进口贸易额的增长。

综上所述,国际直接投资可以扩大俄罗斯与其余成员国之间的贸易往来,这可能是因为:第一,国际直接投资在改善和优化出口贸易额结构方面起到了重要作用,通过优化出口商品结构来提高双边贸易额;第二,国际直接投资与资本结合,使俄罗斯相关产业纳入了跨国公司的垂直和水平分工网络,增加了高附加值产品出口的机会,对于优化出口结构,提高国际分工地位意义重大;第三,直接投资或将导致机器设备、原材料和零部件的进口,从而推动着进口贸易的增长。

5. 研究结论与政策建议

(1) 研究结论

随着全球经济一体化程度的不断深入,世界各国逐渐意识到区域一体化组织为国家发展带来的好处,因此,区域一体化组织的发展备受各国关注。俄白哈关税同盟(欧亚经济联盟)是独联体地区重要的区域经济一体化成果,它的建立标志着独联体地区经济一体化进入了一个全新的发展阶段。经过多年发展,欧亚经济联盟已经建立了较为完备的组织机构,制定了统一的对外关税,实现了大部分商品的自由流动,形成了共同的劳动力市场。本书基于俄罗斯与其他独联体国家双边贸易额的准自然实验,在理论分析的基础上,利用2004~2019年的面板数据,采用多期DID等方法,实证检验了关税同盟(欧亚经济联盟)的关税政策分别对俄罗斯进口贸易与出口贸易的影响,得到主要结论如下。

关税同盟(欧亚经济联盟)关税政策的实施使俄罗斯与成员国的双边贸易额增长19.7%,呈现较为显著的增长。同时,关税政策对俄罗斯进口的影响显著大于对俄罗斯出口的影响。

通过对机制回归结果的分析,国际直接投资(FDI)是关税同盟

(欧亚经济联盟)关税政策对俄罗斯双边贸易产生影响的重要渠道,关税政策下的直接投资对俄罗斯双边贸易额存在显著的正向影响,且对俄罗斯进口与出口的影响均具有显著性。

(2)政策建议

根据上文的研究结论,具有如下政策启示。

第一,从历史沿革和实证分析的结论中看,同盟建立可以有效提高俄罗斯与不同国家间政治、安全、经济、文化领域的发展,从而增进两国间政府、企业、人员的交往和互信,直接或间接地促进双边经贸发展和共同繁荣。俄罗斯应当继续完成创建商品和服务的共同市场与取消现有豁免权的工作,保持各国在共同关税方面的一致性,继续有条不紊地消除现有的数百项非关税壁垒。有效协调宏观经济政策,特别是货币政策。此外,建立更多的自由贸易区和签署贸易与经济合作协定对于欧亚经济联盟的发展是必要的。俄罗斯政府应持续加大欧亚经济联盟的发展建设,深化和促进俄罗斯与世界其他国家间政治、安全、经济、文化领域的互联互通和相互支持,促进国家间多边主义经贸发展与人类命运共同体建设。

第二,一个国家想要进行产业结构的优化升级,想要吸引大量的外商直接投资,离不开一个完善有效的市场竞争环境。因此,改善国内的投资环境,对俄罗斯是否能够吸引大量的外商直接投资具有重要意义。一个相对健全的金融体系不仅能够提高本土企业的市场竞争力,对于促进国内经济市场的良性发展同样具有巨大作用,对于吸引外商直接投资形成正向促进作用,并且能够促使本土企业在经营发展中积极向外资企业学习先进的生产技术与管理经验。像对国家利率以及外汇的管制放松、减少银行的行政管理色彩、对国有银行进行深化改革等都是金融体制改革的重要方式,这些措施有利于企业的经营融资,形成企业发展的良好环境。此外,俄罗斯联邦政府对外资企业的政策优惠措施并不明显,一般的政策环境会导致外资企业在投资俄罗斯市场时产生水土不服或者不稳定因素,尤其是对外资企业的政策优惠力度不够会使外资企业降低扩大投资的积极性。为了消除这种现象,俄罗斯联邦政府需要对外商直接投资的鼓励政策进行相应调整,使得外商直接投资在俄罗斯能够稳定发展,从而形成对本土企业的良性竞争局面。比如,通过降低外资企业的税收比例、在进出口贸易与外汇管制方面加强政策倾斜，促使外资企业在俄罗斯的发展形成积极向好的局面，从而改善俄罗斯国内市场的投资环境，促进俄罗斯对外贸易的发展。

五 中俄经贸合作

多年来，在中俄双方的共同努力下，两国经贸合作取得了丰硕成果。2022年中俄双边贸易额已接近2000亿美元目标，在能源领域，能源贸易大幅增长，重要天然气项目稳步推进；在金融领域，中俄贸易本币结算进一步扩大，人民币在俄罗斯外汇储备中占比增加，两国支付结算系统的合作更加深入；在跨境基础设施建设方面，中欧班列稳定运行，中俄黑龙江跨境公路大桥、中俄同江跨境铁路大桥先后开通并投入使用，中俄跨境索道建设取得突破性进展；在农业合作、地方合作、科技创新合作等领域，两国的合作也取得了丰硕成果。

（一）中俄经贸合作进展

1. 双边贸易

近年来，中俄双边贸易额变动具有三个主要特点。第一，整体保持增长趋势，但增速下降，且波动幅度较大。根据2000年至2022年中俄双边贸易额变动趋势（见表8-27）可知，中俄贸易可以分为两个时期。第一时期为2000~2011年，该时期整体上双边贸易额持续增长，除2009年由于经济危机出现负增长，2002年、2006年和2008年三个年份增长率低于20%之外，其他年份贸易额增长率均在30%以上。2000年中俄双边贸易额仅为80亿美元，2011年中俄双边贸易额达到792.5亿美元，约为2000年的10倍。第二时期为2012~2022年，中俄贸易整体仍保持增长趋势，但受俄罗斯经济低速增长影响，增速明显低于第一时期，且波动较大。2018年，中俄双边贸易额突破千亿美元大关，达到1070.6亿美元。2019年6月，中俄两国元首决定将两国关系提升为"中俄新时代全面战略协作伙伴关系"，并提出将两国的贸易额从2018年的1000亿美元提升到2000亿美元的目标。此后，尽管新冠疫情期间，贸易额出现下降，但2021年和2022年又有较大幅度增长。

2022年双边贸易额已接近两国领导人制定的2000亿美元目标。根据中华人民共和国海关总署的统计数据，2022年中俄双边贸易额达到1902.7亿美元，同比增长29.5%，其中，中国对俄罗斯出口额为761.2亿美元，同比增长12.7%，自俄罗斯进口额为1141.5亿美元，同比增幅达到43.4%，进口额大幅高于出口额。

表8-27　2000~2022年中俄双边贸易额

年份	出口 亿美元	出口 增长(%)	进口 亿美元	进口 增长(%)	进出口 亿美元	进出口 增长(%)
2000	22.3	48.7	57.7	36.7	80.0	39.9
2001	27.1	21.4	79.6	37.9	106.7	33.3
2002	35.2	29.9	84.1	5.7	119.3	11.8
2003	60.3	71.3	97.3	15.7	157.6	32.1
2004	91.0	51.0	121.3	24.7	212.3	34.7
2005	132.1	45.2	158.9	31	291.0	37.1
2006	158.3	19.8	175.6	10.5	333.9	14.7
2007	284.9	79.9	196.8	12.1	481.7	44.3
2008	330.1	15.9	238.3	21	568.4	18
2009	175.1	-47.1	212.8	-10.7	387.9	-31.8
2010	296.1	69	258.4	21.7	554.5	43.1
2011	389.0	31.4	403.5	55.6	792.5	42.7
2012	440.6	13.2	441.0	9.9	881.6	11.2
2013	495.9	12.6	396.2	-10.3	892.1	1.1
2014	536.8	8.2	416.1	4.9	952.9	6.8
2015	348.0	-35.2	332.6	-20.0	680.6	-28.6
2016	373.3	7.4	322.3	-3.1	695.6	2.3
2017	429.0	14.8	412.0	27.7	840.9	20.8
2018	479.8	12	590.8	42.7	1070.6	27.1
2019	497.3	3.7	610.5	3.3	1107.9	3.4
2020	505.8	1.7	571.9	-6.6	1077.7	-2.9
2021	675.7	33.3	793.2	37.5	1468.9	35.8
2022	761.2	12.8	1141.5	43.4	1902.7	29.3

资料来源：中华人民共和国海关总署官网，http://www.customs.gov.cn/。

第二，中俄贸易在俄罗斯对外贸易总额中的比重快速提高。2008年，中俄贸易在俄罗斯对外贸易中占7.6%，位居德国（9.2%）和荷兰

(8.4%)之后，为俄罗斯第三大贸易伙伴。2010年，中俄贸易在俄罗斯对外贸易中的比重提高至10.6%，中国首次超过荷兰（9.5%）和德国（8.3%）成为俄罗斯最大的贸易伙伴，此后，中国连续保持俄罗斯最大的贸易伙伴至今。2011年，俄罗斯与独联体国家贸易在俄对外贸易总额中的比例为14.9%，随着俄罗斯经济形势的恶化，俄罗斯与独联体国家贸易萎缩，2016年中俄贸易在俄对外贸易总额中的比例首次超过独联体国家之和（12.1%），达到14.1%。到2019年，这一比例已达到16.6%。[1]

第三，中国对俄贸易转为逆差。2007~2017年，中国对俄贸易以顺差为主。中国对俄出口受到俄罗斯需求的限制，而自俄进口主要受大宗商品价格（尤其是能源价格）影响，危机年份（2009年和2015年）对俄出口降幅均大于进口降幅。从2018年起中国自俄进口额超过中国对俄出口额，资源类产品进口额快速增长，其中矿产品进口额增长61.9%，铜及制品进口额增长127.5%，铝及制品进口额增长63.4%，镍及制品进口额增长666%，其他贱金属及制品进口额增长160%。此外，2014年乌克兰危机后俄罗斯大力发展粮食和农产品对华出口，2018年中国自俄活动物及动物产品进口额增长37.3%；植物产品进口额增长66.6%，其中，谷物进口额增长342%；动植物油脂进口额增长51.2%；食品、饮料、烟草进口额增长28.5%。[2] 2022年，逆差更是达到380亿美元，未来由于俄方需求有限以及俄罗斯进一步加大"向东看"力度，扩大对华能源出口，对俄贸易逆差仍会维持较长时间。

中国自俄罗斯进口的商品主要为能源、资源、原材料、农产品等初级产品，这主要是基于俄罗斯的资源禀赋。矿产品是中国自俄进口的第一大类产品，2008~2022年，中俄能源合作全方位发展，不断取得突破性进展，中国自俄能源进口快速增长，矿产品在中国自俄进口中的比重从58.4%提高至78.2%。第二大类产品为木材、纸浆及制品，2008~2022年，中国自俄木材进口额保持稳定增长，但此类商品进口占比却呈下降趋势，在进口额中的比例从16.1%降低至5.0%。前两大类资源型产

---

[1] Федеральная таможенная служба, Внешняя торговля Российской Федерации, http://customs.ru/statistic.

[2] 中华人民共和国海关总署，http://www.customs.gov.cn/。

品进口额的比重从74.5%提高至83.2%,资源型结构继续固化。机器、设备和交通工具进口额占比明显下降,从2008年的4.3%下降至2022年的0.5%。食品和农业原料包括三类商品:(1)活动物、动物产品;(2)植物产品;(3)食品、饮料、烟草。食品和农业原料在2008年时进口量很小,到2022年进口额增长至60.96亿美元,占比从2008年的0.6%提高至2022年的5.3%。化工产品、橡胶的进口额略有增长,从2008年的29.26亿美元提高到2022年的32.86亿美元,在进口额中的比例却大幅下降,从14.4%下降至2.9%(见表8-28)。

表8-28　2008年和2022年中国自俄罗斯进口主要商品构成

海关编码	商品类别	贸易额(亿美元) 2008年	贸易额(亿美元) 2022年	占比(%) 2008年	占比(%) 2022年
1-24	食品和农业原料	1.4	60.96	0.6	5.3
25-27	矿产品	119	892.09	58.4	78.2
28-40	化工产品、橡胶	29.26	32.86	14.4	2.9
41-43	皮革、毛皮及制品	0.09	0.14	0	0.01
44-49	木材、纸浆及制品	8.09	57.27	16.1	5.0
50-67	纺织品、鞋	0.13	0.16	0.1	0.01
68-70	石材、水泥、石膏;陶瓷制品;玻璃制品	0.05	0.08	0	0.01
71	宝石、贵金属及制品	0	16.1	0	1.4
72-83	金属及制品	11.38	75.59	5.6	6.6
84-90	机器、设备和交通工具	8.81	6.16	4.3	0.5
91-97	钟表;音乐仪器;家具及装饰;玩具品	0.86	0.05	0.4	0.0
98	特殊商品及未分类商品	0	0.02	0.0	0.0

资料来源:2008年数据来源为《2008年俄罗斯货物贸易及中俄双边贸易概况》,商务部官网,https://countryreport.mofcom.gov.cn/record/qikanlist110209.asp?qikanid=1209&title=2008%C4%EA%B6%ED%C2%DE%CB%B9%BB%F5%CE%EF%C3%B3%D2%D7%BC%B0%D6%D0%B6%ED%CB%AB%B1%DF%C3%B3%D2%D7%B8%C5%BF%F;2022年数据来源为中华人民共和国海关总署,http://www.customs.gov.cn/。

中国对俄出口商品主要是机电产品、轻工产品、化工业品等制成品,2008~2022年这十余年来中国对俄出口商品结构相对稳定,整体结构略有改善。如表 8-29 所示，机电产品出口额始终位居第一。2017 年，机电产品出口额在出口总额中的比例一度达到 53%，近年受需求面影响又有所下降，2022 年该比例为 52.0%。纺织品、鞋、钟表、音乐仪器、家具及装饰、玩具品、皮革、毛皮及制品这三类劳动密集型商品是中国对俄出口的传统商品，2008 年这三类产品对俄出口的比重为 24.0%。近年来，俄罗斯推行进口替代政策，在轻工业领域已经取得了比较好的成效，劳动密集型产品技术含量不高，可替代性强，随着中国人力成本的提高，中国此类产品的价格优势下降，中国对俄出口的轻纺产品在俄罗斯市场上面临着激烈的竞争，因此，劳动密集型产品在中国对俄出口商品中的比重有所下降，2022 年该比例下降至 17.5%。化工产品、橡胶这类商品对俄出口大幅增长，出口额从 2008 年的 23.66 亿美元增长到 2022 年的 119.96 亿美元，占比也相应从 6.9% 提高到 15.8%。劳动密集型产品出口比例下降，机电产品和化工产品等工业制成品出口比例提高，反映了中国对俄出口结构有了一定程度的改善。

表 8-29 2008 年和 2022 年中国对俄罗斯出口主要商品构成

海关编码	商品类别	贸易额（亿美元）		占比（%）	
		2008 年	2022 年	2008 年	2022 年
1-24	食品和农业原料	6.78	22.02	2	2.9
25-27	矿产品	3.91	3.59	1.1	0.5
28-40	化工产品、橡胶	23.66	119.96	6.9	15.8
41-43	皮革、毛皮及制品	5.01	16.16	1.4	2.1
44-49	木材、纸浆及制品	2.42	11.06	0.7	1.5
50-67	纺织品、鞋	52.46	82.47	15.1	10.8
68-70	石材、水泥、石膏；陶瓷制品、玻璃制品	8.65	11.6	2.5	1.5
71	宝石、贵金属及制品	0	0.3	0	0.0
72-83	金属及制品	29.22	55.66	8.4	7.3
84-90	机器、设备和交通工具	179.15	395.56	51.7	52.0

续表

海关编码	商品类别	贸易额（亿美元） 2008年	贸易额（亿美元） 2022年	占比（%） 2008年	占比（%） 2022年
91-97	钟表、音乐仪器、家具及装饰、玩具品	25.99	35.19	7.5	4.6
98	特殊商品及未分类商品	9.34	7.66	2.7	1.0

资料来源：2008年资料来源为《2008年俄罗斯货物贸易及中俄双边贸易概况》，https://countryreport.mofcom.gov.cn/record/qikanlist110209.asp?qikanid=1209&title=2008%C4%EA%B6%ED%C2%DE%CB%B9%BB%F5%CE%EF%C3%B3%D2%D7%BC%B0%D6%D0%B6%ED%CB%AB%B1%DF%C3%B3%D2%D7%B8%C5%BF%F; 2022年数据来源为中华人民共和国海关总署，http://www.customs.gov.cn/。

2. 投资合作

中国对俄直接投资规模呈扩大趋势，2012年以前，中国对俄直接投资流量一直未能突破10亿美元，2013~2018年投资规模波动较大，2015年投资额达到峰值29.62亿美元（见图8-8）；截至2018年底，中国对俄投资存量为142.1亿美元，是2010年投资存量的5.1倍（见图8-9）。俄罗斯对华直接投资规模萎缩，主要由于近年来俄罗斯经济形势整体不佳，资金短缺。

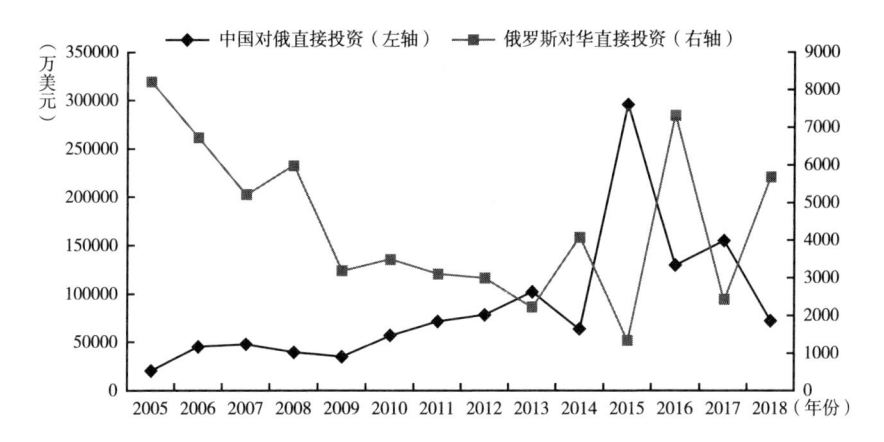

图8-8　2005~2018年中俄相互直接投资额

资料来源：Wind。

图 8-9　2010~2018 年中国对俄直接投资额（存量）

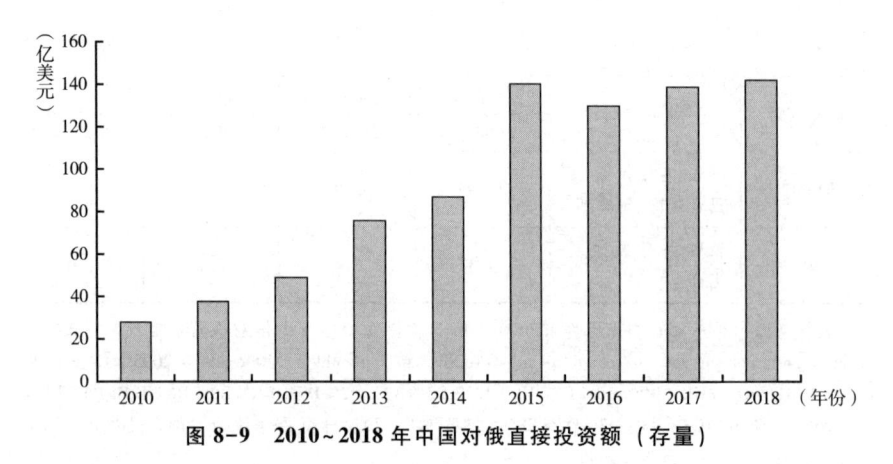

资料来源：Wind。

近年来，中俄在投资合作的领域不断扩展，不但涉及传统的采矿业、农林牧渔业等资源开发业，还涉及食品加工、小家电、汽车等制造、建筑、批发和零售、金融、交通运输、仓储和邮政、科学研究、技术服务等行业。投资方式也从传统的绿地投资发展到参股、并购等方式。从投资的行业分布看，对农林牧渔业投资相对稳定，主要通过建立境外农业园区和木材加工园区的形式进行投资；2014 年乌克兰危机后，中俄能源合作更加紧密，2015~2017 年，采矿业直接投资规模迅速扩大，主要为中国企业对俄能源公司的股权投资；与 2014 年之前相比，制造业投资规模呈扩大趋势（见图 8-10）。

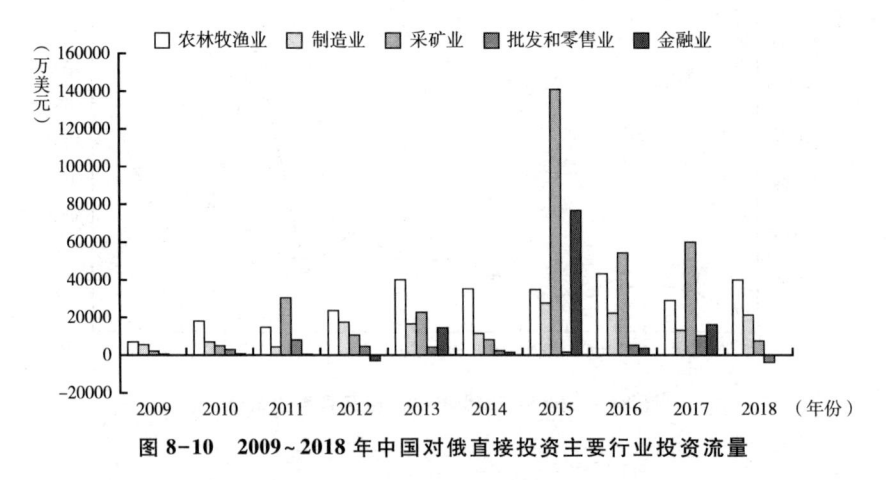

图 8-10　2009~2018 年中国对俄直接投资主要行业投资流量

资料来源：Wind。

3. 能源合作

能源合作是中俄经贸合作中分量最重、成果最多、范围最广的领域，也是中俄战略协作伙伴关系的重要组成部分。近几年，中俄两国能源合作继续向全方位一体化迈进。

（1）油气合作

中俄原油管道二线工程建成投产。2013年6月，中国石油天然气集团公司（以下简称中国石油）与俄罗斯石油公司签署俄罗斯向中国增供原油的长期贸易合同，俄罗斯在中俄原油管道1500万吨的基础上逐年对华增供原油，到2018年达到3000万吨，增供合同期为25年，可延长5年。考虑到原有中俄原油管道输送能力有限，中石油集团开始建设中俄原油管道二线工程。2017年11月12日，中俄原油管道二线工程全线贯通，2018年1月1日，正式投入商业运营，该管道与漠大线和正在修建的中俄东线天然气管道共同构成我国东北能源战略通道，对于保障国家能源供应安全意义重大。

天然气合作对中俄两国均具有重大战略意义。近年来，中国天然气进口需求快速增长，已成为全球最大的天然气进口国，与俄罗斯开展天然气合作，中国能够获得长期、稳定的天然气进口来源，对保障国家能源安全、建立多元化海外供应体系，具有重要战略意义。2014年乌克兰危机后，为应对西方国家经济制裁，俄罗斯实行"向东看"战略，将中国作为长期稳定的天然气出口市场，有利于实现其能源出口多元化的战略目标。因此，中俄两国在天然气领域的合作意愿强烈，该领域合作不断取得新突破。

2021年，俄罗斯通过"西伯利亚力量"管道向中国出口天然气104亿立方米，2022年增加到155亿立方米，未来计划每年增加供应量，到2025年达到380亿立方米。2022年2月普京总统访华参加冬奥会期间，中俄双方签署重要油气协议：一是俄罗斯石油公司与中国石油签署为期10年的合作协议，俄罗斯将过境哈萨克斯坦向中国供应1亿吨石油；二是俄罗斯天然气股份有限公司与中国石油签署为期30年的长期合作协议《中俄远东天然气购销协议》，在30年间，俄罗斯将在以往每年380亿立方米天然气出口的基础上再增加100亿立方米，中俄双方天然气年贸易量将达到480亿立方米，约占中国天然气消费量的13%。

在上游领域，亚马尔液化天然气生产运营顺利进行。亚马尔液化天然气项目是"一带一路"倡议提出后，中俄合作的首个全产业链能源合作项目，也是在北极地区建设的全球最大的液化天然气项目。中国是该项目第二大持股国，持有该项目29.9%的股份。亚马尔液化天然气项目三条生产线分别于2017年12月、2018年7月和11月建成投产，产品通过北极航道以破冰船运输。目前，亚马尔液化天然气项目三条生产线全线启动，已生产并外运液化天然气超过2000万吨。北极液化天然气2号项目是中俄在北极地区的第二个大型能源合作项目。该项目计划建设三条生产线，每条生产线年产能为660万吨，预计在2023年至2026年建成投产。2019年4月25日，在第二届"一带一路"高峰论坛期间，中国石油与诺瓦泰克公司就该项目签署合作框架协议。6月7日，中国石油和中国海油分别与诺瓦泰克公司签署股权购买协议，在该项目中各占股10%。在中游领域，2019年12月2日，中俄东线天然气管道正式投产通气。该管道与中国国内现有输气管网连通，实现俄气资源与中国东北、京津冀和长三角等重点天然气市场的有效对接。中俄两国东线天然气合作充分体现了互利共赢原则，中国获得了长期稳定的天然气来源，有利于优化能源结构，改善大气环境。俄方在获得长期稳定出口收入的同时，也促进了远东地区经济和社会发展。

北极液化天然气2号项目是继亚马尔液化天然气项目之后两国能源企业再次合作的重点项目，该项目于2019年4月签署框架协议，目前该项目的股权结构为诺瓦泰克公司占60%股份，法国道达尔公司、日本三井物产和金属矿物资源机构、"中国石油"和"中国海油"四家公司分别占股10%。2022年美欧国家对俄实行能源制裁后，禁止直接或间接向俄罗斯出售、供应、转让或出口天然气液化所需的货物和技术，无论这些货物或技术是否来自欧盟。北极液化天然气2号项目中液化天然气生产需要的压缩机、涡轮机、热交换器等重要设备一直从美国和欧洲采购，该项目建设面临阻力加大。

在管道建设方面，2019年12月2日，中俄东线天然气管道北段正式投产通气。该管道与中国国内现有输气管网连通，为中国东北、京津冀和长三角等重点天然气市场输送清洁的天然气资源。中国着力构建东北、西北、西南和海上四大能源战略通道，中俄东线天然气管道是东北能源通道的重要组成部分。中俄东线天然气管道工程分为北段（黑龙江黑河—吉林长岭）、中段（吉林长岭—河北永清）、南段（河北永清—上海），分期建设。2019年7月4日中段工程正式开工建设，2020年12月3日建成投产。中俄东线天然气管道北段和中段均由国家官网集团北方管道公司运营管理。2021年5月18日，中俄东线（永清—上海）天然气管道的关键控制性工程——长江盾构穿越工程在江苏南通正式掘进。西线方向，2020年俄方考虑将"西伯利亚力量2号"项目经蒙古国通往中国，5月俄罗斯天然气工业股份公司启动从"西伯利亚力量2号"干线通往蒙古国的管道项目"东方联盟"，设计容量为每年500亿立方米，2021年4月项目可行性研究获批，计划于2024年启动建设。若该项目建成，中俄两国天然气合作则更加密切，有利于使中国能源结构向更低碳方向转变。2022年12月7日，中俄东线天然气管道泰安—泰兴段的正式投产，宣告中俄东线天然气管道工程全面贯通。2022年12月21日，俄罗斯伊尔库茨克州的科维克塔天然气凝析气田与"西伯利亚力量"天然气管道科维克塔—恰扬达段正式投产通气，"西伯利亚力量"为中俄东线天然气管道项目俄罗斯境内段管道，伊尔库茨克州作为俄罗斯东部重要的天然气生产中心，与"西伯利亚力量"管道的贯通为未来俄罗斯东部地区天然气供应提供了条件，也为俄罗斯履行对华出口义务提供了可靠保障。2023年2月中俄双方正式签署《俄罗斯联邦经远东线路向中华人民共和国供应天然气的政府间合作协议》。根据该协议，两国将建设跨境天然气管道，该管线起于俄罗斯达利涅列琴斯克的天然气测量站，穿越乌苏里河，从中国虎林入境，气源来自俄罗斯萨哈林地区。俄境内线路段的建设和运行由俄天然气工业股份公司负责，中国境内线路段由中国石油天然气股份有限公司负责。投入运营后结算使用本币。

在下游领域，中俄两国在油气加工、冶炼及化工领域也取得丰硕成果。2019年9月17日，在两国总理的见证下，中国石油化工股份有限公司（以下简称中国石化）与俄罗斯西布尔公司签署丁腈橡胶项目合作谅解备忘录，计划在中国合资建设一套年产能5万吨的丁腈橡胶生产装置，合资公司股份比例为：中国石化占股60%，西布尔公司占股40%；中国石化与俄罗斯西布尔公司还签署了氢化苯乙烯-丁二烯嵌段共聚物项目框架合作协议，根据协议，将在俄罗斯合资建设一套年产能不小于2万吨的氢化苯乙烯-丁二烯嵌段共聚物生产装置，中俄双方在合资公司中的股份比例为50%：50%。2019年10月11日，中国化学工程集团有限公司与俄罗斯天然气开采股份有限公司俄罗斯波罗的海化工综合体项目的总承包合同，合作建设全球最大的乙烯一体化项目，该项目规模达到年产乙烯280万吨，聚乙烯288万吨，合同金额达到120亿欧元，折合人民币939亿元。中俄东线天然气管道俄罗斯境内段"西伯利亚力量"管道配套项目阿穆尔天然气化工综合体项目建设顺利进行。该加工厂计划建设6条生产线，第一、二条生产线已经投产，第三条生产线已经建成，该厂原料来源为"西伯利亚力量"管线天然气。

（2）电力合作

中俄电力合作起步较早，从1992年起中国就开始从俄罗斯购电，此后两国电力贸易逐渐扩大，截至2022年底，中国累计从俄罗斯购电304.22亿千瓦时，其中2019年自俄购电30亿千瓦时。自俄购电既能提高远东地区富余电能的利用率，又能减少煤耗，促进中国能源结构调整，对加强两国互联互通也起到促进作用。

（3）核能合作

中俄两国核能合作主要通过田湾核电站和徐大堡核电站两大项目进行。田湾核电站一期工程1、2号机组已于2007年投入运营，二期工程3、4号机组分别于2018年2月和2018年12月投入运营。三期工程5、6号机组采用中核集团自主M310+改进机型，相继于2015年12月和2016年9月开工建设。2018年6月，中核集团与俄罗斯国家原子能集团签署《田湾核电站7、8号机组框架合同》《徐大堡核电站框架合同》。2019年这两大核能合作项目又有新进展。2019年初，中俄双方签署《田湾核电站7、8号机组总合同》，中俄迄今最大核能合作项目进入全面实施阶段。① 2019年，中俄还签署了《徐大堡核电站3、4号机组技术设计合同》和《徐大堡核电站3、4号机组总合同》；7月19日，中俄签署《田湾核电站7、8号机组燃料采购合同》；11月6日，

---

① 《两国元首见证 中俄迄今最大核能合作项目进入全面实施阶段》，2019年6月6日，http://www.china-nea.cn/site/content/36129.html。

签署《徐大堡核电站 3、4 号机组核燃料采购合同》。① 2022 年 2 月 25 日,田湾核电站 8 号机组"核岛"进行第一注混凝土浇筑。2022 年 5 月 19 日,徐大堡核电站 4 号机组"核岛"进行第一注混凝土浇筑,比合同期提前了 2 个月。此外,中俄两国也在核医学、核燃料、快中子反应堆及封闭核燃料循环、联合建设核能设施、环境保护等新领域开展研究,探索合作的可能性。

4. 金融合作

中俄金融合作是两国经贸合作和投资合作的重要支撑,近年来,随着中俄经贸合作的发展,尤其是中国"一带一路"倡议的提出,两国金融合作领域日益扩大,层次逐渐加深,方式也不断创新,在支付结算、货币互换等方面均取得了积极进展。

(1)密切政府间合作

2016 年 6 月,中国人民银行与俄罗斯中央银行签署了《关于在华设立代表处的协议》。2017 年 5 月,根据该协议,俄罗斯央行在北京开设的代表处正式挂牌,这是俄央行在海外设立的首家代表处,代表处的设立将对中俄两国央行间的交流与合作起重要的促进作用。2019 年 8 月 22 日,两国财政部副部长共同签署了《中俄会计准则合作备忘录》和《中俄审计监管合作备忘录》,② 这两份文件的签署成为中俄两国会计监管合作的里程碑事件,为两国企业跨境发行债券及资金融通提供了制度保障。

(2)货币互换

中美发生贸易摩擦,俄罗斯也仍处于美国经济制裁之下,中俄两国联手推动去美元化趋势加快。2017 年 11 月 22 日,中国人民银行与俄罗斯中央银行续签双边本币互换协议,协议规模为 1500 亿元人民币/13250 亿卢布,有效期为 3 年。2018 年以来,中俄货币互换额快速增长,根据俄罗斯莫斯科交易所的数据,2018 年前 10 个月中俄货币互换额度达到 9430 亿卢布,是 2017 年 6287 亿卢布规模的 1.5 倍。中国银行间市场购

---

① 《中俄核电:与俄罗斯签署了多项采购合同》,新浪财经,2019 年 11 月 6 日,https://baijiahao.baidu.com/s?id=1649449343215788512&wfr=spider&for=pc。

② 《第八次中俄财长对话在莫斯科举行》,中国政府网,2019 年 8 月 23 日,http://www.gov.cn/xinwen/2019-08/23/content_5423948.htm。

买卢布的人民币业务量也快速增长，2018年前三季度增幅高达105.3%，达到49亿元人民币。

（3）扩大本币结算

中俄两国联手推进去美元化，扩大本币结算范围。近年来，随着贸易额的扩大，双边贸易本币结算也在持续增长。多年来清算渠道不畅一直是阻碍本币结算发展的一大障碍。2016年6月25日，中国人民银行与俄罗斯中央银行签署了在俄罗斯建立人民币清算安排的合作备忘录。2016年9月23日，中国人民银行宣布授权中国工商银行（莫斯科）股份有限公司担任俄罗斯人民币业务清算行。2017年3月22日，中国工商银行在莫斯科正式启动俄罗斯人民币清算服务。2019年6月，中俄两国正式签署过渡到本币结算的政府间协议，根据协议，中俄两国将在双边贸易中扩大本币结算，建立卢布和人民币金融工具市场，两国央行以及政府部门就双边本币结算体系路线图达成共识，切实提高本币结算比例。

（4）加强跨境支付系统合作

2014年乌克兰危机后，西方国家对俄实施金融、军事、能源等多领域的制裁。在金融制裁方面，2014年美国曾经冻结维萨卡和万事达卡支付功能，尽管这一制裁措施在两天之后取消，但为俄罗斯敲响了警钟，坚定了其建立本国支付体系的决心。2015年俄罗斯开始启动金融信息传输系统，旨在降低对SWIFT系统的依赖。2015年10月，中国推出人民币跨境支付系统（CIPS），截至2019年6月底已覆盖全球160多个国家和地区，31家银行直接参与，847家银行间接参与，其中参与银行数量最多的国家是日本，俄罗斯次之，有23家银行参与人民币跨境支付系统。截至2019年7月，人民币跨境支付系统累计处理业务超过400万笔，金额超60万亿元人民币。[①] 人民币跨境支付系统作为重要的金融基础设施，在推动"一带一路"倡议和人民币国际化进程中，发挥着重要作用。中俄两大跨境支付系统之间的合作也在加强，两国将共同致力于建立中俄企业间跨境支付机制，在人民币跨境支付系统与俄罗斯金融信息传输系统之间建立支付网关，该机制成功建立之后可替代美国控制的

---

① 《CIPS已覆盖160多个国家地区 全球跨境支付"互联互通"指日可待》，搜狐网，2019年7月26日，https://www.sohu.com/a/329495287_223323。

SWIFT 国际支付体系。

5. 地方合作

2018年和2019年是中俄"地方合作年",中俄两国共同将地方合作提升至国家级,激发地方合作热情,挖掘地方合作潜力,带动地方、企业和广大民众参与到中俄友好合作事业中来。中俄两国政府密切合作,精心组织了上百项活动,包括各类推介会、工业及农业展览会、学术研讨会、艺术节、机构互访活动等,中俄双方签署了多份地方合作文件,两国在省与联邦主体及城市之间建立了近400对友好伙伴关系。[①]

"中国东北地区与俄罗斯远东地区合作"和"中国长江中上游地区与俄罗斯伏尔加河沿岸联邦区合作"两个地方合作机制运行顺畅。中国东北地区与俄罗斯远东地区合作是中俄毗邻地区合作,具有传统区位优势。中国已成为俄罗斯远东地区第一大投资来源国,双边贸易与相互投资快速增长。2018年9月俄罗斯东方经济论坛期间,中俄双方共同签署《中俄在俄罗斯远东地区合作发展规划(2018~2024年)》,该协议于2018年11月7日中俄总理定期会晤期间获得正式批准。该规划的签署将为中国东北地区与俄罗斯远东地区合作指明方向。中国长江中上游地区与俄罗斯伏尔加河沿岸联邦区是两国腹地间的地方合作,这两个地区并不相邻,但工业和科技基础雄厚,市场空间巨大,已在机械和汽车制造业、制药业、高科技产业等领域开展交流与合作,长江中上游6省市众多企业在俄罗斯伏尔加河沿岸联邦区投资。两河流域间人文合作也在广泛开展,由四川大学和下诺夫哥罗德国立技术大学牵头组建的中俄高校联盟在"地方合作年"期间开展了一系列教育、科技和文化方面的活动。

6. 农业合作

为应对西方制裁,俄罗斯大力发展农业,鼓励粮食出口,规划到2035年粮食播种面积将增加到5000万公顷,粮食产量将达到1.4亿吨、粮食年出口量将达到5590万吨的目标,2018年俄罗斯成为小麦最大出口国。中俄两国在农业领域具有较好的互补性,俄罗斯土地肥沃,水资源丰富,机械化程度也较高。近年来中国逐步对俄罗斯开放农业市场,中

---

① 《俄中携手推动东北亚区域经济合作》,中国政府网,https://www.gov.cn/xinwen/2019-09/17/content_ 5430620.htm。

俄农产品贸易稳定增长，成为双边贸易新的增长点。2017年11月，中俄两国签署协议，允许俄罗斯车里雅宾斯克州、鄂木斯克州、新西伯利亚州、阿尔泰边疆区、克拉斯诺亚尔斯克边疆区和阿穆尔州六个州的小麦可以对华出口。2019年6月，中俄双方签署议定书，中国允许俄罗斯大麦、豆粕、葵花籽粕、菜籽粕、甜菜粕对华出口，7月底，中国允许俄全境大豆对华出口，还新增了俄小麦对华出口名单。中国对俄农业投资规模逐渐扩大，领域也逐渐拓宽，从单一从事生产环节发展到加工、仓储、农产品生产、物流运输、贸易等多环节及全产业投资。此外，农业园区合作、农业科技合作、动植物检验检疫等领域的合作也在积极开展。

7. 跨境通道建设

中欧班列在疫情背景下高效运营，对欧亚地区进出口货物的顺畅流通和供应链的稳定起到了积极作用。2022年2月19日，中俄南昌班列实现双向对开，该班列自2018年4月开通，俄乌冲突后，由于欧洲对俄制裁，多家欧洲企业暂停了过境俄罗斯的中欧班列，由于向西货运遭遇阻碍，俄向东寻求畅通的运输渠道，这为中俄班列的运营创造了良好条件，班列回程货运量大幅增长。2022年5月16日，"易畅蓉欧"号中俄直达班列从四川成都出发，经阿拉山口出境，途经哈萨克斯坦、俄罗斯、白俄罗斯，途中用时12~14天，最终到达莫斯科。该班列由成都"易畅数字"公司定制，数字经济在运输业这一传统行业中发挥了重要作用，班列提供线上订舱、线上"抢舱位"、全国范围内提箱服务。2022年6月10日，"江门"号中俄国际货运班列开通，"江门"号全程将近1万公里，从江门北站出发，经新疆霍尔果斯口岸出境，途中用时约为18天，最终抵达莫斯科。江门地处大湾区西翼，位于广珠铁路与南沙港铁路交会的枢纽，"江门"号中俄班列的开通对粤西商品"走出去"具有重要意义。①

中俄黑龙江跨境公路大桥正式投入使用。中俄黑龙江跨境公路大桥横跨中国黑河与俄罗斯布拉戈维申斯克，是中俄两国界江上修建的首座现代化公路大桥。早在1988年，中俄两国就开始商议在界河黑龙江上修建大桥，经过多年筹划，在两国元首的推动下，该桥于2016年12月开

---

① 郭晓琼、蔡真：《百年变局下中俄经贸合作新趋势》，《俄罗斯学刊》2022年第4期。

工建设。2019年5月31日，中俄黑龙江大桥顺利合龙，11月28日，中方境内工程圆满交工，具备通车条件。① 2022年6月10日，大桥正式投入使用。大桥总投资24.7亿元，俄方投资16.5亿元，中方投资8.2亿元。自2023年1月起，大桥开始全天候运营，24小时开放允许车辆出入境，每天可通行190辆车。大桥的开通运营保障了黑河口岸四季开通，为中国东北和俄罗斯远东地区之间建立了一条新的国际运输通道，为两国边境地区经济发展注入了新的活力。

中俄同江跨境铁路大桥开通投入使用。中俄同江跨境铁路大桥横跨中国同江和俄罗斯犹太自治州下列宁斯阔耶，中方段于2014年6月开工，2018年10月主体工程全部完工，俄方段于2016年6月开工，2019年4月2日大桥顺利合龙，② 2021年8月17日，大桥铺轨贯通，2022年11月17日中俄同江跨境铁路大桥正式开通投入使用，第一列火车从俄罗斯开往中国。中俄同江跨境铁路大桥是中俄两国建成的首座跨境铁路桥，它的开通可将莫斯科到中国北方省份的运输距离直接缩短800公里，节约10小时运输时间，大大提高了运输效率，缓解了满洲里和绥芬河铁路口岸的运输压力。同时，该桥还将中国东北铁路运输网与俄罗斯西伯利亚铁路连接，开辟了一条直通欧洲的欧亚联运大通道，对推动东北地区经济发展和高质量共建"一带一路"都起到积极作用。

中俄跨境索道建设取得阶段性进展。中俄跨境索道建设地点位于黑河市与布拉戈维申斯克市之间，是世界首条国际跨境索道。索道为双线双承载单牵引往复式客运架空索道，建设用地面积达8万平方米，总水平距离1100米，索道长972米，运行速度为7米/秒，单个轿厢可运载110人，每小时运载人数达1800人。目前两国旅客过境受季节影响较大，索道建成后可在零下45度以上、7级风以内实现安全运行。该项目计划总投资7.99亿元人民币，建设项目包括索道主体、联检大厅、游客接待中心、中俄综合办公区及商业中心。2019年7月18日，该索道正式开工建设，目前项目施工进展顺利，该索道建成后将大幅提高旅客通关效率，对两国互联互通和旅游业的发展起到促进作用。

---

① 郭晓琼、蔡真：《百年变局下中俄经贸合作新趋势》，《俄罗斯学刊》2022年第4期。
② 郭晓琼、蔡真：《百年变局下中俄经贸合作新趋势》，《俄罗斯学刊》2022年第4期。

8. 科技创新合作

中俄创新合作一直是两国合作的重点领域，中国高度重视科技创新，每年投入大量资金用于高新技术的研发，中国在信息通信、卫星导航、无人机、超级计算机等技术领域居世界前列，而俄罗斯在基础科学领域、航空航天领域实力雄厚，两国可积极取长补短，相互借力，共同提高两国的科学技术水平和研发能力。2018年7月，中国西北工业大学航海学院与俄罗斯科学院伊尔库茨克科学中心共同建立的中俄海洋工程联合实验室在新中俄丝路创新园内正式投入使用。2019年6月，西北工业大学、北京开盾环宇科技有限公司与俄罗斯科学院组耶夫大气光学研究所共同建立的中俄激光技术及应用研究所也在中俄丝路创新园内落地。2019年12月18日，"一带一路"中俄高新技术发展合作论坛在中俄丝路创新园召开，会议期间西俄莫屋里联合孵化器揭牌，30余名俄罗斯科技工作者与中国科技工作者一同围绕人工智能、物联网、大数据等方向展开合作，实现中俄科技成果的合作、转化和孵化。[①] 2019年9月7日，天津科技局和俄罗斯科学院共同举办科技合作创新洽谈会，[②] 大会聚焦人工智能、生物医药、新能源、新材料等高新技术领域，此次洽谈会中中俄双方技术供需对接洽谈300多次，现场签署机构共建、投资研发、技术转移、资源共享等合作协议20余项。

在航天领域，2021年3月9日，中国国家航天局与俄罗斯国家航天集团公司签署《中华人民共和国政府和俄罗斯联邦政府关于合作建设国际月球科研站的谅解备忘录》，启动国际月球科研站合作。根据备忘录，两国将在月球表面或月球轨道上建设可进行月球自身探索和利用、月基观测、基础科学实验和技术验证等多学科多目标科研活动，长期自主运行的综合性科学实验基地，利用在空间科学、研发和使用空间设备和空间技术方面积累的经验，共同制定建造国际月球科研站的路线图，并在建造国际月球科研站项目的规划、论证、设计、研制、实施和运营等方

---

① 《"一带一路"中俄高新技术发展合作论坛于沣东新城举办》，陕西省西咸新区沣东新城管理委员会官网，2019年12月18日，http://www.xxfd.gov.cn/xwzx/fdyw/277799.htm。

② 《中俄（天津）科技创新合作洽谈会在津举办》，天津政务网，2019年9月18日，http://www.tj.gov.cn/xw/bdyw/201909/t20190918_3661087.html。

面开展紧密协作，包括向国际宇航界开展项目推介。① 2021年4月23日，中俄两国共同发布《中国国家航天局和俄罗斯国家航天集团公司关于合作建设国际月球科研站的联合声明》，明确表示国际月球科研站将对所有感兴趣的国家、国际组织和国际伙伴开放，欢迎在项目各个阶段，在任务的各个层级，以实物和非实物的形式参与合作。② 2021年6月16日，在全球空间探索大会期间，中俄双方以线上线下相结合的方式共同举办了国际月球科研路线图全球网络论坛，并在论坛上联合发布了《国际月球科研站路线图（V1.0）》和《国际月球科研站合作伙伴指南（V1.0）》，介绍了国际月球科研站的概念、科学领域、实施途径和合作机会建议等内容，有助于国际伙伴有广泛参与的机会。2022年两国就国际月球科研站展开一系列相关工作，6月，提交了合作路线图，11月25日，中国国家航天局与俄罗斯国家航天集团公司签署《2023~2027年航天合作大纲》，同日，还签署了关于合作建立国际月球科研站的政府间协议。根据该协议，国际月球科研站分为8个模块和2个轨道，两国还将研究月球站上基础设施的无人化运行技术。国际月球科研站建设分为三个阶段：第一阶段是2026~2030年，主要工作为从月球采集样本，检验相关技术；第二阶段为2031~2035年，主要任务是在月球表面和月球轨道安装通信、能源保障、设备运输等系统；第三阶段是月球科研站全面投入使用。

2020~2021年是中俄双方互办科技创新年，两国在科技创新领域的合作取得了较为丰富的成果。2022年中俄科技创新合作继续深化发展，两国元首高度重视科技创新合作，2022年2月普京总统访华期间，两国元首在会晤中强调要加强人工智能、物联网、国际月球科研站等领域的合作，为科技合作提质升级指明了方向。2022年8月30日，中俄总理定期会晤委员会科技合作分委会第二十六届会议在线上举行，中国科技部副部长张广军和俄罗斯科学与高等教育部副部长鲍切诺娃共同主持会议，

---

① 《中俄两国签署合作建设国际月球科研站谅解备忘录》，中国政府网，2021年3月9日，http://www.gov.cn/xinwen/2021-03/09/content_5591869.htm。

② 《中国国家航天局和俄罗斯国家航天集团公司关于合作建设国际月球科研站的联合声明》，百度百家号，2021年4月24日，https://baijiahao.baidu.com/s?id=1697904338806689513&wfr=spider&for=pc。

中俄双方达成多项共识，双方同意在深化大科学装置框架下合作、积极开展联合研发、科技成果转化、举办会展活动、深化基础科学、气候与环境、农业科技等领域加强合作。2022年11月3日，中俄数字经济高峰论坛在北京、哈尔滨、莫斯科多地同步举行，主题为"开源开放 数创未来"，各方代表就推动数字经济发展、开展高水平科技创新、打造经济增长新动能等议题开展了广泛交流。

（二）中俄经贸合作的新趋势

中俄经贸合作稳步发展，近几年还出现合作模式机制化、运作方式市场化、合作领域新兴化、合作范围全方位化、贸易投资便利化、基础设施与服务网络化等新趋势。

1. 合作模式机制化

中俄两国已经建立起最完善的双边合作机制。官方机制有元首会晤机制、总理会晤机制等。中俄总理定期会晤机制已成为中国对外经济合作中规格最高、组织结构最全、范围最广的多层级合作机制。中俄总理定期会晤机制下设立19个不同领域的分委会、5个合作委员会和1个工作组。除官方机制外，中俄两国各领域的合作也逐渐从单个项目合作向机制化、常态化演进。

在能源合作领域，两国政府共同策划和推动的中俄能源商务论坛成为完善两国能源合作机制的又一创新举措。2018年11月，首届中俄能源商务论坛在北京成功举办，中俄双方在油气、电力、煤炭、能源技术及能源金融等合作领域进行了全面的探讨。2019年6月，第二届中俄能源商务论坛在圣彼得堡国际经济论坛期间举行。在两国元首的见证下，中俄双方签署了《中俄能源论坛章程》，确定该论坛为中俄能源领域的重要机制性交流平台，由中国石油和俄罗斯石油公司联合主办，原则上每年举办一次，在中俄两国轮流举办。此次论坛主题为"促进中俄能源领域上中下游全产业链合作"，双方代表就北极能源开发、能源金融合作、能源科技创新、积极发展数字化能源技术、智慧绿色能源合作等问题展开讨论。论坛期间两国能源企业开展了20多场会谈，签署了18项成果文件。

在金融领域，中俄金融联盟已成为两国金融机构间机制化合作平台。

中俄金融联盟成立于 2015 年，是一个非营利性、开放式跨境金融合作组织，中方由最早开办对俄业务的哈尔滨银行牵头，俄方由俄罗斯资产排名第一的俄罗斯联邦储蓄银行牵头。该联盟主要致力于为两国企业提供清算、结算、投融资等金融服务，加强两国商业银行间的信息交流与合作。自成立以来，成员行已从最早的 35 家增加到 68 家，成员行涵盖银行、信托、基金、保险、资产管理公司、融资租赁、行业协会、评级机构、咨询公司等十多类金融机构。[1] 2019 年 5 月第五届中俄金融联盟成员大会期间，成员行签署了《哈尔滨银行与储蓄银行现钞跨境调运合作协议》《中方成员单位与莫斯科信贷银行银团借款合作意向书》《中俄金融联盟成员（中方同业）流动性应急互助框架协议》等合作协议；在圣彼得堡国际经济论坛期间，成员行间还签署了《同业借款协议》《现钞跨境调运合作协议》《贸易融资合作协议》等协议，成功组织十多项跨境融资业务，总金额超过 170 亿元。

在科技领域，两国建立创新对话机制。2016 年中国科技部与俄罗斯经济发展部签署《关于在创新领域开展合作的谅解备忘录》，根据备忘录要求，两国组建中俄创新合作协调委员会，协调、指导中俄双方在创新领域的互利合作，加强两国在创新战略、技术转移、国家创新体系建设、大众创新创业、科技创新园区等领域的对话与合作。

2. 运作方式市场化

多年以来，"政府主导推动""大项目带动"的合作模式成为中俄经贸合作的显著特点。每年中俄两国元首及总理进行高层互访期间，在两国政府各个部门的大力推动下，均会签署多项合作协议，这些项目的签订及落实大大推动了中俄经贸合作向前发展。"政府主导推动""大项目带动"的这种自上而下的模式确实适用于能源、交通、航空航天、基础设施等垄断行业及公共事业领域，过去多年的合作实践也表明这种模式也确实取得了显著的成效。然而，随着产能、装备制造、高新技术、电子商务等领域合作快速发展，这些竞争性领域的合作靠政府的单方面推动无法取得实效，需要以市场为导向，遵循经济规则，充分调动企业作

---

[1] 《金融联盟架起中俄合作"金桥"》，东北网，2024 年 9 月 9 日，http://epaper.hljnews.cn/hljrb/20181223/399470.html。

为市场主体的积极性。在大企业合作的同时，中俄也重视中小企业合作，两国政府均出台政策大力扶持中小企业发展，保护中小企业权益，支持中小企业提升自身能力，突出产品特色，发挥创新能动性。

3. 合作领域新兴化

近年来，在贸易、投资、能源、农业、金融等传统合作领域不断深化的同时，中俄两国在电子商务、数字经济、人工智能等新兴行业的合作也迅速展开，同时这些新兴领域合作的发展又会助推传统行业的合作。

俄罗斯跨境电商起步较晚，但发展速度很快。2018年俄罗斯收到外国邮包数量创历史新高，其中来自中国的邮包数量占90%以上，达3.2亿件，其中大部分为互联网包裹。俄罗斯有近4000万人使用速卖通等电子商务平台并进行购物。速卖通已将俄罗斯视为重点市场之一，其合作的物流公司菜鸟通过特货专线、海外仓等方案竭力缩短货物在途时间，在莫斯科等重点城市，海外仓可以提供当日达服务。电子商务作为新兴业态还带动中俄两国传统行业共同发展。俄罗斯邮政为适应电商行业发展，将包裹快递作为其业务重点，改善基础设施，提升客户服务，重新焕发生机。传统物流企业为提高跨境电商配货时效，与仓储服务相结合，开拓海外仓业务，为电商企业提供存储、分拣、包装、商品检验、售后服务等一站式跨境物流服务。跨境电商的快速发展还促进了农产品、纺织品、小家电等传统贸易、边境贸易的发展。满洲里已有60多家企业开展中俄跨境电商业务，探索"互联网+边境贸易"等模式。

中国在全球数字经济发展中保持领先地位，数字经济规模在国内生产总值中的比重约占30%，远超世界整体水平。俄罗斯近年来也积极发展数字经济，俄政府专门制定了《俄罗斯联邦数字经济国家发展纲要》，将数字经济作为国家项目重点推进。2019年9月，以"数字经济——发展无国界"为主题的中俄商务论坛在莫斯科举行，与会人员围绕大数据分析与运用、数字经济的生态圈和智慧城市、数码物流与电子商务等领域展开讨论。数字经济已成为未来中俄经贸合作的重要方向之一。

4. 合作范围全方位化

近年来，中俄经贸合作的领域不断拓展，不仅涵盖的行业越来越多，各个具体领域内的合作也更趋全方位化。

以油气合作为例，中俄两国油气合作从早期的贸易开始。21世纪之初，中俄油气领域的合作基本为油气贸易，2004年之前中国自俄石油进口量不足1000万吨，采用铁路运输的方式。中国石油最早参与俄罗斯油气田上游勘探开发领域，2003年开始参与萨哈林油田勘探开发。2009年中俄双方达成协议修建中俄原油管道，根据协议，中方向俄方提供总额为250亿美元的融资贷款，俄方则从2011年起，每年通过管道向中国供应1500万吨原油，合同期为20年。此后两国石油贸易逐渐突破2000万吨规模。中俄能源合作全面展开，逐渐向全产业链合作迈进。上游勘探开发领域，重大项目包括亚马尔液化天然气项目、北极液化天然气2号项目等，中游管道修建领域，中俄原油管道、中俄原油管道二线工程分别于2011年和2018年正式投入运营，中俄东线天然气管道于2019年底投产通气，西线天然气管道也逐渐被提上议程。下游油气精炼领域，中国石油与俄罗斯石油公司在天津滨海新区合资建设年加工能力1000万吨大炼油项目、中国石化与俄罗斯西布尔公司建立合资公司生产丁腈橡胶项目、中俄东线天然气管道配套项目阿穆尔天然气加工厂等重大工程均在稳步推进。此外，两国在油气设备供应、工程技术服务、能源金融方面的合作也在深入开展。

在农业合作领域，中俄两国的合作从农产品进出口贸易发展到粮食回运、农业投资合作、农业产业合作、农业科技、农产品检验检疫等全方位合作。2019年，中俄两国元首提出进一步提升农业合作水平，还特别强调支持两国企业开展大豆等农作物生产、加工、物流与贸易全产业链合作。

中俄两国在科技领域的合作也从技术产品贸易、专利转移，发展到中俄联合研发。金融领域的合作从互设机构发展到本币结算、货币互换、跨境融资、支付清算体系、保险等全方位的合作等。可以说，在各个领域，两国合作范围均出现逐渐扩大、向全方位发展的趋势。

5. 贸易投资便利化

贸易投资便利化趋势主要体现在以下四个方面。

第一，营商环境持续改善。2012年在世界银行营商环境排名中，在182个受调查经济体中，中国排第91位，俄罗斯排第120位。经过几年努力，中俄两国营商环境均获得较大程度的改善。在世界银行

2019年10月24日发布的《全球营商环境报告2020》中，中国营商环境总体得分为77.9分，在190个受调查经济体中排第31位，比2018年提升了15位，连续两年成为全球营商环境改善幅度最大的十个经济体之一。① 中国政府成立了针对每个营商环境指标的工作组，尤其在建筑许可、获得电力和解决破产这三方面取得了显著成效。俄罗斯营商环境总体得分为78.2分，排第28位，俄罗斯在获得电力、保护中小投资者和纳税这三方面有所提升。但值得注意的是，俄罗斯营商环境排名的提高主要得益于基础设施可得性、行政效率等指标的改善，但影响两国经贸和投资合作的关键指标——"跨境贸易""投资者保护""解决破产问题"仍有待提高。

为进一步提升我国跨境贸易投资便利化水平，2019年10月25日中国国家外汇管理局颁布12项跨境贸易投资便利化措施。② 跨境贸易方面的措施包括：扩大贸易外汇收支便利化试点；简化小微跨境电商企业办理有关贸易资金收付手续；优化货物贸易外汇业务报告方式；简化出口收入入账手续；便利企业分支机构货物贸易外汇收支名录登记；允许承包工程企业境外资金集中管理。跨境投融资方面的措施包括：允许非投资性外商投资企业依法以资本金开展境内股权投资；扩大资本项目收入支付便利化试点；便利境内机构向境外投资者转让境内企业股权所得转让对价款的结汇使用，允许外国投资者保证金在竞标成功后用于其出资、结汇支付等；将企业外债注销登记下放银行办理，试点取消企业外债逐笔登记；取消资本项目外汇账户开户数量限制；开展银行不良债权和贸易融资等跨境转让试点。这些措施的落实能够简化业务操作流程，降低企业财务成本，扩大便利化政策的惠及面，留住中长期投资，进一步提升便利化水平。

第二，海关合作密切。近年来，中俄两国海关共同致力于简化通关手续、规范监管秩序、开展便捷通关等领域的合作，积极落实信息互换、监管互认和执法互助的合作模式。2019年两国海关在边境后贝加尔斯克

---

① The World Bank, *Doing Business 2020*, https://www.doingbusiness.org/en/reports/global-reports/doing-business-2020.

② 《关于进一步促进跨境贸易投资便利化的通知》，国家外汇管理局官网，2019年10月25日，http://www.safe.gov.cn/safe/2019/1025/14469.html。

公路、铁路口岸和满洲里公路、铁路口岸开展了通关监测的联合调研，摸清阻碍缩短通关时间的制约因素，并提出具体解决方案。

第三，标准对接。标准化合作可以提高产品和服务的适用性，降低交易及合规成本，规避技术性贸易壁垒，促进技术合作，对中俄两国经贸合作具有重要意义。早在2002年中俄总理定期会晤机制下经贸合作分委会就设立了中俄标准、计量、认证和检验监管常设工作组，每年定期召开会议。近年来，中俄两国在标准化合作领域开展一系列积极探索。中国国家标准化管理委员会与俄罗斯联邦技术控制与计量署进行交流与合作，积极开展标准互认、计量互通、认证互信。截至2019年底，中俄已完成591项标准的互换和对比分析，初步构建起区域性标准、计量、认证、检测合作的工作机制，通过对比研究，不但减少企业因标准不统一而产生的损失，还能遏制低质产品进出口，促进产品提档升级。黑龙江省质监局专门成立中俄标准研究中心，开展中俄标准对比研究，整理并翻译俄罗斯标准目录，为企业提供俄标咨询服务。2019年，中国国家市场监督管理总局与俄罗斯联邦技术控制与计量署还开展民机标准化合作，成立中俄民机标准专题组，并签署《中俄联合编制民机技术文件工作管理规则》，联合开展标准编制工作。

第四，规则对接。随着两国经贸合作水平的提升，合作路径逐渐从重项目转向重规则。2019年10月25日，《中国与欧亚经济联盟经贸合作协定》正式生效。该协定于2018年5月签署，涵盖贸易便利化、海关合作、知识产权保护、政府采购等13个章节，协议生效后，各国将根据本国法律制定相应的贸易调节措施。中国将与包括俄罗斯在内的欧亚经济联盟国家在该协议的框架下减少非关税贸易壁垒，进一步提高贸易投资便利化水平，实现贸易规则的对接。

6. 基础设施与服务网络化

在中俄经贸合作进程中，交通及金融等领域的基础设施建设有序推进，从单个工程到多个工程，逐渐由点到线，继而形成网络化趋势，对提高两国互联互通起到重要作用。

交通基础设施领域中，中俄两国近年来建设的重点工程包括：中俄黑龙江大桥、中俄同江跨境铁路大桥、中俄跨境索道、滨海1号和2号国际运输走廊、"冰上丝绸之路"、北斗-格洛纳斯卫星导航系统等基础设施项目。中俄黑龙江大桥连接中国黑河与俄罗斯布拉戈维申斯克，是一座现代化公路大桥。中俄同江跨境铁路大桥连接中国同江和俄罗斯犹太自治州下列宁斯阔耶，将中国东北铁路网与俄罗斯西伯利亚铁路相连接。中俄跨境索道跨越黑龙江，连接中国黑河和俄罗斯布拉戈维申斯克，建成后可大大增加口岸的客运量。滨海1号和滨海2号国际运输走廊是在俄罗斯远东大开发背景下提出的。"冰上丝绸之路"是指中俄两国通过共同开发并合理利用北冰洋到欧洲的北极航道，促进北极地区互联互通和经济社会可持续发展。这些基础设施工程的规划不仅涉及公路、铁路、港口、口岸及相关跨境园区等硬件基础设施的建设及现代化改造，还涉及货物过境制度的完善、口岸通关效率的提高、电子申报的引入等软件基础设施的提升。这一系列陆上、海上交通基础设施，加上中俄两国在北斗-格洛纳斯卫星导航系统方面的合作，共同构成了连接俄罗斯远东地区与中国东北及亚太地区的全方位、立体化交通网络，促进了中俄毗邻地区合作。

金融领域中，金融机构和金融服务业呈现网络化趋势。随着中俄两国金融合作的深化，两国金融机构积极互设网点。互设机构和代理行能够有效缩短资金的在途时间，提高资金结算效率。中国在俄罗斯设立机构始于1993年，中国银行在莫斯科设立子银行，随着中俄贸易的发展，在俄设立机构的中资银行也逐渐增多，截至2020年，中国银行、中国工商银行、中国建设银行、中国农业银行、国家开发银行和中国进出口银行，这6家银行在俄罗斯共设立了5家子行和2家代表处。俄罗斯在中国设立机构始于1989年，俄罗斯外贸银行在中国设立了代表处，截至2020年，俄罗斯外贸银行、俄罗斯信贷商业银行、俄罗斯开发与对外经济银行、俄罗斯工业通信银行、俄罗斯天然气工业银行、俄罗斯兴盛银行、俄罗斯欧洲金融莫斯科人民银行、俄罗斯储蓄银行、俄罗斯农业银行、俄罗斯中央银行在中国设立了10家代表处，俄罗斯外贸银行在上海设立了分行。中俄两国还通过做强金融联盟等方式加强在贸易结算、授信、项目融资、保险等方面业务的合作。近年来中俄两国开展的扩大本币结算、签订货币互换协议、人民币跨境支付系统与俄罗斯金融信息传输系统之间加强跨境支付体系合作、中国银联与俄罗斯国家支付卡公司合作发行银联-MIR双标卡等一系列合作，也使两国间金融服务逐步实现网络化。

（三）几点思考与建议

1. 如何看待贸易额目标

2022年中俄双边贸易额已达到1902亿美元，接近两国领导人定下的2000亿美元的目标。然而，与实现经贸额数量指标的突破相比，优化贸易结构、提高经贸合作质量更具现实意义。首先，中俄两国应练好"内功"，积极推动国内结构改革，转变经济增长方式，优化本国产业结构，增强经贸合作发展的内生动力；其次，进一步改善营商环境，扩大经济开放度，加强基础设施建设，提高贸易投资便利化水平，为经贸合作创造良好环境；再次，在落实已签订的《中国与欧亚经济联盟经贸合作协定》基础上，推动建立更自由的区域贸易安排；最后，在巩固现有合作成果的基础上，一方面深挖农业、能源、投资、金融等领域的合作潜力，另一方面，在高新技术、数字经济、服务贸易等领域开拓新的增长点，扩大两国务实合作的深度和广度，使中俄经贸合作加速提质升级，向高质量发展迈进。

2. 如何优化贸易结构

长期以来，中俄两国在贸易往来过程中形成了相对固定的贸易结构，即俄罗斯对华出口以能源和资源类产品为主，中国对俄出口以机械设备及服装鞋帽等劳动密集型产品为主。贸易结构低级化成为一个长期存在的问题，一直难以改变。2008年以来，中俄双边贸易结构并未发生实质性变化。

整体上，中国对俄出口商品结构优于俄罗斯对华出口商品结构。从俄方角度看，产品出口结构能源化正是国内产业结构能源化的折射。2008~2019年，俄罗斯在这十余年间经历了两次严重的经济危机，进口替代措施并未取得实效，俄政府也先后出台了创新型经济、经济现代化等发展战略，然而能源和资源行业在俄罗斯经济中的作用依然举足轻重。反映在中俄贸易中，在西方制裁的推动下，俄罗斯对华出口资源的态度更加积极，矿产品和木材两大资源性产品的比重从2008年的69.5%进一步提高至2019年的81.7%，俄罗斯对华出口资源化趋势仍在加强。从中方的角度看，2008~2019年机电产品对俄出口的比例从

2008年的46.3%提高至2019年的47.7%，在一定程度上使中国对俄出口商品结构得到了优化。然而，在这些机电产品中，大多为办公、录音设备、小家电等技术含量不高、可替代性强的产品，相当于传统劳动密集型产品的"升级版"，随着中国人力成本的不断提高，价格竞争优势也将降低。

目前，中俄双边贸易仍停留在凭借各自的要素禀赋而进行的产业间贸易。能源合作是中俄经贸合作的重点领域，随着东线天然气管道通气运营，中国自俄能源进口量还会继续增长，因此，优化贸易结构、降低能源进口及劳动密集型产品出口在贸易中的比例，只能从扩大相互投资、提高产品附加值入手。

第一，扩大相互投资。消费偏好、收入水平及技术水平的差异会在相似产品中形成不同细分市场，从而形成产业内贸易。在消费品和制成品行业，中俄两国各有所长，鼓励两国企业扩大相互投资，使跨国公司成为经贸合作的载体，通过水平一体化模式，挖掘两国间内部市场潜力，进行差别产品交易；提高产品技术含量，利用相互间技术差异，发展垂直一体化，实现规模经济，降低生产成本，同时，两国通过相互投资也可在生产技术和管理经验方面取长补短。

第二，加强科技合作。在经济全球化推动下，知识、技术、人才等核心创新要素在全球范围加速流动，在中美贸易摩擦和西方国家制裁背景下，中俄两国创新合作需求与日俱增。应加强先进技术的相互引进；积极开展重大项目的联合研发，共同提高技术能力，解决技术难题；加强科技领域人才交流与合作，加强高等院校、科研院所之间的交流，促进产学研相结合，发挥科技创新在两国产能合作中的作用；加强教育合作，为两国科技创新发展培育和储备人才；加强两国科技创新合作，提高两国经贸合作的科技含量。

第三，促进服务贸易增长。服务贸易尤其是生产性服务业的贸易能够提高货物贸易的附加值，对货物贸易结构的优化起着巨大的促进作用。我国服务贸易的优势为劳动密集型传统服务业，主要集中于运输、旅游和建筑三大行业，信息服务和广告服务业发展较快；俄罗斯服务贸易总量较小，发展相对缓慢，主要集中于运输和旅游两个传统服务业。中俄服务贸易发展滞后于货物贸易，应在充分挖掘运输、旅游等传统服务业合作潜力的同时，加快发展金融、保险、咨询、通信等生产性服务行业及知识密集型行业中的服务贸易，促进服务领域的相互投资，充分发挥服务贸易对货物贸易的拉动作用。

3. 如何转变政府职能

政府在能源、基础设施等领域的合作中应继续发挥主导作用，而在制造业合作、高新技术、跨境电商等竞争性及新兴行业中，政府应逐渐转变职能，从直接主导转为间接引导，让市场发挥资源配置的主导作用。未来合作中，政府的作用应体现在以下三方面。

第一，奠定法律基础。首先，及时对已过时的合作协议进行修订。中俄合作以来，已经陆续签署了一系列合作协议，包括《中华人民共和国政府与俄罗斯联邦政府关于鼓励和相互保护投资协定》《中华人民共和国政府与俄罗斯联邦政府对所得税避免双重征税和防止偷漏税的协定》《中华人民共和国政府与俄罗斯联邦政府关于经济贸易关系协定》《中俄政府间关于解决政府贷款债务的协定》等，这些协议的签署为双方合作奠定了法律基础。然而，随着两国合作不断深入和发展，一些签署多年的协议已不符合两国合作的现实发展。应根据两国合作的现实情况，或签署新的合作协议，或对已签署协议中市场准入、投资争端解决、债务问题解决等重要内容加以修订，为企业合作创造更加宽松的制度环境。其次，积极落实《中国与欧亚经济联盟经贸合作协定》，加强两国贸易规则的对接，努力消除合作中的制度性障碍。[1]

第二，优化营商环境。近年来，中俄两国营商环境持续改善，然而当前全球化遭遇波折，单边主义抬头，中俄两国又都处于转变经济发展方式、优化结构的改革关键期，继续优化营商环境更加势在必行。两国政府应进一步提高市场运行效率，降低运行成本，激发企业活力；进一步实行公开透明、公平竞争原则，放宽市场准入，提高监管水平；严格保护知识产权，维护经营主体财产安全；遵循市场规则，规范市场秩序，强化竞争政策的基础性地位。

第三，提供公共服务。有关部门应搭建信息与交流平台，及时更新

---

[1] 刘华芹：《开启中俄经贸合作新时代——中俄（苏）经贸合作七十年回顾与展望》，《俄罗斯东欧中亚研究》2019年第4期。

两国贸易、投资、税收等法律法规及相关政策变化的信息；为企业提供公共服务，支持两国贸促机构和行业组织，举办展览会，组织并帮助企业参加各类贸促活动；组织专家为企业提供政策咨询、人才培训等服务；构建贸易合作保障体系，建立法律、金融、信息及风险防范体系，维护投资者的海外利益；等等。

4. 如何提高经济互信

在中俄两国元首的引领下，两国政治互信不断巩固提升，达到历史最高水平，进一步提高中俄两国的经济互信程度却不高，从中国的角度看可在以下几方面发力。首先，在政府层面，完善法律制度、优化投资环境，并为企业了解对象国相关信息建立信息平台、提供咨询和培训等服务，杜绝违法违规现象的发生；完善经贸合作的制度建设，将贸易和投资合作纳入制度框架之内，以制度作为经济互信的保障。其次，在企业层面，企业应积极开展投资考察和市场调研，全面了解投资对象国的法律制度、国情、民情、市场行情等相关信息，在了解的基础上，自觉遵守对象国法律、尊重对象国民族习惯等。最后，在民众层面，加强两国间人文交流，增进两国民众的相互了解，促进民心相通，逐渐消除因合作理念方面的差异导致的误解；加强媒体合作，进行正面宣传，增信释疑，避免出现偏激言论；加强青年一代的交往，培养下一代中俄友好关系。

第九章 俄罗斯环境政策演变

俄罗斯政府环境政策秉持"务实主义"原则，对待环境和气候治理问题并非出于对环境恶化已成为人类长期生存威胁的关注，从主观意愿上积极推动能源转型及低碳发展，而更多是出于对本国经济利益和国际地位等因素的考量。本章梳理了俄罗斯环境现状及各时期环境政策演变进程，并在此基础上总结出俄罗斯环境政策的原则及特点。

一 俄罗斯环境现状

俄罗斯地大物博，是世界上自然资源最为丰富的国家之一，其自然资源总量居世界首位，具有种类多、储量大、自给程度高的特点。许多资源的储量均位居世界前列，在矿产、森林、土地和水资源等方面，俄罗斯的资源优势尤其明显。俄罗斯石油储量占全球6%，次于沙特阿拉伯、委内瑞拉、加拿大、伊拉克和伊朗，居世界第六位。石油资源潜力很大，其探明储量是可开采储量的将近两倍。俄罗斯天然气技术可采储量居世界首位，占世界储量的20%。俄罗斯天然气的特点是甲烷含量高（>98%）、热值高。天然气开采量达到7254亿立方米，仅次于美国，居世界第二位，占世界总量的17%。煤炭储量占世界18%，次于美国、澳大利亚和中国，居世界第四位，但由于俄罗斯能源结构以天然气为主，煤炭开采量并不大，占世界开采量的5%，居世界第六位。铁矿石储量占世界储量的15%，铜占4%，镍占10%，稀土占17%。俄罗斯还拥有世界约20%的淡水资源，森林资源居世界首位，达到20%。俄罗斯耕地面积约占全球9%，土壤非常肥沃，黑土地是俄罗斯的主要财富，尽管很多土地流失了20%~50%的腐殖质，但仍然是世界上最肥沃的土壤。①

---

① Министерство природных ресурсов и экологии Российской Федерации, О Состоянии и использовании минерально-сырьевых ресурсов РФ, http://www.mnr.gov.ru/docs/gosudarstvennye_doklady/.

俄罗斯的国情和产业结构决定俄罗斯不仅是能源生产和出口大国，也是能源使用大国。俄罗斯国土面积达1700万平方公里，很大一部分国土地处寒带，每年需要使用大量能源和资源用于居民取暖、物流运输以及工业的生产和建设，因此会排放大量温室气体。俄罗斯工业中能源和资源行业占主导地位，由于自然条件恶劣，生产技术和设备落后，能源价格低等原因，石化、冶金等重工业长期能耗居高不下。2010年俄罗斯能源强度是世界平均水平的2倍，是欧盟和日本平均水平的3倍。2016年俄罗斯碳排放量居世界第四位，历史累计碳排放居世界第三位，2018年人均碳排放量达到12吨。有研究指出，"俄罗斯有可能成为世界最大的人均碳排放国"。[1]

俄罗斯工业化开始于苏联时期，随着工业化进程的推进，碳排放量也快速增长，1959年苏联二氧化碳排放量为2亿吨，1968年已达到6亿吨，从20世纪初到苏联解体，俄罗斯一直是世界第二大碳排放国。如图9-1所示，1990年是1990～2019年俄罗斯温室气体排放的峰值年，排放量达到31.13亿吨二氧化碳当量，该年也是《京都议定书》使用的基准年份。叶利钦时期俄罗斯经济持续下滑，工业生产严重下滑，碳排放水平无须采取任何措施自然下降，与1990年相比，1998年俄罗斯温室气体排放量下降了一半，但由于经济下滑和生产设备现代化停滞，经济的碳强度反而增加了。2017年，俄罗斯温室气体排放量为15.78亿吨二氧化碳当量，为1990年水平的51%。[2]

根据世界银行统计，2018年俄罗斯因空气污染造成的经济损失占其GDP的4.1%，高于美国、日本及主要欧洲国家，仅次于中国和印度（见图9-2）。俄罗斯每年因空气污染而过早死亡的人数超过8万人。[3] 2020年因新冠疫情人们经济活动明显减少，但放开限制后，俄罗

---

[1] 周游：《影响俄罗斯应对气候变化政策的因素分析》，《社会科学辑刊》2010年第2期。

[2] Стратегия долгосрочного развития РФ с низким уровнем выбросов парниковых газов до 2050 года, https://www.economy.gov.ru/material/news/minekonomrazvitiya_rossii_podgotovilo_proekt_strategii_dolgosrochnogo_razvitiya_rossii_s_nizkim_urovnem_vybrosov_parnikovyh_gazov_do_2050_goda_.html.

[3] Farrow, A., Miller, K. A., Myllyvirta, L., *Toxic Air: The Price of Fossil Fuels* (Seoul: Greenpeace Southeast Asia, 2020).

斯出现高污染和极高空气污染①的次数刷新了过去 16 年的纪录。2020年第三季度，出现 125 次空气污染事件，相当于 2010 年全年的次数，2020 年前 10 个月有害气体排放量是 2019 年的 3 倍。②

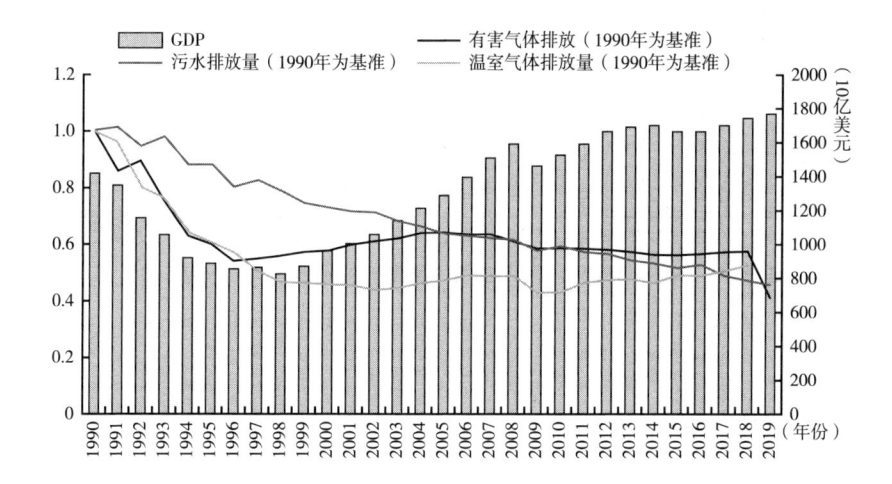

图 9-1　1990~2019 年俄罗斯经济增长与有害气体、污水和温室气体排放变动趋势

注：左轴为以 1990 年为基准，相应年份的有害气体、污水和温室气体排放量，右轴为 1990~2019 年俄罗斯的 GDP。

资料来源：Поворот к природе: новая экологическая политика России в условиях "зеленой" трансформации мировой экономики и политики, Национальный исследовательский университет "Высшая школа экономики", Факультет мировой экономики и мировой политики. — М.: Международные отношения, 2021. — 97 с., ил., https://globalaffairs.ru/articles/povorot-k-prirode/。

在土壤污染方面，俄罗斯土壤中的污染物含量与世界平均水平相差无几，但在个别城市和地区，土壤污染尤为严重。土壤中有害金属污染较为严重区域包括斯维尔斯克（伊尔库茨克州）、诺里尔斯克（克拉斯诺亚尔斯克州）、弗拉季卡夫卡兹（北奥塞梯-阿拉尼亚共和国）以及斯维尔德洛夫斯克州的个别城市。根据俄罗斯联邦水文气象和环境监测局

---

① 高污染是指大气污染物排放量超过最大允许浓度 10 倍；极高污染是指大气污染物排放量超过最大允许浓度 20~29 倍且保持 2 天以上，或超过 30~49 倍且保持 8 小时以上，或一次性大气污染物排放量超过最大允许浓度 50 倍。

② В РФ побит шестнадцатилетний рекорд по уровню загрязнения атмосферы, https://rg.ru/2020/11/17/v-rf-pobit-shestnadcatiletnij-rekord-po-urovniu-zagriazneniia-atmosfery.html.

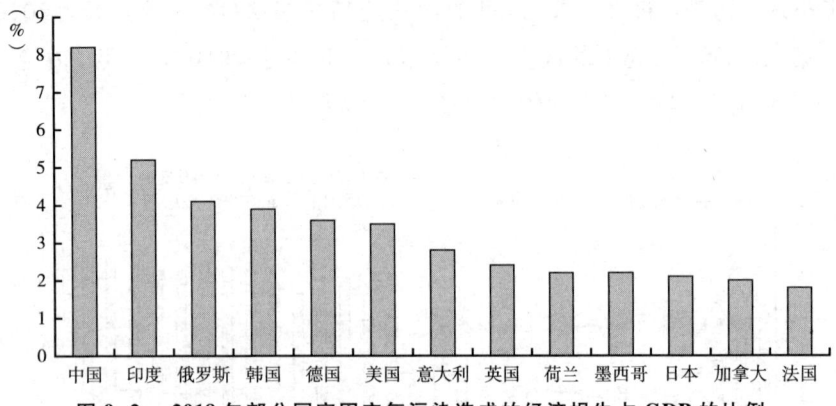

图 9-2　2018 年部分国家因空气污染造成的经济损失占 GDP 的比例

资料来源：Поворот к природе: новая экологическая политика России в условиях "зеленой" трансформации мировой экономики и политики, Национальный исследовательский университет "Высшая школа экономики", Факультет мировой экономики и мировой политики. — М.: Международные отношения, 2021. — 97 с., ил., https://globalaffairs.ru/articles/povorot-k-prirode/。

的数据，2015~2019 年被列为"重度污染土壤"的比例为 3.1%，"中等污染土壤"的比例为 9.3%[①]（见图 9-3）。

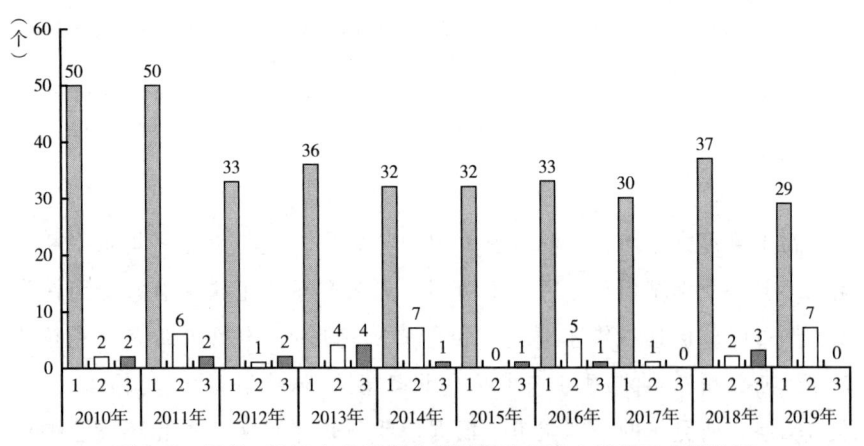

图 9-3　2010~2019 年俄罗斯中等及重度污染土壤居民点的数量

注：1 为被调查居民点的数量；2 为中等污染土壤居民点的数量；3 为重度污染土壤居民点的数量。

资料来源：Росгидромет。

---

① Обзор состояния и загрязнения окружающей среды в Российской Федерации за 2019 год, Росгидромет, 2020, http://www.meteorf.ru/about/service/.

在水污染方面，俄罗斯主要河流中水污染程度被列为"高"和"很高"级别的河流包括伏尔加河、鄂毕河、阿穆尔河、叶尼塞河、顿河、北德维纳河、乌拉尔河、科利马河等，55个联邦主体地表水处于高污染水平，尤其是下诺夫哥罗德州、摩尔曼斯克州、斯摩棱斯克州、车里雅宾斯克州、新西伯利亚州、图拉州、哈巴罗夫斯克边疆区和雅马洛涅涅茨自治区。水体的主要污染源是附近城市的工业企业，如位于俄罗斯欧洲北部地区和西西伯利亚地区的油气综合体，位于阿尔汉格尔斯克地区的造纸厂以及位于雅库特地区的金矿开采企业。此外，居民点公共服务事业、运输和捕鱼的船队所排出的废水也是重要的污染源。①

在垃圾处理方面，2019年，俄罗斯产生了6500万吨城市生活垃圾（人均约450公斤），并且这一数值每年以1%~2%的速度增长。俄罗斯有90%以上的废物被运往垃圾填埋场，垃圾回收利用率仅为7%左右。然而，许多地区的垃圾填埋场已接近饱和，增加垃圾填埋场的数量和规模将带来更多污染，也不符合俄罗斯环境法规的要求。②

在保护森林资源方面，俄罗斯森林覆盖面积大，还是世界上为数不多的林地面积仍在不断增加的国家之一。③苏联解体后，俄罗斯森林砍伐数量迅速减少，1994年的砍伐量不到苏联时期的1/3，尽管此后砍伐量有所增加，但也仅略高于苏联时期砍伐量一半的水平（见图9-4）。然而，2018年以来森林火灾烧毁的森林面积急剧增长，气候变化是森林易燃性增强的主要因素之一。2018年烧毁的森林面积达到701.5万公顷（见图9-5），2019年发生了1.4万起森林火灾，烧毁的森林面积达到1500万公顷，相当于国家森林面积的1%，经济损失高达150亿卢布。④

---

① Обзор состояния и загрязнения окружающей среды в Российской Федерации за 2019 год, Росгидромет, 2020, http://www.meteorf.ru/about/service/.
② Отчет о результатах экспертно-аналитического мероприятия 《Анализ выполнения мероприятий, обеспечивающих экологическую безопасность Российской Федерации, в части ликвидации объектов накопленного вреда и формирования комплексной системы обращения с твердыми коммунальными отходами》, Счетная палата РФ, 2020.
③ Рослесхоз: площадь лесов в России выросла на 79 млн гектаров за 20 лет, РИА Новости, 2015.
④ Минприроды оценило ущерб от лесных пожаров в 2019году в 15 млрд рублей, ТАСС, 17 дек, 2019 г., https://tass.ru/v-strane/7362573.

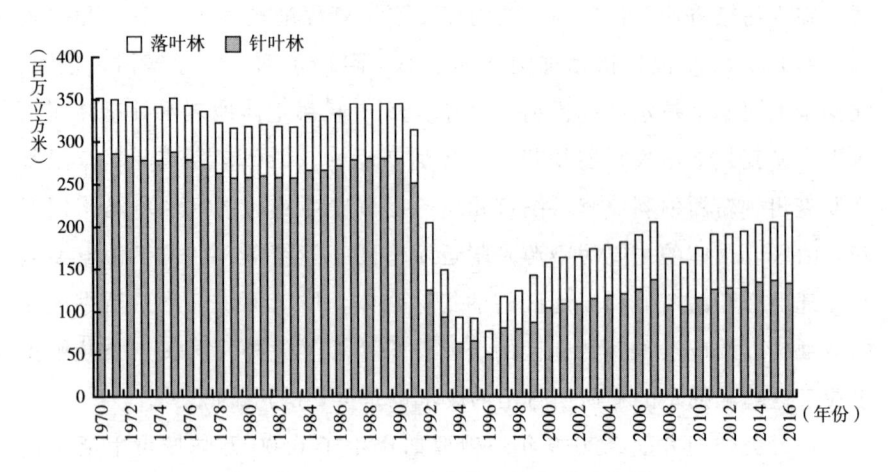

图 9-4　1970~2016 年俄罗斯森林砍伐量

资料来源：https：//proderevo.net/。

图 9-5　2008~2018 年俄罗斯烧毁的森林面积和占比

资料来源：Поворот к природе: новая экологическая политика России в условиях "зеленой" трансформации мировой экономики и политики, Национальный исследовательский университет "Высшая школа экономики", Факультет мировой экономики и мировой политики. — М.: Международные отношения, 2021. — 97 с., ил, https://globalaffairs.ru/articles/povorot-k-prirode/。

从 20 世纪 70 年代起，俄罗斯平均气温升高较快（见图 9-6），由于俄罗斯幅员辽阔，因此气候变暖对俄罗斯有正反两方面影响。从积极的方面看，气温升高能减少供暖时间，地处寒带的西伯利亚地区农业用地

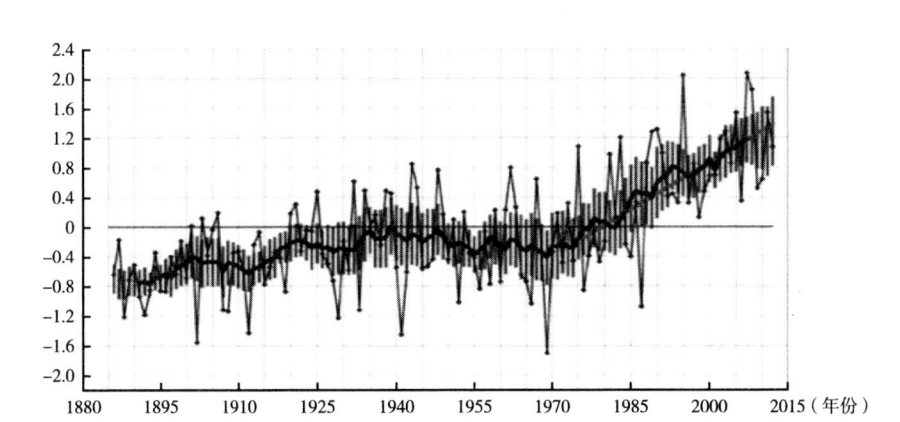

图 9-6　1886~2012 年俄罗斯各年份异常气温变化

注：以 1961~1990 年平均气温为参照。

面积将会随气温升高而扩大，开发利用北极地区的难度也会降低。另一方面，对于俄罗斯北部和东部地区，永久冻土带会因气候变暖而产生融化的风险。2019~2020 年，冻土带所承受的负荷比 20 世纪 70 年代低 17%，有些地区甚至低 45%。① 冻土层的融化将导致油气管道泄漏，还将给当地基础设施建设和居民生命安全带来危险；传统南部农业产区也会因异常的高温和干旱导致农业产量降低等。

综上所述，尽管根据《京都议定书》要求，俄罗斯减排压力并不大，但从当前俄罗斯环境现状看，积极开展环境治理，推行系统有效的环境政策已经迫在眉睫。

二　俄罗斯环境政策演变进程

（一）苏联时期

苏联时期，环境保护议题是因切尔诺贝利事故才出现在国内的政治讨论中。20 世纪 80 年代末 90 年代初，苏联民众对环境问题的关注度较

---

① Отчет о результатах экспертно-аналитического мероприятия 《Мониторинг хода реализации мероприятий национального проекта "Экология"，в том числе своевременности их финансового обеспечения, достижения целей и задач, контрольных точек, а также качества управления》，Счетная палата РФ，2020.

高。1990年的一项民意调查显示，对当时居住环境状况表示"担忧"和"非常担忧"的民众占比达到92%。① 民众对环境问题的担忧也在一定程度上促成了国家环境监管体系的形成。1988年苏共中央和苏联部长会议通过《关于根本改革国家自然保护事业的决议》，随后成立了苏联国家自然保护委员会和苏联自然管理及环境保护部，苏联解体后，该部更名为俄罗斯环境保护和自然资源部。②

（二）叶利钦时期

叶利钦时期俄罗斯外交政策倒向西方，为响应西方国家环境保护的号召，1992年俄罗斯加入《联合国气候变化框架公约》，并在1999年公布的《俄罗斯联邦国家安全构想》中首次提出将环境安全作为国家利益的一部分，但该构想中的"环境安全"基本只涉及国内环保，而非战略意义的举措。③ 气候变化和环境保护议题只是为外交政策服务，是回应西方国家诉求的被动之举。当时，激进的经济转型导致俄罗斯经济严重下滑，居民生活水平急剧下降，民众更加关注对经济和社会问题的解决，越来越多的人将环境保护视为经济增长的负担。

（三）普京前两个任期

普京执政的前两个任期中，俄罗斯政府对待环境议题最积极的举措就是于2002年批准签署《京都议定书》，在美国拒绝签署的条件下，俄罗斯的这一举措对《京都议定书》的生效起到了决定性作用，人类历史上首次以法律形式限制温室气体排放的国际公约得以生效。④ 然而，该时期俄罗斯经济快速增长，为了不打断经济增长势头，俄政府放宽了对环境问题的监管。1996年俄政府取消了环境保护和自然资源部，2000年取消了国家环境保护委员会，直到2008年环境部门的机构设置才并入自然资源部，成为自然资源与环境部。由此可见，俄政府批准签署《京

---

① Халий И. А.，Экологическое сознание населения современной России，История и современность，2015，No 1.
② 陈光荣：《苏联自然保护管理新体制》，《中国环境管理》1990年第2期。
③ 丛鹏主编《大国安全观比较》，时事出版社，2004。
④ 姜睿：《气候政治的俄罗斯因素——俄罗斯参与国际气候合作的立场、问题与前景》，《俄罗斯研究》2012年第4期。

都议定书》并非主观上积极推动全球气候治理，而是迫于当时国内外形势的压力，一方面是为以此获取欧盟对俄加入WTO的支持，另一方面也是为了提升国际影响力。在减排方面，这一时期俄罗斯电力行业能源结构大幅调整，天然气占主导地位（占46%），低碳核能占19%，水力发电占18%，整体上能源结构相对合理，然而俄罗斯经济的碳强度较高，能源效率低下，提高能效成为未来减排的重点方向。

（四）梅德韦杰夫执政时期

2008~2012年梅德韦杰夫任俄罗斯总统期间，俄政府对气候变化问题的态度相对积极。梅德韦杰夫承认全球气候变暖的不利影响，并提出俄罗斯应从国内和国外两方面积极推动环境保护，认为通过提高能效减少温室气体排放，无论是从经济还是从环境角度都符合俄罗斯的利益。2009年俄政府通过了《俄罗斯联邦气候战略》，明确了气候政策的目标、主要方向和实施方式，并提出为应对气候变暖俄罗斯政府将采取的措施。在2009年哥本哈根气候大会上，梅德韦杰夫还提出俄罗斯将在2020年前实现将碳排放在1990年的基础上减少25%的减排目标。[①] 然而，就实际情况而言，这一目标对俄罗斯而言相对保守，鉴于俄罗斯能源化经济结构和高能耗的发展模式短期内难以改变，俄罗斯不敢对更高的减排目标做出承诺。

（五）普京第三任期

2012年普京再次出任总统后，俄罗斯对待气候问题的态度回归"务

---

① 为实现该目标，2009年10月17日，梅德韦杰夫颁布第861号命令。2013年9月30日，普京再次颁布《关于减少温室气体排放》的总统令。参见 Указ Президента Российской Федерации от 30 сентября 2013 г., № 752《О сокращении выбросов парниковых газов》, https://www.economy.gov.ru/material/dokumenty/ukaz_ prezidenta_ rossiyskoy_ federacii_ ot_ 30_ sentyabrya_ 2013_ g_ 752_ o_ sokrashchenii_ vybrosov_ parnikovyh_ gazov_ .html。2014年4月2日，俄政府颁布法令予以实施。参见 Распоряжение Правительства Российской Федерации от 2 апреля 2014 г., № 504-р《Об утверждении плана мероприятий по обеспечению к 2020 году сокращения объема выбросов парниковых газов до уровня не более 75 процентов указанных выбросов в 1990 году》, https://www.economy.gov.ru/material/dokumenty/rasporyazhenie_ pravitels-tva_ rossiyskoy_ federacii_ ot_ 2_ aprelya_ 2014_ g_ 504_ r.html。

实主义"，主要是从能源富集国的角度出发，在世界气候大会及一些气候议题的具体谈判中，施展气候外交的手段，维护俄罗斯本国利益。对待气候问题，俄罗斯并不在意全球气候治理的改进，而是将气候问题作为外交政策的一部分，根据别国的态度来决定本国的表态，很多时候甚至出现表态上的"摇摆"。[①]

在2013年的华沙大会上，俄罗斯拒绝参加《巴黎协定》第二阶段减排，主要原因是2000年后，俄罗斯能源部门产出主要用于出口，加工工业生产下降使得2012年俄罗斯温室气体排放量相比2000年反而下降了31.8%。俄罗斯在第二阶段的减排义务是到2020年将温室气体排放量降低至1990年排放量的75%，而达到这一目标俄罗斯几乎不需要做出任何努力。因此，俄罗斯对待气候问题态度并不积极。

2014年乌克兰危机之后，为挽回受损的国际形象，2015年俄罗斯在巴黎气候大会上对《巴黎协定》持积极态度。2016年俄罗斯提出要在天然气开发、核能开发和可再生能源利用等领域积极开展行动以应对气候变化。[②] 该年11月3日，俄政府颁布第2344-P. 号命令，通过一系列措施计划，改善国家对温室气体排放的监管。[③] 这一提议与俄罗斯国内经济发展和能源产业优化升级的政策相一致。俄政府对待气候问题的"摇摆"态度正体现出俄罗斯在该问题上始终坚持本国利益优先的原则。2013年以前俄政府在环境保护方面的预算支出不到联邦预算支出的0.2%，此后虽有增长，但2019年该比例仍不足0.7%（见图9-7）。在国内环境治理方面，由于俄罗斯仍在努力推进工业化进程，经济发展阶段决定俄罗斯将促进经济增长、改善民生的目标置于比环境保护更重要的位置。

---

① 廖茂林、刘元玲、陈迎：《新形势下俄罗斯气候治理政策的发展演进》，《国外社会科学》2022年第1期。
② 史洋：《俄罗斯：采取五大措施积极应对全球气候变化》，http://news.cri.cn/20161114/83fe91e5-2ad9-63cc-a45b-ab1260a45750.html，2016-11-04。
③ Распоряжения Правительства Российской Федерации от 3 ноября 2016 г., No 2344-p, https://www.economy.gov.ru/material/directions/investicionnaya_ deyatelnost/obespechenie_ razvitiya_ ekonomiki_ v_ usloviyah_ izme-neniya_ klimata/klimaticheskaya_ politika/.

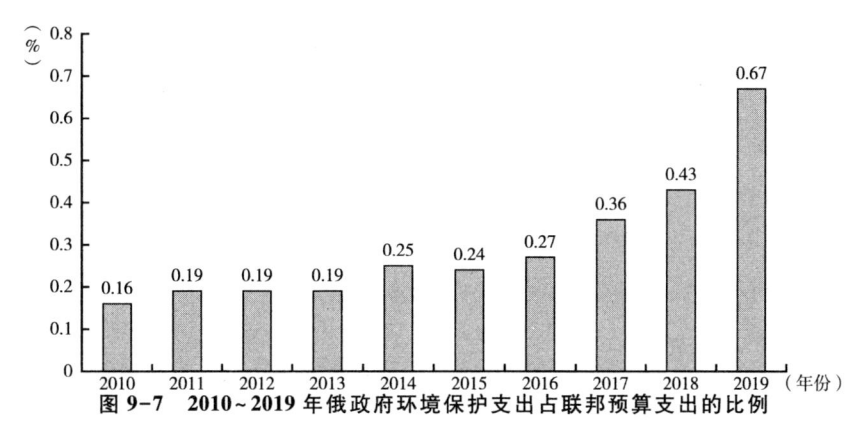

图 9-7　2010~2019 年俄政府环境保护支出占联邦预算支出的比例

资料来源：笔者根据俄罗斯财政部相关数据计算。

三　当前俄罗斯环境政策与低碳发展战略

2018 年普京开启第四任期后，环境议题受到越来越广泛的关注，俄罗斯政府也将解决环境问题视为公共政策的优先事项。俄罗斯当前环境政策主要包含两大方向：一是对本国不断恶化的自然环境进行综合治理，主要通过"环境"国家项目推行；二是应对全球气候变化，以到 2060 年实现"碳中和"为目标，实行低碳发展战略。

（一）环境综合治理

2018 年 5 月 7 日，普京总统颁布《关于 2024 年前俄罗斯联邦发展的国家目标和战略任务》的总统令[1]，将环境问题列为主要优先事项，并将"环境"项目列为国家项目之一。2020 年 7 月 21 日，普京总统颁布《关于 2030 年前俄罗斯联邦国家发展目标》的总统令，将"提供舒适、安全的生活环境"定为国家五大发展目标之一。

"环境"国家项目计划在 2024 年前完成，总投资 40.4 亿卢布，其主要计划和任务针对的是环境治理，该计划包括 11 个子项目，各个子项目的主要任务及措施见表 9-1。

---

[1] Указ Президента РФ О национальных целях и стратегических задачах развития Российской Федерации на период до 2024 года от 7 мая 2018 г., № 204, 2018.

表 9-1　俄罗斯"环境"国家项目

子项目名称	主要目标
建设清洁的国家	✓ 2024年底前,清理所有在2018年1月1日之前发现的未经申报的191个垃圾填埋场 ✓ 清理75个对环境有害的垃圾填埋场
建立城市垃圾综合管理系统	✓ 到2024年将城市固体垃圾的回收率提高至60%,利用率提高至36% ✓ 处理能力达到3170万吨的城市废弃物处理设备投入运营 ✓ 处理能力达到2310万吨的城市生活垃圾馏分处理设备投入运营
Ⅰ-Ⅱ级危险废物处理基础设施建设	建立能够处理Ⅰ-Ⅱ级危险废物的现代基础设施
净化空气	✓ 建立空气质量监测系统 ✓ 降低大型工业中心的空气污染水平,对于空气污染最严重的城市,应在2024年前将空气污染排放量降低20%以上
净化水源	提高俄罗斯居民的饮用水质量
伏尔加河治理	✓ 2024年底前,排入伏尔加河的废水将减少至当前水平的1/3 ✓ 采取措施恢复伏尔加河下游水体环境 ✓ 治理伏尔加河下游的阿赫图巴河
贝加尔湖生态保护	✓ 2024年底前,将排入贝加尔湖及相连水体的污水排放量降低28.2% ✓ 2024年底前,将贝加尔湖受高度污染和极度污染的水体面积减少448.9公顷
保护独特的水体环境	✓ 2024年前,对2.35万公顷的水体进行修复,恢复98个水体的生态独特性 ✓ 清理河道总长不低于260公里
保护生物多样性,发展生态旅游	✓ 保护生物多样性 ✓ 建立至少24个特别生态保护区
保护森林资源	到2020年,保证森林资源的消耗和再生达到100%的平衡
采用先进的技术和管理方式	✓ 建立监管制度,对那些对环境产生重大负面影响的企业进行监管 ✓ 在工业企业的现代化改造中引入保护环境及资源利用率高的技术设备

资料来源:Паспорт национального проекта Экология, Министерство экономического развития РФ, 2018。

从落实的效果看,"环境"国家项目执行得并不理想。建立空气质量监测系统的计划一再被推迟,截至2018年城市固体垃圾的回收率仅为7%,与60%的目标相去甚远。按照"环境"项目的规划,俄罗斯将采用先进的技术,但与国际先进技术相比,俄罗斯的同类技术大多已经过时。此外,随着俄罗斯经济形势恶化,抗疫和乌克兰危机消耗了大量财政资金,国家项目拨款经常得不到落实。

(二) 低碳发展战略

2020年4月11日普京总统颁布《关于降低温室气体排放》的总统令,[①] 该命令提出在保证俄罗斯社会稳定、经济可持续发展的前提下,考虑到森林和相关生态系统的中和能力,到2030年将俄罗斯温室气体排放量降低至1990年70%的水平。为实现这一目标,俄政府根据《巴黎协定》的条款,陆续出台一系列环境方面的战略规划。具体包括2020年1月出台的《2022年前适应气候变化第一阶段国家行动计划》、2020年3月公布的《2050年前俄罗斯降低温室气体排放水平长期发展战略草案》、2020年8月公布的《俄罗斯碳单位交易系统规划草案》以及2021年7月通过的《限制温室气体排放法案》。这些战略及规划的主要内容包括以下几方面。

第一,完善环境立法,加强碳监管。俄罗斯经济发展部制定《限制温室气体排放法律草案》,2021年4月21日经俄罗斯国家杜马一读通过。新的法律草案将限制温室气体排放,实行碳监管机制,对温室气体排放量、气候项目、碳单位、碳足迹等方面进行有效管控。俄罗斯还将首次启动国家温室气体排放核算工作,大型工业企业、能源综合体及相关行业每年向政府授权的机构提交碳排放报告。俄罗斯经济发展部计划将碳排放报告工作分两阶段实行。第一阶段,年排放量达到15万吨二氧化碳当量的大型企业首先提交报告;俄政府对企业碳排放实行的是"软性"监管,企业仅需对碳排放进行报告,《限制温室气体排放法案》也不引入任何税费。实行碳报告的主要目的是通过信息披露的方式,探索各行业最佳减排方法,建立新的碳市场吸引气候项目的投资。第二阶段,

---

[①] Указ Президента Российской Федерации от 04.11.2020 г., № 666, О сокращении выбросов парниковых газов, http://www.kremlin.ru/acts/bank/45990.

2024年起，年排放量在5万吨二氧化碳当量的企业也应提交碳排放报告。

第二，建立温室气体排放管理机制。制定温室气体排放标准及规则，建立温室气体排放国家标准化体系；推行投资、税收、关税等经济激励措施降低温室气体排放；政府加大对提高能源效率和开发低碳技术方面的投资，提高对温室气体的吸收能力；为提高俄罗斯企业在可再生能源、绿色建筑、循环经济、环保汽车等新型市场中的竞争力创造条件。

第三，提高能源效率。加快能源技术设备的更新换代；提高能源使用效率，降低能源传输过程中的损耗；降低家庭和企业能源支出；建立新型智能的供热、供电和供气网络系统，该系统应涵盖能源存储、需求管理等功能，并广泛使用根据天气变化自动调整能源用量的新型技术；加强交通运输基础设施电气化；优化城市交通规划，加强对人员流动与交通需求的管理，优先发展公共交通，倡导居民低碳出行。

第四，保护土壤、森林，提高中和能力。提高农业和林业中土地的使用效率；采取措施避免森林火灾的发生，加强森林管理，提高边角木料的使用效率，减少采伐和加工过程中的木材损失，降低采伐剩余木材的致燃率，森林火灾后进行人工造林；限制原始森林的大规模开发；禁止防护林的砍伐，加强森林对生态系统的调节作用和固碳作用；在森林匮乏地区进行植树造林，增加保护性人工林的种植；优化种植技术，提高造林速度；采取措施使树木免受虫害和疾病的侵害，并更好地适应气候变化；提高纸张、纸板的回收利用率；提高可长期反复使用木工产品的产量和质量；提高多年生农作物（包括果园、葡萄园、浆果园）的栽种面积，对生物能源作物和牧场实行改良和轮换策略；在耕作中，使用有机肥料，采用精准先进的耕作方法，对农作物采取防虫害措施；等等。

第五，积极开展降低温室气体的科研活动。国际上低碳、清洁和节能技术逐渐取得新进展，为保证俄罗斯能够在此类新市场中占有一席之地，俄罗斯也积极开展降低温室气体排放的相关研究，包括通过智能系统研发降低出口成本；将节能和绿色建筑技术应用于工业和建筑领域；开发可再生能源，如海上风力发电、潮汐涡轮技术、太阳能技术等；进行氢能及核能的研发，研发燃料回收和处理等新技术，进行新型反应堆的设计与生产；有效利用自然资源，鼓励循环经济，农业和林业要最大限度地减少温室气体排放；提高自然生态系统捕捉、存储和使用碳的能力。上述文件的陆续出台为俄罗斯此后形成系统的低碳发展战略奠定了法律和实践基础。

2021年11月1日，米舒斯京总理批准了《2050年前俄罗斯低碳社会经济发展战略》。① 该战略提出，在全球能源转型背景下为提高俄罗斯经济的竞争力，应在实现可持续增长的同时实现温室气体低排放，计划到2060年实现"碳中和"。俄罗斯支持低碳和无碳技术的应用和拓展，采取措施保护并提高森林及生态系统的固碳能力，促进绿色金融发展，还制定了相应的税收、海关、预算政策配合该战略的实施。

《2050年前俄罗斯低碳社会经济发展战略》（以下简称《战略》）的主要内容包括以下几个方面。

《战略》的优先目标是完成2021年4月21日总统国情咨文中提出的任务，即在以俄罗斯实现经济可持续发展的前提下，考虑到森林和其他生态系统的最大吸收能力，到2030年将温室气体排放量减少到1990年水平的70%，到2050年前将俄罗斯的温室气体排放量降至比欧盟标准更低的水平，这将有助于使全球平均气温上升控制在2摄氏度以内，并努力将上升幅度控制在1.5摄氏度以内。根据技术发展水平、经济结构变化、自然碳汇的吸收能力、积蓄能力及其他因素的差别，《战略》提出了降低温室气体排放的两种方案：惯性方案和目标方案。

惯性方案是指延续当前国家经济发展模式，不额外实施减少温室气体排放的任何措施的方案。在这一方案下，温室气体排放量逐年增长而吸收量保持不变，到2030年温室气体净排放量达到17.18亿吨，比2019年增长8%，2050年达到19.86亿吨，比2019年增长25%。在惯性方案中，未实施减少经济的能源强度和碳强度的措施，到2050年俄罗斯温室气体净排放水平高于欧盟同期指标，不能完成2021年4月21日普京总统在国情咨文中提出的任务目标，也无法实现"碳中和"目标。从经济结构看，到2050年传统产业（包括采掘业、农业、中低技术产业）在俄罗斯GDP中的占比将比2020年减少4.9个百分点，高新技术产业、信

---

① Стратегию социально-экономического развития России с низким уровнем выбросов парниковых газов до 2050 года, http://government.ru/docs/43708/.

息和通信业、科研开发等行业资源密集度低,增长速度快于经济整体增速,到2050年这些行业在GDP中的占比将比2020年增加6.8个百分点。从经济增长看,由于该方案下不实行向经济低碳可持续发展的相关激励措施,经济的惯性增长意味着经济增速放缓。由于国际能源转型,2030年俄罗斯能源出口将呈现下降趋势,2031~2050年,俄罗斯年均经济增速仅为1.5%,2050年后年均经济增速下降至1%。《战略》还详细列举了惯性方案下经济面临的主要风险:能源出口下降导致预算收入减少;资源出口模式导致经济增长潜力耗尽;在世界经济中占比降低,技术落后;债务融资条件恶化,投资减少,资本外流;人力资本存在外流的潜在风险;居民可支配收入增长放慢。因此,为实现《战略》目标,将目标方案作为《战略》实施的主要方案。

目标方案通过实施一系列综合性措施,降低温室气体排放以确保俄罗斯在全球能源转型中的竞争力,促进经济可持续发展。在这一方案下,温室气体排放量上升至碳达峰后逐渐降低,2019年为21.19亿吨,2030年达到22.12亿吨,2050年下降到18.30亿吨,自然环境吸收量大幅增长,从2019年的5.35亿吨提高到2030年的5.39亿吨,到2050年提高到12亿吨,净排放量从2019年的15.84亿吨,到2050年下降至6.3亿吨(见表9-2),比2019年减少60.2%,比1990年减少80%。2022~2030年,减少净排放的总投资占GDP的1%,2031~2050年占GDP的1.5%~2%。投资的乘数效应将对经济增长产生额外的积极影响。从经济结构看,传统产业(包括采掘业、农业、中低技术产业)在GDP中的占比将比2020年减少9.4个百分点,降幅将近是惯性方案的2倍,而资源密集度低、能源效率高的高新技术产业、信息和通信业、科研开发、金融和保险服务、房地产等行业在GDP中的比重比2020年增加11.8个百分点。目标方案下可产生一系列积极效果:俄罗斯实现高于世界平均水平的经济增速;技术发展和经济竞争力显著提高;氢能等新兴产业的出现和发展,为经济提供新的就业岗位;俄罗斯经济的投资水平提高,投资吸引力明显增强;出口对经济增长的拉动效应降低;居民可支配收入增加;环境质量提高,经济的碳强度减少;俄罗斯参与国际气候变化议程,促进对外经济关系的发展,落实俄罗斯对《巴黎协定》的承诺;到2060年实现"碳中和"。

表 9-2 《2050 年前俄罗斯低碳社会经济发展战略》不同方案下温室气体排放情况

单位：百万吨二氧化碳当量

指标	2019 年	2030 年	2050 年
惯性方案			
温室气体排放量	2119	2253	2521
吸收量	-535	-535	-535
净排放量	1584	1718	1986
目标方案			
温室气体排放量	2119	2212	1830
吸收量	-535	-539	-1200
净排放量	1584	1673	630

资料来源：Стратегию социально-экономического развития России с низким уровнем выбросов парниковых газов до 2050 года，http://government.ru/docs/43708/。

根据《战略》规划，为达到目标方案设定的目标，应实施一系列措施，主要包括以下几个方面。

第一，提高高耗能部门的能源利用效率。《战略》提出，为减少经济的能源强度，应提升国家节能政策的影响力，提高高耗能经济部门的能效。

在工业领域，提高能源效率的重要方向是鼓励发展和使用再生能源或再生资源代替传统（初级）原材料的技术；改用惰性阳极电解铝技术（需研究和开发）；最大限度地利用循环水；将能源项目中固体燃料燃烧所产生的废料（灰渣混合物、灰渣、矿渣）纳入经济流通，包括将其用于修建楼房和道路、土地复垦和恢复受破坏地区（填埋矿坑、煤矿和采石场）；提高化工业的能源和资源利用效率，引进新工艺和催化剂，减少化学工艺的排放强度，使工艺能在较低的温度和压力下进行，从而减少能源消耗；调整能源结构，采用排放较少的燃料；减少硝酸生产中一氧化氮的排放；减少湿法水泥生产，使用工业废料（热电厂灰渣、冶金炉渣等）作为原料能够减少熟料燃烧的比热容，减少石灰石分解过程中温室气体的排放。

在农业和林业领域，推广使用缓释矿物肥料及含有消化抑制剂的肥料，因为此类肥料在溶解和释放氮的速度方面比传统氮肥慢；区别使用农肥，发展"精准"农业，应用空间遥感技术监测土壤和农作物状况；使用先进的农艺技术，提高农业产量，加强对残余碳的固存；发展家畜的定向育种，培育碳排放较低的家畜品种，在畜牧业和种植业中使用生物燃料，引进沼气复合原料处理有机废物；治理沼泽地，防止发生火灾；提高森林防火安全措施效率，建立区域森林防火防控中心，增强对森林火灾的监测。

在建筑和设施建造领域，建立监测机制监测项目设计文件规定的能源效率指标的执行情况。在住房公用事业及住房建设领域，提高供热和热冷联供系统效率，为新建建筑引入高能效标准（A级、A+级），在施工阶段区分能效等级，考虑使用节能玻璃，淘汰及更新破旧的非节能住房。

在交通运输领域，为各类交通运输工具建造充气和充电站，减少碳足迹；引进新的交通信息监控及定位技术，促进智能交通监测及管理信息系统的研发与应用；完善交通基础设施，提高交通基础设施的运输能力，优化交通管理。

第二，发展节能减排技术，加快生产设备更新换代。主要措施包括：参照国际标准制定可以实现各个经济部门温室气体排放目标的法律框架；应用减少现有燃煤发电的碳足迹技术；积极推动工业数字化和电气化；在冶金业和化工业应用氢气技术；建造蒸汽-燃气联合循环发电站、核电站、水力发电站和可再生能源发电厂，开发降低煤电中温室气体排放的技术潜能，包括支持创新和气候友好型燃煤技术、用热电联产装置取代各地低效锅炉；鼓励研发和使用温室气体吸收技术；用低碳蒸汽发电、核电、水电和可再生能源满足国内电力需求；减少化石燃料在生产及运输过程中发生的温室气体泄漏现象，运输部门使用电动涡轮机，全面实行运输电气化，发展充电基础设施；支持并普及温室气体的收集、封存技术；开发氢气技术，依靠商业氢企业发展氢技术产业，发展氢能产业综合体，组织国内外氢气供应链，增加氢气在出口产品中的份额；引进节约资源和减少废料的技术，形成封闭式循环经济，完善废物管理制度，建立废旧能源设备回收系统，建立分类收集和废物堆积系统，推广垃圾填埋场气体收集技术，并将其作为燃料，最大限度地有效利用有机废物，包括堆肥商品、沼气、动物饲料、水产养殖饲料添加剂等。

第三，提高环境的吸收能力。主要措施如下。在林业领域，完善森林科学知识体系，加强对森林的管理，实施评估、研究提高森林对温室气体吸收能力的措施，研发降低排放、提高森林和其他生态系统吸收温室气体的新技术。加强植树造林，以更具吸收性的混交林代替目前的单株林。加强对森林的管理、养护和繁育，减少因木材砍伐带来的碳损失。提高扑灭森林火灾和抵御其他自然灾害的能力，保护森林免遭火灾及免遭病虫害。在农业领域，减少耕地土壤碳损失，碳积聚在草原、牧场和休耕地的土壤中，需重新开垦被毁土地。加强对水体吸收和储存温室气体能力的研究与开发，采取更多措施增加对温室气体的吸收。

第四，实施配套的金融和税收政策。主要措施包括：通过实施金融和税收政策鼓励碳密集度高的经济部门减少温室气体排放；根据能源和资源效率指标，确定相关技术手册和技术流程；税收、海关和预算政策根据温室气体排放指标进行相应调整；预算支出和投资应考虑对温室气体排放的影响；积极发展"绿色"融资，根据温室气体排放指标制定部门及区域能源转型规划。

第五，建立《战略》落实的执行及监测机制。为了监督该战略的实施和执行，俄政府还制定了一系列配套措施，包括为落实该战略既定指标而采取的经济、行业及其他措施。行业措施几乎涵盖了俄罗斯所有经济部门，并将能源、建筑、住房和公共事业、运输、工业、废物管理、农业和林业设为优先部门。配套措施还包括有助于消除现有行政障碍、建立新的法律框架、鼓励促进节能减排的投资，降低国家能源、粮食、经济及总体国家安全风险。在地区层面，《战略》的落实主要通过由俄罗斯经济发展部与俄罗斯各个联邦主体最高执行机构签订协议的方式执行，协议中列明了《战略》执行的区域规划。《战略》还规定了对政策落实的监督机制，即俄罗斯经济发展部将监测结果及落实情况以国家报告的形式提交俄罗斯政府，并在该部官网上公开发布监测结果包括相关指标的当前值和预测值等信息。同时，《战略》的执行情况和监测结果也会在俄罗斯履行《巴黎协定》的国际报告中体现。

《战略》还规定了执行进展的评估指标，主要包括：（1）温室气体排放总量；（2）能源生产的数量和效率；（3）经济部门的能效指标；（4）经济活动碳强度指标；（5）相关行业和政府机构对该战略的执行效率指标；（6）在减少温室气体排放和提高吸收能力方面投资的数量和效率。俄政府将根据对战略执行情况的监测和评估调整各指标的范围和权重。

四 俄罗斯环境政策的原则及特点

俄罗斯政府环境政策秉持"务实主义"原则，对待环境和气候治理问题，并非出于对环境恶化已成为人类长期生存威胁的关注，从主观意愿上积极推动能源转型及低碳发展，而更多是出于对本国经济利益和国际地位等因素的考量。当前俄罗斯政府更加重视环境问题主要缘于以下五方面因素。

第一，顺应低碳发展的全球趋势。应对气候变化是全球治理面临的重大挑战。根据联合国环境规划署估计，2008~2018年，全球人为温室气体排放总量年均增长1.5%，与1990年相比，2018年全球温室气体排放量增加了40%~50%，发展中国家排放量增速较快，与1990年相比，增长了2~4倍。2018年二氧化碳排放量达到550亿吨当量，其中G20国家占比达到80%。全球人为温室气体排放量最大的国家和地区是中国、美国、欧盟、印度、俄罗斯、日本、巴西和印度尼西亚，这些国家和地区排放量占全球总量的57%，其他国家排放量均不超过2%，但排放量加总占全球总量的43%。2015年的《巴黎协定》为2020年后全球应对气候变化的行动做出了制度性安排，也体现了国际社会向低碳发展过渡的全球趋势。世界各国纷纷提出限制温室气体排放的目标，为应对气候变化做出贡献，目前英国、欧盟、日本、中国、美国等60多个国家和地区已宣布将在2050~2060年甚至更早实现"碳中和"目标。欧盟为走出经济持续低迷的困境，加强对新能源技术的研发，希望绿色经济成为经济增长新引擎。2019年12月，欧盟公布了"欧洲绿色协议"，提出在2050年前实现"碳中和"目标，并将这一目标写入《欧洲气候法》草案。2020年9月22日，国家主席习近平在第75届联合国大会上提出力争在2030年前实现"碳达峰"，在2060年前实现"碳中和"。2020年10月，日本提出到2050年实现"碳中和"，12月日本经济产业省发布了《2050年碳中和绿色增长战略》，提出将通过监管、补贴和税收优惠等激励措施，吸引约 2.33 万亿美元绿色投资，并针对海上风电、核能、氢能等 14 个产业提出具体发展目标和重点发展任务。2021 年 1 月 20 日美国总统拜登就职当天就签署重返《巴黎协定》的法案，并提出到 2035 年通过向可再生能源过渡实现无碳发电，到 2050 年实现"碳中和"，为实现这一目标，美国积极制定 2 万亿美元的绿色发展战略，希望巩固引领全球绿色发展的地位。世界主要国家先后提出"碳中和"目标，绿色发展成为全球经济发展的大势所趋。

第二，环境恶化导致极端天气和流行病，环境问题上升至国家安全层面。首先，气候变暖带来干燥天气增多，导致俄罗斯大面积森林的易燃性增加。从 2018 年起，俄罗斯被烧毁的森林面积急剧增加。2020 年，俄罗斯有 1560 万公顷的森林被烧毁，2021 年这一数字再次扩大至 1880 万公顷，其中 2021 年 8 月，西伯利亚地区被烧毁的森林面积就高达 940 万公顷。2021 年因森林大火释放出的二氧化碳达到 19.5 亿吨，比俄罗斯能源行业的碳排放还多 31%。森林火灾导致大量人员伤亡、经济损失，释放大量温室气体，同时还消耗了大量固碳资源，加速气候变化。其次，气温升高导致俄罗斯北部和东部地区冻土带面临融化风险，冻土带融化将导致大量工厂、公路、房屋坍塌，油气管道面临泄漏，为当地居民带来生命危险和财产损失。据俄相关部门估算，到 2030 年，因极端气候导致的经济损失将占 GDP 的 2%~3%，部分地区可能达到地区生产总值的 5%~6%。[1] 再次，生态环境的恶化还引发各种流行病，新冠疫情使各国医疗卫生和社会保障体系面临严峻考验，加剧了人类健康恶化、贫困、食物和淡水缺乏，社会矛盾激化下，移民、恐怖主义、有组织犯罪及地区冲突风险也随之加剧。北极地区夏季气温升高，导致老人和儿童患呼吸道疾病及心脑血管疾病的死亡率增加，还导致疟疾和脑膜炎等传染性疾病的快速传播，为北极地区居民的生命健康带来严重危害。这些都为俄罗斯社会和经济发展敲响了警钟，环境治理问题已经从道德和伦理层面上升到国家安全层面。这也是俄罗斯以更加积极的态度应对气候变

---

[1] Отчет о результатах экспертно-аналитического мероприятия 《Мониторинг хода реализации мероприятий национального проекта "Экология", в том числе своевременности их финансового обеспечения, достижения целей и задач, контрольных точек, а также качества управления》, Счетная палата РФ, 2020.

化的原因之一。

第三，传统能源行业面临转型，俄罗斯为维护其经济利益，必须重视环境问题。为落实"欧洲绿色协议"，欧盟提出2023年将实行碳关税政策。2021年3月10日，欧洲议会通过建立"碳边境调整机制"以降低碳泄漏风险。2021年7月14日，欧盟公布碳边境调节税征收路线图，要求进口商获得碳排放认证，并对非低碳产品征税。对俄罗斯而言，征收碳关税将导致欧洲对俄罗斯传统化石能源进口的减少，据俄罗斯专家估计，2025~2030年俄罗斯能源供应商将损失330亿欧元。俄罗斯认为欧盟征收碳关税的方式对发展中国家具有较强的歧视性。由于发展中国家大多处于工业化阶段，征收碳关税将会更加巩固西方国家在全球经济中的主导地位，使发展中国家长期处于落后地位。此外，中国作为俄罗斯重要的能源出口市场也提出到2030年实现"碳达峰"、2060年实现"碳中和"的目标，为实现这一目标加快国内能源转型，加强对可再生能源的开发与利用。随着"绿色"能源发展趋势的加快，各国对传统化石能源的需求逐渐降低，这对长期依赖油气资源出口的俄罗斯而言形成了巨大威胁。为维护国家经济利益，扭转被动局面，在未来"绿色"能源市场中占有一席之地，俄罗斯政府更加重视低碳发展，尤其是将氢能、核能及减排技术的开发提上议事日程。

第四，俄罗斯将绿色发展作为转变经济发展方式、提高经济竞争力的重要契机。低碳发展导致俄罗斯传统化石能源面临威胁，但也为其经济发展提供了转型的机遇。多年来，俄罗斯政府长期致力于创新发展，转变经济能源化趋势，但一直收效甚微。当前形势下，俄罗斯正在考虑以绿色低碳发展为契机，将低碳发展政策视为反危机的工具之一，在技术现代化中取得突破，转变长期以来能源和资源化的经济结构，提高国家竞争力。

第五，气候变化问题已成为大国博弈的重要议题之一，俄罗斯为扭转其在国际社会的被动局面，巩固其国际地位，积极参与其中。随着气候变化给人类生产生活带来的威胁日益严重，气候议题逐渐成为大国博弈的重要议题之一，越来越多的国家参与到全球气候治理进程中来。全球气候议题成为大国展开博弈的重要组成部分，美国、欧盟、中国等都是气候变化问题的利益相关方，都积极参与国际气候议程，并希望成为该议程的主导力量。当前，面对西方国家的经济制裁和战略挤压，俄罗斯也需要扭转被动局面，巩固国际地位，因此也积极参与全球气候议程，努力在规则和秩序的制定中争取更多话语权，为本国在未来国际竞争及发展中谋求有利地位。

综上所述，俄罗斯环境政策始终遵循"务实主义"原则，俄政府对待环境和气候治理问题的态度和立场，并非一成不变，而是会根据当时国内外形势、经济发展趋势、本国经济利益及国际地位等因素的变化进行适当调整。在西方对俄罗斯实行极限制裁的背景下，低碳发展战略的执行及落实面临重重阻碍，实际上，面对当前形势，俄罗斯更希望全球低碳发展趋势放缓，一方面，俄罗斯可以继续巩固其能源出口大国地位，获得能源出口收入，缓解经济下滑导致的社会矛盾；另一方面，在大势所趋的全球能源转型进程中为自己争取更多时间，积累更多资金。因此，可以预见，未来低碳发展战略的落实不会一帆风顺，俄罗斯向绿色、低碳发展的道路也将漫长而艰辛。

第十章　俄罗斯未来经济发展趋势

普京执政以来，俄罗斯政府多次制定经济发展战略，并提出经济发展目标。本章对《2020年前俄罗斯社会经济发展构想》《关于2024年前俄罗斯联邦发展的国家目标和战略任务》《关于2030年前俄罗斯联邦国家发展目标》中俄罗斯经济发展目标进行系统梳理，将俄罗斯经济发展现状与之进行对标，对俄罗斯经济发展前景进行展望，并分析未来经济发展面临的阻力。

一　经济发展目标

2008年2月8日，即将卸任的普京总统在国务委员会扩大会议上做了《2020年前俄罗斯发展战略》的报告，① 第一次正式提出了将创新发展战略作为俄罗斯经济崛起的长期战略。5月，普京在其就任俄政府总理的就职演说中规划了实施该战略的目标和手段。2008年8月，俄罗斯经济发展部公布了《2020年前俄罗斯社会经济发展构想》（以下简称《构想》），② 2008年11月，普京作为政府总理批准了该构想。这一指导国家长期未来发展方向的纲领性文件虽然在梅德韦杰夫继任总统之后被公布，但它是普京在离任前一手领导制定的，是普京作为总统对其在任八年中俄罗斯经济发展模式的反思，体现了普京对俄罗斯未来十几年内社会经济发展的远景规划，以此确保最高权力更迭后俄罗斯经济发展道路的延续性。该构想对当时俄罗斯经济发展水平进行了评估，在此基础上，确定了未来俄罗斯社会经济发展长期目标和任务，并为实现这些目标制定了长期发展战略及优先发展方向。该《构想》提出，到2020年前

---

① Путин В. В., О стратегии развития России до 2020 годов, Выступление на расширением заседании Государственного совета 08.02.2008, http://www.regnum.ru/news/954426.html.

② Концепция долгосрочного развития Российской Федерации, http://www.economy.gov.ru/minec/activity/sections/strategicPlanning/concept/.

俄罗斯社会经济发展的总体目标，即俄罗斯达到 21 世纪世界强国的社会经济发展水平，人民生活明显改善，俄罗斯在全球经济竞争中处于超前地位，保证国家安全，维护公民的宪法权利，2015~2020 年，按照 GDP 规模，俄罗斯成为世界前五强。具体目标有以下几方面。

① 俄罗斯将达到发达国家的福利水平。人民生活综合指标，按购买力平价计算的人均 GDP 从 2006 年的 1.37 万美元（为 OECD 国家平均水平的 42%）达到 2020 年的 3 万美元（为 OECD 国家平均水平的 70%），到 2030 年达到 5 万美元。

② 居民的人均寿命为 72~75 岁，新生儿的死亡率降低 1/14~1/13。

③ 为居民提供高质量和舒适的生活条件。使教育普及率和卫生保健服务水平达到较发达国家的水平，高等和中等职业教育的普及率达到 60%~70%（2007 年约为 50%），到 2020 年住房保障水平达到人均 30 平方米（或平均每个家庭达到约 100 平方米）。

④ 改善人居环境，居住于不良环境中的居民比例从 2007 年的 43% 降低到 2020 年的 14%。

⑤ 社会结构的变化应该有利于中产阶级的形成，逐渐消除贫困和两极分化。到 2020 年使中产阶级的人数超过人口的半数。

⑥ 利用领先的科研成果、高新技术和教育服务使俄罗斯成为世界领先的创新型国家。到 2020 年，俄罗斯在高科技产品和智力服务市场上应占有重要地位（占 5%~10%），达到世界第 4~6 位的水平。要为"知识经济"部门中大量新公司的建立创造有利条件。

⑦ 保证俄罗斯在世界能源供应市场上的领先地位，其中包括利用多元化的地理空间和多样化的产品种类，使俄罗斯成为全球能源基础设施的物流枢纽和全球能源市场运行规则的重要制定者。

⑧ 建立发达的交通运输网，保证人员在国内的自由流动，并提高俄罗斯在世界运输服务市场上的竞争力。

⑨ 保障俄罗斯在欧亚一体化进程中居于主导地位，并成为世界经济中心之一，包括成为世界金融中心。

⑩ 构建新的地区增长极，缩小地区间差距，形成新的空间发展模式。

⑪ 保证公民权利的实现，包括完善民主制度建设、形成有效的法律机制和国家安全保障体系。

《2020年前俄罗斯社会经济发展构想》是在普京卸任总统之后制定完成并公布的，这本应是普京作为政府总理执行其作为总统时制定的经济大政方针，然而此后的金融危机、2014年乌克兰危机打乱了俄罗斯经济发展的步伐，经济政策的重心转向应对危机和西方制裁，俄罗斯政府被迫以应对危机和西方制裁的短期任务替代创新发展的长期任务，导致结构调整政策一直未能取得相应成效。

2018年5月7日，普京在第四任期就任当日就发布了《关于2024年前俄罗斯联邦发展的国家目标和战略任务》的总统令（新"五月命令"）①，提出了2024年前俄罗斯经济发展的战略目标，并决定设立12个国家项目促进战略目标的落实。根据这一总统令，2024年前俄罗斯经济发展的目标有以下几方面。

①确保俄罗斯联邦的自然人口可持续增长；预期寿命提高到78岁；倡导健康生活方式，提高老年人生活质量，将进行系统性体育锻炼的公民比例提高到55%，为生育子女家庭提供财政支持，到2021年实现3岁以下学龄前教育100%普及。

②降低劳动年龄人口死亡率（不超过每10万人350例），婴儿死亡率不超过4.5‰，确保所有公民至少每年进行一次预防性体检，优化初级卫生保健服务，减少公民排队时间，简化预约程序。与2017年相比，到2024年医疗服务出口额至少应增长4倍。

③提高俄罗斯教育的竞争力，在基础普通和中等普通教育水平上引入新的教学方法和教育技术，以确保学生提高基本技能，增强他们学习的动力，并更新"科技"学科领域的内容，改进教学方法；为3岁以下学龄前儿童发展创造条件，为其父母提供心理、教育方法等方面的咨询；创建现代化、安全的数字教育环境，以确保各类教育的高质量和可及性。

④为中等收入家庭提供负担得起的住房，鼓励公民利用抵押贷款方式购买（建造）住房，抵押贷款利率不应高于8%；每年新增住房面积至少达到1.2亿平方米；将城市环境指数提高30%；每年

---

① Президент подписал Указ О национальных целях и стратегических задачах развития Российской Федерации на период до 2024 года, http://www.kremlin.ru/events/president/news/57425.

至少改善 500 万个家庭的住房条件。

⑤加强对垃圾的管理，取消城市边界内发现的所有未经授权的垃圾填埋场；减少大型工业中心的大气污染；提高居民饮用水质量；保护生物多样性，至少新建 24 个自然保护区。

⑥加强道路基础设施建设，地区公路总长至少比 2017 年 12 月 31 日增加 50%；提高道路安全，将易发生交通事故的地点数量降低一半；与 2017 年相比，道路交通事故死亡率应低于每 10 万人 4 例。

⑦提高劳动生产率，非资源经济部门大中型企业的劳动生产率每年至少提高 5%。

⑧确保公民的实际收入稳定增长，养老金增长速度高于通货膨胀水平。

⑨使俄罗斯联邦的贫困水平减半。

⑩提高俄罗斯对世界顶尖科学家和年轻研究人员的吸引力，至少建立 15 家世界领先的科学和教育中心，加速俄罗斯技术创新的发展，使技术创新企业数量达到总企业数的 50%。

⑪确保在经济和社会领域加速实施数字技术，完善数字经济法律法规体系，建立稳定安全的信息通信基础设施。

⑫在俄罗斯传统精神、道德和文化基础上，加强俄罗斯公民的身份认同，建立文化、教育和博物馆综合体。

⑬增加中小企业雇员人数，包括个人企业家在内的中小企业雇员人数最多达到 2500 万人，改善商业环境，简化使用收银机企业的税收报告，建立数字平台，支持中小企业的生产和营销活动。

⑭在加工工业和农工综合体等基础行业建立以高新技术和高素质人才为依托的高效出口导向部门，制造业、农业和服务业这些非资源类产品出口额在 GDP 中的比例应达到 20%，实现非能源类商品出口额达到 2500 亿美元，服务出口额达到 1000 亿美元，在欧亚经济联盟框架内形成有效的分工合作体系。

⑮实行空间发展战略，建立从西到东、从北到南的运输走廊；将贝加尔—阿穆尔铁路和西伯利亚大铁路的吞吐能力提高到 1.8 亿吨；提高通往亚速海—黑海流域海港的铁路通行能力；通过铁路、航空、公路、海洋和河流基础设施的扩建和现代化改建，提高俄罗斯联邦领土内的经济联系水平；保证提供负担得起的

电力。

⑯俄罗斯进入世界经济前五强，在保持宏观经济稳定（包括通货膨胀率不超过4%）的前提下，保证俄罗斯经济的增速高于世界经济平均增速。

该总统令确定了国家战略发展的12个优先方向为人口、卫生保健、教育、住房和城市环境、生态环保、安全和高质量的公路、劳动生产率和就业支持、科学、数字经济、文化、中小企业、国际合作与出口，每个优先方向均设立1个国家项目。

2020年7月21日，普京总统签署《关于2030年前俄罗斯联邦国家发展目标》的总统令，被称为"七月政令"。"七月政令"是俄罗斯结合经济发展现实对2018年颁布的新"五月命令"中国家发展目标的及时调整，该命令的颁布为未来十年俄罗斯经济发展指明了方向。"七月政令"不再沿用"世界经济前五强"作为国家经济发展的总体目标，数字化转型明确成为新版国家发展目标之一，将国家经济发展的具体目标数量从9个减少到5个，并将多个应于2024年完成的目标推迟至2030年。根据这一总统令，俄罗斯主要经济发展目标如下。

①在"维护人口，健康和福祉"的目标下：确保俄罗斯联邦人口的可持续增长；将预期寿命提高到78岁；与2017年指标相比，将贫困水平降低一半；将进行系统性体育锻炼的公民比例提高到70%。

②在"保障公民实现自我价值"的目标下：建立高效的教育体系，提高教育质量，挖掘青少年才能，确保俄罗斯在教育、科研领域跻身世界十大领先国家之列；塑造俄罗斯人民的精神和道德价值观；弘扬历史和文化传统，为培养对社会负责的公民创造条件；到2030年组织、参与志愿活动的公民比例增加到15%，比2019年增加三倍。

③在"提供舒适、安全的生活环境"目标下：每年至少改善500万个家庭的生活条件，每年新建住房面积至少达到1.2亿平方米；提高城市环境质量，确保在大城市群中道路网覆盖率达到85%；建立城市固体废物可持续管理系统，确保垃圾分类达到100%，并将运往垃圾填埋场的废物量降低一半；将对环境和人类健康造成最大负面影响的有害污染物排放减少一半，清除对伏尔加河、贝

加尔湖等环境和水体造成破坏的污染物。

④在"保障受尊重且高效的劳动，提高企业经营效率"目标下：在保持宏观经济稳定的同时，确保俄罗斯经济增长率高于世界平均水平；确保居民收入和养老金增长速度不低于通胀水平；与2020年相比，2030年固定资产投资实际增长至少提高70%，非能源非原料类产品出口增长至少70%；包括个体工商户和自营职业者在内的中小企业的就业人数增加到2500万人。

⑤在"数字化转型"目标下，确保经济和社会领域的主要行业实现"数字成熟"；将具有社会重要意义的大众电子化服务的比例提高到95%；将可接入"互联网"（宽带）家庭的比例提高到97%；将信息技术领域的本国投资较2019年扩大三倍；等等。

二 主要经济指标现状分析

《2020年前俄罗斯社会经济发展构想》确定了俄罗斯经济崛起的长期目标；普京第四任期颁布的《关于2024年前俄罗斯联邦发展的国家目标和战略任务》的总统令是在俄罗斯经济连续四年陷入停滞后寻求突破性发展而制定的战略目标；《关于2030年前俄罗斯联邦国家发展目标》的总统令则是结合俄罗斯经济现实对《2020战略》中长期目标的调整。对照上述目标，从俄罗斯经济形势看，各项指标完成情况并不理想。

从经济发展相关指标看，2020年俄罗斯经济应成为世界第五强，根据国际货币基金组织数据库排名，2018年俄罗斯在经济排名上居第十二位。俄罗斯在世界经济中的比例为1.93%，与2007年3.2%的水平相比，还有所下降。2018年，俄罗斯人均GDP为1.1万美元，[①] 远未达到3万美元的目标值。从增长速度看，俄罗斯经济低速增长，2018年为2.3%，普京第四任期颁布的《关于2024年前俄罗斯联邦发展的国家目标和战略任务》的总统令中设定的到2024年经济增长速度约为4%，乌克兰危机

---

① 根据俄罗斯联邦国家统计局的数据，2012年，俄罗斯人均GDP为707453卢布，当年美元与卢布的平均汇率为1∶64.08，折合11040美元。

升级后，俄罗斯经济面临的外部环境更加恶劣，因此，达到这一目标值可能性不大，更不可能达到6.5%的经济增速。2007年中产阶级占总人口的比例为20.0%，2018年，该比例增长至25.4%，但与52%~55%的目标值相去甚远。2018年生活水平低于最低生活保障人口的比例为12.6%，甚至高于2007年的水平，与2020年6%~6.5%的目标值相差一半左右。此外，到2018年，机器设备出口额、劳动生产率等经济发展指标虽比2007年有所增长，但到2020年，这些指标成倍提高从而达到目标值的可能性也不大。从创新能力相关指标看，也出现类似情况，与2007年相比，2018年创新产品占工业产值的比例、创新企业占工业企业总数的比例和研发支出占GDP的比例均有所增长，但增幅都不大，与2020年的目标值还存在巨大差距（见表10-1）。

表10-1 2007~2020年俄罗斯主要经济指标

	指标	2007年	2018年	2020年
经济发展相关指标	俄罗斯GDP在世界经济中的排名	12	12	5
	俄罗斯经济占世界经济的比例(%)	3.2	1.93	4.3
	人均GDP（万美元）	1.39	1.1	3
	GDP年均增长速度(%)	8.5	2.3	6.5
	平均寿命（岁）	66.5	72.91	72~75
	中产阶级占总人口的比例(%)	20.0	25.4	52~55
	收入低于最低生活保障的人群比例(%)	10.4	12.6	6~6.5
	出口额（亿美元）	3540	4431	>9000
	机器设备出口额（亿美元）	197	291	1100~1300
	劳动生产率（与2007年相比，倍）	1	1.17	2.6
创新能力相关指标	创新产品占工业产值的比例(%)	5.5	6.5	25~35
	创新企业占工业企业总数的比例(%)	9.5	10.5	40~50
	研发支出占GDP的比例(%)	1.1	1.0	2.5~3

资料来源：俄罗斯在世界经济中的排名数据来源于世界银行；2007年和2018年数据来源于俄罗斯联邦国家统计局相关年份统计数据；2020年指标值来源于《2020年前俄罗斯社会经济发展构想》。

三 未来发展趋势

（一）经济前景预测

2019年9月30日，俄罗斯经济发展部公布了《2024年前俄罗斯经济发展预测》，①该预测是根据对全球经济和外部经济环境的预测以及俄罗斯2019年1月至8月经济形势制定的。根据预测分为基础方案、目标方案和保守方案（见表10-2）。

保守方案与基础方案的主要差别在于，保守方案的假设前提是外部经济形势出现更负面的变化，即全球经济增长进一步放缓，经济增速略高于2%，国际市场行情恶化，"乌拉尔"牌石油价格到2020年下降至42.5美元/桶，到2024年逐渐恢复到45.9美元/桶，卢布持续贬值，美元兑卢布汇率从2019年的65.4提高至2020年的68.7，到2024年进一步提高至70.5。保守方案下，2020年GDP增长率下降至1.1%，到2024年GDP增速缓慢提高至2.5%；固定资产投资增长缓慢，2020年增速为3.6%，2024年略微提高至3.8%；工业增长率2020年为1.7%，2024年缓慢提高至2.2%；居民实际可支配收入和实际工资增长缓慢，2020年分别增长1.1%和1.8%，2024年分别增长1.9%和2.1%；受外部环境恶化的影响，2020年进、出口额均出现下降，出口额下降至3377亿美元，进口额下降至2469亿美元，此后外贸额逐渐提高，到2024年，出口额增长至4242亿美元，进口额增长至3246亿美元。总之，尽管俄罗斯已调整宏观经济政策，尽量降低不利的外部环境对经济的负面影响，但在保守方案下，各项经济指标均明显低于基础方案和目标方案。

基础方案和目标方案均基于相同的外部经济条件，即全球经济增长从2019年的2.9%下降到2024年的2.7%，石油价格从2019年的62~63美元/桶下降至2020年的57美元/桶，到2024年进一步下降至53美元/桶，其他俄罗

---

① Министерство экономического развития Российской Федерации: Прогноз социально-экономического развития Российской Федерации на период до 2024 года, https://www.economy.gov.ru/material/directions/makroec/prognozy_socialno_ekonomicheskogo_razvitiya/prognoz_socialno_ekonomicheskogo_razvitiya_rf_na_period_do_2024_goda_.html.

斯主要出口商品价格温和上涨。决定卢布汇率的基本因素（经常账户余额为正、公共财政指标稳定、经济增长）保持有利，卢布实际汇率保持稳定，卢布兑美元温和贬值。在基础方案下，2020年GDP增长率为1.7%，2024年逐渐提高至3.3%；固定资产投资增长率2020年为5.0%，2021年提高至6.5%，2024年为5.3%；工业增长率2020年为2.4%，2024年提高至3.1%；居民实际可支配收入增长率2020年为1.5%，2024年提高至2.4%；实际工资增长率2020年为2.3%，2024年为2.6%；零售贸易流转额增长率2020年为0.6%，2024年提高至2.7%；进、出口额2020年分别为2592亿美元和4057亿美元，2024年分别为3439亿美元和5156亿美元。

目标方案与基础方案的主要差别在于，目标方案中国家结构性措施更加有效，国内经济对恶化的外部经济环境的适应能力更强。企业和居民对执法和司法体系的信心提高，投资环境得到更大程度的改善。在目标方案下，2020年GDP增长率为2.0%，固定资产投资增长率为5.8%，2021年后这两项指标与基础方案趋于一致；工业增长率2020年为2.8%，2024年为3.3%，高于基础方案；社会支持政策的实施更加有效，2020年和2021年居民实际工资增长率高于基础方案；2020年进、出口额分别为2607亿美元和4247亿美元，2024年增长至3486亿美元和5156亿美元（见表10-2）。根据俄罗斯经济发展部的预测，目标方案实现的可能性较高，但在预算规划中采用相对保守的方法，联邦预算以基础方案为依据制定。

表10-2　2018~2024年俄罗斯经济发展预测

分类	2018年	2019年	2020年	2021年	2022年	2023年	2024年
"乌拉尔"牌石油价格（美元/桶）							
基础方案	70.0	62.2	57.0	56.0	55.0	54.0	53.0
目标方案	70.0	62.2	57.0	56.0	55.0	54.0	53.0
保守方案	70.0	62.2	42.5	43.3	44.2	45.0	45.9
美元兑卢布年平均汇率							
基础方案	62.5	65.4	65.7	66.1	66.5	66.9	67.4
目标方案	62.5	65.4	65.1	65.4	65.9	66.2	66.7
保守方案	62.5	65.4	68.7	69.3	69.8	70.1	70.5
消费价格指数（年终，与上年12月相比，%）							
基础方案	4.3	3.8	3.0	4.0	4.0	4.0	4.0
目标方案	4.3	3.8	4.0	4.0	4.0	4.0	4.0
保守方案	4.3	3.8	3.2	4.0	4.0	4.0	4.0

续表

分类	2018年	2019年	2020年	2021年	2022年	2023年	2024年
GDP 增长率(%)							
基础方案	2.3	1.3	1.7	3.1	3.2	3.3	3.3
目标方案	2.3	1.3	2.0	3.1	3.2	3.3	3.3
保守方案	2.3	1.3	1.1	1.9	2.3	2.5	2.5
固定资产投资增长率(%)							
基础方案	4.3	2.0	5.0	6.5	5.8	5.6	5.3
目标方案	4.3	2.0	5.8	6.5	5.8	5.6	5.3
保守方案	4.3	2.0	3.6	3.4	3.1	3.4	3.8
工业增长率(%)							
基础方案	2.9	2.3	2.4	2.6	2.9	3.0	3.1
目标方案	2.9	2.3	2.8	2.8	3.0	3.2	3.3
保守方案	2.9	2.3	1.7	1.8	2.0	2.2	2.2
居民实际可支配收入增长率(%)							
基础方案	0.1	0.1	1.5	2.2	2.3	2.3	2.4
目标方案	0.1	0.1	1.5	2.2	2.3	2.3	2.4
保守方案	0.1	0.1	1.1	1.4	1.7	1.7	1.9
实际工资增长率(%)							
基础方案	8.5	1.5	2.3	2.3	2.5	2.5	2.6
目标方案	8.5	1.5	2.5	2.4	2.5	2.5	2.6
保守方案	8.5	1.5	1.8	1.4	1.9	2.0	2.1
零售贸易流转额增长率(%)							
基础方案	2.8	1.3	0.6	2.2	2.5	2.6	2.7
目标方案	2.8	1.3	1.1	2.2	2.5	2.6	2.7
保守方案	2.8	1.3	0.5	1.4	1.9	2.1	2.3
出口额(亿美元)							
基础方案	4431	4068	4057	4262	4477	4782	5156
目标方案	4431	4068	4247	4412	4589	4845	5156
保守方案	4431	4068	3377	3548	3749	3966	4242
进口额(亿美元)							
基础方案	2487	2477	2592	2760	2960	3181	3439
目标方案	2487	2477	2607	2782	2991	3218	3486
保守方案	2487	2477	2469	2613	2787	2998	3246

资料来源：Министерство экономического развития Российской Федерации: Прогноз социально-экономического развития Российской Федерации на период до 2024 года, https://www.economy.gov.ru/material/directions/makroec/prognozy_socialno_ekonomicheskogo_razvitiya/prognoz_socialno_ekonomicheskogo_razvitiya_rf_na_period_do_2024_goda_.html。

2020年3月14日，普京总统签署俄罗斯宪法修正案，将其以往任期"清零"，仍然可以参加2024年俄罗斯总统大选。2024年3月21日，普京再次当选俄罗斯总统。2024年5月7日，普京正式就任，开启其第五任期。在经济政策方面，俄罗斯将以稳定为前提，尽量降低西方制裁对俄罗斯经济的负面影响，努力提升经济主权。从经济发展看，普京第五任期内，俄罗斯经济仍将在低速增长区徘徊，在应对西方制裁保持生存能力的同时，寻求经济发展的道路仍然崎岖而漫长。

（二）未来经济发展面临的阻力

第一，能源价格的影响。当国际能源价格走高时，俄罗斯经济坐收能源红利，国内改革的压力和动力不强，而当能源价格下跌时，财政收入减少，改革所需要的资金得不到保障，政府疲于应对危机，改革依然难以进行，[①] 这也是俄罗斯结构改革多年来一直未能取得良好成效的重要原因之一。

第二，国际分工的困境。目前，以发达国家先进制造业为主导的国际产业化分工体系已经形成，发达国家掌握着最先进的技术，控制着世界制造业领域的技术标准、产业规范和业务流程。相比之下，新兴市场国家和发展中国家虽然能够依靠承接发达国家产业转移来提高自身制造业水平，然而，这些国家一方面受本国技术水平的限制，另一方面还要承受来自发达国家的技术保密、专利包围等手段的控制和打压[②]，很难摆脱处于价值链低端的宿命。在这样的背景下，禀赋着资源先天优势的俄罗斯能否走出"全球原料基地"的国际分工困境，能否在短期的政治、经济利益和长期的经济发展之间找到一个折中方案，也是一项严峻的挑战。尽管俄罗斯已经意识到，提高自主创新能力，重振制造业，推进结构改革是打破现有国际分工体系的根本途径，但真正去实现这一目标却非常困难。

第三，制度环境的约束。市场经济体制的确立为产业结构调整奠定了制度基础，经济体制改革的深化则是产业结构调整的前提条件。然而，

---

① 李建民：《新普京时代的基本政策走向》，《中国党政干部论坛》2012年第7期。
② 金碚、张其仔等：《全球产业演进与中国竞争优势》，经济管理出版社，2014，第168页。

自普京总统执政以来，尤其是第二任期之后，国家对经济的干预范围进一步扩大，干预程度进一步加深。这样，市场经济体制对结构调整功能的释放就会受到一定程度的限制，还会因各种形式垄断的加强导致生产要素难以在竞争中实现优化组合，进而导致产业结构难以优化。发达国家的工业化之所以经历了如此漫长的时期，就是因为在此过程中，制度建设与技术创新交织前行。技术创新的不断涌现、先进制造业的发展必须建立在国家综合实力全面提升的基础上，这既体现在技术水平方面，也体现在经营模式和管理手段上，都需要经历一个长期培育和市场竞争的过程。因此，法律体系的完善、竞争机制的培育、知识产权的保护、创新激励机制的建立、产业化渠道的拓展等一系列制度因素都会在俄罗斯结构改革道路中形成约束，而要突破这种约束又将是与既得利益者之间的一场激烈博弈。

第四，西方制裁的影响。乌克兰危机升级后，美西方国家对俄罗斯采取了全面性、体系化、极端的经济制裁，对俄罗斯对外贸易、金融、能源、科技、军工、信息、交通等领域进行全方位打击，使俄罗斯孤立于国际经济体系之外。俄罗斯政府迅速出台了反危机和反制裁的政策措施进行积极应对，经济形势在2022年7月后趋稳。从短期看，俄罗斯经济经受住了制裁效应最初的猛烈冲击，整体保持了宏观经济稳定，经济社会活动基本维持正常运行。但是从长期看，随着制裁效果的逐渐发酵，俄罗斯的科技创新能力受到严重损害，经济发展空间受到严重挤压，发展能力和国际影响力也将被大大削弱。

参考文献

中文文献

1. 蔡昉:《人口转变、人口红利与经济增长可持续性——兼论充分就业如何促进经济增长》,《人口研究》2004年第2期。

2. 陈佳贵、黄群慧、钟宏武:《中国地区工业化进程的综合评价和特征分析》,《经济研究》2006年第6期。

3. 陈友华:《人口红利与中国的经济增长》,《江苏行政学院学报》2008年第4期。

4. 程亦军主编《俄罗斯经济现代化进程与前景》,中国社会科学出版社,2017。

5. 〔美〕道格拉斯·C.诺斯:《制度、制度变迁与经济绩效》,刘守英译,上海三联书店,1994。

6. 丁兴安:《俄罗斯的"三环"能源外交》,《当代世界》2006年第11期。

7. 〔俄〕E.T.盖达尔:《帝国的消亡:当代俄罗斯的教训》,王尊贤译,社会科学文献出版社,2008。

8.《发展经济学》编写组:《发展经济学》,高等教育出版社,2019。

9. 高梁:《浅析普京政府的经济改革政策》,《当代经济研究》2006年第8期。

10. 关雪凌、程大发:《全球产业结构调整背景下俄罗斯经济定位的困境》,《国际观察》2005年第4期。

11. 郭晓琼:《俄罗斯产业结构研究》,知识产权出版社,2011。

12. 郭晓琼:《俄罗斯创新型经济发展及政策评述》,《黑龙江社会科学》2009年第2期。

13. 郭晓琼:《俄罗斯再工业化问题探析》,《俄罗斯东欧中亚研究》

2016年第1期。

14. 〔加〕赫伯特·G.格鲁伯、〔加〕迈克尔·A.沃克：《服务业的增长原因与影响》，陈彪如译，上海三联书店，1993，第220页。

15. 〔日〕荒宪治郎、〔日〕内田忠夫、〔日〕福冈正夫编《经济词典》，讲坛社学术文库，1980。

16. 季志业、冯玉军主编《俄罗斯发展前景与中俄关系走向》，时事出版社，2015。

17. 景维民、杨晓猛：《产业结构调整与经济绩效——中俄两国之比较》，《开发研究》2004年第2期。

18. 李建民：《普京治下的俄罗斯经济：发展路径与趋势》，《俄罗斯研究》2019年第6期。

19. 李建民：《新普京时代的基本政策走向》，《中国党政干部论坛》2012年第7期。

20. 李建民主编《曲折的历程（俄罗斯经济卷）》，东方出版社，2015。

21. 李新：《俄罗斯经济在转型：创新驱动现代化》，复旦大学出版社，2014。

22. 李新：《普京欧亚联盟设想：背景、目标及其可能性》，《现代国际关系》2011年第11期。

23. 李新、沈志义：《普京时期俄罗斯经济政策的调整》，《上海财经大学学报》（哲学社会科学版）2007年第4期。

24. 李中海主编《普京八年：俄罗斯复兴之路（2000~2008）》（经济卷），经济管理出版社，2008。

25. 刘厚俊编著《现代西方经济学原理》，南京大学出版社，1988。

26. 刘华芹：《开启中俄经贸合作新时代——中俄（苏）经贸合作七十年回顾与展望》，《俄罗斯东欧中亚研究》2019年第4期。

27. 陆南泉等编《苏联国民经济发展七十年》，机械工业出版社，1988。

28. 陆南泉主编《俄罗斯经济二十年（1992~2011）》，社会科学文献出版社，2013。

29. 〔美〕罗纳德·I.麦金农：《经济自由化的顺序：向市场经济过

渡中的金融控制》，李瑶、卢力平译，中国金融出版社，2006。

30. 梅冬州、龚六堂：《新兴市场经济国家的汇率制度选择》，《经济研究》2011年第11期。

31. 彭俞超、方意：《结构性货币政策、产业结构升级与经济稳定》，《经济研究》2016年第7期。

32. 〔美〕R. 科斯、〔美〕A. 阿尔钦、〔美〕D. 诺思等：《财产权利与制度变迁：产权学派与新制度学派译文集》，上海三联书店、上海人民出版社，1994。

33. 王海运：《"能源超级大国"俄罗斯的能源外交》，《国际石油经济》2006年第10期。

34. 温兴春、梅冬州：《金融业开放、金融脆弱性以及危机跨部门传递》，《世界经济》2020年第10期。

35. 杨云龙：《中国经济结构变化与工业化（1952~2004）：兼论经济发展中的国家经济安全》，北京大学出版社，2008。

36. 姚洋编著《发展经济学》，北京大学出版社，2018。

37. 郑凯捷：《分工与产业结构发展——从制造经济到服务经济》，博士学位论文，复旦大学，2006。

38. 中日经济专家合作编辑《现代日本经济事典》，中国社会科学出版社，1982。

英文文献

1. "Announcement of Additional Treasury Sanctions on Russian Financial Institutions and on a Defense Technology Entity," http：//www. treasury. gov/press-center/press-releases/Pages/ jl2590. aspx.

2. "Announcement of Additional Treasury Sanctions on Russian Government Officials and Entities," http：//www. treasury. gov/press-center/press-releases/Pages/jl2369. aspx.

3. "Announcement of Expanded Treasury Sanctions within the Russian Financial Services, Energy and Defense or Related Materiel Sectors," http：//www. treasury. gov/press-center/ press-releases/Pages/jl2629. aspx.

4. "Announcement of Treasury Sanctions on Entities within the Financial

Services and Energy Sectors of Russia, Against Arms or Related Materiel Entities, and those Undermining Ukraine's Overeignty," http://www.treasury.gov/press-center/press-releases/Pages/jl2572.aspx.

5. Bloom, D., Williamson, J. G., "Demographic Transition and Economic Miracles in Emerging Asia," *World Bank Economic Review*, 1998, 12 (3).

6. Browning, H. L., Singelmann, J., *The Emergence of a Service Society* (*Springfield*, 1975), p. 9.

7. Calvo, G. A., "Staggered Prices in a Utility-Maximizing Framework," *Journal of Monetary Economics*, 1983, 12 (3), pp. 383-398.

8. Chang, C., Liu, Z., and Spiegel, M. M., "Capital Controls and Optimal Chinese Monetary Policy," *Journal of Monetary Economics*, 2015, 74, pp. 1-15.

9. Christiano, L. J., Eichenbaum, M., & Evans, C. L., "Nominal Rigidities and the Dynamic Effects of a Shock to Monetary Policy," *Journal of Political Economy*, 2005, 113 (1), pp. 1-45.

10. "Council Conclusions on Ukraine of 17 March," http://www.consilium.europa.eu/uedocs/cms_data/docs/pressdata/EN/foraff/141601.pdf.

11. Davis, J. S., and Presno, I., "Capital Controls and Monetary Policy Autonomy in a Small Open Economy," *Journal of Monetary Economics*, 2017, 85, pp. 114-130.

12. Devereux, M. B., Lane, P. R., and Xu, J., "Exchange Rates and Monetary Policy in Emerging Market Economies," *Economic Journal*, 2006, 116 (511), pp. 478-506.

13. "EU Restrictive Measures in View of the Situation in Eastern Ukraine and the Illegal Annexation of Crimea," http://eeas.europa.eu/delegations/ukraine/press_corner/all_news/news/2014/2014_07_30_02_en.htm.

14. E. F. Denison, *The Sources of Economic Growth in the United States and the Alternatives before Us* (New York: Committee for Economic Development, 1962).

15. "FACT SHEET: Ukraine-Related Sanctions," http://www.whitehouse.gov/the-press-office/2014/03/17/fact-sheet-ukraine-related-sanctions.

16. Feenstra, R. C. , Luck, P. , Obstfeld, M. , and Russ, K. N. , "In Search of the Armington Elasticity," *Review of Economics and Statistics*, 2018, 100 (1), pp. 135-150.

17. G. M. Grossman and Elhanan Helpman, *Innovation and Growth in the Global Economy* (Cambridge, MA: MIT Press, 1991.)

18. Jermann, U. , & Quadrini, V. , "Macroeconomic Effects of Financial Shocks," *American Economic Review*, 2012, 102 (1), pp. 238-271.

19. Jordi Galí, *Monetary Policy, Inflation, and the Business Cycle: An Introduction to the New Keynesian Framework* (Princeton University Press, 2008).

20. Mohanty, M. S. , and Klau, M. , "Monetary Policy Rules in Emerging Market Economies: Issues and Evidence, in Monetary Policy and Macroeconomic Stabilization in Latin America," Germany: Kiel Institute for the World Economy, 2005.

21. Nienke Oomes, Katerina Kalcheva, Diagnosing Dutch, "Isease: Does Russia Have the Symptoms?" DIMF Working Paper, April 2007. WP/07/102.

22. Oladunni, Sunday, "Oil Price Shocks and Macroeconomic Dynamics in an Oil-Exporting Emerging Economy: A New Keynesian DSGE Approach," *CBN Journal of Applied Statistics*, 2020, 11 (1), pp. 1-34.

23. Paul Romer, "Endogenous Technological Change," *Journal of Political Economy*, 1990, (5).

24. Philippe Aghion and Peter Howitt, *Endogenous Economic Growth* (Cambridge, MA: MIT Press, 1998).

25. P. N. Rosenstein-Rodan, "Problem of Industralization of Eastern and South-Eastern Europe, " *Economic Journal*, 1943, (3).

26. "Reinforced Restrictive Measures Against Russia," http://eeas.europa.eu/top_stories/2014/120914_restrictive_measures_against_russia_en.htm.

27. Rudiger Ahrend, Donato de Rosa, William Tompson, "Russian Manufacturing and the Threat of 'Dutch Disease': A Comparison of Competitiveness Developments in Russian and Ukrainian Industry, " OECD

Economics Department Working Papers №540, 25-Jan-2007.

28. R. E. J. Lucas, "On the Mechanics of Economic Development," *Journal of Monetary Economics*, 1988, 22.

29. R. M. Solow, "Technical Change and the Aggregate Production Function," *Review of Economics and Statistics*, 1957, 39 (3), pp. 312-320.

30. R. Nurkse, *The Problems of Capital Formation in Less Developed Countries* (Oxford University Press, 1953).

31. R. R. Nelson, "Theory of the Low Level Equilibrium Trap in Underdeveloped Countries," *American Economic Review*, 1956, (12).

32. Schmitt-Grohé, S., and Uribe, M., "Closing Small Open Economy Models," *Journal of International Economics*, 2003, 61 (1), pp. 163-185.

33. The World Bank, *Knowledge Economy Index 2012 Ranking*, https://knoema.com/WBKEI2013/knowledge-economy-index-world-bank-2012.

34. The World Bank, *Doing Business 2020*, https://www.doingbusiness.org/en/reports/global-reports/doing-business-2020.

35. "Treasury Sanctions Additional Individuals for Threatening the Territorial Integrity of Ukraine," http://www.treasury.gov/press-center/press-releases/Pages/jl2438.aspx.

36. "Treasury Sanctions Russian Officials, Members of the Russian Leadership's Inner Circle, and an Entity for Involvement in the Situation in Ukraine," http://www.treasury.gov/press-center/press-releases/Pages/jl23331.aspx.

37. Woodford, M., *Interest and Prices: Foundations of a Theory of Monetary Policy* (Princeton University Press, 2003).

38. W. M. Corden, and J. P. Neary, "Booming Sector and De-Industrialization in a Small Open Economy," *Economic Journal*, 1982, 92, pp. 825-848.

俄文文献

1. А. Дейнеко, Тезисы доклада директора Департамента промышленности Андрея Дейнеко на конгрессе кожевенно-обувного бизнеса, О

перспективах развития кожевенно-обувной отрасти, http://www.minprom.gov.ru/appearance.

2. А. Калинин, Экономические проблемы нефтепереработки, Экономист, 2006 г., № 5.

3. А. Суворов, Радиоэлектронный комплекс в 2007 г. и задачи на 2008 г., Экономист, 2008 г., №5.

4. Александр Готовский, Промышленная политика в евразийской интеграции, Евразийская экономическая интеграция, 2015 г., №1.

5. Андрей Дейнеко, Доклад на конференции "Российский рынок металлов", Тенденции в российской промышленности и стратегия развития металлургии, http://www.minprom.gov.ru/activity/metal/appearance.

6. Банк России. Статистический бюллетень Банка России 2016, №12 (283), С17.

7. Белоусов А. Р., Долгосрочные тренды российской экономики: сценарии экономического развития России до 2020 года, Центр макроэкономического анализа и краткосрочного прогнозирования, М., 2005.

8. Будущее России, Национальные проекты, https://futurerussia.gov.ru/.

9. В. И. Макаров, А. Е. Варшавский, Наука и высокие технологии России на рубеже третьего тысячелетия: социально-экономические аспекты развития, Москва《Наука》, 2001г., С93.

10. В. May, В ожидании новой модели роста: социальное экономическое развитие России в 2013 году, Вопросы экономики, 2014 г., №2, С. 4.

11. В. Христенко, Тезисы доклада Министра промышленности и торговли Российской Федерации Виктора Христенко на заседании Президиума Госсовета, 24 июня 2008 г., О мерах по развитию легкой промышленности, http://www.minprom.gov.ru/appearance.

12. Вячеслав Никонов, Стратегия Путина, Российская газета, 22 Декабрь 2004 г.

13. Гайдар Е., Восстановительный рост и некоторые особенности

современной экономической ситуации а России, Вопросы экономики, 2003 г., №5.

14. Государства - члены Таможенного союза и Единого экономического пространства в цифрах 2005-2012, http: //eec. eaeunion. org/ru/act/integr_ i_ makroec/dep_ stat/econstat/ Pages/statpub. aspx.

15. Громан В., О некоторых экономерностям, эмпирически обнаруживаемых в нашем народном хозяйстве, Плановое хозяйство, №2, 1925, C32.

16. Д. Мантуров, О ходе реализации решений Правительства Российской Федерации по развитию станкостроения, http: //www. minprom. gov. ru/activity/machine/appearance.

17. Д. Мантуров, Перспектива развития станкостроения, Экономист, 2008 г., №3.

18. Д. Мантуров, Тезисы доклада на заседании Правительственной комиссии по развитию промышленности, транспорта и технологий, 17 декабря 2007, Государственная промышленная политика в станкостроении, http: //www. minprom. gov. ru/activity/ machine/appearance.

19. Договор о создании единой таможенной територии и Таможенного союза от 6 октября 2007 года, http: //www. tsouz. ru/Docs/ IntAgrmnts/Pages/D_ sozdETTiformTS. aspx.

20. Договор о Таможенном кодексе Таможенного союза от 27 ноября 2009 года, http: //www. tsouz. ru/ Docs/Pages/mgs4proekt. aspx.

21. Е. Гайдар, Российская экономика в 2009 году: тенденции и перспективы (Выпуск №31), C278.

22. Евразийская экономическая интеграция: цифры и факты, Евразийская экономическая комиссия, 2013 г.

23. Евразийская экономическая комиссия, Валовой внутренний продукт государств-членов таможенного союза и единого кономического пространс тва 2008 ~ 2013 годы, http: //eec. eaeunion. org/ru/act/integr_i_ makroec/dep_ stat/econstat/Pages/statpub. aspx.

24. Евразийская экономическая комиссия, Евразийский экономи-

ческий союз в цифрах 2020, http：//eec. eaeunion. org/ru/act/integr_ i_ makroec/dep_ stat/econstat/Pages/statpub. aspx.

25. Евразийский экономический союз, http：//www. eaeunion. org/# about-info.

26. Елоусов А. Р. , Долгосрочные тренды российской экономики： сценарии экономического развития России до 2020 года, Центр макроэкономического анализа и краткосрочного прогнозирования, М. , 2005.

27. Институт стратегического анализа： Инвестиции как источник экономического роста, Москва, 2019, https：//www. fbk. ru/upload/ docs/Investments_ report. pdf.

28. Институт экономической политики имени Е. Т. Гайдара, Российская экономика в 2008 году： тенденции и перспективы (Выпуск №30).

29. Институт экономической политики имени Е. Т. Гайдара, Российская экономика в 2016 году： тенденции и перспективы (Выпуск №38).

30. Интервью Дмитрия Медведева Центральному телеведению Китая, 12 апреля 2011 года, http：//news. krimlin. ru/news/10911.

31. Кимельман. С. , Андрюшин. С. , Проблемы нефтегазовой ориентации экономики России, Вопросы экономики, 2006 г. , №4.

32. Кирилл Рогов, 20 лет Владимира Путина： Трансформация режима, 09. 08. 2019, https：//www. e-vid. ru/politika/090819/20-let-vladimira-putina-tra nsformaciya-rezhima.

33. Концепция долгосрочного развития Российской Федерации, http：// www. economy. gov. ru/minec/ activity/sections/strategicPlanning/concept/.

34. Максим Орешкин： Разработана программа льготного кредитования малого и среднего бизнеса, http：//economy. gov. ru/minec/about/structure/ depmb/2017050606.

35. Министерство природных ресурсов и экологии Российской Федерации, О Состоянии и использовании минерально-сырьевых ресурсов

РФ в 2018 году, http: //www. mnr. gov. ru/docs/gosudarstvennye_ doklady/.

36. Министерство промышленности и торговли Российской Федерации, Развитие промышленности и повышение ее конкурентоспособности, http: //minpromtorg. gov. ru/.

37. Министерство финансов РФ, http: //www1. minfin. ru/common/img/uploaded/library/ 2006/07/met_ bud_ 2007_ pril. zip.

38. Министерство финансов РФ, Суверенные кредитные рейтинга по международной шкале рейтингового агенства Standard & Poor's, https: //www. minfin. ru/ru/ document/? id_ 4=3302.

39. Министерство экономического развития Российской Федерации: Прогноз долгосрочного социально-экономического развития Российской Федерации на период до 2030 года, http: //www. economy. gov. ru/wps/wcm/connect/economylib4/mer/activity/ sections/macro/prognoz/.

40. Министерство экономического развития РФ, Об итогах социально-экономического развития российской федерации в 2013 году.

41. Министерство экономического развития РФ, Об итогах социально-экономического развития российской федерации в 2015 году.

42. Минпроэнерго, План мероприятий по развитию легкой промышленности на 2006 – 2008 годы, http: //www. minprom. gov. ru/activity/light/strateg/1.

43. Минпроэнерго, Стратегия развития транспортного машиностроения Российской Федерации в 2007 – 2010 годах и на период до 2015 года, http: //www. minprom. gov. ru/activity/machine/strateg/2.

44. Мониторинг об итогах социально-экономического развития РФ в 2010 году, http: //www. economy. gov. ru/minec/activity/sections/macro/monitoring/doc20110202_ 013.

45. Мониторинг об итогах социально-экономического развития РФ в 2011 году, http: //www. economy. gov. ru/ minec/activity/sections/macro/monitoring/doc20120202_ 05.

46. Национальный доклад Стратегический ресурсы России, информационные политические материалы, Москва, 1996, http: //www. iet. ru.

47. О внесении изменений в государственную программу развития сельского хозяйства и регулирования рынков сельскохозяйственной продукции, сырья и продовольствия на 2013 - 2020 годы, http: // government. ru/docs/16239/ .

48. О состоянии внешней торговлив 2011 году, http: //www. gks. ru/ bgd/free/b04_ 03/ IssWWW. exe/Stg/d03/ 33. htm.

49. Планируемые продажи акций крупных компаний, занимающих лидирующее положение в отрасляхроссийской экономики, в 2011-2015 годах, http: //www. economy. gov. ru/minec/activity/sections/ investmentpolicy/doc2010112 3_ 08.

50. Портал Госпрограмм РФ, https: //programs. gov. ru/Portal/gover nment_ program.

51. Послание Президента Федеральному Собранию, 12 декабря 2012 г. , http: //www. kremlin. ru/news/17118.

52. Послание Федеральному Собранию Российской Федерации, 16 мая 2003 г. , http: //www. kremlin. ru/events/ president/transcripts/21998.

53. Послание Федеральному Собранию Российской Федерации, 18 апреля 2002 г. , http: //www. kremlin. ru/ events/president/transcripts/21567.

54. Послание Федеральному Собранию Российской Федерации, 25 апреля 2005 г. , http: //www. kremlin. ru/ events/president/transcripts/22931.

55. Послание Федеральному Собранию Российской Федерации, 26 мая 2004 г. , http: //www. kremlin. ru/events /president/transcripts/22494.

56. Послание Федеральному Собранию Российской Федерации, 30 апреля 2001 г. , http: //www. kremlin. ru/ events/president/transcripts/21216.

57. Послание Федеральному Собранию Российской Федерации, 8 июля 2000 г. , http: //www. kremlin. ru/events/ president/transcripts/21480.

58. Послание Федеральному Собранию Российской Федерации, 22 декабря 2011 г. , http: //kremlin. ru/news/14088.

59. Правительство России, Перечень мероприятий, направленных на обеспечение стабильного социально-экономического развития российской федерации в 2017 году, http: //government. ru/media/files/zqtMRcmeLIih5Mr

LnirT8mlBo8vSQJGf. pdf.

60. Правительство России, План действий правительства российской федерации, направленных на обеспечение стабильного социально-экономического развития российской федерации в 2016 году, http：//government. ru/news/22017/.

61. Правительство России, Распоряжение от 27 января 2015 года №98-р. План первоочередный мероприятий по обеспечению устойчивого развития экономики и социальной стабильности в 2015 году, http：//government. ru/docs/16639/.

62. Правительство РФ Постановление от 15 апреля 2014 г. , № 328, Об утверждении государственной программы Российской Федерации "Развитие промышленности и повышение ее конкурентоспособности, http：//government. ru/media/files/ 1gqVAlrW8Nw. pdf.

63. Председатель Правительства РФ В. В. Путин встретился в Сочи с участниками Ⅶ заседания международного дискуссионного клуба Валдай, 6 сетября 2010, http：//premier. gov. ru/events/news/12039.

64. Путин В. , Новый интеграционный проект для Евразии——будущее, которое рождается сегодня, Известия, 5 октября 2011.

65. Путин В. , О наших экономических задачах, http：//putin2012. ru/events.

66. Путин В. , О стратегии развития России до 2020 годов, Выступление на расширением заседании Государственного совета 08. 02. 2008, http：//www. regnum. ru/news/954426. html.

67. Путин В. , Россия на рубеже тысячелетий, Независьмая газета, 30 декабря 1999 г. , http：//www. ng. ru/politics/1999-12-30/4_ millenium. html.

68. Российский статистический ежегодник 2009, https：//www. gks. ru/folder/210/document/ 12994.

69. Сведения о движении средств по счету Федерального казначейства в Банке России по учету средств Резервного фонда в рублях за 2009 год, http：//www1. minfin. ru/ru/reservefund/statistics/balances/2009/index. php? id4 = 7059.

70. Соглашение о Таможенном союзе между Российской Федерацией и Республикой Беларуси от 6 января 1995 года, http://www.tsouz.ru/Docs/IntAgrmnts/Dogovor_06011995.aspx.

71. Указ Президента Российской Федерации от 06.08.2014 г., № 560, О применении отдельных специальных экономических мер в целях обеспечения безопасности Российской Федерации, http://kremlin.ru/acts/bank/38809.

72. Указ Президента РФ от 21 мая 2012 г., № 688, О внесении изменений в перечень стратегических предприятий и стратегических акционерных обществ, утвержденный Указом Президента Российской Федерации от 4 августа 2004 г., № 1009, http://text.document.kremlin.ru/SESSION/PILOT/main.htm.

73. Федеральная агентство по управлению федеральным имуще-ством, Отчет о приватизации федерального имущества, http://www.rosim.ru.

74. Федеральная служба государственной статистики, Россия и страны мира, 2018 г., https://www.gks.ru/folder/210/document/13241.

75. Федеральная служба государственной статистики, http://www.gks.ru/wps/wcm/connect/rosstat/rosstatsite/main/population/demography/#.

76. Федеральная служба государственной статистики, Инвестиции в России, https://www.gks.ru/folder/210/document/13238.

77. Федеральная служба государственной статистики, Окончательные итогит Всероссийской переписи населения 2010 года, https://gks.ru/free_doc/new_site/perepis2010/croc/perepis_itogi1612.htm.

78. Федеральная служба государственной статистики. Промышленность России (2016), С121-122.

79. Федеральная служба государственной статистики, Российский статистический ежегодник 2010.

80. Федеральная служба государственной статистики, Российский статистический ежегодник 2016.

81. Федеральная служба государственной статистики, Российский статистический ежегодник 2019.

82. Фонд развития промышленности, http://frprf.ru/gospodderzhka/o-spetsialnykh-investitsionnykh-kontraktakh-dlya-otdelnykh-otrasley-promy-shlennosti/#s28

83. Фонд Развития Промышленности, Возможности финансирования и поддержки проектов, http://frprf.ru/download/prezentatsiya-fonda-na-russkom-yazyke.pdf.

84. Энергетическая стратегия России на период до 2020 года, http://www.government.gov.ru.